学思践悟

新时代文化使命与文学研究

刘玉宏 主编

中国社会科学出版社

图书在版编目(CIP)数据

学思践悟：新时代文化使命与文学研究/刘玉宏主编.—北京：中国社会科学出版社，2023.8
ISBN 978-7-5227-2683-0

Ⅰ.①学… Ⅱ.①刘… Ⅲ.①中国特色社会主义—文化事业—文集 Ⅳ.①G12-53

中国国家版本馆 CIP 数据核字(2023)第 192401 号

出 版 人	赵剑英
责任编辑	张　潜
责任校对	贾森茸
责任印制	王　超

出　　版	中国社会科学出版社
社　　址	北京鼓楼西大街甲 158 号
邮　　编	100720
网　　址	http://www.csspw.cn
发 行 部	010-84083685
门 市 部	010-84029450
经　　销	新华书店及其他书店

印　　刷	北京明恒达印务有限公司
装　　订	廊坊市广阳区广增装订厂
版　　次	2023 年 8 月第 1 版
印　　次	2023 年 8 月第 1 次印刷

开　　本	710×1000　1/16
印　　张	29.5
字　　数	425 千字
定　　价	158.00 元

凡购买中国社会科学出版社图书,如有质量问题请与本社营销中心联系调换
电话:010-84083683
版权所有　侵权必究

编委会名单

主　　　编：刘玉宏
副　主　编：饶望京　安德明
执行副主编：刘方喜　杨子彦
编　　　务：朱曦林　李一帅　田海宁

序　言

刘玉宏

"文运同国运相牵，文脉同国脉相连。"习近平总书记在文化传承发展座谈会上的重要讲话，站在中华民族伟大复兴和中华文明传承发展的战略高度，深刻把握历史发展逻辑和文化建设规律，对中华文化传承发展的一系列重大理论和现实问题作了全面系统深入的阐述，明确了建设中华民族现代文明的使命担当，在新的起点上为加快构建中国特色哲学社会科学提供了行动指南，也为新时代文学研究发展提供了根本遵循。

习近平总书记指出："坚持以马克思主义为指导，是当代中国哲学社会科学区别于其他哲学社会科学的根本标志。"当代中国哲学社会科学是以马克思主义进入我国为起点的，是在马克思主义指导下逐步发展起来的。中国文学植根于中华优秀传统文化沃土，植根于中华民族5000多年的文明传承，马克思主义和中华优秀传统文化来源虽然不同，但彼此高度契合，互相成就，有机结合。回望一百多年来中国文学研究的发展历程，自马克思主义传入中国以来，文学研究不仅是马克思主义的重要阵地，也是中国共产党积极推动文化建设和文艺繁荣发展的重要阵地。新中国成立以来，中国文学研究之所以能够行稳致远，最根本的原因就是坚持以马克思主义为指导，贯彻执行党的正确路线，自觉担负起中华民族文化建设和文学发展的重要使命。

中国共产党自成立之日起就在实践中不断探索总结将马克思主义同中国具体实际相结合、同中华文化相结合，以建设中华民族新文化作为自己的使命。在新民主主义革命时期，毛泽东同志就多次强调要建设民族的、科学的、大众的中华民族的新文化，提出"我们不但要把一个政治上受压迫、经济上受剥削的中国，变为一个政治上自由和经济上繁荣的中国，而且要把一个被旧文化统治因而愚昧落后的中国，变为一个被新文化统治因而文明先进的中国""建立中华民族的新文化，这就是我们在文化领域中的目的"，领导人民建设民族的科学的大众的新民主主义文化。社会主义革命和建设时期，我们党组织大规模的经济建设和文化建设，提出将"百花齐放、百家争鸣"作为发展社会主义文学艺术和科学事业的长期性的方针，大力推进建设社会主义文化。改革开放和社会主义现代化建设新时期，我们党高度重视文化建设，根据新的形势和任务提出"文艺为人民服务、为社会主义服务"的方向，在建设高度物质文明的同时，努力建设高度的社会主义精神文明，发展面向现代化、面向世界、面向未来的，民族的科学的大众的社会主义文化。

党的十八大以来，以习近平同志为核心的党中央在领导党和人民坚持和发展新时代中国特色社会主义的伟大实践中，将文学艺术工作摆在全局工作的重要位置，不断深化对文化建设的规律性认识，提出一系列新思想新观点新论断。这些新思想新观点新论断，是新时代党领导文化建设实践经验的理论总结，为丰富和发展马克思主义文化理论作出了原创性贡献，实现了马克思主义文化理论中国化时代化的新飞跃。

实践没有止境，理论创新也没有止境。继续推动文化繁荣、建设文化强国、建设中华民族现代文明，文学研究作为哲学社会科学重要组成部分不仅具有不可替代的重要地位，也发挥着不可替代的重要作用。习近平总书记指出："加快构建中国特色哲学社会科学，归根结底是建构中国自主的知识体系。要以中国为观照、以时代为观照，立足中国实际，解决中国问题，不断推动中华优秀传统文化创造性转化、创新性发展，不断推进知识创新、理论创新、方法创新。"加快建构中国自主的文学知识体系，必须立足中华民族伟大历史实践和当代实践，秉持开放包容，坚持马克思主义中国化时代化，传承发展中华优秀传统文化，发展推进"大文学观"，顺应学术发展新趋势，不断提炼展示中华文明的精神标识和文化精髓，用中国道理总结好中国经验，把中国经验提升为中国理论，实现精神上的独立自主，构建中国话语和中国叙事体系，建立具有中国特色、中国风格、中国气派的文学研究学科体系、学术体系、话语体系。

国家之魂，文以化之，文以铸之。赓续历史文脉，推进中国特色社会主义文化建设，努力创造属于我们这个时代的新文化，是新时代中国文学研究最重要的使命和任务。在新的起点上，中国文学研究必须坚持以习近平新时代中国特色社会主义思想为指导，深刻领悟"两个确立"的决定性意义，增强"四个意识"、坚定"四个自信"、做到"两个维护"，以建设中华民族现代文明为根本遵循，把握"两个结合"，贯彻"六个必须坚持"，胸怀"国之大者"，践行"为人民做学问"的初心使命，坚持为人民服务、为社会主义服务，坚持百花齐放、百家争鸣，坚持创造性转化、创新性发展，守正创新、奋发有为，自觉担负起加快构建新时代中国文学三大体系、建设中国自主的知识体系的历史责任。以具有文化感召力、思想穿透力、学术影响力的精品力作，不断开辟中国文学研究新境界，为建设中华民族现代文明、全面推进中华民族伟大复兴作出新的贡献。

目 录

深刻认识"第二个结合"和中国式现代化的文化形态
　　全面推进中华民族现代文明建设 …………… 刘玉宏（1）
深刻认识跳出历史周期率的第二个答案 ………… 饶望京（10）
发展新时代大文学观，推动中华民族现代文明建设 … 安德明（18）
涵养家国情怀　传承人文力量
　　——济宁市文化"两创"实践的思索 ………… 包明德（23）
文艺新时代的行动新指南
　　——习近平总书记关于文艺的重要论述的
　　　总体性特征探析 …………………………… 白　烨（26）
实现"第二个结合"，建设中国特色社会主义
　　新文化 ……………………………………… 高建平（39）
"中国式现代化"与网络文艺创新 ……………… 陈定家（44）
中华文明五个突出特征之间的逻辑关系 ………… 杨子彦（65）
以习近平新时代中国特色社会主义思想为指导
　　建设中国特色哲学社会科学 ………………… 刘　卓（73）
从文化规律看"第二个结合"为何是必由之路 …… 李一帅（81）
中华优秀传统文化传承发展的逻辑必然性 ……… 柏奕旻（91）
破解共时与历时难题的中国式现代化 …………… 刘方喜（100）
重塑文艺批评精神 ………………………………… 贾　洁（120）
把握作家艺术家在推动中华文化繁荣中的重要角色 … 汪尧翀（136）

古典戏曲的"人民性"：郑振铎在一九五〇年代
　　初期的思考与探讨 ·················· 李　芳（145）
传承中华优秀传统文化　建设中华民族现代文明 ····· 朱曦林（152）
包容、创新与延续：多元一体的中华文明
　　——以南北朝三个造型艺术为例 ········· 王敏庆（168）
守正创新　培根铸魂　坚持马克思主义在意识形态
　　领域指导地位的根本制度 ············· 王　莹（203）
从《德宗本纪》涉藏史事纂修看史馆同人
　　对多民族一统史观的维护 ············· 李思清（211）
从中国国家版本馆谈到中国现当代文学版本
　　文献学的建立 ··················· 段美乔（227）
唐弢与中国学术道路的探索 ················ 冷　川（236）
让劳动者形象成为新时代文学的主角 ··········· 霍　艳（248）
"进博物馆"与"鼎成为碗"
　　——鲁迅对文物价值现代性转化两种路径的
　　　思考 ······················ 王　芳（255）
新时代文艺生产的现代性与时代精神
　　——兼谈《柳青》电影的"人民性" ······· 田美莲（265）
当代文学批评的古典意识与民族情感 ··········· 徐　刚（275）
发展红色童书　讲好党史故事 ·············· 费　祎（282）
当代文学与"人民性"问题 ··············· 程　旸（290）
从命运共同体的视角探寻世界华文文学的价值内涵 ··· 张重岗（298）
台湾电影中的中华传统文化精神
　　——以李行导演为例 ··············· 李　晨（306）
"曲艺"的形成与1950年代的社会主义文艺实践 ····· 祝鹏程（313）
从文学学科深耕文明探源的中国性问题
　　推进文化自信自强研究 ·············· 谭　佳（323）
和平性：《论语》中的优秀中华文化基因 ········· 祝晓风（332）

目　录

立足马克思主义　观照新移民文学中的
　　"中国故事"书写 …………………………… 汤　俏（340）
中华文明的连续性与"传承"品格 ……………… 王秀臣（349）
学术期刊与时代精神 ……………………………… 范智红（355）
马克思主义文艺理论民族化视域下的"第二个
　　结合" ………………………………………… 马勤勤（363）
经子和合：中华文明具有突出创新性的动力源 ……… 赵　培（372）
中国式现代化与乡土形象的历史变迁 …………… 罗雅琳（380）
中国式现代化进程中红色文化与中华优秀传统文化的
　　深度融合
　　　　——以安徽、上海红色文化为中心 ……… 孙少华（389）
讲好中国故事的多重策略 ………………………… 刘京臣（399）
发挥典籍版本资源价值引领作用　建设中华民族
　　现代文明 ……………………………………… 刘　明（408）
新媒体技术在新时代文学研究中的作用 ………… 任　晓（416）
强化使命担当　讲好中国故事 …………………… 铁　琉（426）
赓续中华文脉　建设现代文明
　　——以新的文化使命努力建设中华民族
　　　　现代文明 ………………………………… 田海宁（434）
何其芳：从诗人走向学术研究的马克思主义
　　文艺战士 ……………………………………… 李　超（443）
中华优秀传统文化孕育中华民族现代文明
　　——从中华文明的统一性、和平性、包容性
　　　　角度分析 ………………………………… 王　静（452）

深刻认识"第二个结合"和中国式现代化的文化形态 全面推进中华民族现代文明建设

刘玉宏

习近平总书记在文化传承发展座谈会上理论鲜明地提出:"只有全面深入了解中华文明的历史,才能更有效地推动中华优秀传统文化创造性转化、创新性发展,更有力地推进中国特色社会主义文化建设,建设中华民族现代文明。"[1] 这一具有深刻理论内涵和重大政治意义的命题,从中华文明"五个突出特性"和实现"结合"的五个要点作了高屋建瓴的科学阐述和总结概括,是对我们党成立以来理论经验的阶段性回顾和深刻总结,是对十八大以来党的理论创新的科学概括和理论升华,也是针对推动中国式现代化的文化形态形成、推进中华民族现代文明建设提出的重大战略任务。深刻认识"第二个结合"和中国式现代化的文化形态,对我们全面贯彻习近平新时代中国特色社会主义思想,全面推进中华民族现代文明建设,具有极其重大的现实意义和深远的历史意义。

---

[1] 习近平:《担负起新的文化使命 努力建设中华民族现代文明》,《人民日报》2023年6月3日第1版。

一 中国式现代化的文化形态是我们党对中华文明发展规律的深刻把握

在文化传承发展座谈会上，习近平总书记指出："对历史最好的继承，就是创造新的历史；对人类文明最大的礼敬，就是创造人类文明新形态。"①

中华民族是世界上最伟大的民族之一，世界六大原生形态文明中唯有中国延绵5000多年，创造了博大精深的中华文化、多彩灿烂的中华文明，为人类文明进步作出了不可磨灭的贡献。习近平总书记指出："中华文明具有突出的连续性，从根本上决定了中华民族必然走自己的路。如果不从源远流长的历史连续性来认识中国，就不可能理解古代中国，也不可能理解现代中国，更不可能理解未来中国。"②中华文明从族群聚落一步步迈入都邑邦国，又从夏商周三代发展为秦汉至明清的中央集权封建帝制王朝，在这一过程中，中华民族逐步走向融合统一。但是，近代西方世界在工业革命、科技革命浪潮中蓬勃发展，中国封建王朝则在故步自封、内部矛盾中逐步走向衰落。鸦片战争后，在西方列强的入侵和清王朝的腐朽统治下，中华民族遭受了前所未有的劫难。直至十月革命一声炮响，给中国送来了马克思主义，中国共产党应运而生，带领中国人民取得了新民主主义革命的胜利，建立了新中国，实现了中华民族有史以来最为深刻而广泛的社会变革。

习近平总书记一再强调，中国式现代化深深植根于中华优秀传统文化，体现科学社会主义的先进本质，借鉴吸收一切人类优秀文明成果，代表人类文明进步的发展方向，展现了不同于西方现代化模式的

---

① 习近平：《担负起新的文化使命　努力建设中华民族现代文明》，《人民日报》2023年6月3日第1版。
② 习近平：《担负起新的文化使命　努力建设中华民族现代文明》，《人民日报》2023年6月3日第1版。

新图景，是一种全新的人类文明形态。中华优秀传统文化缔造了"万姓同根，万宗同源"的民族文化认同和崇尚"大一统"体制的社会主流意识，是增强民族认同感、维系民族团结和国家统一的精神支柱。中国共产党创造性地吸收马克思主义思想精华，为中华优秀传统文化注入了红色文化基因。进入新时代，中华优秀传统文化又被赋予了全新时代内涵，最终形成习近平总书记所提出的"经由'结合'而形成的新文化成为中国式现代化的文化形态"——"中国式现代化的文化形态"这一重要论述，体现了我党对中华文明发展规律的深刻把握，对于我们守好中国式现代化的本和源、根和魂，具有十分重要的指导意义。

二 中国式现代化的文化形态是我们党对马克思主义中国化、时代化历史经验的总结

众所周知，在人类发展史上，从来没有一种理论能够达到马克思主义的高度，也没有一种思想能够像马克思主义这样对人类文明进步产生如此广泛而深刻的影响。马克思主义来到中国，被中国人民所接受，深刻地改变了中国。马克思主义是世界的，也是中国的。马克思主义是我们立党立国、兴党兴国的根本指导思想，为我们认识世界、改造世界提供了强大的思想武器。同时，中国共产党在实践中又结合中国实际丰富和发展了马克思主义。毛泽东同志指出："必须将马克思主义普遍真理和中国革命的具体实践完全恰当地统一起来，就是说，和民族的特点相结合，经过一定的民族形式，才有用处。"[①] 习近平总书记强调，当代中国的伟大社会变革，不是简单延续我国历史文化的母版，不是简单套用马克思主义经典作家设想的模板，不是其他国家社会主义实践的再版，也不是国外现代化发展的翻版。他还明

[①] 毛泽东：《新民主主义论》，《毛泽东选集》第2卷，人民出版社1996年版，第667页。

确指出，马克思主义就是我们共产党人的"真经"，"真经"没念好，总想着"西天取经"，就要延误大事。马克思主义能不能在实践中发挥作用，关键在于能否把马克思主义基本原理同中国实际和时代特征结合起来。

党的十八大以来的实践充分证明，习近平新时代中国特色社会主义思想是当代中国马克思主义，是中华文化和中国精神的时代精华，是党和人民实践经验和集体智慧的结晶。实践告诉我们，中国共产党为什么能？中国特色社会主义为什么好？归根到底是马克思主义行，是中国化时代化的马克思主义行。推进马克思主义中国化时代化，根本途径就是坚持把马克思主义基本原理同中国具体实际相结合、同中华优秀传统文化相结合。只有准确把握"两个结合"，才能把坚持马克思主义和发展马克思主义统一起来，才能不断赋予马克思主义新的时代内涵，使之呈现出更多中国特色、中国风格、中国气派。

增强政治自觉、思想自觉、文化自觉，把"两个结合"和中国式现代化的文化形态思想贯穿落实到党和国家工作尤其是文化工作全过程，必将助力全面推进中华民族现代文明建设，使之彰显出更加强大的真理号召力。

三 中国式现代化的文化形态是我们党完成中华民族伟大复兴这一重大历史文化课题所给出的答案

建设社会主义现代化强国，实现中华民族伟大复兴，是中华民族的最高利益和根本利益。梁启超在《五十年中国进化概论》中说到，中国人渐渐知道自己的不足，并把国人的觉悟分为三期，第一期为器物上不足的认识，第二期为制度上不足的认识，第三期为文化上不足的认识。在积贫积弱的晚清民国，中国人民和无数仁人志士一直在苦苦寻求民族复兴之路。洋务运动、戊戌变法、辛亥革命各种救国方案轮番出台，短短数十年间城头变幻大王旗，但都没有能够带领中华民族走出这一段暗黑时代，直至马列主义来到中国，带来中国人民的觉醒和中国共产党的诞生。正如习近平总书记所说："江河之所以能冲开绝壁夺隘而出，是因其积聚了千里奔涌、万壑归流的洪荒伟力。在近代以来漫长的历史进程中，中国人民经历了太多太多的磨难，付出了太多太多的牺牲，进行了太多太多的拼搏。现在，中国人民和中华民族在历史进程中积累的强大能量已经充分爆发出来了，为实现中华民族伟大复兴提供了势不可挡的磅礴力量。"中国共产党一经成立，就把实现共产主义作为党的最高理想和最终目标，义无反顾地肩负起实现中华民族伟大复兴的历史使命。所以，习近平总书记总结道，一百多年来，中国共产党团结带领中国人民进行的一切奋斗、一切牺牲、一切创造，归结起来就是一个主题，实现中华民族伟大复兴。

习近平总书记在参观《复兴之路》展览时的讲话中指出，实现中华民族伟大复兴，就是中华民族近代以来最伟大的梦想。这个梦想，凝聚了几代中国人的夙愿，体现了中华民族和中国人民的整体利益，是每一个中华儿女的共同期盼。历史告诉我们，每个人的前途命运都与国家和民族的前途命运紧密相连。国家好，民族好，大家才会好。实现中华民族伟大复兴是一项光荣而艰巨的事业，需要一代又一代中国人为之共同努力。中国式现代化是强国建设、民族复兴的唯一正确道路，促成中国式现代化的文化形态和全面推进中华民族现代文明建设是习近平总书记在总结历史经验和创新实践中应运而生的，是立足时代之基、回答时代之问、引领时代之变的科学理论；中国式现代化是我们为如何实现民族复兴这个重大历史课题所给出的答案，体现了马克思主义中国化时代化的新飞跃。

四　中国式现代化的文化形态是我们党进阶历史自信、文化自信新高度的标志

历史自信是历史主体对民族、国家、政党历史的信心和信念，习近平总书记专门针对我们党的历史自信进行了论述："中国共产党人

的历史自信,既是对奋斗成就的自信,也是对奋斗精神的自信。"在党的十九届六中全会第二次全体会议上的讲话中,习近平总书记首次提出"历史自信"的概念;2021年中共中央政治局召开党史学习教育专题民主生活会,习近平总书记在讲话中强调:"在新的赶考之路上,我们能否继续交出优异答卷,关键在于有没有坚定的历史自信。"他在党的二十大报告又指出,"坚定历史自信,增强历史主动,谱写新时代中国特色社会主义更加绚丽的华章",多次强调凸显出历史自信在全面推进中华民族现代文明建设中的地位。

文化自信是一个民族、一个国家以及一个政党对自身文化价值的充分肯定和积极践行,并对其文化的生命力持有的坚定信心。北大知名学者楼宇烈教授在《中国人的人文精神》中感慨:"我们现在可谓怀揣珠宝,沿街乞讨。""中国的现代化一定要建立在自己传统文化的土壤上,这样才会充满活力。我们要树立文化自信才会有辨别的能力,然后再广泛地吸收外来文化的优点。西方两次提倡人文主义,在某种程度上都跟中国的传统文化有关联。……当今西方文明的危机,促使他们第三次向中国传统文化找寻解决的答案。因此文化自信是对于中国传统文化的特质有信心。"[①]

历史自信、文化自信是更基础、更广泛、更深厚的自信,是一个国家、一个民族发展中最基本、最深沉、最持久的力量。习近平总书记2013年3月7日在中央党校建校80周年庆祝大会暨2013年春季学期开学典礼上的讲话中说道:"中国传统文化博大精深,学习和掌握其中的各种思想精华,对树立正确的世界观、人生观、价值观很有益处。学史可以看成败、鉴得失、知兴替;学诗可以情飞扬、志高昂、人灵秀。"

以习近平同志为核心的党中央团结带领全国人民,自信自强、守正创新,统筹推进"五位一体"总体布局,协调推进"四个全面"战略布局,战胜一系列重大风险挑战,实现第一个百年奋斗目标,开

[①] 楼宇烈:《中国人的人文精神》(下),北京联合出版公司2020年版,第248页。

启了实现第二个百年奋斗目标的新征程，中华民族迎来了从站起来、富起来到强起来的伟大飞跃。党的十八大以来，以习近平总书记为核心的党中央始终把历史文化工作摆在重要位置，将之提升到功在当代、利在千秋的高度，中央办公厅、国务院办公厅相继印发《关于繁荣发展社会主义文艺的意见》《关于实施中华优秀传统文化传承发展工程的意见》《关于加强文物保护利用改革的若干意见》《关于推进新时代古籍工作的意见》等文件。习近平总书记主持召开文艺工作座谈会，出席中国文联、中国作协代表大会开幕式，亲自发出致中国社会科学院建院40周年贺信、致中国历史研究院建院贺信，并亲自参观中国历史研究院考古博物馆，还给中国戏曲学院师生、中国国家话剧院艺术家、《文史哲》编辑部等多次回信；亲自指导，亲自推动，就我国考古最新发现及其意义、深化中华文明探源工程等主题主持中央政治局集体学习，就建立版本馆、文物工作、革命文物工作等作出重要指示，推动摸清文化遗产资源家底、中华文明探源工程、中华古籍保护计划、中华传统工艺振兴计划等深入实施，历史文化工作不断迈上新台阶。

"两个结合"和中国式现代化的文化形态的论述，体现了我们党历史自信、文化自信迈入全新高度。

五 中国式现代化的文化形态是一项伟大的系统工程，"第二个结合"是成就中国式现代化的文化形态的根本途径

中国式现代化的文化形态是"让马克思主义成为中国的，中华优秀传统文化成为现代的"，是"经由'结合'而形成的新文化"。中华优秀传统文化与马克思主义的基本立场、观点和方法的契合融通，是对五千多年中华文明的传承和发展。

中华优秀传统文化积淀着中华民族最深沉的精神追求，代表着中华民族独特的精神标识，是激励全党全国各族人民奋勇前进的伟大精

神力量。在母亲河的哺育下，古代中国诞生了"四大发明"和"一时代有一时代之经典"的诗经、汉赋、唐诗、宋词、元曲、明清小说等传世经典，出现了浩若繁星的文化名人和文艺、哲学等各学科经典著作。古往今来，无数文人墨客为中华历史文化、艺术文化和学术研究留下了传世之作，卷帙浩繁，不胜枚举。

中华优秀传统文化源远流长、博大精深，是中华文明的智慧结晶，大江大河流域的诸多文化遗存与历史遗迹，形成了中华民族丰富的生活习俗和历史传说；其中蕴含的天下为公、民为邦本、为政以德、革故鼎新、任人唯贤、天人合一、自强不息、厚德载物、讲信修睦、亲仁善邻等理念，是华夏儿女在长期生产生活中积累的宇宙观、天下观、社会观、道德观的重要体现。在漫长的历史发展中，这些优秀传统文化逐步成为中华民族的基本文化符号，逐渐融入炎黄子孙的内心，成为中华民族的根和魂。

当代中国之所以依然具有壮阔雄美的文化景观和气象，主要因为"第二个结合"是成就中国式现代化的文化形态的根本途径，马克思主义激活了中华优秀传统文化的生命力。中华优秀传统文化为马克思主义在中国的生根发芽、开花结果提供了文化沃土；坚持和发展马克思主义，必须同中华优秀传统文化相结合。只有植根本国本民族历史文化沃土，马克思主义真理之树才能根深叶茂。

中国式现代化的文化形态是一项伟大的系统工程，保护传承中华优秀传统文化是其中的重要组成部分，大有文章可做。思维的高度决定认识事物的角度和广度。推动中国式现代化的文化形态形成发展，全面推进中华民族现代文明建设，就必须坚持中国共产党领导，坚持中国特色社会主义，实现高质量发展，发展全过程人民民主，丰富人民精神世界，实现全体人民共同富裕，促进人与自然的和谐共生，推动构建人类命运共同体，创造人类文明新形态。

推动中国式现代化的文化形态形成发展，全面推进中华民族现代文明建设，要挖掘提炼中华优秀传统文化的思想精髓，讲好中国故事，凝聚共识、凝聚人心、汇聚力量，守住华夏儿女共同的精神家园，充分彰显中国式现代化文化形态的时代价值。

推动中国式现代化的文化形态形成发展，全面推进中华民族现代文明建设，要从探究事物本质、探索文化精髓、探寻客观规律的高度来审视谋划文化事业，通过学校教育、理论研究、历史研究、影视作品、文学作品等多种方式，加强爱国主义、集体主义、社会主义教育，引导我国人民树立和坚持正确的历史观、民族观、国家观、文化观；用小切口反映大主题，用小素材反映大文化，用小故事反映大时代，以感人的作品打动人，以优秀的作品鼓舞人，以厚重的文化激励人。

总之，推动中国式现代化的文化形态形成发展，全面推进中华民族现代文明建设，就要如习近平总书记所要求的：

——要使中华民族最基本的文化基因与当代文化相适应、与现代社会相协调。

——要加强对中华优秀传统文化的挖掘和阐发，努力实现中华传统美德的创造性转化、创新性发展，把跨越时空、超越国度、富有永恒魅力、具有当代价值的文化精神弘扬起来，把继承中华优秀传统文化又弘扬时代精神、立足本国又面向世界的当代中国文化创新成果传播出去。

深刻认识跳出历史周期率的第二个答案

饶望京

习近平总书记在党的二十大报告中指出："经过不懈努力，党找到了自我革命这一跳出治乱兴衰历史周期率的第二个答案，……确保党永远不变质、不变色、不变味。"[①] 勇于自我革命，是我们党最鲜明的品格，也是我们党最大的优势，需要我们深刻认识，牢牢把握。

一 在共产党人对跳出历史周期率的探索中深刻认识第二个答案

跳出历史周期率是关系党千秋伟业的一个重大问题，如何跳出治乱兴衰的历史周期率？我们党一直在思考、始终在探索。1945 年，黄炎培在延安窑洞与毛泽东谈到"朝代更替、循环往复"话题时，发出了著名的"黄炎培之问"：中国共产党能不能跳出历史上"其兴也勃焉，其亡也忽焉"的周期率？对黄炎培的坦诚直言，毛泽东当即非常自信地回答："我们已经找到新路，我们能跳出这周期率。这条新路，就是民主。只有让人民来监督政府，政府才不敢松懈。只有人人起来负责，才不会人亡政息。"这就是著名的"延安窑洞对话"。

[①] 习近平：《高举中国特色社会主义伟大旗帜　为全面建设社会主义现代化国家而团结奋斗——在中国共产党第二十次全国代表大会上的报告》，《人民日报》2022 年 10 月 26 日第 1 版。

党的十八大以来，习近平总书记经常讲跳出历史周期率问题，强调这是关系党千秋伟业的一个重大问题，关系党的生死存亡，关系我国社会主义制度的兴衰成败。在党的十九届六中全会第二次全体会议上，习近平总书记深刻阐述："我们党历史这么长、规模这么大、执政这么久，如何跳出治乱兴衰的历史周期率？毛泽东同志在延安的窑洞里给出了第一个答案，这就是'只有让人民来监督政府，政府才不敢松懈'。经过百年奋斗特别是党的十八大以来新的实践，我们党又给出了第二个答案，这就是自我革命。"①

习近平总书记在十九届中央纪委六次全会上深刻阐述跳出历史周期率两个答案的相互关系，指出："一百年来，党外靠发展人民民主、接受人民监督，内靠全面从严治党、推进自我革命，勇于坚持真理、修正错误，勇于刀刃向内、刮骨疗毒，保证了党长盛不衰、不断发展壮大。"②

两个答案内在一致，都源于党的初心使命。第一个答案源于党的初心使命，源于党性和人民性的高度统一。党的根基在人民、血脉在人民、力量在人民，人民是党执政兴国的最大底气。党的最大政治优势是密切联系群众，党执政后的最大危险是脱离群众。自觉接受人民监督，是践行初心使命题中应有之义。党一贯重视发展人民民主，让人民监督政府，在倾听人民呼声、接受人民监督中自觉进行自我反省、自我批评、自我教育，在服务人民中不断完善自己。党的十八大以来，以习近平总书记为核心的党中央不断深化对跳出历史周期率"第一个答案"的规律性认识，系统提出、大力推进全过程人民民主。全过程人民民主是全链条、全方位、全覆盖的民主，是最广泛、最真实、最管用的民主，通过深化全过程人民民主，人民监督更加规范、有力、有效。

第二个答案同样源于党的初心使命，源于党的性质宗旨和崇高理

---

① 习近平：《以史为鉴、开创未来、埋头苦干、勇毅前行》，《求是》2022年第1期。
② 习近平：《坚持严的主基调不动摇　坚持不懈把全面从严治党向纵深推进》，《人民日报》2022年1月19日第1版。

想。崇高理想、初心使命为推进党的自我革命指明了前进方向，提供了不懈动力，勇于自我革命是共产党人践行初心使命的内在力量和自觉行动。《共产党宣言》指出："共产党人不是同其他工人政党相对立的特殊政党。他们没有任何同整个无产阶级的利益不同的利益。"[①]中国共产党是马克思主义政党，中国共产党一经诞生，就把为中国人民谋幸福、为中华民族谋复兴确立为自己的初心使命，始终坚持人民至上，全心全意为人民服务。党除了人民利益没有任何自己特殊的利益，从来不代表任何利益集团、任何权势团体、任何特权阶层的利益。"不私，而天下自公。"正因为始终代表最广大人民的根本利益，我们党才能始终为人民的利益坚持好的、为人民的利益改正错的，才能有敢于自我革命的勇气、底气，才能在人民支持下，依靠自己的力量战胜困难、修正错误、走向光明。

二 在全面从严治党是新时代党的自我革命的伟大实践中深刻认识第二个答案

在十九届中央纪委六次全会上，习近平总书记深刻指出："全面从严治党是新时代党的自我革命的伟大实践，开辟了百年大党自我革命的新境界。"[②]习近平总书记在二十大报告中再次强调："全面从严治党是党永葆生机活力、走好新的赶考之路的必由之路。"[③]

党的十八大以来，以习近平总书记为核心的党中央立足新时代的历史方位，统筹中华民族伟大复兴战略全局和世界百年未有之大变局，清醒认识党所面临的"四大考验""四大危险"，着力探索长期执政条件下党解决自身问题的道路，以坚定决心、顽强意志、空前力

---

① 《马克思恩格斯文集》第2卷，人民出版社2009年版，第44页。
② 习近平：《坚持严的主基调不动摇　坚持不懈把全面从严治党向纵深推进》，《人民日报》2022年1月19日第1版。
③ 习近平：《高举中国特色社会主义伟大旗帜　为全面建设社会主义现代化国家而团结奋斗——在中国共产党第二十次全国代表大会上的报告》，《人民日报》2022年10月26日第1版。

度推进全面从严治党，打出了一套自我革命的"组合拳"。

一是坚守自我革命根本政治方向。我们党坚持以党的政治建设为统领，把"两个维护"作为最高政治原则，以一系列重要制度安排把党的领导落实到治国理政全过程各方面，以严明政治纪律和政治规矩、严肃党内政治生活促进全党团结统一。

二是淬炼自我革命锐利思想武器。我们党坚持把思想建设作为党的基础性建设，先后组织开展党的群众路线教育实践活动、"三严三实"专题教育、"两学一做"学习教育、"不忘初心、牢记使命"主题教育、党史学习教育、学习贯彻习近平新时代中国特色社会主义思想主题教育等党内集中教育，用党的创新理论武装全党，筑牢信仰之基、补足精神之钙、把稳思想之舵。

三是丰富自我革命有效途径。我们党坚决落实中央八项规定精神，以严明纪律整饬作风，持之以恒纠治"四风"，党风政风和社会风气为之一新。坚持纪严于法、执纪执法贯通，用好监督执纪"四种形态"，强化政治纪律和组织纪律，带动各项纪律全面严起来。

四是打好自我革命攻坚战、持久战。我们党坚持以雷霆之势反腐惩恶，无禁区、全覆盖、零容忍，坚持重遏制、强高压、长震慑，坚持受贿行贿一起查，坚持有案必查、有腐必惩，坚定不移正风肃纪、反腐惩恶，不断实现不敢腐、不能腐、不想腐一体推进的战略目标。

五是锻造敢于善于斗争、勇于自我革命的干部队伍。我们党坚持增强党组织政治功能和组织力凝聚力，提出和贯彻新时代党的组织路线，明确新时代好干部标准，不断健全组织体系，增强党组织政治功能和组织功能，推动党的组织体系有效运转，促进党员干部自律过硬。

六是为推进伟大自我革命提供制度保障。我们党坚持构建自我净化、自我完善、自我革新、自我提高的制度规范体系，坚持尊崇党章、依规治党，扎牢制度笼子，狠抓制度执行，党的建设科学化、制度化、规范化水平明显提高。

新时代党的自我革命极其鲜明地体现了党要管党、全面从严治党的要求，从根本上扭转了管党治党宽松软状况，校准了党和国家前进的航向，解决了党和国家事业发展带有全局性、根本性、方向性的问题。事实证明，没有全面从严治党的革命性锻造，就不会有今天这样一个高度团结、坚强有力的中国共产党，就不会有在困难面前万众一心、众志成城的党群关系，就不可能在国际风云变幻中赢得历史主动。

三　在坚决打赢反腐败斗争攻坚战持久战中深刻认识第二个答案

反腐败斗争事关民心向背，事关党的前途命运，事关强国建设、民族复兴梦想实现。反腐败斗争具有长期性、复杂性、艰巨性、顽固性和危害性的特征，是一场输不起也绝不能输的重大政治斗争。习近平总书记在二十大报告中强调："腐败是危害党的生命力和战斗力的最大毒瘤，反腐败是最彻底的自我革命。只要存在腐败问题产生的土壤和条件，反腐败斗争就一刻不能停，必须永远吹冲锋号。坚持不敢腐、不能腐、不想腐一体推进，同时发力、同向发力、综合发力。以零容忍态度反腐惩恶。"[①] 这一伟大号召充分展现出在新的赶考路上，中国共产党持续深入推进自我革命的坚定决心和坚强定力。

党的十八大以来，以习近平总书记为核心的党中央敢于斗争、善于斗争，以"得罪千百人、不负十四亿"的使命担当，把坚决防治腐败作为坚持党的自我革命必须长期抓好的政治任务，全面打响了一场反腐败斗争攻坚战、持久战，坚持无禁区、全覆盖、零容忍，坚持重遏制、强高压、长震慑，坚持"打虎""拍蝇""猎狐"多管齐下，

---

① 习近平：《高举中国特色社会主义伟大旗帜　为全面建设社会主义现代化国家而团结奋斗——在中国共产党第二十次全国代表大会上的报告》，《人民日报》2022年10月26日第1版。

反腐败斗争取得压倒性胜利并全面巩固，不敢腐的震慑不断强化、不能腐的笼子持续扎牢、不想腐的堤坝日益稳固。通过不懈努力，党找到了自我革命这一跳出治乱兴衰历史周期率的第二个答案，以反腐惩恶的雷霆之势刹住了一些长期没有刹住的歪风，纠治了一些多年未除的顽瘴痼疾，防止了党因腐败蔓延、"四风"肆虐、特权横行而变质褪色，防止了党被利益集团、权势团体渗透干预，成功走出了一条依靠政治优势、制度优势、法治优势的反腐败之路，开辟了百年大党自我革命的新境界，书写了人类反腐败斗争历史新篇章。据统计，十年来，全国纪检监察机关共立案464.8万余件，其中，立案审查调查中管干部553人，处分厅局级干部2.5万多人、县处级干部18.2万多人。

当前，反腐败斗争形势依然严峻复杂，铲除腐败滋生土壤任务依然艰巨。一方面，腐败有着复杂的经济、社会、历史文化背景，在不同时期、不同阶段会有不同特点，腐败问题长期积累，解决起来也非一日之功。商品交换原则侵蚀党内生活，"升官发财""封妻荫子"等消极文化还有一定市场。权力制约监督还不到位，一些地方和单位对党员干部教育管理不严不实。有的年轻干部理想信念不牢、政治定力不够，"前脚刚踏上仕途，后脚就步入歧途"，压缩腐败现象生存空间和滋生土壤，依然任重道远。另一方面，反腐败斗争已经走向深水区，呈现出新的阶段性特征。一些权力集中、资金密集、资源富集的领域行业性、系统性腐败风险仍然存在；行政审批领域存在环节不透明、材料不规范、时限不明晰等问题；在工程建设领域，从项目审批、招标投标到物资采购、款项拨付等各个环节都还可能有腐败发生。

我们要以反腐败永远在路上的坚韧和执着，把握攻坚战持久战重点任务，在战略上更加主动，在战术上更加精准，紧盯重点问题、重点领域、重点对象，始终保持反对和惩治腐败的强大力量常在。要深化标本兼治、系统治理，坚持不敢腐、不能腐、不想腐一体推进，同时发力、同向发力、综合发力，不断取得更多制度性成果和更大治理效能。要把制度建设贯穿于反腐败斗争的各领域、全过程，不断压缩腐败滋生空间，铲除腐败滋生土壤。要不断巩固扩大来之不易的反腐败斗争成果，坚决打赢反腐败斗争攻坚战持久战。

四 在以伟大的自我革命引领伟大的社会革命中深刻认识第二个答案

党的二十大报告指出："全党必须牢记，全面从严治党永远在路上，党的自我革命永远在路上，决不能有松劲歇脚、疲劳厌战的情绪，必须持之以恒推进全面从严治党，深入推进新时代党的建设新的伟大工程，以党的自我革命引领社会革命。"[①]

我们党的百年奋斗征程，既是一部波澜壮阔的社会革命史，也是一部激浊扬清的自我革命史。从八七会议、古田会议到遵义会议，从延安整风运动到十一届三中全会，再到新时代全面从严治党，我们党始终与时俱进、砥砺前行，在生死斗争和艰苦奋斗中不断发展壮大，以伟大自我革命引领伟大社会革命，团结带领人民创造了一个又一个彪炳史册的人间奇迹。

新时代中国特色社会主义是我们党领导人民进行伟大社会革命的成果，也是我们党领导人民进行伟大社会革命的继续。党的十八大以来，以习近平总书记为核心的党中央统揽伟大斗争、伟大工程、伟大事业、伟大梦想，以伟大自我革命引领伟大社会革命，成为新时代中国特色社会主义伟大实践的显著特点。要把新时代坚持和发展中国特色社会主义这场伟大社会革命进行好，我们党必须勇于进行自我革命，把党建设得更加坚强有力。

党的自我革命和党领导的社会革命是有机统一的。习近平总书记指出："中国共产党能够带领人民进行伟大的社会革命，也能够进行

[①] 习近平：《高举中国特色社会主义伟大旗帜　为全面建设社会主义现代化国家而团结奋斗——在中国共产党第二十次全国代表大会上的报告》，《人民日报》2022年10月26日第1版。

伟大的自我革命。"① 党的自我革命是推进伟大社会革命的强大动力，社会革命的新任务新挑战又对党的自我革命提出新目标新要求，两者是相伴相随、互促共进的辩证关系。伟大社会革命锻造和成就伟大的党，伟大自我革命保障和推动党领导的伟大事业。从政治引领看，在伟大社会革命中，决定革命活动成败的是政治路线和政治方向，有了正确的政治路线和政治方向，推进社会革命才能行进在光明的大道上。推进新时代伟大社会革命，要坚持以党的政治建设为统领，坚守自我革命根本政治方向，加强党的全面领导和党中央集中统一领导。从思想指引看，思想是行动的先导，大力弘扬伟大建党精神，坚持用习近平新时代中国特色社会主义思想统一思想、统一意志、统一行动，为推动伟大社会革命夯实思想根基、铸就精神之魂。从组织保障看，严密的组织体系、强大的组织凝聚力是我们党的优势所在、力量所在。深化党的自我革命，使党的各级组织健全完善、高效运转、统筹协调，党的领导才能"如身使臂，如臂使指"，才能把党的政治优势和组织优势不断转化为制胜优势，为推进伟大社会革命提供强大力量支撑。

当前，实现中华民族伟大复兴进入了不可逆转的历史进程，中国共产党带领全国各族人民正在意气风发向着第二个百年奋斗目标迈进。但与此同时，世界百年未有之大变局加速演进，中华民族伟大复兴进入关键时期，我们面临的风险考验只会越来越复杂，甚至会遇到难以想象的惊涛骇浪。我们面临的各种斗争不是短期的而是长期的，将伴随实现第二个百年奋斗目标全过程。在新征程上，党的自我革命永远在路上，我们要永葆彻底的自我革命精神，着力解决重大矛盾问题，有效应对重大风险挑战，为全面建设社会主义现代化国家、全面推进中华民族伟大复兴而团结奋斗。

---

① 习近平：《新时代要有新气象更要有新作为中国人民生活一定会一年更比一年好》，《人民日报》2017年10月26日第2版。

发展新时代大文学观，推动中华民族现代文明建设

安德明

习近平总书记在文化传承发展座谈会上的讲话，全面深刻地论述了中国文化和中华文明的基本特征与发展规律，为新时代新征程上切实推进文化领域的各项工作提供了根本遵循，也为广大文化工作者深入学习贯彻习近平新时代中国特色社会主义思想提供了新的指南。

在讲话中，习近平总书记对中华文明的基本特性做了精要概括，指出中华文明具有突出的连续性、创新性、统一性、包容性、和平性五个特性。连续性"从根本上决定了中华民族必然走自己的路。如果不从源远流长的历史连续性来认识中国，就不可能理解古代中国，也不可能理解现代中国，更不可能理解未来中国"，是我们理解中国历史、现在与未来的重要前提；创新性"从根本上决定了中华民族守正不守旧、尊古不复古的进取精神，决定了中华民族不惧新挑战、勇于接受新事物的无畏品格"；统一性"从根本上决定了中华民族各民族文化融为一体、即使遭遇重大挫折也牢固凝聚，决定了国土不可分、国家不可乱、民族不可散、文明不可断的共同信念，决定了国家统一永远是中国核心利益的核心，决定了一个坚强统一的国家是各族人民的命运所系"；包容性"从根本上决定了中华民族交往交流交融的历史取向，决定了中国各宗教信仰多元并存的和谐格局，决定了中华文化对世界文明兼收并蓄的开放胸怀"；和平性"从根本上决定了中国始终是世界和平的建设者、全球发展的贡献者、国际秩序的维护者，

决定了中国不断追求文明交流互鉴而不搞文化霸权,决定了中国不会把自己的价值观念与政治体制强加于人,决定了中国坚持合作、不搞对抗,决不搞'党同伐异'的小圈子"[1]。

这五个特性的概括,准确、恰当地揭示了中华文明和中华优秀传统文化的特征、规律与价值,为全面认识和理解中国文化传统的内在属性,提供了崭新的角度。作为中国传统文化和中华文明的重要组成部分,中国文学也显著地具有上述特性。结合这些特性来观察和思考中国文学,可以让我们更加清晰、更加全面地看到许多以往不曾关注到的重要面向。

首先,从连续性的角度来看,中国文学在有据可循的数千年发展历程中,无论是各民族口耳相传的神话、传说、史诗等,还是诗歌、散文等作家书面文学,其表达方式、修辞策略、所蕴含的基本精神和情感,以及许多重要文体,都保持着一脉相承的连贯性。而许多后世发展过程中逐渐形成的新的艺术手法、新的文体与新的思想观念,则大都属于从早期传统主流中生长出来的支流。这种连续性,构成了中国文学史的核心特征,也是我们书写中国文学史时需要关注的重点。

其次,从创新性的角度来看,创新恰恰是中国文学保持生机、保持连续性的内在动力。文学研究,特别是民间文学研究领域,通过一组重要概念——"传承"和"变异"——对文学发展过程中连续性与创新性的辩证关系,作了十分清晰的讨论。文学没有传承就谈不上变异,而没有变异更不可能有文学或文化的传承。创新性,属于体现文学主体的自觉与能动性的主动变异,尤其具有保障文学赖以持续传承的重要作用。

第三,从统一性的角度来看,文学作为反映社会生活、表达民众情感、体现民族精神的艺术形式,既是多种现实因素投射的结果,又能够对现实世界发挥多方面的影响作用。在中国各民族历代文学作品

---

[1] 习近平:《担负起新的文化使命 努力建设中华民族现代文明》,《人民日报》2023年6月3日第1版。

当中，我们既能看到大量反映国土完整、国家统一、民族凝聚的现实题材的内容，又能看到强调多元融合、反对战争分裂的安土重迁思想的集中表达。因此统一性可以说既是中国文学的外在功能，又是不可忽视的内在属性。

第四，包容性是对包括中国文学在内的中华文明最深层属性的概括。正是由于有包容性，中国文学才始终能够保持海纳百川、胸怀天下的胸襟和气魄，既在中华民族多元一体格局内部保持着不同民族、不同区域文学之间持续互动的活力，又始终以开放、宽容的态度积极吸纳和借鉴世界各国文学的精华，并由此获得强大的生命力。从这个意义上说，包容性，是保证上述统一性的重要前提，没有对多元文化的包容，就不可能有相互之间的统一；包容性，也是保证创新性和连续性的基础，缺乏兼容并蓄精神的文学，就不可能容忍创新或变异，不可能容忍因时制宜、因地制宜，也不可能获得长久的生命力。同时，对于五个特性中的和平性而言，包容性也至关重要，它是保障中华文明、中国文学具有深入骨髓的和平性的根本要素。

第五，和平性为我们提供了理解中国文学的另一个重要视角。举例来说，无论是在口头文学还是书面文学当中，大团圆的结局是中国传统文学最突出的特征。从艺术角度而言，这种结构模式，因其套路化的表达曾受到不少批评家的诟病，但是，结合中华文明和平性的概念，我们却可以看到这种模式中所蕴含的中华民族对于和平、安宁的永恒追求。而像《西游记》、《水浒传》、《三国演义》等著名传统文学作品，尽管有许多表达强烈冲突乃至血腥暴力的书写，但最后的结局，也都是朝向招安与和平，并因此为大众喜闻乐见，这又从另一个侧面体现了中国文学的和平性。

结合当前正在全国范围广泛开展的"学习贯彻习近平新时代中国特色社会主义思想主题教育"的学习心得，再来理解习近平总书记对中华文明五个突出特性的概括，又可以看到，这对于推动新时代文化建设具有重要指导意义，对于我们进一步发展繁荣文学研究事业，推进新时代大文学观建设，具有重要的启示价值，极大增强了我们加快构建中国文学研究三大体系并以此为基础推动中华民族现代文明建设的信心和决心。

所谓大文学观，指的是以文化整体的眼光来认识文学现象、总结文学发展规律、探索文学基本属性并推动文学研究学科建设的观点和方法。它肇始于五四新文学运动时期，经过延安新文艺运动的洗礼和深化，这种被后来者概括为"大文学观"的文学思想获得了进一步的发展。新中国成立之后，在中华人民共和国欣欣向荣的制度保障下，经过郑振铎、何其芳、钟敬文、贾芝等一大批有识之士的共同努力，大文学观的基本理念日益普及。通过强调以开放的态度和广阔的视野来理解文学，文学研究的领域不断拓展，小说、神话、传说、歌谣、戏曲等许多以往被狭义文学观排斥在文学殿堂之外的重要文体，都被纳入文学的范围并得到高度重视；立足于对人民立场的强调，不同民族、不同国家的人民的所有文学创造，都被纳入关注的视野，这在彰显人民丰富创造力的同时，也为推动构建中华民族共同体，坚持和深化胸怀天下的理念与工作策略，促进社会文化建设，发挥了切实有效的作用。

在坚持正确的政治方向和学术导向的前提下，这种大文学观不仅体现着对于文学对象的兼容并蓄，也意味着对文学观点与视角的海纳百川。无论是对传统的经典作家文学还是对民间口头文学以及今天的网络文学，无论是对汉族的文学还是对少数民族的文学，无论是对中国传统的文学思想还是对西方的文学理论，都始终保持着宽容的襟怀和积极支持的态度。由于对文学所持的态度，是开放的而非封闭的，是包容的而非排他的，是创新的而非保守的，因此，这种打通古今、融会多民族、观照中外的文学观，不仅为全面观照文学的多样性创造了良好条件，也为建设和完善不同的二级学科，实际推动文学研究在理论、视角和方法上的全面发展，奠定了扎实基础。而这一切，又是今天我们适应时代要求，赖以从文学文化整体的角度进一步提升各项基础研究，并促进基础研究成果的社会应用转化及其服务当代文化建设作用的重要前提。

值得注意的是，在不同二级学科按照原有规划获得长足发展的同时，中国文学一级学科当中的不同学科之间也出现了越来越明显的各自为阵、界限分明的壁垒，又与大文学观的基本理念渐行渐远。

在这种背景下，习近平总书记在文化传承发展座谈会的讲话中对中华文明、中华优秀传统文化的新的系统论述，以及其中所体现的习近平新时代中国特色社会主义思想中的整体观、系统观，对于我们进一步发展大文学观中综合、整体、比较的研究思路和研究策略，推动文学研究各学科形成既立足自身传统又拓展研究视野的自觉意识，促进学科融通发展，必将起到积极的引领作用。

具体来说，讲话关于中华文明五大特性的概括，必然有助于深化有关文学自身丰富性、多样性的认识，并起到拓展文学理论及视角的作用；必然有助于进一步理解文学实践主体的多元性及主体间性，进而为增强我国各民族的中华民族共同体意识，为在国际社会推动构建人类命运共同体发挥作用；必然有助于认识文学形式的多样性以及不同形式之间动态的互动关系，进而为理解和维护文学生生不息的生命力、创造力发挥作用；必然有助于推动文学研究三大体系的建设，进而为发展和完善新时代大文学观发挥作用。而这种属于新时代、适应新要求的大文学观，又必然会为建设中华民族现代文明建设、为推动人类文明新形态的构建，贡献不可替代的力量。

涵养家国情怀　传承人文力量
——济宁市文化"两创"实践的思索

包明德

2013年11月,习近平总书记在视察山东时到过济宁市,并在这里发表了关于弘扬中华优秀传统文化问题的重要讲话,对济宁市的文化建设提出要求与期望。2014年9月,习近平总书记对于传统文化提出"创造性转化,创新性发展"的"两创"方针。

近年来,济宁市深入贯彻落实"两创"重要方针,凭借孔孟之乡的优势,充分挖掘弘扬文化经典、历史遗存和文物古迹所承载的文化精神,在焕发中国记忆、讲好中国故事、建构中国风范方面,从碎片到整体,以文化格局和文化建设的视野和高度做出了艰苦努力,取得了丰硕成果。他们倾力打造研究阐释、交流互鉴、空间展示、涵育新人、产业发展、全媒传播、人才引育七个方面的标杆,以示范引领、传播和推广文化"两创"的做法与经验,取得很好的成效。文化,主要体现在四个层次上,即物态的文化层、心态的文化层、制度的文化层和行为的文化层。济宁的"两创"工作在发展、在进步,在探索、在求新。学习贯彻"两创"重要方针,必须更重视融入现实生活,探索社会治理的新途径,在制度、机制、行为等方面深化拓展。习近平总书记指出:"我们生而为中国人,最根本的是我们有中国人的独特精神世界,有百姓日用而不觉的价值观。我们提倡的社会主义核心价值观,就充分体现了对中华优秀传统文化的传承和升华"(2014年5月4日习近平在北京大学师生座谈会上的讲话)。仁义道德、诚信仁政和兼济天下是儒家思想的精髓，是从古至今社会治理、安居乐业的一个要旨，也是中国人建立公德良序的一个基础。像《礼记》里说的，"发号出令而民说，谓之和；上下相亲，谓之仁；民不求其所欲而得之，谓之信；除去天地之害，谓之义"。通俗来说，政府的政策要合乎老百姓的心意，老百姓才欢迎拥护，心悦诚服地去贯彻执行。在生活和作风上官民打成一片，才能产生亲和力、向心力、凝聚力，社会就能和谐，能够消除自然灾害、消除刑事犯罪、消除侵害行为。大家有尊严感、有安全感，才能体现公义大义。

所以，进一步改进工作作风，不搞形式主义，深入群众，精简会议，简化接待，关心弱势群体，有效解决群众"急、难、愁、盼"等问题，应该是文化"两创"和"两结合"题中应有之义。另外，增强文化的传播力和影响力问题，也是摆在我们面前的重要时代课题。习近平总书记在党的二十大报告中指出："中国式现代化为人类实现现代化提供了新的选择。中国共产党和中国人民要为解决人类面临的共同问题提供更多更好的中国智慧、中国方案、中国力量。"人类在发展前行的漫长历程中有弯路，有缺失，是因为封建社会闭关锁国，加之交通、语言等方面存在一定的障碍，我国有许多宝贵的经验与智慧未能很好地得到传播，也未能融入到世界文明的进程，甚而造成西方对中国认知的片面与偏见。对于这方面的损失与缺憾，欧洲比较高明的哲学家、思想家早就有所发现并给出警示。如英国哲学家罗素就曾指出，中国至高无上的伦理品质中的一些东西，现代世界极为需要。还说，中国这些好的东西若能够被世界采纳，地球上肯定比现在有更多的欢乐祥和。18世纪法国杰出的哲学家、思想家和文学家，超越西方中心主义的局限，主张从中国文化中寻求智慧之光与道德力量。文化是国之所维，民族之魂。通观世界的历史，曾经强盛的国家都很重视文化软实力和影响力。19世纪，大英帝国称霸世界，他们当年的主流文化意识是"宁可失掉印度，也不能丢失莎士比亚"。20世纪，美国凭借着经济与军事上的强势横行世界。但在第二次世界大战之后，美国统治集团及其社会精英，深感自己文化软实力的短缺，所以通过好莱坞的电影、百老汇的娱乐、服装饮食等方面，把美国的生活方式及价值观渗透到世界各个角落，进而扩张其政治与经济的野心。有种讨论说21世纪是不是中国的世纪，且不说这样的提法是不是准确和科学，但这至少说明了我国的崛起与强大，是世界百年未有之大变局的显著标志。这鞭策我们不仅要加强经济建设与国防建设，同时也要增强文化自信与自觉，指向远大恒久的目标，加强文化建设，增强文化的传播力与影响力。

文学创作与评论，是中华优秀传统文化的映射与载体，也是增强文化传播力与影响力的重要途径与方式。经典文学作品是时代文化与民族精神的示范。在某点意义上说，对于我们古代优秀文学的宝贵经验，也要实行"两创"，即"创造性转化、创新性发展"。同时，更要增强我们对我国文学的自信心与自豪感。在很早之前，我国的文学创作就曾在世界产生影响，并且在伟大作家那里引起共情共鸣，得到高度称赞与颂扬。19世纪德国伟大作家歌德在看过《君子好逑传》后，盛赞中国文学作品所展示的山水花鸟和姑娘们纯朗的笑声，神往中国迷人的典故和古老的格言。他还说"中国人在思想、行为和情感方面几乎和我们一样，使我们很快就感到他们是我们的同类人，只是在他们那里一切都比我们这里更明朗，更纯洁，也更合乎道德"（参见《歌德谈话录》）。上文提到的伏尔泰曾热情地把中国戏剧《赵氏孤儿》引进法国，并改编成剧本《中国孤儿》加以上演传播。

把马克思主义文论同中国文学发展实际相结合，指向时代纵深与辽远，以灵动的文学表达，把中华优秀传统文化中的鲜亮元素，把最好、最美、最有价值的东西呈现给时代，推送给各国的广大读者，是文学工作者的使命与责任。

文艺新时代的行动新指南
——习近平总书记关于文艺的重要论述的总体性特征探析

白 烨

党的十八大以来，习近平总书记把文化建设与文艺繁荣作为治国理政的重要方面，多次就文化与文艺事业作出部署和发表讲话。近些年来，习近平总书记对于文艺工作的关注更为集中，发表的讲话更为频繁，比较重要的就有：2014年10月主持召开文艺工作座谈会并发表《在文艺工作座谈会上的讲话》；2016年12月参加中国文联十大、中国作协九大开幕式并发表《在中国文联十大、中国作协九大开幕式上的讲话》。2017年10月在为党的十九大作题为《决胜全面建成小康社会，夺取新时代中国特色社会主义伟大胜利》的报告中，列出"坚定文化自信，推动社会主义文化繁荣"的专节，又就新时代的文化建设和文艺事业作了提纲挈领的论述。2019年3月看望参加全国政协十三届二次会议的文艺界、社科界委员时发表重要讲话。把这些讲话综合起来看，可以说，习近平总书记关于文化与文艺的论述，不仅篇幅较多、内容丰厚，而且重点突出、逻辑严密，以博大精深、自成体系的方式，成为习近平新时代中国特色社会主义思想的重要构成部分。

习近平总书记的系列文艺讲话，内涵丰富，思想精深，重点与亮点比比皆是。从大的方面来看，有关文艺与时代、文艺与人民、文艺与生活的关系的论述，构成三个重点。而坚持以人民为中心的创作导向，创作优秀作品是文艺的中心工作，创新是文艺的生命，要以全新的眼光看待新的文艺群体，文艺要成为中国精神的载体，文艺批评要有激浊扬清的战斗力，要加强和改善党对文艺工作的领导等要点，在言简意赅又语重心长的扼要阐发中，体现出习近平总书记对于文艺客观规律的把握和深谙以及对党领导文艺经验的精到运用，因而既具有理论的穿透性，又具有思想的指引性。

还值得注意的是，习近平总书记的系列文艺讲话，在集中反映文艺自身发展和党领导文艺的两个基本规律和已有经验，更多、更大和更广地凝聚共识的同时，在总体构想与总的布局上具有强烈的针对性与恢弘的战略性，那就是直面新时代的文艺现状，解决新时代的文艺问题，引领新时代的文艺事业。因而，这些具体的文艺论述中，不断呈现出一些总体性的特征，令人感觉十分突出，印象格外鲜明。如：中华性的本位立场，人民性的价值指向，时代性的问题意识，等等。这样一些特征元素的相互交织和贯穿其中，使得习近平总书记的文艺讲话顺缕成帷，文艺论述自成系统，也显示出自己的独有特色与特殊价值。

一 中华性的本位立场

"文艺事业是党和人民的重要事业，文艺战线是党和人民的重要战线。"[①] 习近平总书记在两次文艺讲话中首先强调的这一句话，是中国文艺事业的基本定位，也是中国文艺事业的重要特质。正是基于这种清醒认知与深刻理解，习近平总书记在谈论文艺问题时，高瞻远瞩，高屋建瓴，紧紧联系着民族的生存与发展的大计，国家的兴盛与富强的大业，高度强调文艺的重要的引领功能与独特的号角作用，要求文艺工作者"成为时代风气的先觉者、先行者、先倡者，通过更多有筋骨、有道德、有温度的文艺作品，书写和记录人民的伟大实践、时代的进步要求，彰显信仰之美、崇高之美，弘扬中国精神、凝聚中

[①] 习近平：《在文艺工作座谈会上的讲话》，《人民日报》2014年10月15日第2版。

◈ 学思践悟：新时代文化使命与文学研究

国力量，鼓舞全国各族人民朝气蓬勃迈向未来。"① 在这些论述里，反复出现的"中国"一词告诉人们，立足"中国"，书写"中国"，"为亿万人民、为伟大祖国鼓与呼"，是中国文艺家义不容辞的历史使命与责任。把文艺行业纳入民族大业的考量，把文艺写作融入国家大计的认知，在强调文艺的重要地位与功能的同时，实际上也对文艺家的本体定位提出了基本的要求，那就是认清自己的身份所属，确立自己的立场所在。

在党的十九大报告中，习近平总书记在谈到发展中国特色社会主义文艺时，特别指出："以马克思主义为指导，坚守中华文化立场，立足中国当代现实，结合当今时代条件，发展面向现代化、面向世界、面向未来的，民族的科学的大众的社会主义文化，推动社会主义精神文明和物质文明协调发展。"② 在这段重要论述里，有两个关键词与"中国特色"关系甚大，这就是"中华文化立场"和"民族的"。"中华文化立场"，强调的是文化立场上的主体站位；"民族的"，强调的是文化属性上的族群标记。这两点分别从主体和客体两个方面，强化着文化应葆有的特征与特色。我们建设中国特色社会主义文化和文艺，尤其需要在理论批评和文艺创作中，乃至在文艺活动与文艺生活中，突出"中华性"文化立场，彰显"民族性"审美风范。

"中华性"文化立场，包含了出自于中华文化的身份认同，立足于中华文化的精神依托，以及在此基础上形成的经验与精神的主体性。而这种主体性，又可能体现在文化与文艺工作的出发点、立足点、落脚点上，以及文化与文艺工作者的眼光、胸襟与情怀中。提出"中华性"，强调"中华性"，在当下有着特别重要的意义。

与"中华性"相对应的，是隐含了"西方化"的"全球化"。从新时期到新世纪，由经济到文化日益"漫"泛的全球化，既给我们

---

① 习近平：《在文艺工作座谈会上的讲话》，《人民日报》2014 年 10 月 15 日第 2 版。
② 习近平：《决胜全面建成小康社会　夺取新时代中国特色社会主义伟大胜利——在中国共产党第十九次全国代表大会上的报告》，《人民日报》2017 年 10 月 28 日第 1 版。

的提供了丰富的借鉴，良好的契机，也给我们带来诸多的干扰，极大的影响。如在文艺的理论批评方面，从20世纪80年代以来，借助于社会与经济的改革开放，通过"走出去"和"引进来"的两种方式，在思想文化、理论批评等方面，引进了大量的西方学术经典，译介了很多欧美的文化文艺论著。这些立于西方文化立场，出自西方学者思考的学说、观点与观念，有长有短，良莠不齐，而我们的一些文人在借鉴与吸收中又缺少分析与鉴别，使得同样面对西方的学术与文化，却在不同人那里，产生了不尽相同的影响，呈现出决然不同的结果。有的作者合理借鉴西方"现代派"文艺元素，使以现实主义为底色的创作更为宏阔和丰厚，有的作者则对"现代派"一味崇尚，走向了对西方文艺现象的机械模仿。有的学者在学习中辨析，从中吸取有益的养分，使自己的知识结构吐故纳新，学术与文化研究与时俱进。而有的学者则在知识的吮吸中，生吞活剥，迷离倘恍，渐渐地游离了原有的文化立场，变成西方思想与文化的膜拜者和应声虫。由于思想文化上"崇洋媚外"的倾向与思潮的不断影响和渗透，在理论与学术领域出现了一些不应有的偏向，如把西方文化等同于现代文化、先进文化，在一味靠近中不断叫好；文学研究中把"海外汉学"看成是学界前沿和学术尖端，在"海外汉学"的影响下，对于中国现代文学的判断，出现不断高抬"非主流"文学，一味贬低革命文学的倾向。在文艺理论领域，也一度大量引用西方的概念，照搬西方的理论，用这种并不切合中国实际的概念与理论，来分析和论评中国当代的文化现象和文艺作品，从而得出与中国当代文艺不相符合的不实之论。习近平总书记《在文艺工作座谈会上的讲话》中说到的"不能用西方理论来剪裁中国人的审美"，就是对这种流行性现象的批评，对文化文艺工作者守住中国文化立场的提醒。

因此，在文化和文艺领域，无论是从事文学创作，艺术创造，还是从事理论探讨，学术研究，抑或是从事文艺批评，文艺创作，都有一个在"全球化"背景与场景下，如何保持立于中国文化的"中华性"问题，以及中国文化人、文艺人应有的文化自觉。在这一方面，

◇◈ 学思践悟：新时代文化使命与文学研究

著名的文学学者费孝通曾指出："文化自觉是一个艰巨的过程，首先要认识自己的文化，理解所接触到的多种文化，才有条件在这个正在形成中的多元文化的世界里确立自己的位置。"① 文化自觉是一种觉悟，也是一个过程。这个过程实际上就是在对自身民族文化的自觉反思中，对于新的文化主体的不断建构。只有文化、文艺领域的个体在"中华性"上坚守本位又不断刷新，整体的文化建设才有可能朝着"民族的科学的大众的"方向，不断丰富，走向繁盛。正是在这个意义上，习近平总书记《在中国文联十大、中国作协九大开幕式上的讲话》中特别指出："创作出具有鲜明民族特点和个性的优秀作品，要对博大精深的中华文化有深刻的理解，更要有高度的文化自信。"②

与"民族性"相对应的，是"世界性"的概念。文化与文艺领域的"民族性"，是民族内部在文化交流与碰撞整合中呈现出来的民族共性。这种民族共性，既表现为独特的民族性格，也体现为独特的民族审美。具体到文艺创作与文艺生活上，民族性常常表现为独特的民族形式与民族内容的完美统一，由此呈现出自己的独特形态，独有神韵。

文化是在互动中识别的，是在交流中发展的。因此，文学、文艺的民族性，同时内含了开放性与世界性的元素。但正是这种交流、互动与竞争，又反过来向民族文化提出了如何不失自尊，怎样不失自我的问题。在这一点上，延安时期的毛泽东在《新民主主义论》中提出"新民主主义文化"时，就明白无误地申明："新民主主义的文化是民族的。它是反对帝国主义压迫，主张中华民族的尊严和独立的。它是我们这个民族的，带有我们民族的特性。"③ 他还从马克思主义需要中国化的角度，说到一切外来的文化，都要"和民族的特点相结合，经过一定的民族形式"，而"民族形式"，就是"中国文化自己

---

① 费孝通：《对文化的历史性和社会性的思考》，《思想战线》2004年第2期。
② 习近平：《在中国文联十大、中国作协九大开幕式上的讲话》，《人民日报》2016年12月1日第2版。
③ 毛泽东：《毛泽东论文艺》，人民文学出版社1983年版，第20页。

的形式"。这种对于民族化的精到阐释，包含了自尊、自信与自立的意涵，并与"中国化"相等同的理解，值得我们今天在中国特色社会主义文化建设中，予以再度重温，给以高度重视。

"民族性"内含了地域性，又葆有中国性。因此，保持和坚守"民族性"就显得十分重要。习近平总书记《在文艺工作座谈会上的讲话》中讲到文化传统的血脉，就是"中华民族的精神命脉，是涵养社会主义核心价值观的重要源泉，也是我们在世界文化激荡中站稳脚跟的坚实根基"[①]。在这里，民族性与文化传统，与文化自信紧密相连，习近平总书记前所少有地强调了民族文化和文化的"民族性"的重要地位和重大作用。我们需要认真学习领会这些重要论述的精神实质，深入思考如何正确处理中国当代文艺与全球化文化发展的矛盾，深度挖掘中华民族丰厚的文化底蕴，从容应对文化全球化带来的挑战，并在这种博弈中彰显出中国的文化精神，中国的审美追求。

二 人民性的价值指向

在习近平总书记的几次重要文艺讲话里，"人民"是出现频率最高的词汇，也是有着重要蕴含与意义的一个关键词。《在文艺工作座谈会上的讲话》中，习近平总书记论述的第三个问题就是"坚持以人民为中心的创作导向"；《在中国文联十大、中国作协九大开幕式上的讲话》中，习近平总书记论述的第二个问题即是"希望大家坚持服务人民，用积极的文艺歌颂人民"；在党的十九大报告的"坚定文化自信，推动社会主义文化繁荣兴盛"的部分，他又强调："社会主义文艺是人民的文艺，必须坚持以人民为中心的创作导向，在深入生活、扎根人民中进行无愧于时代的文艺创造。"[②] 这些论述从不同角度阐述了文艺与人民的内在缘结和密切关系，并以"人民"为价值指向的内核与中

[①] 习近平：《在文艺工作座谈会上的讲话》，《人民日报》2014年10月15日第2版。
[②] 习近平：《决胜全面建成小康社会 夺取新时代中国特色社会主义伟大胜利——在中国共产党第十九次全国代表大会上的报告》，《人民日报》2017年10月28日第1版。

心，展开文艺论述的相关要点，构建起中国特色社会主义文艺思想的基本体系。

习近平总书记的《在文艺工作座谈会上的讲话》中谈到文艺的方向问题，在强调"坚持文艺为人民服务，为社会主义服务这个根本方向"时，又就"社会主义文艺"的根本属性作了新的解说，他指出："社会主义文艺，从本质上讲，就是人民的文艺。"他还进而论述道："要把满足人民精神文化需求作为文艺和文艺工作的出发点和落脚点，把人民作为文艺表现的主体，把人民作为文艺审美的鉴赏家和评判者，把为人民服务作为文艺工作者的天职。"[①] 这种秉要执本又简明扼要的阐释，以"为人民"为旨归，揭示了社会主义文艺的要旨与要义，也使"文艺为人民服务，为社会主义服务"的"二为"，在其内在精神上合而为一，统归于"为人民"的终极目标。可以说，"二为"变"一为"，这是在社会主义文艺的根本方向上，又一次体现新思想的新阐释。

实际上，在有关"人民"的提法上，习近平总书记的讲话对毛泽东的《在延安文艺座谈会上的讲话》也是既有继承又有发展。我们能感觉得到，毛泽东讲话里的"人民"的概念，是对"工人、农民、士兵、城市小资产阶级"的特别强调，尤其是对"工农兵"的刻意突出，显然带有很强烈的阶层性与阶级性。而习近平总书记讲话中的"人民"，则带有极大的普泛性，他讲话中的"人民"，有时是指民族主体，有时是指社会主人，有时是指广大读者，有时是指服务对象。总体来看，这里的"人民"，泛指人民大众，是广义性的。我觉得在"人民"这个关键词上，习近平总书记的讲话显然是体现出了自己的拓展与延伸的。

从1943年的毛泽东《在延安文艺座谈会上的讲话》的"文艺为人民大众""服从于政治"，到1980年党中央提出的"文艺为人民服务，为社会主义服务"，再到2014年习近平总书记论述的"社会主义文艺，

[①] 习近平：《在文艺工作座谈会上的讲话》，《人民日报》2014年10月15日第2版。

从本质上讲，就是人民的文艺"。在 70 多年的革命文艺和社会主义文艺的发展进程中，革命领袖和党的领导人关于文艺方向的论述与论断，既有力地指引了不同时期文艺工作的发展与繁荣，又深刻地总结了不同阶段文艺工作的丰富实践与基本经验，它的适时调整与逐步演进，就是党对文艺工作的认识与把握、组织与领导不断切近规律，逐步走向科学的过程。从这个意义上说，把习近平总书记的《在文艺工作座谈会上的讲话》，视为继毛泽东《在延安文艺座谈会上的讲话》，邓小平在第四次全国文代会上的《祝辞》和《人民日报》1980 年 7 月 26 日社论之后，党的领导人又一次具有重大理论意义与历史意义的重要讲话、具有划时代意义的文献，是有理由的，也是适当的。

围绕着"以人民为中心"的基本理念，习近平总书记就如何"为人民"提出了许多新要求与新希望，尤其是对文艺家潜心创作、紧跟时代、深入生活、德艺双馨等要求，都紧扣"为人民""以人民为中心"的总主题，作了精到的论说与生动的阐发。如谈到文艺工作者的任务："文艺工作者应该牢记，创作是自己的中心任务，作品是自己的立身之本，要静下心来、精益求精搞创作，把最好的精神食粮奉献给人民。"如谈到文学与时代的关系："作家艺术家应该成为时代风气的先觉者、先行者、先倡者，通过更多有筋骨、有道德、有温度的文艺作品，书写和记录人民的伟大实践、时代的进步要求，彰显信仰之美、崇高之美。"如谈到创作与生活的关系："能不能搞出优秀作品，最根本的决定于是否能为人民抒写、为人民抒情、为人民抒怀……要虚心向人民学习、向生活学习，从人民的伟大实践和丰富多彩的生活中汲取营养，不断进行生活和艺术的积累，不断进行美的发现和美的创造。要始终把人民的冷暖、人民的幸福放在心中，把人民的喜怒哀乐倾注在自己的笔端，讴歌奋斗人生，刻画最美人物，坚定人们对美好生活的憧憬和信心。"[①] 在这里，衡量作家的，是人民的诉求与需要；检验

[①] 以上论述均见于习近平：《在文艺工作座谈会上的讲话》，《人民日报》2014 年 10 月 15 日第 2 版。

作品的，是人民的情感与喜好；滋养创作的，是人民的实践与生活；成就文学的，是人民的理想与精神。人民在这里，是文艺创作的中心导向，是文艺家的终极坐标，是文艺生活的根本轴心。

可以说，这些擘肌分理又环环相扣的论述，不仅为"文艺为人民"这一根本方向提供了坚强的理论支撑，而且还在文艺"如何为人民"上，进行遵循规律和联系实际的分说与细读，提出了具体的办法与实现的措施，从而构成了色彩强烈的"以人民为中心"的理论建构与思想体系。

三　时代性的问题意识

习近平总书记《在中国文联十大、中国作协九大开幕式上的讲话》中，向广大文艺工作者郑重提出："要把握时代脉搏，承担时代使命，聆听时代声音，勇于回答时代课题"的时代新任务，而他的系列文艺讲话，也在直面时代现实，应对时代挑战，回答时代课题等方面，以强烈的问题意识、鲜明的问题导向，体现了务实求真的科学态度，展现了善于提出问题和解决问题的非凡能力和责任担当。

社会主义文艺在七十年来的发展历程中，赢得了异常丰硕的文艺成果，取得了十分丰富的宝贵经验，也积累了不少的复杂问题，面对着诸多的严峻挑战。尤其是经历了20世纪80年代、90年代，进入新世纪以来，文艺所置身的社会现实与文化生活都发生了巨大的变革，文艺自身也在发展演进中走向分化与泛化，变动不居的文艺场域里，不断有新的元素、新的势力介入，不断有新的关系、新的观念参杂其中，使得文艺领域和整个文坛呈现出前所少见的丰繁性、复杂性，乃至混合性、混血性。文艺领域里既表现出难能可贵的丰沛与繁盛，又体现出难以分辨的芜杂与氤氲。在这样一个背景之下，习近平总书记的"以人民为中心的创作导向""创作无愧于时代的优秀作品""反映时代是文艺工作者的使命"等重要论断，从"人民"和"时代"的两个维度，给新时代的文艺事业指明了前进的路向，提供了发展的途径，使得文艺工作者有了奋斗的目标，创作的坐标，进而给他们增强文化上的自知与自信，努力保持思想上的清醒与定力，坚定持守文学理想的纯正与高远，都提供了重要的思想引导力与精神能动力。

新时代迎来新机遇，新时代面临新问题。当下的文艺领域，在总体多元多样的纷繁样态中，隐含了许多新的矛盾，出现了许多新的问题，这些都打着这个时代或显或隐的印记，是这个时代所特有的。比如，文艺创作中的守成与创新的矛盾、数量与质量的矛盾，文艺生产中的社会效益与的经济效益的矛盾、艺术价值与市场价值的矛盾，文艺传播中的娱乐效果与审美效应的矛盾、艺术标高与市场指标的矛盾等等，以及由此带来的是与非、善与恶、美与丑、雅与俗的混淆与颠倒等，都使当下的文艺领域，一定程度上呈现出元素的混合性、样态的混杂性，使得人们难以分辨，更难以应对。面对这种纷繁复杂的文艺现状，习近平总书记《在文艺工作座谈会上的讲话》，既有要言不烦、一针见血的批评，又有简明扼要、秉要执本的点拨。许多难以辨析的现象，许多氤氲不明的倾向，经由这样鞭辟入里的点评与点拨，问题的症结摸准了，解决的路径找到了，人们不仅由此看到了矛盾与问题所在，也由此引起了自我反思与深刻自省。

对于创作现状中存在的混乱现象和倾向性问题，习近平总书记《在文艺工作座谈会上的讲话》中概括为三大病象：有数量、缺质量，有高原、缺高峰；抄袭模仿、千篇一律；机械化生产、快餐化消费。谈到我们的文艺作品中经常会出现的问题，习近平总书记在讲话中简要概括了六点：调侃崇高、扭曲经典、颠覆历史、丑化人民和英雄人物；是非不分、善恶不辨、以丑为美，过度渲染社会的阴暗面；搜奇猎艳、一味媚俗，低级趣味，把作品当成追逐利益的"摇钱树"，当作感官刺激的"摇头丸"；胡编乱写，粗制滥造，牵强附会，制造了一些文化"垃圾"；追求奢华、过度包装，炫富摆阔，形式大于内容；热衷于所谓"为艺术而艺术"，只写一己悲欢，杯水风波，脱离大众、脱离现实。凡此种种，习近平总书记在讲话中指出："文艺不能在市场经济大潮中迷失方向，不能在为什么人的问题上发生偏差。"① 这既是对种种问题的病根的深入剖解，更是对文艺工作者如何作为的重要提醒。

谈到当下文艺界最为突出的整体性问题，习近平总书记说根据他同一些文艺家接触交谈的了解，就是两个字：浮躁。实际上，"浮躁"不仅仅是文艺界的问题，它显然还是个社会性的问题，或者说是时代性的病症。浮躁的背后是什么，或者说是什么东西造成了浮躁？显而易见，是追名逐利，急功近利。从某种意义上讲，是一些人把文学当成了一种追名逐利、谋取功利的工具。还有就是在文学创作、文学生产、文学传播的过程中，都把利欲、利润、利禄、利益摆在前面，各个环节都这样之后，整体上构成了一种惯性，形成这样一种风气。所以浮躁状态及其背后的急功近利的内因，确实是一个需要整体反思、自我省察的大问题。要戒除与"浮躁"相关的这些问题，还是要回复到初心，归结到原点，那就是习近平总书记《在文艺工作座谈会上的讲话》中提出的至为重要的"文艺要赢得人民认可"。

四 特色鲜明的总体性

中华性的文化立场，人民性的价值导向和时代性的问题意识，各有各的核心元素与基本内涵，但"中华性""人民性"与"时代性"彼此之间，也有着深切的内在联结与紧密的逻辑联系，进而在文化战略、思想方法等大的方面，形成其特色鲜明的总体性。

文化立场的中华性、价值导向的人民性和问题意识的时代性，都是关键方面和根本问题，也是根本立场的选择与坚持。在思想文化领域，我国近现代以来，由于人们看问题的角度和方式不同，追求的目标与方向不同，实际上既存在着立于不同立足点的文化立场，也存在着出于不同文化立场的文化主张。从现代到当代，尤其是改革开放之

---

① 习近平：《在文艺工作座谈会上的讲话》，《人民日报》2014年10月15日第2版。

后的中国，已进入文化的多元碰撞、文明的多流交汇的时期。在这样多元多样的氛围和变动不居的势态下，我们应该选取一个什么样的历史定位、怎样体现我们的思想取向、如何确立我们的发展目标，就成为我们建设社会主义文化与文学首先要着力解决的前提性问题，这当然也是习近平总书记就文艺问题进行运思与展开论述的根本性问题。中华性的文化立场，人民性的价值导向和时代性的问题意识，分别从"中华性""人民性"与"时代性"的三个维度，选定文化立场，确定主要方向和表明应取姿态，体现了在站位选择上的相互依托又协调统一的文化方略，确保了文化文艺问题的研究与思考的范围与基调，以及应该葆有的中国特色、社会主义属性与新时代气韵。这样的文化方略，也充分彰显了新一代中国共产党人应有的文化自主、文化自立与文化自信。

　　文化作为一种软实力，需要从包括古代文化、现代文化和红色文化在内的文化资源中汲取丰富而有益的营养，更需要在与时代的联结、人民的联系和生活的互动中，源源不断地获取新的动能与新的力量。"中华性""人民性"与"时代性"，实际上为我们在软实力的开拓与发展上，汇聚和应用已有的力量，开发和吸取新的力量，提供了重要的保证和充分的可能。如果说中华性的文化立场，主要体现了文化基点上的定位与定力的话，那么，价值导向的"人民性"，因为依托于人民而蕴藏了无限的内力；而问题意识的"时代性"，因直面时代而寓含了充沛的活力。这些角度不同又各有蕴含的思想与文化的力量的相互依托，彼此支撑，以及不断化合，使得习近平有关文艺问题思考与论述，在其基本精神元素的构成上，既充分体现了鲜明的新时代的中国社会主义特色，又具有高度凝聚的思想张力与不断生发的文化活力，从而成为引领我们社会主义文艺事业奋勇前行的思想指针与构筑新时代文艺高峰的行动指南。

　　今年3月4日，习近平总书记在看望参加全国政协十三届二次会议的文化艺术界、社会科学界委员时发表了重要讲话，其中特别提到："希望大家立足中国现实，植根中国大地，把当代中国发展进步和当代中国人精彩生活表现好展示好，把中国精神、中国价值、中国力量阐释好。文艺创作要以扎根本土、深植时代为基础，提高作品的精神高度、文化内涵、艺术价值。哲学社会科学研究要立足中国特色社会主义伟大实践，提出具有自主性、独创性的理论观点。"[①] 这一包含了殷切期望的重要论述，从立足点、出发点和着眼点的根本问题上，对文艺工作和社科工作提出了新的要求。由这段论述也可看出中华性的文化立场，人民性的价值导向和时代性的问题意识的内在融合的整体性视角和总体性要求。这种对文化主体的彰显体现出活力四射、立场鲜明、内涵丰富的总体性，构成了习近平总书记重要文艺论述的基本特色，也使它作为习近平新时代中国特色社会主义思想的重要构成，打上了这个思想体系所独有的鲜明标记。

总之，习近平总书记的系列讲话构成的重要文艺论述，是在中国特色社会主义进入新时代，走向新征程的新的历史节点上，面临新的现状，面对新的问题，面向新的发展，对包括文艺创作、文艺生产、文艺传播、文艺组织领导和文艺理论批评在内的文艺工作，进行了要点性的论述与系统性的阐述。它的重要性在于，这是基于社会主义文艺七十年的发展历史，以及党领导文艺工作的经验与教训，着力解决我们这个时代诸多文艺难题的理论出击与思想指引。在这个意义上说，它作为习近平新时代中国特色社会主义思想的重要构成，深刻总结了从革命文艺到社会主义文艺的发展规律，科学总结了我们党近百年来领导文艺的重要经验，因而它标志着党对文艺工作认识与把握的新高度，体现了马克思主义文艺理论中国化的新进展，是中国特色社会主义文艺迈进新时代、展现新姿态、开启新征程、续写新篇章的思想指针和行动指南。

---

① 习近平：《习近平看望参加政协会议的文艺界社科界委员》，2019 年 3 月 4 日，（https：//baijiahao.baidu.com/s？id=1627089936354440133&wfr=spider&for=pc）。

实现"第二个结合",建设中国特色社会主义新文化

高建平

2023年6月2日,习近平总书记在文化传承发展座谈会上指出:在五千多年中华文明深厚基础上开辟和发展中国特色社会主义,把马克思主义基本原理同中国具体实际、同中华优秀传统文化相结合是必由之路。习近平总书记在讲话中提出了"两个结合",特别是围绕"第二个结合",作出重要论断和深刻阐述。在过去的一百多年中,中国共产党领导全国人民,通过将马克思主义与中国实际相结合,取得了社会主义革命和社会主义建设的伟大成就,使中国从一个半封建、半殖民地的,"一穷二白"的国家,建设成为社会主义强国。习近平总书记指出,我们还需要将马克思主义与中华优秀传统文化相结合,建设社会主义的文化强国。这两个结合是相辅相成的。其中"第二个结合",是新时期提出的新的战略任务。

习近平总书记指出,中华优秀传统文化塑造而成的中华文明,有五个突出的特性:第一是连续性。中华文明五千年源远流长,这是世界上唯一没有中断的文明。文明的连续性既说明历史积淀深厚,也说明中国人长期以来对文化力量的信仰强烈。无论历史上遭遇什么困难,中国人都坚持文化不灭,文明就不会断的信念。第二是创新性。在古代社会,中国人就提出:"周虽旧邦,其命维新。"[①] 到了现代社

---

① 高亨注:《诗经今注》,上海古籍出版社1980年版,第369页。

会，中国人创办《新青年》杂志，提出"少年中国"的口号，提出古老的中华文明要像凤凰涅槃一样，实现文化的更新。正如习近平总书记所总结的那样，"守正不守旧、尊古不复古"①，用新的姿态，接受新事物，迎接新挑战。第三是统一性，中国地分南北，人分族群，但从根本上讲，中华民族是一个整体。在历史上，特别是在遭受重大挫折，国家危难、民族危亡之际，中华民族就显示出团结一心，共赴国难的精神。习近平总书记指出："国土不可分、国家不可乱、民族不可散、文明不可断。"② 国家的统一，永远是中国"核心利益的核心"③。国家统一，则民族兴盛，事业兴旺发达。第四是包容性。中华民族是一个多民族的大家庭，分成多个民族，有着生活习惯和传统的不同。在广大的领域，有着各种宗教、社群和阶层，人民和谐共处。中国也对世界各种文明持开放的态度，本着对话、交流的态度，相互学习，取长补短。这些都决定了中华文明既具有主体性和核心凝聚力，又保持着边缘的活力，吸纳各种文明的因素。第五是和平性。中国追求的是文明交流互鉴，而不搞文化霸权。文明通过对话，相互学习、并存共生，并得到丰富发展。

中华文明所具有的这些优秀特点，是我们进一步实现这"第二个结合"的依托。关于"第二个结合"的重要性的认识，我们得有一个逐渐深化的过程。要达到"守正不守旧，崇古不复古"④，这需要经过一个认识的发展过程，也有待于主观和客观两方面条件的成熟。在历史上，创新与守旧之争，进步与复古之争，总是在文化领域不断出现。在文化领域坚持守正创新，是对待传统的态度辩证发展的结

---

① 习近平：《担负起新的文化使命 努力建设中华民族现代文明》，《人民日报》2023年6月3日第1版。
② 习近平：《担负起新的文化使命 努力建设中华民族现代文明》，《人民日报》2023年6月3日第1版。
③ 习近平：《担负起新的文化使命 努力建设中华民族现代文明》，《人民日报》2023年6月3日第1版。
④ 习近平：《担负起新的文化使命 努力建设中华民族现代文明》，《人民日报》2023年6月3日第1版。

实现"第二个结合",建设中国特色社会主义新文化

果。经过一百年奋斗的经验和教训,我们今天已经站在了这样一个新的历史节点上,具有历史的成熟胸怀,具有广泛吸收和进行文化创新的能力,要通过"第二个结合","创造属于我们这个时代的新文化,建设中华民族现代文明"[①]。

要实现这"第二个结合",就要全面而深入地了解和研究中国传统文化。习近平总书记多次强调,要"全面"了解和研究中国传统文化,就是说,不能只是对传统进行有选择的了解和研究。我们要继承的是优秀传统文化,要对传统文化进行选择,取其精华、去其糟粕。但是,我们又不能选择先行,不能预先决定哪些是优秀的,哪些是不优秀的。选择要建立在全面研究的基础之上,要通过全面研究,使传统文化的优秀品格显现出来。习近平总书记还强调,要"深入"了解和研究传统文化。中华传统文化是一个宝库,其中有着丰富的内容,需要花大力气,需要一代又一代人不断开掘,发现其中的优秀品格和丰富营养。

关于"第二个结合",习近平总书记讲了五个特点:第一是"彼此契合"[②]。马克思主义是在欧洲社会主义运动中产生的,是通过对西方传统哲学,特别是德国古典哲学的批判,通过经济学研究和对古典政治经济学的批判,总结了社会主义运动的经验和历史发展的规律,从而形成的理论体系。马克思主义理论具有革命性和实践性的特点。中国传统文化,是对中国五千年历史发展的经验总结。中国古人主张知行合一,强调关注现实、关注民生、以民为本等,具有优良传统。中国传统文化中的这些思想,具有与马克思主义相似的地方。这些相似点,应该成为理论研究的生发点,通过研究,形成理论上的有机契合。

第二是"互相成就"[③]。马克思主义从国外传来,要在中国生根

[①] 习近平:《担负起新的文化使命 努力建设中华民族现代文明》,《人民日报》2023年6月3日第1版。

[②] 习近平:《担负起新的文化使命 努力建设中华民族现代文明》,《人民日报》2023年6月3日第1版。

[③] 习近平:《担负起新的文化使命 努力建设中华民族现代文明》,《人民日报》2023年6月3日第1版。

发芽、得到成长，就要与中国这块水土相合。这本身是一个改造的过程。马克思主义与中国传统文化结合，吸收中国传统文化的因素，就能使这种理论得到发展，也使它更加适应中国社会现实。同时，中国传统文化产生于古代社会，原本适应的是古代生活。要想使它在当代社会仍有意义，仍能起作用，就需要进行现代化改造。实现马克思主义与中国传统文化相结合，就会形成一个新的文化上的有机整体，这个有机整体，就是既是中国的又是现代的文化形态，是中国式现代化的文化新形态。

第三是筑牢道路根基。历史是隔不断的，我们走中国式社会主义道路，就要从传统文化中汲取营养和智慧。了解过去，就知道现在，了解过去和现在，就知道未来。中华文明从古代走向现代，不断发展。在这个发展过程中，历史给予现代中国人以勇气和底气，赋予中国式现代化以深厚的底蕴。

第四是打开了创新空间。"第二个结合"打开了思路，使我们有了更为广阔的文化空间，将中华优秀传统文化作为资源，使我们能依托过去、立足当下、面向未来，进行理论创新和制度创新。正如习近平总书记所说，这是"又一次的思想解放"[1]。这一次的思想解放，接通历史根脉，获得了大量新资源，可以成为思想创新的无尽源泉。可以预见，这一次思想解放，会生产出丰硕的思想成果和学术成果。

第五是巩固了文化主体性。对中华优秀传统文化的研究深化到一定的高度，就使传统活在当下，成为文化主体的一部分。这不是复古，而是在汲取了传统营养的基础上，结合形成文化上的主体性，通过创新的发展，建设具有现代意义的社会主义新文化。

通过这"第二个结合"，通过对传统文化进行创造性转化、创新性发展，就能建立起社会主义文明的新形态来。在建立文明新形态的过程中，马克思主义美学起到极其重要的作用。在美学领域里具体实

---

[1] 习近平：《担负起新的文化使命 努力建设中华民族现代文明》，《人民日报》2023年6月3日第1版。

现这"第二个结合",就要将马克思主义美学与中国传统美学结合起来。

中国传统美学是一个丰富的宝库,需要我们运用马克思主义美学观点和方法去挖掘,在现代的语境中加以阐释。

马克思主义美学中的人民观,就与中国古代优秀文艺作品中关心人民疾苦、揭示阶级对立、不平则鸣,以及歌颂人民对美好生活追求的价值观,有着结合的可能。

马克思主义美学中对现实主义的追求,就与中国古代优秀文艺作品对时代和生活进行史诗般记录的"诗史"美学追求有相通之处。

马克思主义美学中对美、崇高、悲剧、喜剧,以及其他一些重要美学范畴的论述,就与中国古代的一些重要的美学概念、范畴和关键词具有可比性。

我们要深入研究中华传统美学,在资料的整理开掘、历史线索的清理、核心概念的阐释等多方面进行全面深入的研究。同时,加强马克思主义美学研究,在美学研究中贯彻马克思主义的立场、观点和方法。在高水平研究的基础上,实现马克思主义美学与中国传统美学的结合。这种结合是有机的,要形成一个有机的整体。这种结合,一方面可使马克思主义美学成为中国的,另一方面又可使中华传统美学成为现代的,从而建立起既是现代的,又是中国的美学来。

习近平总书记关于"两个结合",特别是"第二个结合"的论述,为我们当前所进行的哲学社会科学三大体系的建设指明了方向、明确了路径。我们要按照习近平总书记的要求,立足中国实践,"用中国道理总结好中国经验,把中国经验提升为中国理论"[①]。坚持马克思主义中国化时代化,传承和发展中华优秀传统文化,努力促进外来文化本土化,在打通中西马的基础上,培育和创造新时代中国特色社会主义的新文化。

---

① 习近平:《担负起新的文化使命 努力建设中华民族现代文明》,《人民日报》2023年6月3日第1版。

"中国式现代化"与网络文艺创新

陈定家

习近平总书记在"不忘初心、牢记使命"主题教育工作会议上指出，主题教育必须全面把握"守初心、担使命，找差距、抓落实"的总要求。在这一总要求的引领下，根据党的建设任务、针对党内存在的突出问题、结合这次主题教育的特点，根据相关研究领域的既往研究成果，将学习和讨论的具体内容与党的二十大精神结合起来，为了避免泛泛而论，我们特将学习心得体会聚焦于"新媒介文艺的中国化时代化"这一论题上，就"中国式现代化"与网络文艺创新这一话题谈点肤浅的看法，乘主题教育之东风，请同志们批评和指正。

2022年10月16日，习近平总书记在中国共产党第二十次全国代表大会上作了题为《高举中国特色社会主义伟大旗帜　为全面建设社会主义现代化国家而团结奋斗》的报告。习近平总书记指出，中国共产党第二十次全国代表大会，是在全党全国各族人民迈上全面建设社会主义现代化国家新征程、向第二个百年奋斗目标进军的关键时刻召开的一次十分重要的大会。大会的主题是：高举中国特色社会主义伟大旗帜，全面贯彻新时代中国特色社会主义思想，弘扬伟大建党精神，自信自强、守正创新，踔厉奋发、勇毅前行，为全面建设社会主义现代化国家、全面推进中华民族伟大复兴而团结奋斗。①

---

① 习近平：《高举中国特色社会主义伟大旗帜　为全面建设社会主义现代化国家而团结奋斗——在中国共产党第二十次全国代表大会上的报告》，《人民日报》2022年10月26日第1版。

一　提升中华文化自信力，铸就当代文艺新辉煌

在党的二十大报告中，习近平总书记指出，全面建设社会主义现代化国家，必须坚持中国特色社会主义文化发展道路，增强文化自信，围绕举旗帜、聚民心、育新人、兴文化、展形象建设社会主义文化强国，发展面向现代化、面向世界、面向未来的，民族的科学的大众的社会主义文化，激发全民族文化创新创造活力，增强实现中华民族伟大复兴的精神力量。二十大报告坚持马克思主义在意识形态领域指导地位的根本制度，坚持为人民服务、为社会主义服务，坚持百花齐放、百家争鸣，坚持创造性转化、创新性发展，以社会主义核心价值观为引领，发展社会主义先进文化，弘扬革命文化，传承中华优秀传统文化，满足人民日益增长的精神文化需求，巩固全党全国各族人民团结奋斗的共同思想基础，不断提升国家文化软实力和中华文化影响力。

有人用五个"度"，即高度、广度、深度、温度、力度来描述党的二十大报告的重要意义。一、高度。报告总结过去、部署未来，站在中华民族伟大复兴、打造人类文明新形态的高度上，提炼出了"中国式现代化"这一崭新的核心理念。这一核心理念的提出，不仅对于中国社会发展具有重要意义，而且对人类社会发展也作出了历史性、创造性的新论述，立意高远。二、广度。报告不仅着眼于新时代，更延展到纵向的数千年中华文化的历史长河，延展到横向的环宇全球，在最广阔的视域中确定了中国发展的方位与坐标，以人类命运共同体的立论，提炼出建设社会主义现代化强国的一系列方针政策与战略部署，视野广阔。三、深度。报告在工作层面和思想层面作出了前所未有的探索与创新。以"中国式现代化""人类文明新形态""全人类共同价值"等为重要标志，一系列新思想、新观点、新表达集中推出，它们以空前的思想深度，诠释了马克思主义中国化时代化的最新成果。四、温度。报告不仅呈现出严谨的理性逻辑与缜密结构，而且

通篇富于强烈的情感感染力与冲击力,体现出浓浓的"人民情怀"和温暖人心的温度。五、力度。报告旗帜鲜明地描摹了党领导人民开启第二个百年奋斗新征程的宏伟蓝图与行进路线。继"五位一体""四个全面"之后更是提出了"六个坚持",这彰显出以习近平总书记为核心的党中央面对国内外空前复杂的局面坚定不移、坚强执著的决心与信心和战略部署安排的力度。①

上述"五度"说,可以说是对党的二十大报告全面回应"中国之问、世界之问、人民之问、时代之问"的高度概括和总结。其实,我们以此"五度"来描述党的二十大理论创新的意义也一样恰如其分。众所周知,理论创新源于社会实践。"时代是思想之母,实践是理论之源",离开了实践,理论就变成了无源之水和无本之木。党的十九大报告指出:"实践没有止境,理论创新也没有止境。世界每时每刻都在发生变化,中国也每时每刻都在发生变化,我们必须在理论上跟上时代,不断认识规律,不断推进理论创新、实践创新、制度创新、文化创新以及其他各方面创新。"②党的二十大报告重申了社会实践和理论创新"没有止境"的观念,并进一步提出要不断谱写马克思主义"中国化""时代化"的新篇章,还特别强调要把握好新时代中国特色社会主义思想的世界观和方法论,坚持好、运用好贯穿其中的立场、观点和方法。

习近平总书记在党的二十大报告中指出,在"没有止境"的社会实践和理论创新过程中,我们必须坚持"自信自立"。中国人民和中华民族从近代以后的深重苦难走向伟大复兴的光明前景,从来就没有教科书,更没有现成答案。因此,党的二十大报告指出,中国的问题必须从中国基本国情出发,必须由中国人自己来解答。报告要求广大文艺工作者要在坚定马克思主义信仰、坚定中国特色社会主义信念的前提下,坚定"四个自信",以更加积极的"历史担当"和"创造精

---

① 胡智锋:《奋进新征程的伟大宣言》,《文艺报》2022年12月12日。
② 习近平:《决胜全面建成小康社会 夺取新时代中国特色社会主义伟大胜利——在中国共产党第十九次全国代表大会上的报告》,《人民日报》2017年10月28日第1版。

神"把新时代的马克思主义文艺理论推进到一个全新的阶段,为此,广大文艺理论工作者们"既不能刻舟求剑、封闭僵化,也不能照抄照搬、食洋不化。"①

尤为值得注意的是,党的二十大报告把"守正创新"观念提升到了一个全新的高度,并对为什么要坚持守正创新和如何守正创新等问题作出了意味深长的回答。"我们从事的是前无古人的伟大事业,守正才能不迷失方向、不犯颠覆性错误,创新才能把握时代、引领时代。"在讨论如何坚持守正创新的问题时,报告强调必须"以科学的态度对待科学、以真理的精神追求真理",要"守正"就必须以科学态度和求真精神"坚持马克思主义基本原理不动摇,坚持党的全面领导不动摇,坚持中国特色社会主义不动摇";要创新就必须"紧跟时代步伐,顺应实践发展,以满腔热忱对待一切新生事物,不断拓展认识的广度和深度,敢于说前人没有说过的新话,敢于干前人没有干过的事情,以新的理论指导新的实践。"②

党的二十大报告一个具有重要意义的基本观念是建设具有强大"凝聚力"和"引领力"的社会主义意识形态。为此,首先必须"确立和坚持马克思主义在意识形态领域指导地位的根本制度"。在这里,如何"坚持和发展马克思主义"可以说是这一"根本制度"的关键所在。实际上,这一根本制度也为当代文化与文艺的繁荣发展提供了重要的指导思想和可靠的基本遵循。报告指出,马克思主义是"立党立国"、"兴党兴国"的根本指导思想。为此,报告对"马克思主义必须同中国具体实际相结合"之基本原则作出了令人印象深刻的创新性阐发。习近平总书记指出,坚持和发展马克思主义"必须坚持解放思想、实事求是、与时俱进、求真务实,一切从实际出发,着眼解决

---

① 习近平:《高举中国特色社会主义伟大旗帜 为全面建设社会主义现代化国家而团结奋斗——在中国共产党第二十次全国代表大会上的报告》,《人民日报》2022 年 10 月 26 日第 1 版。

② 习近平:《高举中国特色社会主义伟大旗帜 为全面建设社会主义现代化国家而团结奋斗——在中国共产党第二十次全国代表大会上的报告》,《人民日报》2022 年 10 月 26 日第 1 版。

◇◇ 学思践悟：新时代文化使命与文学研究

新时代改革开放和社会主义现代化建设的实际问题，不断回答中国之问、世界之问、人民之问、时代之问，作出符合中国实际和时代要求的正确回答，得出符合客观规律的科学认识，形成与时俱进的理论成果，更好指导中国实践。"①

具体到当代文艺思想建构领域，如何实现能够更好指导中国文艺实践的理论创新，这无疑是我们必须面对的一个现实问题。历史的经验告诉我们，当代文艺创新和发展迫切需要立足中国、放眼世界、尊重规律、与时俱进的理论指引。关于这一点，党的二十大报告所提出的一些新论断和新要求值得密切关注："新时代的创新理论深入人心，社会主义核心价值观广泛传播，中华优秀传统文化得到创造性转化、创新性发展，文化事业日益繁荣，网络生态持续向好，意识形态领域形势发生全局性、根本性转变。"② 这些论述，也直接或间接地涉及到当代文艺思想史体系建构的一系列重大现实问题，如理论创新，核心价值观，文化传承与传播，文化事业和文化产业，网络生态以及意识形态导向等，这些都是当代文艺理论"三个体系建构"所必须面对的重要问题。

表面上看，报告所说的"意识形态领域形势发生全局性、根本性转变"似乎与文化、文艺缺少直接关联，但实际上这种"全局性、根本性"的转变，在深化文化改革和促进文艺发展方面表现得相当突出。单就党的二十大召开前有关部门实施的一系列重大文化建设工程而言，文化与文艺类项目取得了不少可圈可点的成绩，令人欢欣鼓舞。例如，党史展览馆的落成、国家版本馆的建立、中国历史研究院的竣工等，都为当今中国增添了富有时代意义的文化新地标；以黄河、运河、长城、长江以及长征等为主题的主题公园，更是如其所愿地成为国家文化新名片；中华文明探源项目进展顺利，"考古中国"

---

① 习近平：《高举中国特色社会主义伟大旗帜　为全面建设社会主义现代化国家而团结奋斗——在中国共产党第二十次全国代表大会上的报告》，《人民日报》2022年10月26日第1版。

② 习近平：《高举中国特色社会主义伟大旗帜　为全面建设社会主义现代化国家而团结奋斗——在中国共产党第二十次全国代表大会上的报告》，《人民日报》2022年10月26日第1版。

领域更是捷报频传,中华优秀传统文化传承发展工程、文物和古籍保护利用、非物质文化遗产保护传承等领域都取得了可喜进展。所有这些展现国家文化形象的大工程大项目,不仅在文物文遗保护、历史文化传承等方面作出了有益探索,而且在体现中国化文艺观和时代化审美性等方面,也产生了不可替代的示范意义和引领作用,为推动理想信念教育常态化、制度化,抓好"四史"宣传教育作出了贡献,并必将对当代和未来的文化创新和文艺发展产生巨大而深远的影响。

此外,上述意识形态领域"全局性、根本性"转变在艺术生产方面也不乏可圈可点的表现。有关方面的国情调研及其统计数据表明,当今中国不仅在文艺图书、电视剧、动漫等领域的生产规模跃居世界第一,电影市场规模屡创纪录,银幕数和票房收入也屡屡排名全球第一。文艺精品在引领方向、凝聚力量方面发挥着越来越重要作用。电影《长津湖》、电视剧《山海情》《觉醒年代》等主旋律文艺作品的"破圈"传播成就了一批铭记时代气象的精品;近十年来,我国广播电视和网络视听文艺,坚持以人民为中心的创作导向,精品数量增多、质量提升增速,增强了人民群众的精神力量和文化素养,在健全现代文化产业体系和市场体系等方面,进行了大规模的系统化探索。党的二十大召开前后,《未来中国》等文艺节目、《运河边的人们》等电视剧、《这十年》系列网络视听节目既获得了专家的充分肯定,也得到了观众的高度好评。其他优秀作品,如理论节目《思想耀江山》、电视剧《我们这十年》《县委大院》《大考》、文艺节目《我们的新时代》、纪录片《十年逐梦路》等成功地突出了社会主义核心价值观,有效地实现了中华优秀传统文化创造性转化、创新性发展。[①]

今天,中华民族正处在一个日益繁荣昌盛的伟大时代,每个生活这个巨变时代的文艺工作者,理应有立足中国、放眼世界的大格局、大胸怀、大气魄,不忘初心,牢记使命,坚持以人民为中心的创作导向,

---

[①] 段相宇:《意识形态领域形势发生全局性根本性转变》,2022年8月16日,中央纪委国家监委网站(https://www.ccdi.gov.cn/yaowenn/202208/t20220818_212271.html)。

为全面建设文化强国贡献力量,自觉自愿地做一个与时代同行的艺术家,努力创作出与历史辉映的优秀作品。这既是广大文艺工作者必须肩负的历史担当,同时也是当今时代赋予每个作家艺术家的光荣使命。

二 坚持"以人民为中心"的创作导向

党的二十大报告号召繁荣发展文化事业和文化产业,要求"坚持以人民为中心的创作导向,推出更多增强人民精神力量的优秀作品,培育造就大批德艺双馨的文学艺术家和规模宏大的文化文艺人才队伍。坚持把社会效益放在首位、社会效益和经济效益相统一,深化文化体制改革,完善文化经济政策。"[1] 自党的二十大召开以来,坚持以人民为中心的创作导向,为繁荣发展文化事业和文化产业贡献力量,已成为广大文化文艺工作者学习党的二十大精神最热门的话题之一,"人民"二字在各大媒体文章中呈现出爆炸式增长,在众多抢眼的高频词汇行列中名列前茅。

据笔者统计,毛泽东《在延安文艺座谈会上的讲话》中"人民"一词出现过86次。毛泽东同志在座谈会上开门见山地指出:"我们今天开会,就是要使文艺很好地成为整个革命机器的一个组成部分,作为团结人民、教育人民、打击敌人、消灭敌人的有力的武器,帮助人民同心同德地和敌人作斗争。"毛泽东同志认为,文艺应当"为千千万万劳动人民服务",为什么人的问题,是一个根本的问题,原则的问题。毛泽东结合中国革命的实际情况,坚持和发展了"文艺应为最广大的人民大众服务"的观点,创造性地解决了文艺为什么人服务以及如何服务的问题。在对待如何普及与提高的问题上,他也旗帜鲜明地坚持了人民至上观念和为人民服务思想:"普及是人民的普及,提高也是人民的提高。"总之,"我们的文学艺术都是为人民大众的,

---

[1] 习近平:《高举中国特色社会主义伟大旗帜 为全面建设社会主义现代化国家而团结奋斗——在中国共产党第二十次全国代表大会上的报告》,《人民日报》2022年10月26日第1版。

首先是为工农兵的，为工农兵而创作，为工农兵所利用的。"毛泽东号召广大文艺工作者要学习鲁迅的"孺子牛"精神，做无产阶级和人民大众的"牛"，鞠躬尽瘁，死而后已，创造出更多为人民大众所热烈欢迎的优秀的作品。

邓小平《在中国文学艺术工作者第四次代表大会上的祝辞》中"人民"出现了34次。"我们的文艺属于人民。……文艺创作必须充分表现我们人民的优秀品质，赞美人民在革命和建设中、在同各种敌人和各种困难的斗争中所取得的伟大胜利。……文艺工作者要努力学习马列主义、毛泽东思想，提高自己认识生活、分析生活、透过现象抓住事物本质的能力。"他希望，文艺工作者能够成为名副其实的"人类灵魂工程师"。邓小平指出，文艺工作者要教育人民，必须自己先接受人民的教育。"人民是文艺工作者的母亲。一切进步文艺工作者的艺术生命，就在于他们同人民之间的血肉联系。忘记、忽略或是割断这种联系，艺术生命就会枯竭。""人民需要艺术，艺术更需要人民。"文艺工作者只有自觉地在人民的生活中汲取题材、主题、情节、语言、诗情和画意，用人民创造历史的奋发精神来哺育自己，才能担当起繁荣和发展社会主义文艺事业历史使命。

习近平总书记《在文艺工作座谈会上的讲话》中"人民"出现了112次；更为重要的是，在这次讲话中，习近平总书记用了4000多字的篇幅深入地探讨了"坚持以人民为中心的创作导向"问题。习近平总书记指出，"社会主义文艺，从本质上讲，就是人民的文艺。"毛泽东同志在延安文艺座谈会上指出："为什么人的问题，是一个根本的问题，原则的问题。"邓小平同志说："我们的文艺属于人民"，"人民是文艺工作者的母亲"。江泽民同志要求广大文艺工作者"在人民的历史创造中进行艺术的创造，在人民的进步中造就艺术的进步"。胡锦涛同志强调："只有把人民放在心中最高位置，永远同人民在一起，坚持以人民为中心的创作导向，艺术之树才能常青。"[①]

---

① 习近平：《在文艺工作座谈会上的讲话》，《人民日报》2014年10月15日第2版。

◈ 学思践悟：新时代文化使命与文学研究

人民既是历史的创造者、也是历史的见证者，既是历史的"剧中人"、也是历史的"剧作者"。文艺要反映好人民心声，就要坚持"二为"方向。这是党对文艺战线提出的一项基本要求，也是决定我国文艺事业前途命运的关键。只有牢固树立马克思主义文艺观，真正做到了以人民为中心，文艺才能发挥最大正能量。以人民为中心，就是要把满足人民精神文化需求作为文艺和文艺工作的出发点和落脚点，把人民作为文艺表现的主体，把人民作为文艺审美的鉴赏家和评判者，把为人民服务作为文艺工作者的天职。①

习近平总书记进一步指出，人民需要文艺。随着人民生活水平不断提高，人民对包括文艺作品在内的文化产品的质量、品位、风格等的要求也更高了。文学、戏剧、电影、电视、音乐、舞蹈、美术、摄影、书法、曲艺、杂技以及民间文艺、群众文艺等各领域都要跟上时代发展、把握人民需求，以充沛的激情、生动的笔触、优美的旋律、感人的形象创作生产出人民喜闻乐见的优秀作品，让人民精神文化生活不断迈上新台阶。文艺需要人民。人民是文艺创作的源头活水，一旦离开人民，文艺就会变成无根的浮萍、无病的呻吟、无魂的躯壳。列宁说："艺术是属于人民的。它必须在广大劳动群众的底层有其最深厚的根基。它必须为这些群众所了解和爱好。它必须结合这些群众的感情、思想和意志，并提高他们。它必须在群众中间唤起艺术家，并使他们得到发展。"人民生活中本来就存在着文学艺术原料的矿藏，人民生活是一切文学艺术取之不尽、用之不竭的创作源泉。②

人民的需要是文艺存在的根本价值所在。能不能搞出优秀作品，最根本的取决于是否能为人民抒写、为人民抒情、为人民抒怀。一切轰动当时、传之后世的文艺作品，反映的都是时代要求和人民心声。文艺只有植根现实生活、紧跟时代潮流，才能发展繁荣；只有顺应人民意愿、反映人民关切，才能充满活力。人民不是抽象的符号，而是

---

① 习近平：《在文艺工作座谈会上的讲话》，《人民日报》2014年10月15日第2版。
② 习近平：《在文艺工作座谈会上的讲话》，《人民日报》2014年10月15日第2版。

一个一个具体的人，有血有肉，有情感，有爱恨，有梦想，也有内心的冲突和挣扎。文艺要热爱人民。有没有感情，对谁有感情，决定着文艺创作的命运。如果不爱人民，那就谈不上为人民创作。热爱人民不是一句口号，要有深刻的理性认识和具体的实践行动。总之，文艺的一切创新，归根到底都直接或间接来源于人民。只要我们与人民同在，就一定能从祖国大地母亲那里获得无穷的力量。①

在党的二十大报告中，"人民"二字出现了177次。可以毫不夸张地说，"人民"是报告中的第一关键词。"人民是历史发展的根本动力"，这是中国共产党一以贯之的基本思想。将"以人民为中心"作为所有战略规划的出发点与落脚点，将"人民对美好生活的向往"作为最大目标。"以人民为中心的创作导向"是习近平总书记关于文艺工作系列重要讲话的核心内容之一。2014年在文艺工作座谈会上的重要讲话中，他首次提出"坚持以人民为中心的创作导向"。2016年在中国文联十大、中国作协九大开幕式上的重要讲话，2021年在中国文联十一大、中国作协十大开幕式上的重要讲话，以及一系列贺信回信、批示指示中，习近平总书记多次重申了这一重要论述，并做了新的阐释。

众所周知，"以人民为中心"是马克思主义的最重要的基本原理之一。马克思说："人民历来就是作家'够资格'和'不够资格'的唯一判断者。"② 毛泽东在《论联合政府》中更是明旗帜鲜明地确认了人民作为历史创造者的地位："人民，只有人民，才是创造世界历史的动力。"③ 历史的经验一再告诉我们，人民群众是社会变革的决定力量。"人民立场是中国共产党的根本政治立场，是马克思主义政党区别于其他政党的显著标志。"④ 中国共产党的根本宗旨，就是全

---

① 习近平：《在文艺工作座谈会上的讲话》，《人民日报》2014年10月15日第2版。
② 马克思：《第六届莱茵省议会的辩论》，《马克思恩格斯全集 第1卷》，人民出版社1982年版，第90页。
③ 《毛泽东选集》（第3卷），人民出版社1991年版，第1031页。
④ 习近平：《在庆祝中国共产党成立95周年大会上的讲话》，《人民日报》2016年7月2日第2版。

心全意为人民服务，始终同人民站在一起，了解群众的意愿和要求，并为满足人民日益增长的美好生活需要创造条件。发展依靠人民，发展为了人民，发展成果由人民共享。坚持"以人民为中心的创作导向"，继承马克思主义文艺理论与我们党"文艺为人民服务"的思想精髓，是党的二十大报告的一大重要特色。报告旗帜鲜明地指出"社会主义文艺，从本质上讲，就是人民的文艺"。在报告中，习近平总书记根据新时代的特点，对"文艺为人民服务"的思想作了一系列创新性论述。首先，习近平总书记创造性地拓展了"人民"的范畴，指出"人民不是抽象的符号，而是一个一个具体的人，有血有肉，有情感，有爱恨，有梦想，也有内心的冲突和挣扎"，将作为群体的人民概念与作为个体的"具体的人"辩证地结合起来；其次，习近平总书记在报告中对社会主义市场经济中的文艺、通俗文艺作了系统论述，再次强调"文艺不能当市场的奴隶""低俗不是通俗，欲望不代表希望"，并再次重申了优秀文艺作品的评价标准。报告指出："优秀的文艺作品，最好是既能在思想上、艺术上取得成功，又能在市场上受到欢迎"；对于一个有使命意识和时代担当的作家艺术家来说，他不仅要明确创作是自己的中心任务，作品是自己的立身之本，而且要自觉地将创作与作品与以人民为中心的价值导向有机结合起来。报告中的这一系列论述，既尊重艺术规律，尊重作家艺术家的主体性，又在更高层面上为作家艺术家的探索与创新指明了方向。

  有评论家指出，近十年来，中国文艺的整体格局发生巨大变化，中国文艺的发展道路更加坚定明确，众多作家艺术家苦练脚力、眼力、脑力、笔力，坚持深入生活、扎根人民，为我们奉献了诸多精品力作，这也充分展示了"以人民为中心的创作导向"真理的力量、实践的伟力。坚持把创作向广大人民群众充分敞开，中国文艺的未来必定更加辉煌璀璨。[①]

[①] 李云雷：《"以人民为中心"引领文艺攀登高峰》，《光明日报》，2022年09月28日第9版。

"以人民为中心"观念和"为人民服务"思想是建党之基和立党之本,人民利益至上是每个共产党人不可忘却的初心和必须牢记的使命。1945年4月,毛泽东在说明《关于若干历史问题的决议》草案时指出:"正确和错误的标准自然是马克思主义,但人民利益同样是标准。"[1] 党的二十大报告指出:"必须坚持人民至上。人民性是马克思主义的本质属性,党的理论是来自人民、为了人民、造福人民的理论,人民的创造性实践是理论创新的不竭源泉。一切脱离人民的理论都是苍白无力的,一切不为人民造福的理论都是没有生命力的。"[2] 人民创造提供理论资源,人民智慧丰富理论内涵。我们要站稳人民立场、把握人民愿望、尊重人民创造、集中人民智慧,形成为人民所喜爱、所认同、所拥有的理论,使之成为指导人民认识世界和改造世界的强大思想武器。

坚持以人民为中心的发展思想是全面建设社会主义现代化国家的一项重大原则。习近平总书记在党的十九届五中全会第二次全体会议上,阐明了中国式现代化的基本特征,即中国式现代化是人口规模巨大的现代化、全体人民共同富裕的现代化、物质文明和精神文明相协调的现代化、人与自然和谐共生的现代化、走和平发展道路的现代化。[3] 这五大特征"是我国现代化建设必须坚持的方向,要在我国发展的方针政策、战略战术、政策举措、工作部署中得到体现,推动全党全国各族人民共同为之努力"[4],这表明中国式现代化是以人民为中心的现代化。在此基础上,党的二十大报告首次总结概括了中国式现代化的本质要求。其中,实现高质量发展、发展全过程人民民主、丰富人民精神世界、实现全体人民共同富裕、促进人与自然和谐共

---

[1] 《毛泽东文集》第3卷,人民出版社1996年版,第282页。
[2] 《毛泽东文集》第3卷,人民出版社1996年版,第19页。
[3] 习近平:《坚定不移推进中国式现代化》《习近平谈治国理政》第4卷,外文出版社2022年版,第123—124页。
[4] 习近平:《坚定不移推进中国式现代化》《习近平谈治国理政》第4卷,外文出版社2022年版,第164—165页。

生，是中国式现代化的实践要求①，凸显人民在推进中国式现代化过程中的主体地位和主体作用。

党的二十大报告对"两个结合"的重要论断进行了深入阐释，强调不断谱写马克思主义中国化时代化新篇章，需要理论创新从实际出发，"不断回答中国之问、世界之问、人民之问、时代之问"②，"把马克思主义思想精髓同中华优秀传统文化精华贯通起来、同人民群众日用而不觉的共同价值观念融通起来"③，只有这样才能让人民喜爱理论、认同理论、拥有理论，让马克思主义在人民群众中扎根，"在中国大地上展现出更强大、更有说服力的真理力量"④，指导党和人民认识世界和改造世界的实践。党的二十大报告对理论创新的诠释，表达了对人民智慧的重视与信赖。

中国共产党是饱含人民情怀的马克思主义执政党，人民情怀对党的执政理念、执政方式、执政实践产生了深刻影响。党的二十大报告蕴含着深厚的人民情怀，表达了对人民地位的尊重、对人民力量的推崇、对人民智慧的信赖、对人民生命的珍视、对人民福祉的关切、对人民评价的关注，展现了中国共产党人民情怀的多维内涵。通过党的二十大报告看中国共产党的人民情怀，有助于深化理解全面建设社会主义现代化国家新征程的使命任务及实践要求。⑤

为深入学习贯彻党的二十大精神，进一步推动习近平新时代中国

---

① 习近平：《高举中国特色社会主义伟大旗帜　为全面建设社会主义现代化国家而团结奋斗——在中国共产党第二十次全国代表大会上的报告》，《人民日报》2022年10月26日第1版。

② 习近平：《高举中国特色社会主义伟大旗帜　为全面建设社会主义现代化国家而团结奋斗——在中国共产党第二十次全国代表大会上的报告》，《人民日报》2022年10月26日第1版。

③ 习近平：《高举中国特色社会主义伟大旗帜　为全面建设社会主义现代化国家而团结奋斗——在中国共产党第二十次全国代表大会上的报告》，《人民日报》2022年10月26日第1版。

④ 《中共中央关于党的百年奋斗重大成就和历史经验的决议》，《人民日报》2021年11月17日第1版。

⑤ 陈金龙、冼骏：《从党的二十大报告看中国共产党的人民情怀》，《中国石油大学学报》（社会科学版）2022年第6期。

特色社会主义思想学习研究和宣传阐释，2022年12月1日，由人民日报社指导、人民论坛杂志社主办的"深入学习贯彻党的二十大精神——第八届国家治理高峰论坛年会暨人民论坛创刊30周年座谈会"在京举行。全国政协常务委员、民族和宗教委员会主任王伟光同志在学习贯彻党的二十大精神主题演讲中的发言中指出："习近平总书记在党的二十大报告中全面论述了中国式现代化的意义、内涵、特点和整体要求，强调，'从现在起，中国共产党的中心任务就是团结带领全国各族人民全面建成社会主义现代化强国、实现第二个百年奋斗目标，以中国式现代化全面推进中华民族伟大复兴。'学习党的二十大报告关于中国式现代化的重要论述，认清中国式现代化的实质、内涵、特点、要求及其伟大意义，就要运用辩证唯物主义和历史唯物主义的立场、观点和方法，从人类社会历史发展规律的普遍性与特殊性的辩证统一中，深刻把握中国式现代化是社会主义的、同时具有中国特色的现代化；从当今世情国情党情的新变化中，深刻把握立足中国国情的中国式现代化是中国成功的发展道路；从党的百年奋斗历程与民族复兴的愿景中，深刻把握坚持党的领导是中国式现代化的本质要求和根本保证。"[①]

党的二十大报告指出，中国式现代化既有各国现代化的共同特征，更有基于自己国情的中国特色。众所周知，现代化是内涵丰富、形式多样的复杂系统工程，既涉及政治现代化、经济现代化这些重要内容，也包括管理现代化、技术现代化这些基本内容。从思想发展史的视角看，现代化的核心与灵魂可以说是思想现代化。王伟光指出，现代化是人类社会自近代以来由资本主义历史时代取代封建社会历史时代，而通往更高水平发展阶段的必经之路，实现现代化是各个国家、民族和地区实现自身经济社会永续发展的必然选择。与大多数西方国家的现代化不同，中国式现代化是中国特殊国情所决定的，是历

---

① 王伟光：《学习把握二十大精神，深刻理解中国式现代化的实质、要求和伟大意义》，2022年12月14日，人民论坛网（http://m.rmlt.com.cn/article/398219）。

史发展规律的普遍性与特殊性相结合的具有中国特色的社会主义的现代化。从社会制度、指导思想与发展方式上看，中国式现代化是以马克思主义为指导的，立足中国具体实际的社会主义的现代化。中国式现代化，既遵循人类发展的普遍规律、社会主义建设的普遍规律、共产党执政的普遍规律，又具有与中国具体实际相结合的特殊规律的现代化。因此，中国式现代化既有其特殊的中国意义，又有其普遍的世界意义。王伟光进一步指出，中国式现代化打破了"现代化等于西方化""等于资本主义"的神话，用事实证明了实现现代化道路的多样性，拓展了发展中国家实现现代化的思路和途径，为世界上发展中国家探索一条适合本国国情的现代化发展之路提供了中国道路、中国方案。

中国式现代化，是中国共产党领导的社会主义现代化。历史实践证明，中国共产党是实现中华民族伟大复兴不可替代的领导核心，是中国式现代化的谋划者、领导者、推动者，是在新征程中有力推动中国式现代化取得伟大成功的坚强核心。简而言之，"中国式现代化是具有中国特色的社会主义性质的现代化；是在马克思主义指导下，立足本国国情，扎根中国实践的现代化；是坚持党的领导稳步前进的现代化；是贯彻以人民为中心，实现人民美好生活的现代化；是拓宽发展中国家实现现代化途径，'为解决人类面临的共同问题提供更多更好的中国智慧、中国方案、中国力量'的现代化。"[①]

三　用好新媒介讲好中国故事，走向全世界展现中华文明

党的二十大报告向广大文艺工作者发出了"增强中华文明传播力影响力"号召，习近平总书记指出："坚守中华文化立场，提炼展示

[①] 王伟光：《学习把握二十大精神，深刻理解中国式现代化的实质、要求和伟大意义》，2022年12月14日，人民论坛网（http://m.rmlt.com.cn/article/398219）。

中华文明的精神标识和文化精髓，加快构建中国话语和中国叙事体系，讲好中国故事、传播好中国声音，展现可信、可爱、可敬的中国形象。加强国际传播能力建设，全面提升国际传播效能，形成同我国综合国力和国际地位相匹配的国际话语权。深化文明交流互鉴，推动中华文化更好走向世界。"[1]

随着中国经济的快速增长和社会文明的稳步推进，中国与世界文化交流和文明互鉴的需求也与日俱增。与此同时，国际社会对中国的关注度也一直在快速提升，世界人民想了解中国，想知道中国人的世界观、人生观、价值观，想知道中国人对自然、对世界、对历史、对未来的看法，想知道中国人的喜怒哀乐，想知道中国历史传承、风俗习惯、民族特性，等等。如何充分全面地满足国际社会了解中国、理解中国的迫切需求呢？习近平总书记认为，光靠正规的新闻发布、官方介绍是远远不够的，靠外国民众来中国亲自了解、亲身感受也是很有限的。习近平总书记《在文艺工作座谈会上的讲话》中明确指出，"文艺是最好的交流方式，在这方面可以发挥不可替代的作用，一部小说，一篇散文，一首诗，一幅画，一张照片，一部电影，一部电视剧，一曲音乐，都能给外国人了解中国提供一个独特的视角，都能以各自的魅力去吸引人、感染人、打动人。京剧、民乐、书法、国画等都是我国文化瑰宝，都是外国人了解中国的重要途径。文艺工作者要讲好中国故事、传播好中国声音、阐发中国精神、展现中国风貌，让外国民众通过欣赏中国作家艺术家的作品来深化对中国的认识、增进对中国的了解。要向世界宣传推介我国优秀文化艺术，让国外民众在审美过程中感受魅力，加深对中华文化的认识和理解。"[2]

自进入新时代以来，广大文化文艺工作者在讲好中国故事、传播好中国声音方面一路高歌猛进，在展现可信、可爱、可敬的中国形象

---

[1] 习近平：《高举中国特色社会主义伟大旗帜　为全面建设社会主义现代化国家而团结奋斗——在中国共产党第二十次全国代表大会上的报告》，《人民日报》2022年10月26日第1版。

[2] 习近平：《在文艺工作座谈会上的讲话》，《人民日报》2014年10月15日第2版。

方面取得了一系列令人欢欣鼓舞的成绩。这里姑且以新生网络文艺为例，谈谈新时代以来我国在讲好中国故事、展现中华文明方面的一些思想观念和实践情况。有研究者指出："赓续文脉、讴歌时代、守正创新、奉献人民，构成了新时代十年文艺的鲜明特征。十年来，文艺的人民性得到极大彰显。广大文艺工作者深入生活、扎根人民，高扬现实主义精神，把时代的逻辑、生活的逻辑和创作的逻辑、艺术的逻辑相贯通，紧跟社会前进的坚定步伐，投身人民奋斗的火热实践，从中汲取灵感，萃取题材，讲述故事，塑造人物，推出了一大批深受人民群众喜爱的优秀作品。"①

大型情景史诗《伟大征程》《奋斗吧中华儿女》全景式描绘了中国共产党带领人民不懈奋斗的壮美画卷，小说《平凡的世界》及同名电视剧作品、报告文学《经山海》、电影《我和我的祖国》《长津湖》《中国医生》、电视剧《觉醒年代》《山海情》《大山的女儿》、话剧《主角》、评剧《革命家庭》、彩调剧《新刘三姐》、民族歌剧《沂蒙山》、音乐剧《花儿与号手》、舞蹈诗剧《只此青绿》、舞剧《永不消逝的电波》、杂技剧《战上海》、中国共产党历史展览馆主题雕塑《旗帜》《信仰》《伟业》《攻坚》《追梦》、摄影作品《为天使造像》，以及许多网络文艺精品，或再现党史国史之波澜壮阔，或呈现中华文明之光辉璀璨，或反映时代大潮里的奔涌激昂，或表现平凡生活中的善意暖流，或塑造顶天立地的英雄形象，或彰显感天动地的中国精神，酣畅淋漓地书写了人民史诗新篇章，极大激发了中国人奋斗圆梦的信心和热情。②

新时代十余年来，各种文艺门类在用好新媒介、讲好中国故事方面都有突出表现，其中网络文学尤为引人注目。众所周知，中国网络文学历经20余年高速发展，给读者带来丰富内容和独特审美体验。进入新时代，网络文学从量的增加转向质的提升，内容改编和衍生开

---

① 胡一峰：《在二十大精神指引下推动新时代文艺繁荣发展》，《团结报》2022年11月14日第1版。
② 胡一峰：《在二十大精神指引下推动新时代文艺繁荣发展》，《团结报》2022年11月14日第1版。

发百花竞放。中国作协发布的《2021中国网络文学蓝皮书》显示，网络文学创作数量、质量均稳步提升，现实题材、科幻题材、历史题材表现亮眼，主要网络文学网站全年新增1787亿字，存量作品超过3000万部。近年来网络文学深耕优质内容、创新传播方式、积极走向海外的有益经验值得总结。

（一）借鉴传统以深耕内容

党的二十大报告强调指出，坚持和发展马克思主义，必须同中华优秀传统文化相结合。只有植根本国、本民族历史文化沃土，马克思主义真理之树才能根深叶茂。中华优秀传统文化源远流长、博大精深，是中华文明的智慧结晶，其中蕴含的天下为公、民为邦本、为政以德、革故鼎新、任人唯贤、天人合一、自强不息、厚德载物、讲信修睦、亲仁善邻等，是中国人民在长期生产生活中积累的宇宙观、天下观、社会观、道德观的重要体现，同科学社会主义价值观主张具有高度契合性。我们必须坚定历史自信、文化自信，坚持古为今用、推陈出新，把马克思主义思想精髓同中华优秀传统文化精华贯通起来、同人民群众日用而不觉的共同价值观念融通起来，不断赋予科学理论鲜明的中国特色，不断夯实马克思主义中国化时代化的历史基础和群众基础，让马克思主义在中国牢牢扎根。

内容质量是文艺作品的生命线，网络文学发展也应遵循这个道理。过去，一些网络文学作品曾出现内容粗糙甚至泛娱乐化倾向。几年来，大浪淘沙，深耕内容品质、以质取胜成为网络作家的共识，网络文学走上精品化道路。

网络文学不断借鉴传统文学创作手法，扎根于历史悠久的中国文学土壤。其中，传统文学经典深入生活、观照现实、思想精深的优长，越来越受到网络作家关注。《百年沧桑华兴村》通过一座村庄的变迁，折射建党百年来中国社会进程；《情暖三坊七巷》叙写福州三坊七巷保护改造，探寻城市发展如何接续历史记忆；《冰雪恋熊猫》《幸福在家理》将冬奥主题与美食文化、乡村振兴融合，灵动展现时

◇ 学思践悟：新时代文化使命与文学研究

代气息……以生动文字刻画社会生活场景、反映时代发展潮流、展现民族精神力量，日渐成为网络作家的自觉追求。

在以普通人物的奋斗人生折射时代精神的方面，传统现实主义文学为我们留下无数经典佳作。网络文学以取长补短的学习心态，在现实题材的广阔道路上开辟网络新篇。《北斗星辰》以北斗卫星导航系统研发为主线，刻画科研工作者的奉献精神。作者作为相关科研人员，不仅熟悉专业知识，更对科技自立自强有细致入微的深刻体会，保证了小说知识内容的准确，让作品有细节、有高度。《三万里河东入海》《奔腾年代——向南向北》讲述普通创业者的艰辛打拼历程，唱响奋斗的青春之歌。《嗨，古建修复师先生》《他以时间为名》通过古建修复、壁画修复故事，弘扬传统文化，表现工匠精神。还有的作品将刚强勇毅、不屈服于苦难的传统武侠小说精神内核，与年轻一代拼搏向上的时代背景相融合，实现个人奋斗与家国叙事的同构，激励人心。

在传统文化中汲取营养，让网络文学内容更加厚重，意境更加深远。一些现实题材、科幻题材网络文学作品探向传统文化宝库，调用古典文学资源；还有的作品在故事背景、意象营造等方面，创造性地进行"故事新编"，令人印象深刻；《知北游》化用《山海经》元素，为奇妙想象注入文化内涵；《廊桥梦密码》学习借鉴《西游记》和传统民间故事叙述手法，以浙闽木拱廊桥为背景，用跨时空对话描绘匠心匠艺；《登堂入室》聚焦瓷文化，出身制瓷世家的主人公宋积云在制造材料、技术手法等方面改革创新，作品通过主人公成长经历，讲述文化遗产传承故事。

（二）在媒介融合中创新传播

媒介融合是理解网络文学的一个重要维度。从纸质书到电子屏，网络文学成功诞生；从仅供阅读的文本到影视作品、有声书、文创产品等，网络文学实现了创新传播。短视频、社交应用等各类平台不是与网络文学争抢读者的"对手"，而是网络文学内容形式创新的动力与渠道，能够促成网络文学向多元视听作品转化与传播。

网络文学的影视转化广受关注。作为网络文学创新传播的重要途径，近年来影视剧改编在数量增加的同时，质量日益提升。去年，网络文学改编影视剧目超过百部，涵盖历史、都市、喜剧等多种题材，《司藤》《上阳赋》《你是我的荣耀》等影视作品引起热烈反响。其中，现实题材影视改编热度高涨，《乔家的儿女》《小敏家》《理想之城》等关注家庭、职场等社会热点话题的改编剧目不断涌现。一些叫好又叫座的网络文学作品在改编过程中扩大效应，比如网络剧《庆余年》改编自同名原著的一部分内容，取得收视成果后，改编者依托原著内容、剧情设定又创作了续集。

不限于高投入、大制作的影视作品，网络文学改编形式日益多样。有声书、微短剧、文创产品等为网络文学内容转化提供多种可能。有的网络小说经过改编，情节更加紧凑，故事体量适中，符合微短剧叙事节奏快的特点。《今夜星辰似你》《长乐歌》等根据网络小说改编的微短剧作品，浓缩原著故事精华，情节设置巧妙，获得观众的关注和点赞。不同艺术形式联动，促成网络文学多形态改编的"破圈之旅"。《大奉打更人》在小说完结后不久，便启动有声书开发，漫画作品上线后也成为平台爆款。另外，角色扮演推理游戏近年来备受青年群体青睐，召唤更多好剧本、好故事的出现。网络文学表达方式、情节设置等方面的社交化特色，正与角色扮演推理游戏不谋而合，可为其提供大量剧本。这让网络文学传播从"线上"走到"线下"，并从受众角度给网络文学创作者提供写作命题，反哺创作。

（三）从"作品出海"到"生态出海"

凭借文艺凝结心灵、沟通世界的优势，当代网络文艺不断探索"走出去"之路。数据显示，2021年我国网络文艺海外市场规模突破30亿元，海外用户1.45亿人；截至2021年，我国共向海外输出网络小说10000余部，实体书授权超4000部，上线翻译作品3000余部，相关影视作品输出也取得了可观的实绩。网络文学海外传播在规模扩大基础上不断升级转型，创作者、平台和读者正共同努力，用更新颖的形式、更通畅的渠道把精彩故事推向海外。

网络文学出海模式从作品授权内容走出去，转型为产业模式输出，"生态出海"崭露头角。不止于实体书出版、在线翻译传播，改编传播、海外本土化传播等方式相继出现。其中，海外本土化传播体系的建立影响深刻。为跨越语言障碍、增进读写交流，国内网络文学网站纷纷搭建海外平台，及时推出中国网络文学作品译作，同时吸引海外作者踊跃创作。中国网络文学瑰丽的想象和精彩的故事，连同原创、连载、订阅等创作接受模式，都移植到了海外平台。有的平台翻译作品近2000部，上线作品数万部，拥有7300万用户；有的平台2021年海外版权输出签约数量超500部，还有的平台覆盖全球150多个国家和地区，其中包括40多个"一带一路"沿线国家。

在"生态出海"背景下，"IP出海"呈现新样貌。国内网络文学改编形式日益丰富，影视、动漫、游戏多维联动，为海外传播内容创新带来启发。《锦心似玉》等剧集登录国外主要视频网站，在上百个国家和地区上线；《恰似寒光遇骄阳》等网络文学改编漫画在国外市场进入人气榜单前列。多样的改编形式还反哺了原著外译授权合作，《芈月传》《择天记》等剧集在海外热播，同时吸引当地读者捧读原著译本。在翻译作品、国内改编作品影响下，海外本土改编也多了起来。一些网络文学改编影视作品不仅在海外播放，还被当地创作者改编成新的作品。网络文学以多种形式展开跨文化对话，促进了文化交流。

在中国文学源远流长的脉络里，只有30多年历史的网络文学还很年轻，但网络文学的创作者数量、读者覆盖面、改编形式等方面都呈现出不同于以往的文学新气象。总的来说，网络文学的发展离不开媒介科技变革，更离不开生活和传统的滋养。一切创作技巧和手段都为内容服务。期待网络文学继续汲取时代生活的源头活水，不断提升内容质量和思想内涵，为海内外受众提供更多文质兼美的作品。[①]

[①] 陈定家：《网络文学——在迭代升级中拔节生长》，《人民日报》2022年9月9日第20版。

中华文明五个突出特征之间的
逻辑关系

杨子彦

作为几千年的文明古国，中国文化源远流长，中华文明博大精深。习近平总书记在2023年6月2日文化传承发展座谈会上，指出中华文明有五个突出特征：连续性、创新性、统一性、包容性、和平性。这五个突出特征，是就中华文明整体进行的客观归纳和理论总结；它们在性质、功能、表现上各有侧重，同时又相互联系，密不可分，共同构成中华文明的基本形貌和精神品格。

一　连续性

习近平总书记指出："中华文明具有突出的连续性，从根本上决定了中华民族必然走自己的路。如果不从源远流长的历史连续性来认识中国，就不可能理解古代中国，也不可能理解现代中国，更不可能理解未来中国"[1]。世上公认有四大文明古国：古巴比伦明、古埃及、古印度、中国，只有中华文明绵亘不绝，持续几千年，已经成为人类社会一大奇迹。"而我中华者，屹然独立，继继绳绳，增长光大，以迄今日"[2]。突出的连续性，成为中华文明在世界上最直观也最客观

---

[1]　习近平：《担负起新的文化使命　努力建设中华民族现代文明》，《人民日报》2023年6月3日第1版。

[2]　梁启超：《论中国学术思想变迁之大势》，上海古籍出版社2001年版，第5页。

的历史概括,是中华文明区别于其他文明的第一个鲜明特征,因此习近平总书记在论述中华文明五个突出特征时将其置于首位,强调中华文明的发展始终相连持续,没有停顿和中断。关于连续性的论述,习近平总书记还突出了历史连续性将古代、现代、未来连接起来的意义,指出这是中华民族只能走自己道路的决定因素。

连续性,是对中华文明几千年来经历几个历史发展阶段,持续进步不中断,外在形貌和内在精神脉络始终贯通的一种客观概括。相较于其他文明,中华民族作为四大文明之一,有早熟的特点,在原始社会向奴隶社会发展过渡的时期已经创立了自己的文明。原始社会以血缘关系为纽带形成的父系家长制的宗族统治,在奴隶社会、封建社会长期保持并不断得到巩固,和政治经济、思想文化紧密联系在一起。从早期短暂的"公天下"之后,几千年贯穿的都是"家天下"思想,金字塔样式的分等级的社会结构,政治上的上下尊卑和隶属关系,同时又有以血缘为基础的宗族继统关系,社会上也发展出与之相应的思想文化。王权和族权,王道和孝道,国法和家法,君统和血统,全部都混合在一起,成为统治最核心的要素。

在中华文明的连续性中,交织、并存着循环、新变、统绪的观念,且三者并不矛盾。循环是整体性的,新变发生在局部,统绪意识则贯穿始终。老子:"有物混成,先天地生,寂兮寥兮,独立而不改,周行而不殆,可以为天地母,吾不知其名,字之曰道。"(《老子》二十五章);庄子:"万物皆种也,以不同形相禅,始卒若环,莫得其伦"(《庄子·寓言》);荀子:"始则终,终则始,若环之无端也,舍是而天下以衰矣。……始则终,终则始,与天地同理,与万世同久,夫是之谓大本。"(《荀子·王制》);王夫之:"治乱循环,一阴阳动静之几也"(《思问录·外篇》)。之所以出现循环,即老子所说:"大成若缺,其用不弊;大盈若冲,其用无穷"(《老子》四十五章),物极必反,事物发展到一定程度就会向反面转化。循环论贯穿了中国古代社会,对它并不能简单以机械论来看待;里面有周期论的思想,中国人把事物整体和它的运动过程结合起来,认为这是一个兼具时空概念、循环变化、阴阳平衡的整体。这个整体之中又包含无数小的相对独立的系统。新变往往是在小的系统中展开，表现为横向联系而非纵深联系，"奇正相生，如循环之无端，孰能穷之"（《孙子·兵势》），展现世间万物的内在联系和统一性；小的系统的变化对于整体而言，通过自我调节和改变，反而更好地维持了整体的平衡稳定与发展，将自然、个人、社会更加紧密地融合为一体。

中华文明能够连续存在，其中的统绪意识尤其值得关注。中国历史上虽经历多个朝代，但是内在的精神思想道德文化呈现出明显的连续性。前者表现为治统或政统，后者则突出道统、学统、文统，二者有其统一性，都强调正统，追求大一统。

从远古到现在，中华文明保持了基本精神的连续性，迄今仍对我们的思想观念、风俗习惯、行为方式等发挥着深层次的影响。中华文明这种突出的连续性特征，客观来说也是有利有弊。有利的是极大地保持了传统文化价值观念的稳定性和丰富性，即使在网络信息时代依然能够泽被后世，成为中国人思想文化的重要来源和理论支撑。不利的是厚重悠久的传统文化自身也存在一定糟粕，有其保守陈旧的方面，这些也在当代社会有不同程度的体现。

二　创新性

习近平总书记指出："中华文明具有突出的创新性，从根本上决定了中华民族守正不守旧、尊古不复古的进取精神，决定了中华民族不惧新挑战、勇于接受新事物的无畏品格。"[①]

持续性突出了中华文明的整体形态和独特之处，是一种历史总结和客观描述，里面没有体现主体性和发展方向，所以在突出的连续性后面，继之以突出的创新性。习近平总书记关于创新性的论述突出强

---

① 习近平：《担负起新的文化使命　努力建设中华民族现代文明》，《人民日报》2023年6月3日第1版。

调中华民族的进取精神、接受挑战的无畏品格，彰显的就是中华文明的主体性和发展方向。

中华文明连续数千年，说明它具有超常的稳定性和旺盛的生命力。要维持这种稳定和活力，就必须依靠创新，即习近平总书记指出的："创新是民族进步的灵魂，是一个国家兴旺发达的不竭源泉，也是中华民族最深沉的民族禀赋，正所谓'苟日新，日日新，又日新'。"①

创新性，就是创造性转化和创新性发展的结合，是中华文明几千年连续发展的内在动力。如何在新的历史环境下应对不断出现的各种挑战，进行创造性转化和创新性发展，对于文明而言，这是最为关键的要素。

创造性转化和创新性发展作为一个过程，它有三个关键点：一是创新的主体是人。对于中华民族而言，主体就是劳动人民，创新要符合人民利益。二是创新的核心是创造。创造是把以前没有的事物产生或者创造出来，是体现人的主体性的主动的自主的行为，是有意识地对世界进行探索性的工作。创造和具体实际相联系，偏于实践，如创造价值，创造能力，创造奇迹，创造美好生活等。创新偏于抽象，如创新思维，创新精神等。三是创新是应对社会发展新要求的科学的结果，和社会发展趋势保持一致。中华学术不断向前发展，如先秦子学，两汉经学，魏晋玄学，隋唐佛学，宋明理学，清代朴学，正是一代有一代之学术。之所以出现这种情况，根本原因在于不断面临新的情况，出现新的问题，学术创新便相应而生。

三　统一性

习近平总书记指出："中华文明具有突出的统一性，从根本上决

---

① 习近平：《在同各界优秀青年代表座谈时的讲话》，《人民日报》2013年5月5日第2版。

定了中华民族各民族文化融为一体、即使遭遇重大挫折也牢固凝聚，决定了国土不可分、国家不可乱、民族不可散、文明不可断的共同信念，决定了国家统一永远是中国核心利益的核心，决定了一个坚强统一的国家是各族人民的命运所系。"[1] 就漫长的中国封建社会来说，除春秋战国、魏晋南北朝、唐末至宋金是长期分裂时期外，秦、汉、西晋、隋、唐、元、明、清都是统一全国的朝代，可以说，在中国古代占据时间最长的是以郡县制为基础的中央集权制，统一始终是发展大势。

《三国演义》小说开篇是"话说天下大势，分久必合，合久必分"，合久必分是正常情况，耐人寻味的是为何会出现"分久必合"。中国之所以不断趋于统一、追求统一，原因是多方面的，传统文化形成的天下一体、天下一家观念是其中一个重要因素。老子说："道生一，一生二，二生三，三生万物"（《老子·四十二章》），孟子说："天下定于一"（《孟子·梁惠王上》）。《吕氏春秋·执一》对"一"有精妙论述："王者执一，而为万物正。军必有将，所以一之也；国必有君，所以一之也；天下必有天子，所以一之也。天子必执一，所以抟之也。一则治，两则乱。今御骊马者，使四人，人操一策，则不可以出于门闾者，不一也。"《春秋公羊传》明确提出"大一统"："元年者何？君之始年也。春者何？岁之始也。王者孰谓？谓文王也。曷为先言王而后言正月？王正月也。何言乎王正月？大一统也。"相较于天人合一、天下一体，"大一统"要更加明确，因此成为中国古代长期存在的政治哲学。秦代实现了书同文，车同轨，统一度量衡；汉代董仲舒提出"罢黜百家，独尊儒术"，此后"大一统"深入到中国人的文化和心理之中，追求统一成为共同的理想信念，也由此增强了民族凝聚力。陆游临死前发出"死去元知万事空，但悲不见九州同"的哀号，就是这种追求统一心理的写照。

---

[1] 习近平：《担负起新的文化使命 努力建设中华民族现代文明》，《人民日报》2023年6月3日第1版。

四　包容性

习近平总书记指出："中华文明具有突出的包容性，从根本上决定了中华民族交往交流交融的历史取向，决定了中国各宗教信仰多元并存的和谐格局，决定了中华文化对世界文明兼收并蓄的开放胸怀。"[1] 这一论断概括了中华文明包容性的三个方面：一是"历史取向"，容许多样多元，化外为内、化异为同，是主动包容而非被动地接纳；二是"和谐格局"，要有极大的包容性，才有和合与共，才有天下万物和谐共生；三是"开放胸怀"，兼收并蓄，不断吸收借鉴有利因素。

在习近平总书记关于五个突出特征的论述中，统一性和包容性关系最为密切：统一性是在明确核心和方向的基础上，强调和追求中华文明在民族、文化、精神等多方面的一致和一体，有共同的价值观念、思维方式、风俗习惯等，是在各民族交流融合过程中形成和稳定下来的；包容性则是在统一性的前提下，突出中华民族交往交流、对世界文明兼收并蓄的方面。梁启超说"汇万流而剂之，合一炉而治之"，"深山大泽而龙生焉，取精多用物宏而魂魄强焉"[2]，也可以视为分别侧重于统一性与包容性。将中华文明的统一性和包容性分开论述，是符合事实，有其现实意义的。

从中华文明整体来说，包容性看似普通，却形成强大的文化张力，成为其他特征形成的前提和基础。换言之，正是由于突出的包容性，海纳百川，吸收借鉴一切有利的因素，才能保持开放，容许发展的多样和多元，以"民胞物与"的态度和胸襟，求同存异，不断汲取其他文化成分，中华文明才能连续发展不中断，使不断创新发展成为可能，才在斗争和进取中实现和维护统一。中国古代对于包容性有

---

[1] 习近平：《担负起新的文化使命　努力建设中华民族现代文明》，《人民日报》2023年6月3日第1版。

[2] 梁启超：《论中国学术思想变迁之大势》，上海古籍出版社2001年版，第5页。

深刻认识，有诸多精妙论述。像孔子："己所不欲，勿施于人"(《论语·颜渊》);《易传·坤·象》："地势坤，君子以厚德载物";《礼记·月令》："(孟春之月)天气下降，地气上腾，天地和同，草木萌动";《国语·郑语》："夫和实生物，同则不继。以他平他谓之和，故能丰长而物归之；若以同裨同，尽乃弃矣：故先王……务和同也。"韦昭注："和谓可否相济，同谓同欲。""和实生物""以他平他"是中华文明的核心观点，肯定了差异存在的合理性，认为不同的事物协调平衡才能促进发展。

至于中华文明何以具有如此突出的包容性，也是值得深入探讨的问题。中华文明形成了稳定完备且张力极大的社会文化结构，可能是其中的重要方面。社会文化高度系统化，天—地—人系统观存在几千年，成为思维发展的基本框架，有足够的能力来包容和同化异质，达到"群之可聚也，相与利之也"(《吕氏春秋·恃君》)的境地。当代对各种共同体的命名与强调，也是中华文明突出的包容性的一种体现。

五 和平性

习近平总书记指出："中华文明具有突出的和平性，从根本上决定了中国始终是世界和平的建设者、全球发展的贡献者、国际秩序的维护者，决定了中国不断追求文明交流互鉴而不搞文化霸权，决定了中国不会把自己的价值观念与政治体制强加于人，决定了中国坚持合作、不搞对抗，决不搞'党同伐异'的小圈子。"[①]

这一论断对中华文明和平性的强调，在当今世界有其特殊意义。《吕氏春秋·谕大》："天下大乱，无有安国。一国尽乱，无有安家。一家皆乱，无有安身。此之谓也。故小之定也，必恃大；大之安也，

[①] 习近平:《担负起新的文化使命 努力建设中华民族现代文明》,《人民日报》2023年6月3日第1版。

必恃小。小大贵贱，交相为恃。"这段论述在不同国家与文明之间联系更加紧密的全球化时代，是很有现实意义的。

中国是农业经济长期占据主导的国家，追求和向往宁静、稳定、有序的社会生活。传统文化追求"天下大同"，以中庸之道求中和之美。从"致中和，天地位焉，万物育焉"（《中庸》）到"协和万邦"（《尚书·尧典》）、"老者安之，朋友信之，少者怀之"（《论语·公冶长》），体现的都是中华民族的和平性。和平性承接前面的包容性，都秉持"礼之用，和为贵""和而不同"的原则，要以仁政"陶冶万物，化正天下"（《汉书·禹贡传》），才能对内对外皆能开放容纳，促进和平与发展。这是习近平总书记对中华文明屹立世界之林的功能定位。和平的建设者、发展的贡献者、秩序的维护者——有了这种定位，才有中国追求文明互鉴而不搞文化霸权，不将价值观念和政治体制强加于人，坚持合作、不搞对抗、不搞"党同伐异"的小圈子。

六　结语

五个突出特征，是在最大的时空范围内就中华文明整体进行的历史归纳和理论总结，是中华传统整体观和系统思维的表现和产物。

中华文明是一个发生发展的整体，在历史上形成了自己的精神品格和道路。五个突出特征共同构成中华文明的基本形貌和精神品格，彼此密不可分，在不同的历史时期面对不同的方面各有侧重。概括来说，包容性是中华文明形成发展的前提基础，统一性是文明形成稳定整体并持续发展的必备条件，创造性是文明持续发展的动力和关键，连续性是文明持续发展的外在形态和内在精神，和平性是中华文明屹立于世界之林的品格、作用、影响。

对中华文明五个突出特性的分析归纳，既有助于客观认识中华文明，防止崇古抑今；也有助于破除历史虚无主义、民族虚无主义，驱除崇洋媚外；更有助于树立文化自信、历史自信。

以习近平新时代中国特色社会主义思想为指导 建设中国特色哲学社会科学

刘 卓

2016年5月17日,习近平总书记在哲学社会科学工作座谈会上发表重要讲话,指出哲学社会科学对于坚持和发展中国特色社会主义的重要意义,提出建设中国特色的哲学社会科学。"五一七"讲话反思了何为哲学社会科学,将研究工作的出发点建基于中华民族历史和现实的伟大实践中,更重要的是指明了方向、提出了要求。党的二十大报告提出"六个必须坚持":必须坚持人民至上、必须坚持自信自立、必须坚持守正创新、必须坚持问题导向、必须坚持系统观念、必须坚持胸怀天下。这"六个必须坚持"是习近平新时代中国特色社会主义思想的核心部分,它进一步回答了,在面对深刻的社会变革时,如何在哲学社会研究中坚持马克思主义的立场、观点和方法,如何紧扣时代的发展进程,把握重大的理论和实践命题,提出创新性的理论表达等。

一 正确理解哲学社会科学研究中马克思主义的指导地位

马克思主义始终是我们党和国家的指导思想,是我们认识世界、把握规律、追求真理、改造世界的强大思想武器。不过,党的十八大以来重申坚持建设中国特色的哲学社会科学的指导地位,并不仅仅是一个自然而然的顺承的提法,而是有着直接且迫切的现实针对性。它着眼的是哲学社会科学领域的诸多问题:日渐局限于书斋,与国情、世情脱节;限于西方理论的窠臼,在参与国际对话的过程中,与中国现实脱节,失去原创性和主动性等。实际上,从20世纪90年代末期开始,人文社会领域等学科已经开始反思这一系列问题,比如"再解读"系列文章中以西方文学理论阐释革命文学经典产生的错位,社会学研究领域的华中学派、人类学研究领域的华南学派、法学领域中苏力的《送法下乡》等都立足于中国本土经验和历史文化传统,检视西方社会科学的理论范畴和分析框架的适用性,这些源自于不同学科领域的反思都已经不同程度地触及到哲学社会科学的自主性问题,并且在各自的学科内寻求突破。在国家召开哲学社会科学座谈会之后,这些反思有了一个更为清晰的方向,即坚持马克思主义。

在哲学社会科学领域重申马克思主义,并不是一件容易的事情,不仅包括政治立场层面的坚守,也包括思想方法层面的重构。更为根本的问题,是怎么正确地认识马克思主义的指导地位?从20世纪80年代以来文学研究领域的学术话语变迁来看,能够观察到这样一种变化,那就是马克思主义从主导性的批评原则转变为文学研究的理论之一。在国外同一时期的文学研究领域中也能看到这样的情况,"把马克思主义当作一种主要针对解读的方法,一种对文本阐释的分析法,从而在内含于马克思主义理论整体的政治实践中抽取一些互不关联的表述或概念,并与那些明显与马克思主义立场难以调和的表述和概念相结合"[①]。将马克思主义视为文本分析的方法,与整体的政治实践分隔开来,不仅使它局限在文学学科内部,它的阐释力也受到很大削弱。这不仅仅是文学学科独有的情况,特别是在没有经过深刻的社会革命和缺少马克思主义政治实践的西方国家,如佩里·安德森观察到

[①] [印度] 阿吉兹·阿罕默德:《在理论内部:阶级、民族与文学》,易晖译,北京大学出版社2014年版,第4页。

的，社会科学研究领域将马克思主义更多地当作哲学而不是政治经济学，主要的趋向是将马克思与以往的哲学家相关联。中国特色社会主义道路所要求的哲学社会科学研究，并不是抽象地坚持唯物主义的立场，或者简单地套用马克思主义的教义和范畴。这里涉及对哲学社会科学的理解——"世界上伟大的哲学社会科学成果都是在回答和解决人与社会面临的重大问题中创造出来的"[①]，这个理解着眼于人与社会问题之间的关联，在根本意义上是一个唯物主义立场和思考方式。强调时代发展中、社会实践中的问题才是社会科学理论创新的真正来源，由此出发，它强调哲学社会科学的实践性，反对书斋里的学问；强调的是实事求是，探索求真，而不是巧立名目；强调与时代的问题共振，而不是枯守经典马克思主义的命题；强调从研究对象中产生方法、立足于自身的经验形成反思，而不是盲信被宣称为客观的社会科学方法。思想的产生并不孤立，它通过理论辩论和政治斗争来总结经验，从而为新的方案和新的实践开创空间。理论创新，更为确切的表述，应是在理论领域的斗争中掌握主动性，是打破现有困局、设置前瞻性的政治议题的能力。

这是社会科学中理论创新的路径，也是党的十八大以来中国特色社会主义思想产生的路径。党的十九大报告在党的十八大以来的实践的基础上提出了习近平新时代中国特色社会主义思想。党的二十大报告开篇即回顾了新时代十年来的历程，并给出了务实而自信的评价，"经受住了来自政治、经济、意识形态、自然界等方面的风险挑战考验"[②]，并且通过经济领域实施高质量发展、科教兴国战略，推动全过程民主、法治中国建设，强调绿色发展、改善民生，坚持社会主义文化发展道路等方面的探索，逐渐形成了"中国式现代化"之路。

[①] 习近平：《在哲学社会科学工作座谈会上的讲话》，《人民日报》2016年5月17日第2版。

[②] 习近平：《高举中国特色社会主义伟大旗帜 为全面建设社会主义现代化国家而团结奋斗——在中国共产党第二十次全国代表大会上的报告》，《人民日报》2022年10月26日第1版。

"中国式现代化"论断，既是长期的社会主义实践经验的总结，也是党的十八大以来有关现代化道路的理论突破。更为重要的是，党的二十大全面系统地总结了习近平新时代中国特色社会主义思想的世界观和方法论，续写了马克思主义中国化、时代化的新篇章。

党的十八大以来，习近平总书记反复强调，要努力把马克思主义哲学作为自己的看家本领，不断接受马克思主义哲学智慧的滋养。党的二十大报告指出："继续推进实践基础上的理论创新，首先要把握好新时代中国特色社会主义思想的世界观和方法论，坚持好、运用好贯穿其中的立场观点方法。"[1] 本次主题教育活动的重点落在"学思想"，这里的"思想"，不是脱离于实践的观念形态，而是马克思主义意义上的历史科学和政治实践中的立场、观点、方法的总和。思想方法的自觉才能带来观念、立场、行动上的统一，才能从根本意义上增强对党的创新理论的政治认同和思想认同。

二 把握重大的理论和实践问题

党的二十大报告不仅着眼在重大的理论和思想创新，也包括实现第二个百年奋斗目标的战略部署。报告中重申了全面建成社会主义现代化强国分两步走的战略安排，并对2035年基本实现社会主义现代化的总体目标作出宏观描绘。具体而言，从经济发展、改革开放、民主法治、文化建设、人民生活、人居环境、国家安全、中国国际地位和影响等方面，对未来五年的发展目标作出具体要求。党的二十大报告中对未来五年、十年、百年所做的安排，是正在建设中的中国特色哲学社会科学学术、学科、话语体系的重要依据。如何让社会科学研究各门类跟得上党和国家的战略部署，从思想方法层面，要坚持系统观念，处理好基础理论研究与应用对策研究的关系。从研究内容层

---

[1] 习近平：《高举中国特色社会主义伟大旗帜　为全面建设社会主义现代化国家而团结奋斗——在中国共产党第二十次全国代表大会上的报告》，《人民日报》2022年10月26日第1版。

面，要坚持人民至上，要把握住重大的理论和实践命题。

从融合而不是分立角度来把握基础理论研究和应用对策研究的关系，是新的发展阶段的要求。新的发展阶段提出了一系列全新的、需要正确认识和把握的问题，比如"实现共同富裕的战略目标和路径选择、资本的特性和行为规律、初级产品供给保障、防范化解重大风险以及碳达峰、碳中和等。这些问题牵动党和国家事业发展全局，难以在理论和实践做截然区分，更难以在基础理论研究和应用对策划出明确分界线，而要从基础理论研究和应用对策研究深度融合的高度加以认识和把握。"① 这些新的发展阶段中出现的问题，初期阶段可能呈现为对策性的研讨，从现实矛盾状况中产生出一时一地的应对方案。但在发展进程中，会越来越多地触及社会不同层面和群体的利益结构，比如共同富裕的战略目标和路径选择，有的会勾连起长时段的历史遗留问题和文化差异，比如民族地区的贫困和教育问题等。无论小的对策还是国家政策的调整、大政方针的制定，不仅离不开基础理论研究，而且还要以推动基础理论的创新为前提。

前述所列的问题，并不在现有的学科视野中，也无法依赖既有的知识结构，有些问题还挑战了现有学科的一些前提和判断。基础理论研究与应用对策研究的关系，不仅仅包括两者之间的融合，也包括基础理论研究对于各学科前提的反思，以及应用对策研究推动的多学科交叉融合。因此，基础理论研究和应用性对策研究之间的关系，并不止于分立或者融合，书斋或者田野，而是需要放在系统观念的视野之中形成全新的重构。系统观念，作为一种思想方法，不仅是共时性的，各方资源、要素的重组与博弈，也需要是历时性的，审视、解决当下问题时要有历史的视野；它不是静态的、在理论问题和政策问题中作出区分或者切割，而是需要被理解为一个动态的、推动问题获得根本性解决的实践过程。无论是对策性研究还

---

① 高培勇：《论基础理论研究和应用对策研究融合发展》，《湘潭大学学报》（哲学社会科学版）2022 年第 1 期，第 18 页。

是基础理论研究都是这一实践过程的环节，对策性研究会成为基础理论创新的契机，而基础理论的突破会进一步支撑对策的科学性和可持续性。以更为朴素的话来讲，理论要能解决问题，才管用；而政策要讲"理"，才能深入人心。这样的哲学社会科学才有真正的生命力，它既体现了马克思主义哲学的实践性，也体现了我们党对人民、国家和对历史的责任感。

中国特色社会主义的发展逻辑，总体上是沿着"重点突破—全面发展—系统谋划"的路向走过来的。这也是我们党推进各项事业的成功经验，从点到面，由试验田、总结经验到上升为全国性的政策指导，系统性的谋划不仅仅是最后的落脚点，也是思想方法意义上的出发点。习近平总书记在十九届五中全会讲话中强调，系统观念是具有基础性的思想和工作方法；在党的二十大报告中，系统观念被列为"六个必须坚持"之一。而今，中国特色社会主义进入新时代，治国理政所遇到的问题大都是系统性问题，牵一发而动全身，需要运用系统观念这一哲学方法来分析解决现象和本质、全局和局部、当前和长远、宏观和微观、主要矛盾和次要矛盾、特殊和一般的关系等。从辩证的、发展的眼光来看，哲学社会科学研究领域中的基础理论研究与应用对策性研究之间的关系，仅仅是以系统观念为思想方法的方面之一，而这一思想方法将推动哲学社会科学的各个学科发生更为深刻的变革。

哲学社会科学研究要坚持"问题导向"，什么样的问题才能够成为中国特色的哲学社会科学的研究出发点？党的二十大报告中给出了这样的表述：（1）实践遇到的新问题；（2）改革发展稳定存在的深层次问题；（3）人民群众急难愁盼的问题；（4）国际变局中的重大问题；（5）党的建设面临的突出问题[①]。这些问题的分类方式，不同于现有的社会科学学科中的问题意识，特别是第三条，"人民群众急

---

① 习近平：《高举中国特色社会主义伟大旗帜　为全面建设社会主义现代化国家而团结奋斗——在中国共产党第二十次全国代表大会上的报告》，《人民日报》2022年10月26日第1版。

难愁盼的问题"。在以往的哲学社会科学研究中,问题往往是从构成这一学科基础的知识结构和方法论当中提出的,对于问题的分析与阐释也反过来支撑原有的方法论。在以问题为导向的哲学社会科学研究中,问题构成了对于学科前提的突破与挑战,问题的解决并不单纯是回到学科之中,而是指向更为宽广的实践进程。简而言之,党的二十大报告中作出的"中国式现代化"的五年、十年、百年的战略部署即呈现为这样的问题脉络。坚持深入社会大课堂经风雨、见世面,在实践大熔炉里经磨炼、受锻炼,把握中国发展大势,了解一线社会实际,对中华民族伟大复兴实践中的重大难题作出有说服力的学理回答。不过,它与上面给出的五类问题的提出方式仍有所不同。如果说党的二十大报告中有关"中国式现代化"的战略蓝图保障了哲学社会科学研究的科学性,那么这五类问题的提问方式,呈现的则是哲学社会科学研究的政治性。

从事哲学社会科学的研究者需要做出判断,什么才是重大的理论和实践问题。现代社会科学领域已经积累了有益的知识体系、哲学思考,也有诸多的质性、量化分析模型和工具。不过,构成什么是重大的理论和实践问题的判断标准,并不是来自于工具本身,也并不局限于一时一地的功用,而是"六个必须坚持"中的人民至上。以延安时期的调查研究为例,毛泽东在《农村调查》"序"中指出,"一般地说,中国幼稚的资产阶级还没有来得及也永远不可能替我们预备关于社会情况的较完备的甚至起码的材料,如同欧美日本的资产阶级那样,所以我们自己非做搜集的工作不可"[1]。从延安时期的调查研究资料来看,它与当时一般的学术性调查研究不同,不仅是为了彻底地摸清边区的基本情况,还承担着党的政策宣传功能,将调查研究与完成党的工作任务紧密结合,着眼于动员民众、教育干部,到实际中、群众中去寻找行动的依据和工作办法,同时更为重要的是保持革命的主动性和革命话语权的自主性。在今天看来,调查研究是经济学、人

---

[1] 《毛泽东选集》第3卷,人民出版社1991年版,第790页。

类学、社会学等诸多学科采用的研究方法，但更需要重视的是经我们党发扬光大的调查研究方法，不仅着眼于实事求是的科学性，也同时葆有人民性、群众性、自主性等多重内涵。

习近平总书记强调，要坚持好、运用好贯穿新时代中国特色社会主义思想的立场观点方法解决中国问题，其中首要的是站稳人民立场、把握人民愿望、尊重人民创造、集中人民智慧，形成为人民所喜爱、所认同的哲学社会科学表述，并成为社会主义实践的精神动力。人民性立场，不是来自哲学社会科学的学科内部的要求，而是源于我们党的理想信念、初心使命。只有坚持以人民为中心的发展思想，使它成为建设中国特色哲学社会科学的必然的内在要求，将它落实到各项决策部署和工作中，才有中国特色社会主义道路的未来。

从文化规律看"第二个结合"为何是必由之路

李一帅

习近平总书记在文化传承发展座谈会上对中华文化传承提出了新的要求：文化传承不仅是新时代中国社会主义思想建设的任务，更是中国文学研究者的使命。对于文化传承，习近平总书记强调："在五千多年中华文明深厚基础上开辟和发展中国特色社会主义，把马克思主义基本原理同中国具体实际、同中华优秀传统文化相结合是必由之路。这是我们在探索中国特色社会主义道路中得出的规律性的认识，是我们取得成功的最大法宝。"① 这是习近平总书记对文化建设者提出的又一使命要求，也是今后国家文化战略发展的主要方向之一。继庆祝中国共产党成立100周年大会上的重要讲话、中国共产党第二十次全国代表大会上的报告后，习近平总书记在文化传承发展座谈会上再次强调"两个结合"的重要思想，有着非凡的意义。这一重要思想的提出是以马克思主义思想为指导的中国共产党百年来的经验总结，也是习近平新时代中国特色社会主义的任务目标，在文化建设方面更是具有历史意蕴和深远价值。

在文化传承发展座谈会上，习近平总书记对"两个结合"思想做出了进一步解释，也是新的方向指导，他指出"马克思主义

---

① 习近平：《担负起新的文化使命　努力建设中华民族现代文明》，《人民日报》2023年6月3日第1版。

和中华优秀传统文化来源不同，但彼此存在高度的契合性"①。同时，他强调"'第二个结合'，是我们党对马克思主义中国化时代化历史经验的深刻总结，是对中华文明发展规律的深刻把握"②，"第二个结合"的前提是中国没有间断过的文明和中国丰富的传统文化，从中国传统文化中寻找、发现与马克思主义相契合的观念，正是中国传统文化复兴的契机。"第二个结合"不仅让中国特色社会主义道路拥有了深远的历史追溯，而且让理论创新和制度创新有了源头活水。这说明马克思主义基本原理同中华优秀传统文化相结合道路的正确性，"第二个结合"是一条必然之路、必要之路、致胜之路。

一 中国丰富的传统文化观念印证"第二个结合"是必然之路

马克思主义基本原理和中华优秀传统文化之所以能够相结合，是因为它们之间有契合性、相似性。中国选择走马克思主义的道路，不仅是基于对马克思主义政治、社会观念的认同，还有文化观念的认同。马克思主义文化观的根本核心是同人民联系在一起，反映人民的精神文化需求和利益，这与资产阶级以资本利益群体或个体的需求、利益为核心正好相反。也就是说，正是中华优秀传统文化的积淀，为我们接受马克思主义做了准备。党的二十大报告指出："中华优秀传统文化源远流长、博大精深，是中华文明的智慧结晶，其中蕴含的天下为公、民为邦本、为政以德、革故鼎新、任人唯贤、天人合一、自强不息、厚德载物、讲信修睦、亲仁善邻等，是中国人民在长期生产生活中积累的宇宙观、天下观、社会观、道德观的重要体现，同科学

---

① 习近平：《担负起新的文化使命 努力建设中华民族现代文明》，《人民日报》2023年6月3日第1版。

② 习近平：《担负起新的文化使命 努力建设中华民族现代文明》，《人民日报》2023年6月3日第1版。

社会主义价值观主张具有高度契合性。"① 中国传统文化中自古就对"公"十分重视，这种"公"是与"私"相对的"公"，更是一种"平等"的"公"、反映群体利益的"公"、反映人民需求的"公"。习近平总书记提出的"人类命运共同体"即展现了中华传统文化思想观念中"公"的精髓，反映了世界各国、各民族人民的集中利益，他强调："站在历史正确的一边，站在人类进步的一边，为推动构建人类命运共同体、建设更加美好的世界作出新的更大贡献！"②

中国传统文化自古就对"公"这一概念非常重视。《说文解字》也从词源学的角度解释"公"即为"背私"，因"私"被看为有"私人的"与"自私的"两层意思，所以"公"字中就带有正义性质，"不徇私"即为"公"。《礼记·礼运》中也有"大道之行也，天下为公"③ 之句，这里的"公"也是"大同""平等"的意思，指的是一种和谐一致的个人利益的总和。而"公共"一词在《史记·张释之冯唐列传》中记载道："释之曰：'法者天子所与天下公共也。今法如此而更重之，是法不信於民也。'"④ 这里的"公共"意为古代社会中追求以法实现公正、平等的理想核心。直到近代，梁启超提出"公共心"的概念："然团体之公益，与个人之私利，时相枘凿而不可得兼也，则不可不牺牲个人之私利，以保持团体之公益。"⑤ 展现了当时的梁启超对公民享有平等权力并履行权力的理想。

马克思在《共产党宣言》中指出："代替那存在着阶级和阶级对立的资产阶级旧社会的，将是这样一个联合体，在那里，每个人的自

---

① 习近平：《高举中国特色社会主义伟大旗帜　为全面建设社会主义现代化国家而团结奋斗——在中国共产党第二十次全国代表大会上的报告》，《人民日报》2022年10月26日第1版。
② 习近平：《加强政党合作　共谋人民幸福——在中国共产党与世界政党领导人峰会上的主旨讲话》，《人民日报》2022年7月7日第2版。
③ （汉）戴圣编纂，胡平生、张萌译注：《礼记》上册，中华书局2017年版，第419页。
④ （汉）司马迁，（清）储欣、凌朝栋整理：《史记选》，商务印书馆2014年版，第178页。
⑤ 吴其昌：《梁启超传》，吉林人民出版社2014年版，第139页。

由发展是一切人的自由发展的条件。"① 马克思认为，对个人要"实现自由人的全面发展"，而对共同体发展要实现"自由人的联合体"，即"自由人的公共体"。马克思批判资本主义对人的社会性之否定，揭示了资本主义关系的目的是让"人反对人"，所以马克思提出超越资本主义社会的制度，让人的公共利益得以实现。毛泽东在《论十大关系》中的方法论便体现出统筹全局的公正思想，邓小平提出消除两极分化，实现共同富裕，也是以社会公正为终极目标。习近平总书记提出"让国家变得更加富强、让社会变得更加公平正义、让人民生活得更加美好"②，"团结带领中国人民不断为美好生活而奋斗"③ 等思想，既是对中国传统哲学文化思想的继承，又是对马克思主义理论的又一次创新，更是"第二个结合"的最有力体现。这证明马克思主义基本原理和中华优秀传统文化有观念上的契合性。

马克思、恩格斯曾经打破了古老的德意志意识形态传统中的"观念决定生活"，提出了由"生活决定观念"，以物质生活的生产来发展和制约精神生活，这是马克思主义唯物主义意识形态的体现。马克思、恩格斯在《德意志意识形态》中曾指出："人们是自己的观念、思想等等的生产者，但这里所说的人们是现实的、从事活动的人们，他们受自己的生产力和与之相适应的交往的一定发展——直到交往的最遥远的形态——所制约。"④ 中华优秀传统文化是中国古代历史文化，中国历朝历代的文化是以历朝历代的生产方式、价值取向、生存观念、宗教信仰为基础的，而我们今天认识古代文明和古代文化应该"入古而不泥古"，让古代文化观念"为我所用"，用我们现在的物质生活作为前提，对中华优秀传统文化进行充分认识与理解，又应该做到"出新而不乖戾"，所以这也是"第二个结合"理论创新中的灵活

---

① 《马克思恩格斯选集》第1卷，人民出版社1995年版，第294页。
② 习近平：《国家主席习近平发表二〇一四年新年贺词》，《人民日报》2014年1月1日第1版。
③ 习近平：《在庆祝中国共产党成立100周年大会上的讲话》，《人民日报》2021年7月2日第2版。
④ 《马克思恩格斯文集》第1卷，人民出版社2009年版，第524页。

性。中国丰富的传统文化观念印证"第二个结合"是必然之路。

二 马克思主义欧洲传播的历史经验印证 "第二个结合"是必要之路

马克思主义在19世纪推动欧洲国家与民族解放的过程中，有成功的经验，也有失败的教训。18—19世纪时西方世界迎来了巨大的变革，因为封建君主制、教会制度、资本主义制度的发展给整个西方世界带来秩序重塑的渴望，欧洲各处革命频起、战火蔓延。回望马克思主义在欧洲传播之路，会发现它与工人运动、农民运动相结合——即与实践相结合，同时也与相关国家、民族文化传统具有关联性。在马克思主义的传播中，与实践结合和与文化结合，两者缺一不可。

俄国的唯物主义思想文化在接受马克思主义、指导俄国十月革命之时便发挥了作用，反观在法国的理性思想文化的基础上来探讨马克思主义的法国革命就没有成功，且付出了巨大的代价。这充分说明，马克思主义在一个国家能够生根并不是偶然的，它必须和一个国家、民族的文化具有契合性、相似性。习近平总书记"两个结合"的提出，尤其是"第二个结合"的提出，不仅是对中国文化方向的指引，更是对世界历史的经验总结。

19世纪的俄国文化一方面受到法国、德国、英国等西欧文化的影响，资产阶级文化在革命前的俄国尤为兴盛；另一方面，俄国社会受到农奴制的压迫，觉醒早的知识分子开始反专制政权，埋下了社会革命文化的种子，在唯物主义文化中建立了民主主义的道路。列宁曾在《卡·马克思致路·库格曼书信集俄译本序言》中指出："马克思的学说把阶级斗争的理论和实践结成一个不可分割的整体。"[1] 这也是中国共产党长期以来坚守的原则，是毛泽东同志等几代领导人吸收的强大经验，也是习近平总书记提出的"两个结合"中的"第一个

---

[1] 《列宁选集》第1卷，人民出版社1995年版，第703页。

结合"——"马克思主义基本原理同中国具体实际"相结合。①

俄国革命之所以能够成功的另外一个原因，是因为他们的唯物主义文化传统。在俄国十月革命前，俄国文化在马克思主义的指导下已经做好了准备，唯物主义文化与资产阶级文化从18世纪就开始就进入了"隐形斗争"，俄国资本主义向社会主义转型初期，文化意识形态的转型也随之而来。俄国的"民族传统文化"源于两种形态——以贵族文化为代表的资本主义文化和以新民主主义文化和革命文化为代表的劳苦大众人民文化，也就是社会主义文化的前身。俄国当时的新民主主义文化和革命文化正是把马克思主义理论和实践相结合的基础，也是俄国十月革命取得胜利的关键，而俄国新民主主义文化和革命文化正是从18世纪觉醒的反封建、反帝制文化中生发的。列宁在《论战斗唯物主义的意义》中说道："可喜的是俄国先进社会思想中的主要思潮具有坚实的唯物主义传统。"② 所以，马克思主义指导俄国革命的成功与俄国本身的唯物主义文化分不开，这也从侧面证实了"第二个结合"——把马克思主义基本原理"同中华优秀传统文化相结合"③ 的重要性。

脱离了实践与文化传统的法国革命没有成功，不仅是因为法国革命的时机没有成熟，也和法国文化传统有着一定的关系。1848年法国二月革命后，资产阶级与无产阶级矛盾上升成为主要矛盾，巴黎的无产阶级进行了第一次武装起义，但巴黎的无产阶级准备还未成熟，没有得到农民和城市小资产阶级的支持，因此最终没有取得成功。马克思在《1848年的六月失败》中写道："它的失败才使它确信这样一条真理：它要在资产阶级共和国范围内稍微改善一下自己的处境只是一种空想，这种空想只要企图加以实现，就会成为罪行。"④ 恩格斯

---

① 习近平：《担负起新的文化使命 努力建设中华民族现代文明》，《人民日报》2023年6月3日第1版。
② 《列宁全集》第43卷，人民出版社1987年版，第23页。
③ 习近平：《担负起新的文化使命 努力建设中华民族现代文明》，《人民日报》2023年6月3日第1版。
④ 《马克思恩格斯文集》第2卷，人民出版社2009年版，第103页。

曾在《反杜林论》中指出18世纪法国哲学家把社会一切规则交给"理性",而"这个永恒的理性实际上不过是恰好那时正在发展成为资产者的中等市民的理想化的知性而已"①。法国哲学家卢梭强调人民主权,主张公意至上,但他的"理性"是忽略了司法公正的"理性",并不能保障人民的权益,所以恩格斯写道:"理性的国家完全破产了。"② 从笛卡尔的"理性"到卢梭的"理性",无不充斥着理想化的"理性"的影子,因此可见,法国传统文化中的"理性"是他们几代哲学家接替相论的重要概念,哲学家们也希望用"理性"指导革命。但事实证明,它并不适用于法国革命斗争的实践,在经历了革命失败后只能走回资本主义的道路。

马克思主义是一种具有包容性的原理,它要和各个国家的历史、文化相结合而发展。在俄国十月革命时期,它同俄国工人运动相结合;在五四运动时期,马克思主义传播到中国后,又与中国工人运动紧密结合,诞生了中国共产党。这充分证明,以马克思主义为指导思想,结合我国具体政治、社会、历史、文化的发展路径是正确的路径,中国传统文化在接受马克思主义方面也发挥了重要作用。马克思主义欧洲传播的历史经验印证"第二个结合"是必要之路。

三 不断增强中华民族文化自信是"第二个结合"的致胜之路

自中国共产党成立以来,就把马克思主义和中国实际牢牢结合,在新中国成立前最屈辱、最黑暗的阶段带领中国人民找到了曙光。正是马克思主义的指导,才让中国找到了最适合的发展道路——社会主义道路,也让中国人民把命运牢牢地把握在了自己的手中。这是中国将马克思主义理论作为指导理论的成功,也是马克思主义基本原理同

---

① 《马克思恩格斯全集》第25卷,人民出版社2001年版,第374页。
② 《马克思恩格斯全集》第25卷,人民出版社2001年版,第374页。

中国具体实际相结合的成功。如今，马克思主义基本原理同中国具体实际已经取得了成果，而我们的传统文化更待与马克思主义相结合，以"第一个结合"作为前提来发展"第二个结合"，复兴中华民族优秀的传统文化。

复兴中华民族优秀的传统文化，复兴的不仅是精神遗产，复兴的还有中华民族文化自信。习近平总书记曾在党的二十大报告中明确了文化建设任务："全面建设社会主义现代化国家，必须坚持中国特色社会主义文化发展道路，增强文化自信，围绕举旗帜、聚民心、育新人、兴文化、展形象建设社会主义文化强国，发展面向现代化、面向世界、面向未来的，民族的科学的大众的社会主义文化，激发全民族文化创新创造活力，增强实现中华民族伟大复兴的精神力量。"[1] 文化任务的提出是对"四个自信"中的"文化自信"道路的发展和延续，也是对"文化自信"道路提出的更高目标。在新任务中，习近平总书记清晰地提出了"文化四步走"：一是"增强文化自信"；二是"建设社会主义文化强国"；三是发展现代化的"社会主义文化"；四是"实现中华民族伟大文化复兴"[2]。

"文化自信"是人民最根本、最基础的人文心理，让人民"增强文化自信"是最直接、最有力的人文心理建设。上下五千年的中华文明是世界上最古老的文明之一，在哲学、农业、科学、政治、文化、艺术等领域都为世界贡献了珍贵的历史财富。而自1840年鸦片战争以来，中国人的文化自信遭到了重创，导致了精英阶层的分裂，于是产生了戊戌变法、爆发了辛亥革命，直到五四运动到来，马克思主义传播进中国，才让中国人对自身的民族文化传统进行"救亡图存"，重新开始探寻民族文化自信的道路。

---

[1] 习近平：《高举中国特色社会主义伟大旗帜　为全面建设社会主义现代化国家而团结奋斗——在中国共产党第二十次全国代表大会上的报告》，《人民日报》2022年10月26日第1版。

[2] 习近平：《高举中国特色社会主义伟大旗帜　为全面建设社会主义现代化国家而团结奋斗——在中国共产党第二十次全国代表大会上的报告》，《人民日报》2022年10月26日第1版。

从文化规律看"第二个结合"为何是必由之路

近年来的全球文化发展趋势,更待我们文化自信的复兴。新冠疫情爆发以来,全球进入了加速竞争的状态,我国面临着国内外多方挑战,其中也包括文化挑战,以及挑战背后的文化意识形态之争。改革开放以来,我们迎来了经济的繁荣,同时不可避免地接受了簇拥而至的西方文化。好莱坞电影、格莱美音乐、迪士尼乐园、摩天大楼、麦当劳、肯德基等"西方文化标签"强势进入我国,我国多年来的电影文化、音乐文化、建筑文化、饮食文化等都受到了西方文化的影响,甚至一度让中国人失去了自身的审美标准。习近平总书记提出:"'结合'打开了创新空间,让我们掌握了思想和文化主动。"[1] 这是对我们中国传统文化信心的重建,也是对"第二个结合"主动性的强调。我们不能等待西方文化的输入,而是应该主动从我们自身优秀传统文化中寻获中华文明伟大之处,不能让源远流长的中国文化因西方文化的影响而中断。德国哲学家、历史学家奥斯瓦尔德·斯宾格勒在上世纪初就在其著作《西方的没落》一书中预言西方文化即将衰落。他认为,每种文化都有发生、发达与衰落的阶段,而西方文化已经度过了发生、发达的阶段,必然走向衰落的阶段。党的十八大以来,西方文化的吸引力和影响力已经在逐年下降,中国人民逐渐看清了西方资本主义文化的面目,反观我国的文化自主力则正在逐渐强化,在海外的影响力也正逐渐上升。

"第二个结合"不仅有利于我们讲好中国故事、塑造中国形象、传播中国文化、提升文化软实力、推动建立全球性文化新秩序,而且"第二个结合"也是"丰富人民精神世界"[2]的方式。中华优秀传统文化离不开中国古代哲学、历史、文学、宗教、科学、语言、艺术等各个领域的内容,普及中华优秀传统文化的价值贡献在于提升人民精

---

[1] 习近平:《担负起新的文化使命 努力建设中华民族现代文明》,《人民日报》2023年6月3日第1版。

[2] 习近平:《高举中国特色社会主义伟大旗帜 为全面建设社会主义现代化国家而团结奋斗——在中国共产党第二十次全国代表大会上的报告》,《人民日报》2022年10月26日第1版。

神生活、提升人民审美水平。中华优秀传统文化的普及不仅可以让人民了解我们国家、民族历史上的文化，同时也可以培养中国人独特的审美方式、思维方法、逻辑结构、精神气质，从而塑造民族文化共性。民族文化共性是一个民族性格的总和，是一个又一个中国人民族性格的集合点，民族文化共性不是一朝一夕形成的，而是需要时间积累形成的，民族文化共性决定了中华民族的基础文化价值观。

"第二个结合"让中华优秀传统文化彰显出中华民族文化共性，中华民族文化共性会一代代传承下去，形成具有时代特色的文化和独特的文化民族性，彰显中华民族的道德原则、价值判断和美学精神。中华优秀传统文化是中华民族几千年以来的思想精髓，所以"第二个结合"的思想是习近平新时代中国特色社会主义思想的闪光点，不断增强中华民族文化自信是"第二个结合"的致胜之路，"两个结合"是实现中华民族伟大文化复兴的必由之路。

中华优秀传统文化传承发展的逻辑必然性

柏奕旻

习近平总书记在文化传承发展座谈会上强调:"在新的历史起点上继续推动文化繁荣、建设文化强国、建设中华民族现代文明。"[①]是我们在新时代新的文化使命。传承弘扬中华优秀传统文化,是在新时代坚定文化自信、推动文化繁荣、建设文化强国的重要前提。更有效地推动中华优秀传统文化创造性转化、创新性发展,是在新起点上更有力地推进中国特色社会主义文化建设,建设中华民族现代文明的关键任务。传统文化的发展走向是现代性视域中的基础理论问题和重要实践难题。在社会科学现有的考察基础上,哲学阐释的引入颇为紧要,基于递归原理和马克思主义唯物辩证法的融通观点,中华文化赓续不断的历史进程中蕴藉着深刻内在的统一性、包容性、创新性。在新时代传承发展中华优秀传统文化具有逻辑必然性。

一 社会科学视域中的传统文化

作为与现代(Modern)相对的概念,传统(Tradition)是现代性(Modernity)的产物。现代性指涉了一种"线性不可逆的、无法阻止

[①] 习近平:《担负起新的文化使命 努力建设中华民族现代文明》,《人民日报》2023年6月3日1版。

地流逝的历史性时间意识"①，它在西方世界起源于中世纪基督教内部的神学论争。现代意味着"新"，意味着不仅通过时间规定人的存在，而且通过人的存在规定时间②。17世纪末肇始于法国、尔后蔓延于英德的"古今之争"尖锐提出了如何判定传统与现代孰者更优的问题。因现代人自诩为彻底的自我发源、自我创造、自我解放，考掘现代与传统间的连续性抑或断裂性特征、妥善处理现代与传统的关系变得颇为紧要。伴随地理大发现及西方文明崛起推动的全球化进程，处于不同地理空间的国家、民族和文明纷纷遭遇现代性。在此期间，线性时间观虽被广泛接受，现代性的正当性却不断受到考问，不同地理空间中传统的命运走向也相应成为了发人深思的理论问题和实践难题。

20世纪以来，社会科学研究在直面传统的现代境遇方面给予了人们重要启示。作为传统研究的经典范例之一，人类学家芮德菲尔德（Robert Redfield）的"大传统与小传统"概念为分析复杂社会生活中文化传统的不同层次③提供了抓手。社会学家希尔斯（Edward Shils）则批判了把传统与启蒙的科学理性截然对立的流行看法。通过将传统界定为人类在不同活动领域内"行为、思想和想象的产物，并且被代代相传"④的对象，希尔斯详细勾勒了传统的稳定特质和变迁因素。

传统文化属于传统范畴。透过社会科学的研究视野，传统文化被定义为一种经历足够长的历史时间，并且延传至今的文化形态。世代相传，表明传统文化对生活在该种文化环境中的人们具有持久的适应

---

① [美]马泰·卡林内斯库：《现代性的五副面孔》，顾爱彬、李瑞华译，译林出版社2015年版，第11页。
② [美]迈克尔·艾伦·吉莱斯皮：《现代性的神学起源》，张卜天译，湖南科学技术出版社2019年版，第7页。
③ [美]罗伯特·芮德菲尔德：《农民社会与文化：人类学对人类文明的一种诠释》，王莹译，中国社会科学出版社2013年版，第94—95页。
④ [美]爱德华·希尔斯：《论传统》，傅铿、吕乐译，上海人民出版社2014年版，第12页。

性和感召力。迄今延续，表明传统文化具有真实历史作为基础，人们无需刻意求证就能理所应当地接受它。一般认为，判定传统文化成立的时间尺度不是绝对的。例如，在西方，对身处启蒙运动时代的人们来说，中世纪的基督教信仰是应予批判的传统文化；而对当代人而言，启蒙运动所崇尚的科学理性的文化已然是另一种传统文化。社会科学主张以相对灵活的标准处理传统生成所需要的时间问题。大致来说，"这是一个学术问题，很难作出令人满意的回答，而且也无需回答，只需要说，信仰或行动范型要成为传统，至少需要三代人的两次延传"①。

总体上，社会科学研究注重现象描绘与实证考察，社会科学搭建的理论框架对共时性地把握特定传统的内部状况多有助益。此类研究倾向于站在理性化的现代场景中返视传统，对传统文化的理解展现出某种实体化的倾向，因而缺乏对传统文化在历史演进过程中内外调节韧性、自我更新机制的规律化总结。鉴此，哲学阐释的引入成为理论上的必须。

二 递归逻辑原理中的传统文化

递归（recursion），既是一种理论模型，又是一种认知方式，能够被有效运用于对传统文化的考察。递归起初诞生并常见于数学、逻辑学、计算机科学等领域，尔后被更广泛地引入到对人类生活各领域的考察。一言以蔽之，递归就是嵌套，各种各样的嵌套②。在数学中，如果一种运算的每一步都需要调用前一步或前几步运算的结果，则这种运算是递归的（recursive）。递归函数指的是一个函数在执行过程中不断调用自身。一个典型的例子是斐波那契数列：1，1，2，3，5，8，

---

① ［美］爱德华·希尔斯：《论传统》，傅铿、吕乐译，上海人民出版社2014年版，第16页。
② ［美］侯世达：《哥德尔、艾舍尔、巴赫：集异璧之大成》，严勇、刘皓明、莫大伟译，商务印书馆1997年版，第167页。

13，21，34，55，89……，该数列从第3项起，每项新数值都是前两项数值之和，由此可得到规则：f（0）=0，f（1）=1，f（n）=f（n-1）+f（n-2）且 n>1。在物理学中，基本粒子的结构有质子、中子、中微子、π介子、夸克等，每一粒子的出现都源于其他粒子间的彼此作用与相互嵌套。没有粒子间永无止歇的循环作用，也就没有这个物质世界。在这种眼光下，可以说，整个世界都建立在递归之上①。

递归的原理可用以阐释万事万物与环境的互动关系。事物的递归可以被形式地描述为：任何事物都是时间和空间中的有限之物，都面临着开放的环境；事物在任一时刻的状态部分地依赖于自身的先前状态，部分地依赖于外部环境；事物在当下的状态是其先前状态与环境交互下的新的呈现，而当下状态又以一定方式参与构建其未来；递归是事物继承与变化的外在表现，发生递归的动力在事物内部②。

事物的递归具有两面性。一方面是偶然性、个别性。开放的环境意味着难以预估的事件，任一偶然因素都可能参与改变事物的当下状态，此后复遇另一偶然因素，事物状态又生新变，层层嵌套，事物的变化充满随机性又富于独特性。另一方面是整体性、稳定性。所遇环境尽管不可预测，但在面对偶然性时，事物总是反思地回到自身、规定自身，在这种不断自反（reflexive）的过程中，事物整体地参与到自身的未来构建中，却始终保持着如其所是的稳定性。这种稳定性同时意味着一种真实的同一性的存在。在认识论的领域，传统文化作为被思维、被认识的对象，同样处于和历史环境的互动关系中，故而传统文化逻辑地符合上述互动关系所反映的两方面的递归属性。

---

① ［美］侯世达：《哥德尔、艾舍尔、巴赫：集异璧之大成》，严勇、刘皓明、莫大伟译，商务印书馆1997年版，第186—187页。
② 潘天群：《世界的递归与辩证法》，《科学·经济·社会》2022年第2期，第78—79页。

三 递归原理与马克思主义唯物辩证法的融通

递归性与辩证法之间存在着融通之处。如同递归的诞生是对现代早期机械主义观念的一种修正，黑格尔的辩证法也着力修正笛卡尔所代表的唯理主义思想。黑格尔的辩证法强调事物的继承与发展，主张经由"正题—反题—合题—新的正题—新的反题—新的合题……"这一无限的扬弃过程抵达对于事物终极真理的认识。辩证法中含有递归性，而递归性中含有辩证元素，黑格尔的辩证法是对事物递归性发展进行描述的概念体系：既是刻画事物递归性的本体论，事物递归产生的前后差异即辩证法中的否定；又是基于理性思维深化对事物认知的认识论，"正—反—合"的持续性辩证即递归性的思维算法[1]。进一步而言，由于扬弃保留了"正题"和"反题"这对对立的命题，并且将它们合并到第三个命题亦即"合题"中，存在便被保存为一种生成性的动态结构，其运作对即将到来的偶然事件开放。故而可以说，存在与生成之间的对立是通过递归被扬弃的，在这一意义上，"递归既是结构性的，也是操作性（operational）的"[2]。

传统文化是人的造物，是真实历史的产物。传统文化的形成与接续烙刻着人类社会活动的痕迹与精神活动的内容。人的具体历史活动的介入，使得传统文化的递归机制较之自然界事物更复杂，牵涉也更广泛。黑格尔哲学将"确认思想与经验的一致""达到理性与现实的和解"作为最高目的，其辩证法动力在于"自为存在着、并正向自在自为发展着的理念"[3]。马克思、恩格斯曾把黑格尔以"绝对精神"辩证运动为根基架构而成的理论体系批判为"陷入幻觉""用头走路"。

---

[1] 潘天群：《世界的递归与辩证法》，《科学·经济·社会》2022年第2期，第84—85页。
[2] 许煜：《递归与偶然》，苏子滢译，华东师范大学出版社2020年版，第5页。
[3] ［德］黑格尔：《小逻辑》，贺麟译，商务印书馆2019年版，第42、59页。

马克思指出，"最一般的抽象总是产生在最丰富的具体发展的场合，在那里，一种东西为许多东西所共有，为一切所共有。这样一来，它就不再只是在特殊形式上才能加以思考了"①。马克思历史辩证法的动力在于物质世界中现实存在的具体整体，由此为起点，从抽象上升到具体、从简单上升到复杂的过程保证了逻辑与历史的统一，也彰显了唯物主义的性质②。在批判黑格尔哲学的同时，马克思也吸取和借鉴了黑格尔辩证法的合理性、深刻性。在《资本论》中，通过将辩证法界定为"在对现存事物的肯定的理解中同时包含对现存事物的否定的理解"，"对每一种既成的形式都是从不断的运动中，因此是从它的暂时性方面去理解"，马克思指明了辩证法"批判的"和"革命的"本质③。如此，马克思的辩证法中亦包含递归性。就辩证法自身而言，它在从黑格尔走向马克思的哲学史进程中完成了一次递归运动。

透过哲学视野，传统文化可被定义为一种在前后相继的历史变化中，为一个民族的人们在特定条件下能动创造，以递归形式生成而来的文化形态。马克思说："人们自己创造自己的历史，但是他们并不是随心所欲地创造，并不是在他们自己选定的条件下创造，而是在直接碰到的、既定的、从过去承继下来的条件下创造。"④ 在这里，马克思使用了三个语词界定人在历史中能动创造的前提条件。"直接碰到的"指向一种纯粹的偶然性；"既定的"既表现为偶然性的绝对性，又意味着结构性的必然性；"从过去承继下来的"说明任何"创造"都是一种不断返回自身、扬弃自身的递归运动，人类历史呈现为螺旋式上升的历程。这一递归性的史观异于另一常见的迭代（iteration）性的史观。迭代的运作方式是线性的、机械的，它基于一种确

---

① 《马克思恩格斯文集》第8卷，人民出版社2009年版，第28页。
② 翁寒冰：《马克思对黑格尔的五次批判：一种反思性的学术解读》，东南大学出版社2016年版，第174页。
③ ［德］马克思：《资本论》第1卷，人民出版社2004年版，第22页。
④ 《马克思恩格斯选集》第3卷，人民出版社2012年版，第669页。

定规则的反复出现（如王朝更迭、世代轮换），预设了传统文化存在一个从简单走向复杂，每运用一次规则就增添若干新内容的历时发展过程。递归的运作方式则是循环的、随机的，重要的并非是规则或要素（人、事、物）特质的精确性，而是各要素之间功能关系的同一性。它以回溯性的目光后退（backward）去寻找复杂的当下文化从何开始，不断经由扬弃生成而来。

四 传承发展中华优秀传统文化坚持了逻辑与历史的统一

与社会科学不尽相同，逻辑地研究传统文化的递归性时，文化传承的时间长度意义紧要。计算机的递归运算可能停止或不得不止，其可持续程度取决于内存、算力、容差等因素，而人类社会历史的递归运动理论上却可以一直持续。尽管如此，并非每一种文化都可以避免陷入停滞、搁浅或退出历史舞台的状态。如果将某一民族的传统文化视作一种运算系统，其递归必须与外界环境持续不断地接触，则每一次接触都是与纯粹偶然性的相遇，都是自我反思和开放转型的契机，都是在帮助自身增强韧性、适应性、包容性。一种传统文化愈具有连续性和内在的同一性，就愈有能力应对和消化偶然性。或者说，其递归不仅无惧偶然性，而且把偶然性当作必然性来整合。

这一过程充满创造性。因为该文化系统与偶然事件相遇的每次情境都不相同，既要立足此先运动遗留的特定影响，又须面对新的时空条件下出现的新的区分。所以，传统文化的每一次递归运动都是一次新的创造。就此，传统文化传承延续的过程本身就是持续不断的创造过程。基于递归原理和马克思主义唯物辩证法的融通基础可知，创造性是传统文化的根本属性。一种传统文化的递归运动持续时间越长，说明该文化系统越稳定，越包容，也越具有创造性。由五千年中华文明孕育的、源远流长的中华文化是这类传统文化的典型代表。

中华优秀传统文化，是对中华文化中"独一无二的理念、智慧、气度、神韵"等精华、精髓内容的命名。因"积淀着中华民族最深沉的精神追求,代表着中华民族独特的精神标识",中华优秀传统文化概念自正式诞生以来受到党和国家的高度重视。其主要内容,也经充分总结,被凝练地概括为核心思想理念、中华传统美德、中华人文精神等几大类,进一步细分,则有修齐治平、革故鼎新、崇德向善、求同存异等诸多提法[①]。当前围绕中华优秀传统文化的工作大致展现为两个维度:一方面,站在政策落实维度,加强组织实施、保障措施,推动教育普及、遗产保护、创作宣传、传播交流;另一方面,立足科学研究维度,加强传承发展体系构建,推动论证阐释、深化认识、挖掘内涵、创新转化。两维度同时发力,彼此助益。逻辑地看,传承发展中华优秀传统文化是中华文化的又一次递归,其属性是生成的、动态的,而非固定静止的。

在算法世界中,数学系统基于一套公理假设和形式推演的规则建立起来,新结果的推导和结论的重用不断丰富这一体系,但其"根"还是在公理系统和推演规则,只要系统的协调性还在,一切形式推理的结果都连着这个"根"[②]。在历史世界中,文化系统同样有一个"根",传统文化的递归运动以此为螺旋基轴,在偶然性中持存整体性,在有限自反中朝向无限延续。"根"使一种文化系统是其所是,成为动态生成的同时保有内在统一性的存在。文化要传承、要发展,关键在于认识和确定这个"根",接续和更新这个"根"。传承发展中华优秀传统文化,坚持中华优秀传统文化的创造性转化和创新性发展,即是在完成这一固"根"、养"根"的历史使命。在迄今不到两百年的时间内,中华文化面对全球化语境经历了多次递归,其状况表明,如何处理中华文化的"根"性问题,不仅构成为中国仁人志士面临古今中西转换时着力甚勤的关键问题,而且构成为大部分比较研

---

① 新华社:《关于实施中华优秀传统文化传承发展工程的意见》,2017年1月25日,人民政府网(https://www.gov.cn/zhengce/2017-01/25/content_ 5163472.htm)。

② 许道云:《哥德尔不完全定理与数学认知的局限性——基于递归论解读哥德尔不完全定理》,《贵州大学学报》(自然科学版)2018年第3期,第12页。

究、价值追寻以至道路抉择的重要前提。在"全党全国各族人民迈上全面建设社会主义现代化国家新征程、向第二个百年奋斗目标进军的关键时刻"[1],"在五千多年中华文明深厚基础上开辟和发展中国特色社会主义"[2]的新高度上,强调大力传承发展中华优秀传统文化,致力运用中华优秀传统文化的宝贵资源推动中国式现代化的宏伟事业,既具有逻辑的必然性,也出乎历史的必然性,从根本上坚持了逻辑与历史的统一。

---

[1] 习近平:《高举中国特色社会主义伟大旗帜　为全面建设社会主义现代化国家而团结奋斗——在中国共产党第二十次全国代表大会上的报告》,《人民日报》2022年10月26日第1版。
[2] 习近平:《担负起新的文化使命　努力建设中华民族现代文明》,《人民日报》2023年6月3日1版。

破解共时与历时难题的中国式现代化

刘方喜

中国式现代化打破了"现代化＝西方化"的迷思，展示了世界现代化道路的"多样性"，在实践和理论上证明了现代化不是少数国家的"专利品"，也不是非此即彼的"单选题"——这就破解了现代化共同特征与各国国情特色关系的共时难题。"现代化＝西方化"又与"现代化＝资本主义化"迷思并存。习近平总书记强调："中国式现代化，深深植根于中华优秀传统文化，体现科学社会主义的先进本质"[①]；"中华优秀传统文化源远流长、博大精深"[②]，"是中国人民在长期生产生活中积累的宇宙观、天下观、社会观、道德观的重要体现，同科学社会主义价值观主张具有高度契合性"[③]。中华优秀传统文化在同现代马克思主义、科学社会主义的结合中实现了自身现代化，这涉及民族文化"传统"与"现代"关系问题：由于与资本主义精神更相契合的西方基督教等文化传统先行开启了现代化，非西方民族文化传统就与这种资本主义式"现代化"或"现代"形成冲突——这是中国等非西方国家现代化所遭遇的历时难题，而"风物长

---

① 习近平：《正确理解和大力推进中国式现代化》，《人民日报》2023年2月8日第1版。
② 习近平：《高举中国特色社会主义伟大旗帜，为全面建设社会主义现代化国家而团结奋斗——在中国共产党第二十次全国代表大会上的报告》，《人民日报》2022年10月26日第1版。
③ 习近平：《高举中国特色社会主义伟大旗帜，为全面建设社会主义现代化国家而团结奋斗——在中国共产党第二十次全国代表大会上的报告》，《人民日报》2022年10月26日第1版。

宜放眼量"，置于包括500年世界社会主义史在内的现代化世界历史双线格局及其发展大势中，可以科学揭示这一历时难题的形成及其破解过程。习近平总书记指出：要"深刻把握世界历史的脉络和走向"[①]，"尽管我们所处的时代同马克思所处的时代相比发生了巨大而深刻的变化，但从世界社会主义500年的大视野来看，我们依然处在马克思主义所指明的历史时代"[②]；《中共中央关于党的百年奋斗重大成就和历史经验的决议》的一个基本判断是："党的百年奋斗深刻影响了世界历史进程"[③]，"深刻改变了世界发展的趋势和格局"，"使世界范围内社会主义和资本主义两种意识形态、两种社会制度的历史演进及其较量发生了有利于社会主义的重大转变"[④]——这种历史演进及其较量，其实自现代化之初就已开始。在共同反对传统封建主义的意义上，社会主义和资本主义体现的都是"现代化"的意识形态和社会制度追求，500年世界社会主义发展史表明"现代化＝资本主义化"的认知是不符合历史事实的意识形态迷思。社会主义与资本主义同时产生、同步发展，当资本主义取得统治地位以后，两者由合流走向分流，同时资本主义力量越来越阻碍现代生产力发展而趋于下降，更适应现代生产力发展的社会主义力量趋于上升。这是世界历史发展的必然大势，尽管其间充满曲折。在这种世界历史双线升降格局中，"每一民族同其他民族的变革都有依存关系"[⑤]并完成不同使命，西方民族及其传统文化开启了资本主义式现代化，同现代科学社会主义价值观主张具有"高度契合性"的中华民族及其优秀传统文化，顺应世界进步大势而开辟出了中国式社会主义现代化道路，破解了后发

[①] 习近平：《深刻认识马克思主义时代意义和现实意义 继续推进马克思主义中国化时代化大众化》，《人民日报》2017年9月30日第1版。
[②] 习近平：《深刻认识马克思主义时代意义和现实意义 继续推进马克思主义中国化时代化大众化》，《人民日报》2017年9月30日第1版。
[③] 《中共中央关于党的百年奋斗重大成就和历史经验的决议》，《人民日报》2021年11月17日第1版。
[④] 《中共中央关于党的百年奋斗重大成就和历史经验的决议》，《人民日报》2021年11月17日第1版。
[⑤] 《马克思恩格斯全集》第3卷，人民出版社1956年版，第39页。

现代化民族国家文化传统与现代相冲突的历时难题，打破了"现代化＝资本主义化"的迷思，具有重大世界历史意义。

一

党的二十大之后，习近平总书记对中国式现代化有进一步深入、系统阐释。他在学习贯彻党的二十大精神研讨班开班式上的重要讲话中指出："概括提出并深入阐述中国式现代化理论，是党的二十大的一个重大理论创新，是科学社会主义的最新重大成果"；"初步构建中国式现代化的理论体系"，是"对世界现代化理论和实践的重大创新"，在"世界现代化理论和实践"框架下探讨中国式现代化体系，就成为"讲话"重要脉络之一："一个国家走向现代化，既要遵循现代化一般规律，更要符合本国实际，具有本国特色。中国式现代化既有各国现代化的共同特征，更有基于自己国情的鲜明特色"，这种"共同特征"与国情特色高度统一的中国式现代化，就"打破了'现代化＝西方化'的迷思，展现了现代化的另一幅图景"[①]。在中国共产党与世界政党高层对话会上进一步阐释道："我们要秉持独立自主原则，探索现代化道路的多样性。现代化不是少数国家的'专利品'，也不是非此即彼的'单选题'，不能搞简单的千篇一律、'复制粘贴'。一个国家走向现代化，既要遵循现代化一般规律，更要立足本国国情，具有本国特色"[②]。把"现代化"等同于"西方化"并做"非此即彼的'单选题'"，体现的是"单一性"的现代化观，如此就形成了现代化共同特征与各国国情特色的共时难题，而立足世界现代化道路"多样性"的中国式现代化则破解了"现代化"共时性难题。

以上两次讲话还从文明形态角度对中国式现代化进行了阐发，

[①] 习近平：《正确理解和大力推进中国式现代化》，《人民日报》2023年2月8日第1版。
[②] 习近平：《携手同行现代化之路——在中国共产党与世界政党高层对话会上的主旨讲话》，《人民日报》2023年3月16日第2版。

体现出一种大文明观、大文化观。"在学习贯彻党的二十大精神研讨班开班式上的讲话"指出:"中国式现代化,深深植根于中华优秀传统文化,体现科学社会主义的先进本质,借鉴吸收一切人类优秀文明成果,代表人类文明进步的发展方向,展现了不同于西方现代化模式的新图景,是一种全新的人类文明形态。"① "在中国共产党与世界政党高层对话会上的主旨讲话"指出:"中国式现代化作为人类文明新形态,与全球其他文明相互借鉴,必将极大丰富世界文明百花园";该"讲话"还提出"全球文明倡议","我们要共同倡导尊重世界文明多样性",这与世界现代化道路多样性相互映照;"我们要共同倡导弘扬全人类共同价值,和平、发展、公平、正义、民主、自由是各国人民的共同追求"②,这与世界现代化共同特征相互映照。世界文明多样性与产生于不同地区的各民族所形成的历史文化传统密切相关:"当今世界不同国家、不同地区各具特色的现代化道路,植根于丰富多样、源远流长的文明传承。人类社会创造的各种文明,都闪烁着璀璨光芒,为各国现代化积蓄了厚重底蕴、赋予了鲜明特质,并跨越时空、超越国界,共同为人类社会现代化进程做出了重要贡献。"③ 一方面,中国式现代化强调中国国情特色与共同特征的统一,推己及人,在世界范围内就强调各国国情特色与共同特征的统一,如此也就上升到了世界现代化理论高度;另一方面,"文明传承"也是世界现代化进程中的一个重要问题,中国式现代化"既传承历史文化、又融合现代文明"④,推己及人,"我们要共同倡导重视文明传承和创新,充分挖掘各国历史文化的时代价值,推动各国优秀传统文化在现代化进程中实现创造性转化、创新

---

① 习近平:《正确理解和大力推进中国式现代化》,《人民日报》2023年2月8日第1版。
② 习近平:《携手同行现代化之路——在中国共产党与世界政党高层对话会上的主旨讲话》,《人民日报》2023年3月16日第2版。
③ 习近平:《携手同行现代化之路——在中国共产党与世界政党高层对话会上的主旨讲话》,《人民日报》2023年3月16日第2版。
④ 习近平:《携手同行现代化之路——在中国共产党与世界政党高层对话会上的主旨讲话》,《人民日报》2023年3月16日第2版。

性发展。"① 由此可见，习近平现代化理论也是对"推己及人"的中华优秀传统文化精神的一种创造性转化、创新性发展，并破解了世界现代化的另一难题，即传统与现代关系的历时难题。世界各国各民族优秀传统文化，既有产生于不同地区、有着不同历史发展进程的不同特色，同时也有"跨越时空、超越国界"的共同价值而可以一起塑造世界现代化的"共同特征"，在人类社会现代化整体进程中、在"全人类共同价值"的构建中、在丰富多样的全世界文明形态的建设和发展中，发挥各自独特作用。

中国式现代化体现了"传统（中华优秀传统文化）"与"现代（现代科学社会主义）"统一的基本特点。党的十八大以来，习近平总书记高度重视中华优秀传统文化及其当代价值，"在学习贯彻党的二十大精神研讨班开班式上的讲话"指出："中国式现代化蕴含的独特世界观、价值观、历史观、文明观、民主观、生态观等及其伟大实践，是对世界现代化理论和实践的重大创新。"② 广义的"大文化"就指这一系列"观（念）"，推进中国式现代化需要这种大文化创新。党的二十大报告指出："坚持和发展马克思主义，必须同中华优秀传统文化相结合。"一方面，"只有植根本国、本民族历史文化沃土，马克思主义真理之树才能根深叶茂"；另一方面，"中华优秀传统文化源远流长、博大精深"，"是中国人民在长期生产生活中积累的宇宙观、天下观、社会观、道德观的重要体现，同科学社会主义价值观主张具有高度契合性"③。正是这种"高度契合性"，使中华优秀传统文化可以在同现代马克思主义、科学社会主义的结合中，实现创造性转化、创新性发展，进而实现自身现代化。

理解中华优秀传统文化在中国式现代化中的地位，还需充分结合

---

① 习近平：《携手同行现代化之路——在中国共产党与世界政党高层对话会上的主旨讲话》，《人民日报》2023年3月16日第2版。
② 习近平：《正确理解和大力推进中国式现代化》，《人民日报》2023年2月8日第1版。
③ 习近平：《高举中国特色社会主义伟大旗帜，为全面建设社会主义现代化国家而团结奋斗——在中国共产党第二十次全国代表大会上的报告》，《人民日报》2022年10月26日第1版。

习近平"大历史观"进行分析。党的二十大报告指出,"在新中国成立特别是改革开放以来长期探索和实践基础上,经过十八大以来在理论和实践上的创新突破,我们党成功推进和拓展了中国式现代化",而"新时代十年的伟大变革,在党史、新中国史、改革开放史、社会主义发展史、中华民族发展史上具有里程碑意义"①。由此可见定位中国式现代化清晰的"大历史"框架:(1)"中华民族发展史"已有5000年,对应的是世界各民族文明史,构成了人类文明或文化的"传统";(2)"社会主义发展史"已有500年,对应的是世界资本主义史,两者构成了世界"现代化"双线格局;(3)"党史、新中国史、改革开放史"和新时代十年,也是中国现代化历史,与鸦片战争以来的近代史构成了100多年中国现代化史。

说世界社会主义发展有500多年历史,是以16世纪英国空想社会主义学者托马斯·莫尔出版的《乌托邦》为其开端的,而16世纪前后的文艺复兴运动也大致是现代资本主义社会思想文化的开端。这表明社会主义与资本主义作为人类现代化思想文化和实践的产生与发展大致是同步的,人类现代化进程是由两条线索构成的,尽管资本主义在现代化之初是占主导地位的,但"现代化=资本主义化"的认知并不符合基本的历史事实。从世界现代化与各民族及其传统文化关系看,西方国家以自身的民族文化传统先行开启了资本主义式现代化,对于西方国家来说传统与现代之间的冲突就不那么尖锐,而中国等非西方的后发现代化民族国家文化传统与资本主义式现代化之间的冲突则相对比较尖锐,成为世界现代化进程中的历时难题。在世界历史呈现出资本主义力量下降、社会主义力量上升新大势之际,同现代科学社会主义价值观主张具有"高度契合性"的中华民族及其优秀传统文化,顺应这种世界进步新大势,成功开辟出了中国式社会主义现代化道路,也就成功破解了这种历时难题。充分理解中国式现代化

---

① 习近平:《高举中国特色社会主义伟大旗帜,为全面建设社会主义现代化国家而团结奋斗——在中国共产党第二十次全国代表大会上的报告》,《人民日报》2022年10月26日第1版。

的世界历史性意义,首先需要回到习近平总书记多次提到的马克思、恩格斯的"世界历史"理论。

二

机器大工业所代表的生产力的现代化革命,在西方外部引发了由世界贸易等形成的世界市场所代表的国际生产关系的现代化革命,首次开创了不同于此前的传统的各民族"地域性的历史"的"世界历史",在西方内部形成了同为传统阶级现代化形态的资产阶级—无产阶级、同为传统社会及其理念现代化形态的资本主义—社会主义的双线格局。在机器大工业及其代表的现代生产力的进一步发展中,代表资产阶级的资本主义力量下降、代表无产阶级的社会主义力量上升,则是世界历史发展必然大势。这是理解中国式现代化的一个基本点。

习近平总书记指出:"学习马克思,就要学习和实践马克思主义关于世界历史的思想。马克思、恩格斯说:'各民族的原始封闭状态由于日益完善的生产方式、交往以及因交往而自然形成的不同民族之间的分工消灭得越是彻底,历史也就越是成为世界历史。'马克思、恩格斯当年的这个预言,现在已经成为现实,历史和现实日益证明这个预言的科学价值。"[1] 他所引用的话出自《德意志意识形态》。马克思、恩格斯紧接着的论述是:"例如,如果在英国发明了一种机器,它夺走了印度和中国的千千万万工人的饭碗,并引起这些国家的整个生存形式的改变,那末,这个发明便成为一个世界历史性的事实;同样,砂糖和咖啡在19世纪具有了世界历史的意义","历史向世界历史的转变"是"纯粹物质的、可以通过经验确定的事实,每一个过着实际生活的、需要吃、喝、穿的个人都可以证明这一事实"。这表明"人们的世界历史性的而不是狭隘地域性的存在已经是经验的存在

---

[1] 习近平:《在纪念马克思诞辰200周年大会上的讲话》,《人民日报》2018年5月5日第2版。

了"，"狭隘地域性的个人为世界历史性的、真正普遍的个人所代替"，其中"每一民族同其他民族的变革都有依存关系"。大工业"创造了交通工具和现代化的世界市场"，由此"首次开创了世界历史，因为它使每个文明国家以及这些国家中的每一个人的需要的满足都依赖于整个世界，因为它消灭了以往自然形成的各国的孤立状态"①。这表明"大工业"之前是不存在"世界历史"的。

马克思后来还强调："交通工具的影响。世界史不是过去一直存在的；作为世界史的历史是结果"②；"可以充当货币的有各种金属，这些金属之间具有不同的、不断变动的价值比例。于是产生了复本位制等问题，这个问题取得了世界历史的形式。但是问题所以取得这样的形式，以及复本位制本身所以产生，都是由于对外贸易"③。马克思更具理论性的概括是：

> 机器劳动这一革命因素是直接由于需求超过了用以前的生产手段来满足这种需求的可能性而引起的。而需求超过[供给]这件事本身，是由于还在手工业基础上就已作出的那些发明而产生的，并且是作为在工场手工业占统治地位的时期所建立的殖民体系和在一定程度上由这个体系所创造的世界市场的结果而产生的。随着一旦已经发生的、表现为工艺革命的生产力革命，还实现着生产关系的革命。④

机器、交通工具的发明创造和应用等引发"工艺革命""生产力革命"，代表着人类生产"工艺方式"的现代化，这是世界现代化最根本的基础；而"资本"则代表着由这种工艺方式现代化所引发的"生产关系的革命"和现代化，这在一国内部表现为资产阶级—无产

---

① 《马克思恩格斯全集》第3卷，人民出版社1960年版，第39—68页。
② 《马克思恩格斯全集》第46卷上册，人民出版社1979年版，第48页。
③ 《马克思恩格斯全集》第46卷下册，人民出版社1980年版，第314页。
④ 《马克思恩格斯全集》第47卷，人民出版社1979年版，第472—473页。

级阶结构的成型,标志着传统阶级形态的现代化;在国际关系中则表现为由西方宗主国与非西方殖民地关系构成的"殖民体系"的成型,标志着传统国际关系形态的现代化。具有"世界历史的形式"的复本位制等现代化的经济和金融制度、"砂糖和咖啡"等世界贸易及其形成的"世界市场"等,所代表的正是世界范围内现代化的"生产关系的革命","世界历史"就是这一系列革命的"结果"。而在此之前也就不存在这种意义上的"世界历史",各民族及其社会文化的发展还主要表现为封闭的、孤立的"地域性的历史"。在现代化"世界历史"框架下,会出现"第二级的和第三级的东西,总之,派生的、转移来的、非原生的生产关系。国际关系在这里的影响"[①]。以此来看,在现代化之初,中国等非西方国家"原生的生产关系"还主要是前现代的封建生产关系,而通过对外贸易、世界市场等而被纳入西方殖民体系所形成的则是"派生的、转移来的、非原生的生产关系"。这正是把当时的中国定位为半封建半殖民社会的经典理论和国情特色依据,"每一民族同其他民族的变革都有依存关系",中国的反封建、反帝、反殖民革命也就具有"世界历史性的"意义。这是从国际关系现代化角度理解百年中国现代化史的基本点。

再从阶级形态现代化角度看,"无产阶级只有在世界历史意义上才能存在,就像它的事业——共产主义一般只有作为'世界历史性的'存在才有可能实现一样"[②]。当然,与之对立的资产阶级和资本主义也是"世界历史性的"存在,两大阶级都标志着传统阶级形态的"现代化",两大主义都标志着传统社会形态及其理念的"现代化",两者的"现代"特性在反封建的意义上是相通的。恩格斯指出:反封建主的运动"实质上应该由资产阶级来进行。反封建主义的斗争本来就正是这个阶级的世界历史性任务",当然也是无产阶级的世界历史性任务。而巴黎公社的斗争"不仅吓倒了法国的资产阶级,

---

[①] 《马克思恩格斯全集》第46卷上册,人民出版社1979年版,第47页。
[②] 《马克思恩格斯全集》第3卷,人民出版社1960年版,第40页。

而且吓倒了整个欧洲的资产阶级"。这表明反封建的斗争又与两大现代化阶级之间的斗争复杂交织在一起，后者同样具有"世界历史性的"意义。不同国情特色也使这种斗争在不同国家呈现出不同特点："由于德国的社会和政治落后，德国资产阶级处处都不去保卫他们自身的政治利益，因为无产阶级已经在他们背后带有威胁性地兴起了"，"怯懦的德国资产者为了使得他们每个人都能拯救自己私人的利益，拯救自己的资本，而牺牲了他们的共同利益，即政治利益。最好是恢复旧的官僚封建专制制度，而不要让资产阶级这个阶级获得胜利，不要在革命阶级——无产阶级加强的情况下通过革命方式赢得的现代资产阶级国家"，"在资产阶级放弃战场的地方，无产阶级的政党就要担负起斗争的责任"[①]。这同样适用于分析非西方的后发现代化国家的中国的现代化之初的状况：当时的民族资产阶级也具有怯懦和两面性等特点，而官僚买办资产阶级既与国内封建主义也与国外帝国主义妥协，由资产阶级领导的旧民主主义革命就无法完成反帝、反封建的任务，只有作为无产阶级政党的中国共产党领导的新民主主义革命才完成了反封建和民族独立的任务。

尽管都是传统阶级的"现代化"形态，但是，无产阶级是"非统治阶级"传统形态的现代化，而资产阶级则是"统治阶级"传统形态的现代化。随着私有制的诞生，人类进入文明时代和阶级社会，由此形成的社会基本结构就是"统治阶级—非统治阶级"，"统治阶级的思想在每一时代都是占统治地位的思想"，但这并不表明"非统治阶级"就没有"思想"。随着生产力和文明的发展，"统治阶级"发生变化，"非统治阶级"的形态及思想也会随之而发生变化。《德意志意识形态》还揭示了这种变化的一般规律："每一个企图代替旧统治阶级的地位的新阶级，就是为了达到自己的目的而不得不把自己的利益说成是社会全体成员的共同利益"，"进行革命的阶级，仅就它对抗另一个阶级这一点来说，从一开始就不是作为一个阶级，而是

[①] 《马克思恩格斯全集》第19卷，人民出版社1963年版，第73—74页。

作为全社会的代表出现的","它之所以能这样做,是因为它的利益在开始时的确同其余一切非统治阶级的共同利益还多少有一些联系,在当时存在的那些关系的压力下还来不及发展为特殊阶级的特殊利益"。这种"利益"一定程度的"共同性",也决定着在"思想"上也存在"共同性"。比如在西方文艺复兴、启蒙运动和中国五四运动中就存在着这种共同性,同时产生的资本主义和社会主义思想尚未尖锐对立,两者共同的斗争对象是作为"旧统治阶级"的封建地主阶级及其思想,在反封建的意义上,社会主义和资本主义就都是现代化思想。

在反封建斗争中,资产阶级取得胜利,而"这一阶级的胜利对于其他未能争得统治的阶级中的许多个人说来也是有利的,但这只是就这种胜利使这些个人有可能上升到统治阶级行列这一点讲的。当法国资产阶级推翻了贵族的统治之后,在许多无产者面前由此出现了升到无产阶级之上的可能性,但是只有当他们变成资产者的时候才达到这一点","可是后来,非统治阶级和取得统治的阶级之间的对立也发展得更尖锐和更深刻。这两种情况使得非统治阶级反对新统治阶级的斗争在否定旧社会制度方面,又比起过去一切争得统治的阶级要更加坚决、更加激进"。资产阶级是私有制产生以来"统治阶级"的最后一种形态,而无产阶级则是"非统治阶级"的最后形态,因而也是反对统治阶级或阶级统治最坚决的阶级。"旧统治阶级"如封建贵族等,以及"旧的非统治阶级"如农民和手工劳动无产者等中的一部分"个人",可能会上升为"资产者"而成为"新统治阶级",更多"个人"则沦为"新的非统治阶级",即群体越来越庞大的无产阶级。由此,曾经同为"非统治阶级"的资产者与手工劳动无产者等之间存在的"共同利益",就走向分化和对立。正是在这种历史状况下,社会主义由空想走向科学。如果说早期空想社会主义思想在反封建的意义上还与资产阶级思想存在一定程度"共同性"的话,那么,科学社会主义就是作为成熟的资本主义及其思想的对立面而出现并不断发展壮大的。"只要阶级的统治完全不再是社会制度的形式,也就是说，只要那种把特殊利益说成是普遍利益，或者把'普遍的东西'说成是统治的东西的必要性消失了，那末，一定阶级的统治似乎只是某种思想的统治这种假象当然也就会完全自行消失。"① 资本主义"社会制度的形式"依然是"阶级的统治"形式，代表的依然是新"统治阶级"即资产阶级的"特殊利益"，而维护这种新型阶级统治的最重要的意识形态依然把"特殊利益"说成是"普遍利益"。如果说资产阶级"在开始时的确同其余一切非统治阶级的共同利益还多少有一些联系"而可以"把自己的利益说成是社会全体成员的共同利益"的话，那么，资产阶级取得统治地位后所标榜的"普遍利益"或所谓"普适价值"就只是一种意识形态"假象"。这也是认为"现代化＝资本主义化"的思想根源。

后来，恩格斯还对社会主义力量上升、资本主义力量下降发展大势多有分析："蒸汽机、机械化的纺纱机和织布机、蒸汽犁和蒸汽脱粒机、铁路和电报、现代化的蒸汽印刷机（这就是马克思讲的'表现为工艺革命的生产力革命'）使得这种荒唐的倒退已经成为不可能的事情；相反，它们正在逐渐地和坚定不移地消灭封建关系和行会关系的一切残余（这就是马克思讲的'还实现着生产关系的革命'）"；同为现代化阶级，无产阶级与资产阶级一起"消灭封建生产和封建关系的一切残余，从而把整个社会归结到资本家阶级和没有财产的工人阶级之间的单纯的对抗中"，资产阶级—无产级阶结构的成型，标志着传统阶级形态现代化的完成。此后，"随着社会的阶级矛盾的简化，资产阶级的力量日益增长起来，但是无产阶级的力量、它的阶级觉悟和取得胜利的能力也在更大程度上增长起来"②。在进一步发展中，"由于现时生产力的巨大发展，把人分成统治者和被统治者、剥削者和被剥削者的最后根据，至少在最先进的国家里已经消失了；统治的大资产阶级已经完成了它的历史使命"，"历史的领导权已经转到无

---

① 《马克思恩格斯全集》第3卷，人民出版社1960年版，第52—55页。
② 《马克思恩格斯全集》第16卷，人民出版社1964年版，第77—78页。

产阶级手中","社会生产力已经发展到资产阶级不能控制的程度，只等待联合起来的无产阶级去掌握它"[1]。这种"历史的领导权"的转移，揭示的正是代表无产者的社会主义力量上升、代表资产者的资本主义力量下降的世界历史格局发展的必然大势。

三

资产阶级和无产阶级阶级形态的现代化，在文化形态上表现为维护不平等的统治阶级文化的现代化、反对不平等的非统治阶级文化的现代化，列宁的"两种民族文化"论对此有所分析。这两种"文化"的现代化是同时开启的，并且在共同反对封建文化时是合流的，但后来出现了分流，毛泽东"五四运动的发展，分成了两个潮流"论对此有所分析。（详论见后）马克思、恩格斯强调，在现代化世界历史进程中，一方面"每一民族同其他民族的变革都有依存关系"，另一方面"每个民族都为其他民族完成了人类从中经历了自己发展的一个主要的使命"，这既与各国国情特色有关，也与各民族传统文化有关。西方民族及其传统文化先行开启了资本主义式现代化，非西方民族则相对落后，并形成了自身文化传统与"现代"冲突的历时性难题；但在资本主义力量下降、社会主义力量上升世界大势中，不太适合资本主义发展的非西方民族及其传统文化，则迎来了以社会主义方式实现自身现代化从而破解"传统"与"现代"冲突历时难题的重大契机。这是理解中国式现代化的又一基本点。

列宁指出："每一个现代民族中，都有两个民族。每一种民族文化中，都有两种民族文化"；"每个民族文化，都有一些民主主义的和社会主义的即使是不发达的文化成分，因为每个民族都有被剥削劳动群众，他们的生活条件必然会产生民主主义的和社会主义的意识形态。但是每个民族也都有资产阶级的文化（大多数还是黑帮的和教权

---

[1]《马克思恩格斯全集》第19卷，人民出版社1963年版，第123页。

派的),而且这不仅表现为一些'成分',而表现为占统治地位的文化"①。往前追溯,世界各民族进入"文明"时代的重要标志之一就是私有制的产生,由此就形成了垄断生产资料的阶级维护不平等的思想文化,并占主导和统治地位。但是与此同时也产生了"被剥削劳动群众"反对不平等的思想文化,尽管不占主导地位,但却是随着统治阶级的思想文化发展而一同发展的。"自从资本主义生产方式在历史上出现以来,由社会占有全部生产资料,常常作为未来的理想隐隐约约地浮现在个别人物和整个整个的派别的脑海中"②。这种理想是与资本主义同步产生的,如果说"资产产阶级的文化"是维护不平等的文化的"现代化"的话,那么,早期空想社会主义则开启了文明史上也一直存在、发展着的反对不平等的文化的"现代化"。把"现代化=资本主义化"的单线认知,只看到前一种"现代化",而忽视或者掩盖了"民主主义的和社会主义的意识形态"同样标志着人类文化的"现代化"。

在世界现代化进程中,"两种民族文化"又呈现出由合流走向分流并有降有升的大势。在反封建初期,资产者与其余非统治阶级还存在一定"共同利益",而一旦上升为新统治阶级就会形成自己的"特殊利益",并与沦为新的非统治阶级的无产者的利益越来越走向分化,这决定着同为现代化思想的社会主义与资本主义越来越走向分化。毛泽东对此有深刻洞察:"在'五四'以前,中国文化战线上的斗争是资产阶级的新文化和封建阶级的旧文化的斗争",此时的"中国的新文化,是旧民主主义性质的文化";"在'五四'以后,中国产生了完全崭新的文化生力军,这就是中国共产党人所领导的共产主义的文化思想,即共产主义的宇宙观和社会革命论",新文化也就成为"新民主主义性质的文化"③。"五四运动的发展,分成了两个潮流。一部分人继承了五四运动的科学和民主的精神,并在马克思主义的基础上

---

① 《列宁全集》第24卷,人民出版社1990年版,第134、125—126页。
② 《马克思恩格斯全集》第19卷,人民出版社1963年版,第243页。
③ 《毛泽东选集》第2卷,人民出版社1991年版,第696—698页。

加以改造,这就是共产党人和若干党外马克思主义者所做的工作。另一部分人则走到资产阶级的道路上去"[1],由此就形成了此后中国现代化道路的"双线"格局:一是以马克思主义为指导的社会主义现代化道路,一是西方资本主义式的现代化道路。用"现代化=资本主义"描述中国百年现代化进程,并不符合基本历史事实。

"五四运动的发展,分成了两个潮流",在实践上则表现为党领导中华民族选择了"俄国道路"来实现自身现代化。在讨论现代化问题中,马克思、恩格斯在世界历史框架下又高度重视各国具体国情特色和各民族文化传统,并一直关注不发达民族国家,尤其东欧、俄罗斯等实现自身现代化的问题。恩格斯1894年撰写的《"论俄国的社会问题"跋》大致可视作对"俄国式现代化"或世界社会主义革命"俄国道路"一系列探讨的理论总结,对于我们今天理解"中国式现代化"和世界社会主义"中国道路"等有重要启示。

"在俄国有不少人很了解西方资本主义社会及其所有的不可调和的矛盾和冲突,并且清楚地知道这条似乎走不通的死胡同的出路何在"。随着五四运动的发展和国际关系格局的变化,中国一部分先进知识分子也越来越清楚地意识到了这一点。从世界范围看,"当西欧人民的无产阶级取得胜利和生产资料转归公有之后,那些刚刚踏上资本主义生产道路而仍然保全了氏族制度或氏族制度残余的国家,可以利用这些公社所有制的残余和与之相适应的人民风尚作为强大的手段,来大大缩短自己向社会主义社会发展的过程,并可以避免我们在西欧开辟道路时所不得不经历的大部分苦难和斗争",而"这不仅适用于俄国,而且适用于处在资本主义以前的发展阶段的一切国家",当然也同样适用于中国。以上论述表明,恩格斯并没有把现代化问题只放在一国内部加以审视,而是始终同时放在"世界历史"框架下加以探讨。如此,后发现代化国家经历资本主义阶段的具体方式尤其时间的长短,就并没有固定模版而可"复制粘贴"。"假如俄国革命

---

[1] 《毛泽东选集》第3卷,人民出版社1991年版,第832页。

将成为西方无产阶级革命的信号而双方互相补充的话,那末现今的俄国公共所有制便能成为共产主义发展的起点";"马克思首先驳斥'祖国纪事'强加给他的观点,仿佛他也同俄国自由派一样,认为对俄国来说没有比消灭农民公社所有制和急速地过渡到资本主义更为刻不容缓的事了",这大致也是中国现代化进程中一些"自由派"的基本认知。马克思认为:"如果俄国继续走它在1861年所开始走的道路,那它将会失去历史所能提供给一个民族的最好的机会,而遭受资本主义制度所带来的一切极端不幸的灾难","假如俄国想要遵照西欧各国的先例成为一个资本主义国家","倒进资本主义制度的怀抱","就会和尘世间的其他民族一样地受这个制度的铁面无情的规律的支配",这对于中国来说更是如此。"一个由德国开创的新的时期,即自上而下的革命的时期,同时也就是社会主义在所有欧洲国家迅速成长的时期到来了",世界进入社会主义革命时代,"俄国参加了共同的运动。正如预期的那样,这一运动在这里采取了坚决进攻的形式,其目的在于推翻沙皇专制制度、争得民族的文化发展和政治发展的自由";而"俄国的革命还会给西方的工人运动以新的推动,为它创造新的更好的斗争条件,从而加速现代工业无产阶级的胜利"[①]。推翻封建专制制度、"争得民族的文化发展和政治发展的自由"等,大致也是中国辛亥革命、五四运动等的目的,而中国共产党领导的新民主主义革命实际上也是世界社会主义革命的一个组成部分而具有"世界历史性的"意义。

马克思、恩格斯不仅结合各国国情特色,还结合各民族文化传统展开现代化道路探讨。"并非一切民族都有相同的从事资本主义生产的才能。某些原始民族,例如土耳其人,既没有这方面的气质,也没有这方面的意向",而基督教是"资本所特有的宗教"[②]。"在基督教国家,特别是在英国和荷兰这些国家,整个民族充满了商业精神"[③],这

[①] 《马克思恩格斯全集》第22卷,人民出版社1965年版,第501—510页。
[②] 《马克思恩格斯全集》第26卷第3册,人民出版社1974年版,第495页。
[③] 《马克思恩格斯全集》第49卷,人民出版社1982年版,第519页。

实际上解释了资本主义现代化首先在西方得以开启的文化根由。"德国、法国和英国是现代史上的三个占主导地位的国家","英吉利民族是由德意志人和罗马人构成的,其形成的时候正值这两个民族刚开始彼此分离,刚刚开始向对立的两极发展"。由此就形成了一种"两极的民族性":"英国人是世界上最虔信宗教的民族,同时又是最不信宗教的民族","他们对天国的向往丝毫不妨碍他们对这个'无钱可赚的地狱'的坚定信心","对矛盾的感觉是那种只集中于外部世界的动力的泉源,这种感觉曾经是英国人殖民、航海、工业建设和一切大规模实践活动的原动力"①。"英吉利民族"的文化传统及其矛盾,成为英国首先推动机器大工业等生产工艺和生产力革命,进而实现生产关系现代化革命、构建现代化殖民体系的文化上的"原动力"。

对于各民族及其文化传统在世界现代化进程发挥不同的作用,马克思还有概括性总结:"主张每个民族自身都经历这种发展,正象主张每个民族都必须经历法国的政治发展或德国的哲学发展一样,是荒谬的观点。凡是民族作为民族所做的事情,都是他们为人类社会而做的事情,他们的全部价值仅仅在于:每个民族都为其他民族完成了人类从中经历了自己发展的一个主要的使命(主要的方面)。因此,在英国的工业,法国的政治和德国的哲学制定出来之后,它们就是为全世界制定的了,而它们的世界历史意义,也象这些民族的世界历史意义一样,便以此而告结束。"②犹太民族及其传统文化也是开启资本主义式现代化的重要力量。一方面,"犹太的继续存在不是违反历史,而是顺应历史"。另一方面,"我们在犹太中看到了一般性的现代反社会的因素,而这种因素经由犹太人从最坏的方面积极参与的历史发展而达到了目前这样高的发展阶段;在这个阶段上它必然要瓦解"③。犹太、基督教文化传统以及英、法、德等西方国家在现代化"世界历史"中的"使命",就是以资本主义方式先行开启了现代化,而世界

---

① 《马克思恩格斯全集》第1卷,人民出版社1956年版,第658—659页。
② 《马克思恩格斯全集》第42卷,人民出版社1979年版,第257页。
③ 《马克思恩格斯全集》第1卷,人民出版社1956年版,第445—450页。

社会主义革命时代的到来则表明这种"使命"已经完成，即"统治的大资产阶级已经完成了它的历史使命"，现代化的资本主义时代"便以此而告结束"。同科学社会主义价值观主张具有高度"契合性"的中华民族及其优秀传统文化则迎来自己的"世界历史性的"时代。习近平总书记结合马克思、恩格斯相关论述对此有深刻洞察。

习近平总书记指出："马克思对我国古代农民起义提出的具有社会主义因素的革命口号有过敏锐的观察"，他在梳理中华优秀传统文化时已有对这种"社会主义因素"的概括，如"大道之行、天下为公的大同理想"以及"等贵贱均贫富、损有余补不足的平等观念"等，这也正是中华优秀传统文化同现代社会主义的"契合点"。正是这种契合点使"马克思主义传入中国后，科学社会主义的主张受到中国人民热烈欢迎，并最终扎根中国大地、开花结果"。习近平总书记在分析中还引用了马克思、恩格斯《国际述评（一）》中的话："中国社会主义之于欧洲社会主义，也许就像中国哲学与黑格尔哲学一样"[①]。

马克思、恩格斯也一直关注现代化世界历史进程中落后的中华民族的前途和命运。《国际述评（一）》首先分析了欧洲各国当时的状况和趋势："反动势力加强的同时，革命政党的力量亦在日益壮大"，法国广大农民群众"投入了革命政党的怀抱，宣告信奉社会主义，虽然他们信奉的社会主义当时还很幼稚，还带有资产阶级性质"；"工业发达的英国却在完全不同的方面取得了成绩"，但同时又出现新的危机，而其"所造成的后果会与以前历次危机完全不同。以前的历次危机是工业资产阶级取得新成就和再一次战胜土地所有者及金融资产阶级的信号"，与之对应的是"资本主义性质"的革命，"而这次危机将是现代英国革命的开端"。这种新革命就开始具有社会主义性质，并成为世界进步新大势。当时的美国"甚至把最倔强的野蛮民族也拖进了世界贸易——文明世界"，而"欧洲的文明国家要不陷入象意大

[①] 习近平：《坚持和完善中国特色社会主义制度 推进国家治理体系和治理能力现代化》，《求是》2020年第1期。

利、西班牙和葡萄牙目前那样在工商业上和政治上的依附地位,唯一的条件就是进行社会革命"。欧洲国家并没有这么做,这表明历史发展的复杂性和曲折性。但也正因为没有这样做,到了一个世纪之后的今天,欧洲国家就被深深地固定在对美国的"政治上的依附地位"。如果说欧洲国家都是如此的话,那么,中国等后发现代化国家如果重走资本主义道路,就更会如此。

在以上分析基础上,马克思、恩格斯最后讨论了"有名的德国传教士居茨拉夫从中国回来后宣传的一件值得注意的新奇事情":英国人"用武力达到了五口通商的目的"而把中国强制纳入现代殖民体系,"以手工劳动为基础的中国工业经不住机器的竞争","这个国家据说已经接近灭亡,甚至面临暴力革命的威胁,但是,更糟糕的是,在造反的平民当中有人指出了一部分人贫穷和另一部分人富有的现象,要求重新分配财产,过去和现在一直要求完全消灭私有制",这就是中国近代革命中的"社会主义因素";"当居茨拉夫先生离开20年之后又回到文明人和欧洲人中间来的时候,他听到人们在谈论社会主义,于是问道:这是什么意思?别人向他解释以后,他便惊叫起来:'这么说来,我岂不到哪儿也躲不开这个害人的学说了吗?这正是中国许多庶民近来所宣传的那一套啊!'"。当时,社会主义理念已在世界发达和不发达地区产生广泛影响。马克思、恩格斯在此基础上预测了中国的未来:

> 虽然中国的社会主义跟欧洲的社会主义象中国哲学跟黑格尔哲学一样具有共同之点,但是,有一点仍然是令人欣慰的,即世界上最古老最巩固的帝国8年来在英国资产者的大批印花布的影响之下已经处于社会变革的前夕,而这次变革必将给这个国家的文明带来极其重要的结果。如果我们欧洲的反动分子不久的将来会逃奔亚洲,最后到达万里长城,到达最反动最保守的堡垒的大门,那末他们说不定就会看见这样的字样:"中华共和国/自由,平等,博爱。"①

---

① 《马克思恩格斯全集》第7卷,人民出版社1959年版,第257—265页。

这种社会主义性质的"中华共和国"的预言,已被党的百年奋斗所实现。

总之,500年世界社会主义史的理论和实践已打破把"现代化=资本主义化"的单线迷思。在理论上,随着资本主义的发展,社会主义由空想发展为科学;在实践上,巴黎公社等已是社会主义革命的形态,其后俄国十月革命及建立起的苏维埃共和国、中国新民主义革命及建立起的中华人民共和国等,在社会制度上实现了社会主义式现代化。世界现代化进程绝非只是资本主义化的单线进程,社会主义是其中的另一线索。随着现代科技和大工业机器所代表的生产方式现代化的进一步发展,这种双线格局又呈现出资本主义力量下降、社会主义力量上升的必然大势。只有在这种世界现代化双线升降格局中,才能科学揭示世界各民族及其文化传统所承担的不同使命。西方民族文化传统开启了资本主义式现代化道路,但资本主义力量随着现代生产力更进一步发展而趋于下降,世界社会主义力量趋于上升。同科学社会主义价值观主张具有高度契合性的中华民族及其优秀传统文化,顺应并融入这种世界进步大势,开辟出了中国式现代化道路,破解了后发现代化民族国家文化传统与现代相冲突的历时难题。同时也"使世界范围内社会主义和资本主义两种意识形态、两种社会制度的历史演进及其较量发生了有利于社会主义的重大转变",具有广泛而深远的世界历史意义。

重塑文艺批评精神

贾　洁

习近平总书记在文艺工作座谈会上的讲话深刻阐述了文艺批评的重要作用，要求高度重视和切实加强文艺评论工作。在讲话中，他对当下批评存在的诸多问题直言不讳，并提出了文艺批评的新的标准。此种情形下，广大的文艺工作者们对批评的现状和原则的反思成为一个至关重要的问题。本文试在对习近平总书记的讲话进行分析论述的基础上，为理解习近平总书记关于文艺批评的重要论述提供一种思考的视角。

一　文艺批评对于文艺发展的重要作用

关于批评，清代袁枚这样评价："作诗者以诗传，说诗者以说传，传者传其说之是，而不必尽合于作者也。"[1] 袁枚指出阐释或批评的语言不是重复作者的意志，在一定程度上可以理解为，批评并非创作的附庸。应该说在中国文学批评史上，袁枚第一次肯定了文学批评的独立的精神文化价值。美国文学理论家韦勒克在《20世纪文学批评的主潮》一文中总结道："18、19世纪曾被人们称作'批评的时代'。实际上，20世纪才最有资格享有这一称号。"[2] 至20世纪，文艺批评

---

[1] 王英志：《袁枚全集·小仓山房文集（卷二十八）》，江苏古籍出版社1993年版，第495页。

[2] ［美］勒内·韦勒克：《批评的诸种概念》，罗钢等译，上海人民出版社2015年版，第317页。

特别是文学批评获得了一种崭新的真正意义上的自我意识，第一次试图与自己的分析对象，即文学作品分庭抗礼。其时在西方产生的马克思主义文学批评、精神分析批评、形式主义的批评、神话批评等几条基本的潮流已经绵延至新世纪。与创作一样，批评本身就存在着有价值的思想和知识结构。只不过如习近平总书记在文艺工作座谈会上所言，文艺批评的本质作用还在于它是"文艺创作的一面镜子、一剂良药，是引导创作、多出精品、提高审美、引领风尚的重要力量"[1]。

对于批评，诺贝尔文学奖得主莫言十分大度，他在接受视频采访时曾直言"挺我或者批评我都是帮助"。早在1988年9月，莫言就曾跟国内50多位专家学者一道聚首其老家高密，召开了为期三天的莫言作品研讨会。从莫言在听取各方批评意见后，在会议尾声围绕"农民意识问题"、"丑的问题"、"自我拯救问题"[2]所做的发言来看，批评的确启发了他对于自身创作的很多积极的思考。批评家是专业的读者，除了成为作家艺术家的知音，他们还肩负着面向大众读者审美感知的开导和启迪的责任。明代"袁无涯刻本"《忠义水浒全书》卷首"发凡"云："书尚点评，以能通作者之意，开览者之心也。"[3] 在20世纪80年代，文学批评成功地对"朦胧诗"予以了命名。这次命名，使广大读者认识到了戴望舒和李金发的创作价值，人们开始重视诗歌意象的生成，懂得品味象征、抽象等诗歌创作手法的运用。如此，读者的审美趣味和赏析能力便能在潜移默化中得到提高。

此外，文艺批评通过对作家作品的分析与评价所表达出特定的价值观念与理想，会对社会产生直接或间接的影响。譬如，恩格斯通过对巴尔扎克等一批现实主义作家作品的分析，总结出"典型环境中的典型人物"[4]这一现实主义创作原则，对同时代及后来的作家创作影

---

[1] 习近平：《在文艺工作座谈会上的讲话》，《人民日报》2014年10月15日第2版。
[2] 房赋闲：《莫言创作研讨会综述》，《文史哲》1989年第1期，第102页。
[3] （明）李贽：《忠义水浒全书发凡》，载黄霖、韩同文选注《中国历代小说论著选》（上），江西人民出版社1982年版，第206页。
[4] 《马克思恩格斯全集》第37卷，人民出版社1971年版，第41页。

响深远。有的时候，一部优秀的艺术作品的价值很难及时地被人们了解。当代著名电影导演冯小刚就曾抱怨过，他随便拍的电影一周卖了4个亿，认真拍的电影《1942》却没人看。某些媒体人辩解说，这是因为大众文化时代降临，太严肃的片子不适合大众口味。然而，真实的情况却是，在这些操纵着媒介这一批评重镇的早已商业化的媒体人心中，只有大众，没有文化。这也是当前文艺批评存在的主要问题之一。真正的批评家的任务便在于挖掘这些被埋没的优秀文艺作品的价值，引导大众，尽全力扭转已经扭曲的社会风尚。

二　值得当前文艺批评家反思的主要问题

2014年10月15日，习近平总书记在讲话中指出："文艺批评要的就是批评，不能都是表扬甚至庸俗吹捧、阿谀奉承，不能套用西方理论来剪裁中国人的审美，更不能用简单的商业标准取代艺术标准，把文艺作品完全等同于普通商品，信奉'红包厚度等于评论高度'。文艺批评褒贬甄别功能弱化，缺乏战斗力、说服力，不利于文艺健康发展。"[①] 这段话除了提到上段所讲的文艺批评采用简单的商业标准这一问题之外，还概括了当前批评存在的另外两大主要问题，简言之，即"去批评化"的批评和套用西方理论。

（一）"去批评化"的批评

这类批评无力履行褒贬甄别的职责，从本质上说，是无效的批评，就像当前文艺圈中盛行的酷评、人情批评等。这类批评首先是简单化，不对事物的复杂性作充分认识。其次是极端个人化，文艺批评带有一定的个人色彩并不足怪，但是强烈主观色彩的评价本身会有损批评的公正性。20世纪90年代以后，中国的文艺批评饱受市场化浪潮的冲击，在追求极端吸睛效果的商业化运作下，极端个人化和简单

---

① 习近平：《在文艺工作座谈会上的讲话》，《人民日报》2014年10月15日第2版。

化的文艺批评不仅不被质疑,反而还会受到积极地支持乃至大力推崇。在当前文艺批评界,就不乏具有类似特点而获得媒体和市场青睐的批评家。人民日报《文学观象》专栏这样总结:"无原则的热捧与意气的指责,不但对创作无益,而且有害。批评的核心在于切中要害,调动作家思考,推动创作,这是批评赢得作家尊重的关键。"①

(二) 采用简单的商业标准

在市场规律的调节下,文艺批评出现了许多新的情况,其中最重要的就是将市场的需求纳入到批评的考量中,文艺批评需要关注市场所关注的,考察那些畅销书、热门影视剧等话题。本来,批评家们合理、适度地谋求学识所能带给自身的利益和价值倒也无可厚非。可久而久之,很大一部分批评的主体不再按照文艺规律开展批评实践,而是审时度势地依托各类大众媒介将批评变成了充满金钱拜物精神的商品;被高薪买断的各种炒作、包装式的批评用语充斥在人们眼中。经济秩序替代了文学秩序,可以说,丧失了文化特征和审美追求的批评彻头彻尾地沦为了金钱的奴仆。除了依托大众媒介、自觉向市场靠拢的批评家外,也依然还有一部分固守书斋的学院批评家。学院批评的写作与接收,尽管圈子狭小,也需参照一般产品的生产和消费机制。那他们的出路又在哪里呢?当然有,那就是,理论猎奇。

(三) 套用西方理论

20世纪,西方文学批评的发展迅速且多元化,成为一个前所未有的批评的时代。对于经历了上个世纪的深重苦难、嗷嗷待哺的中国文艺界来说,这些理论是令人耳目一新、亟待汲取的。于是中国古籍《淮南子》中"因时制宜"的规训被抛诸脑后,西方谁的理论新奇,国内就译介谁。的确,追溯历史,伟大的罗马文化是"希腊化"的

---

① 张江:《原点、焦点与热点——〈文学观象〉系列论评》,人民出版社 2015 年版,第 101 页。

结果，汉唐盛世恰恰得益于中原文化与西域文化的交融。但目前，国内文艺批评特别是学院批评对西方理论的套用已经达到了无以复加的地步，这些学院批评家们以舶来的技术生搬硬套地解读文本，让自己的论述成为某种理论的注脚。叔本华在论述文学艺术时曾指出，"每一个平庸无奇的作者都试图用一幅面具来掩饰自己的自然风格"，"他们的目的是把自己的作品装饰得仿佛十分博学深邃"[①]，正是对国内当下批评界这一怪现象的绝佳写照。

如果说自发地无节制地套用西方理论客观上体现出了中国批评家在面对西方理论大山时的焦虑，那么20多年过去了，也是时候将自发的理论临摹转变为自觉的理论创新了。还是鲁迅那句名言说得好，"明哲之士，必洞达世界大势，权衡较量，去其偏颇，得其神明，施之国中，翕合无间。外之既不后于世界之思潮，内之仍弗失固有之血脉，取今复古，别立新宗，人生意义，致之深邃，则国人之自觉至，个性张……"[②]。

三 运用历史的、人民的、艺术的、美学的观点评判和鉴赏作品

中国古代其实不乏优秀的文艺批评理论，从《诗经》《尚书》《国语》《左传》中所反映的文学观念，到孔孟老庄的美学立言，再到魏晋南北朝《文心雕龙》《诗品》《画论》等专门性文艺批评专著的成书；从唐宋《二十四诗品》《沧浪诗话》《书谱》，到明清《太和正音谱》《曲律》《文史通义》，再到近代《饮冰室诗话》《人间词话》，等等。我国古代的文艺批评著述可谓硕果累累。只可惜相对于西方而言，发展迟缓。西方自文艺复兴以来得到充分发展的自然科学

---

① [德]叔本华：《叔本华论说文集》，范进等译，商务印书馆2000年版，第319—320页。

② 鲁迅：《坟·文化偏至论》，载《鲁迅全集》（第1卷），人民文学出版社2005年版，第57页。

以及社会科学的研究方法与理论在为人文学科开启全新视角的同时，即在敦促着人文学科的进步，20世纪的西方文艺批评理论之所以一发不可收拾实不足为怪。我国近代学者王国维渴望把中西美学思想融为一炉，"境界说"可被视为其这一美学思想的最高成就，给中国古典诗学思想带来了重大变革。现代著名美学家朱光潜以马克思主义的美学的实践观点不断丰富和发展自己的美学思想，形成了一个颇有影响的美学流派。这些对中国当下浮躁的文艺批评理论氛围都是有益的启示。习近平总书记指出，当下的文艺批评"要以马克思主义文艺理论为指导，继承创新中国古代文艺批评理论优秀遗产，批判借鉴现代西方文艺理论，打磨好批评这把'利器'"，并进一步明确了要"运用历史的、人民的、艺术的、美学的观点评判和鉴赏作品"[①]的思想。

  习近平总书记的这一思想，客观地分析，首先是对马克思主义文艺批评标准的富有时代特色的新阐发。

  恩格斯在《致斐迪南·拉萨尔》一文中对拉萨尔的剧本《格兰茨·冯·济金根》进行评论时说道："我是从美学观点和历史观点，以非常高的、即最高的标准来衡量您的作品的，而且我必须这样做才能提出一些反对意见。"[②] 恩格斯倡导用"美学的、历史的观点"来评价文艺，即要尊重文艺的审美属性，关注文艺的历史内容，把作品放到一定的历史背景下、历史过程中加以审视和评论。普列汉诺夫指出："只有那种兼备极为发达的思想能力跟同样极为发达的美学感觉的人，才有可能做艺术作品的好批评家。"[③] 应该说，马克思主义文艺批评所秉持的"美学的历史的标准"，较为全面地涵盖了人类在评价文学艺术作品时所不能舍弃的艺术本体维度和历史人文维度。但是当文人批评家在遵循这个标准时，难免产生弊端：阳春白雪、曲高和

[①] 习近平：《在文艺工作座谈会上的讲话》，《人民日报》2014年10月15日第2版。
[②] 《马克思恩格斯全集》第29卷，人民出版社1972年版，第586页。
[③] ［俄］普列汉诺夫：《车尔尼雪夫斯基的美学理论》，吕荧译，《文艺理论译丛》1958年第1期，第104页。

寡。对批评家自己来说，也容易有坐而论道、甚至是徒托空言的挫败感。我们知道，从美学的视角考察一部文艺作品，可以谈及的内容有很多，具体的方面如音乐的旋律、韵味，雕刻的线条、比例，戏剧的情节、冲突。美学研究的方法更是多元，既可以采取哲学思辨的方法，也可以借鉴当今其他相关学科的研究方法，比如心理分析的方法、人类学的方法、语言学的方法等等。且不谈中国传统美学中的"兴观群怨"、"穷通思变"、"比兴明性"之类的理论，西方美学史上不少理论大家的名字，托马斯·阿奎那、斯宾诺莎、夏夫兹博里，等，未受过专业训练的人很可能都知之甚少。从历史的角度评价文艺作品，也需要具有"较大的思想深度和意识到的历史内容"[1]，也就是说必须掌握广博丰富的历史知识与理论。如此看来，学院派的批评家、理论家与大众的隔阂难以消除，与此不无关系。

举个例子，央视科教频道于2001年盛大开播的《百家讲坛》栏目，该栏目的宗旨设定为"让专家、学者为百姓服务"。开播之初曾邀请过学术界众多知名专家学者讲评中外文化，那时候，求知若渴的学生群对该栏目钟爱有加。然而，与周星驰的喜剧、好莱坞的动作片相比，《百家讲坛》明显过于精义深奥，受众狭小，收视低迷。直至刘心武揭秘红楼梦、易中天品三国、于丹释《论语》，《百家讲坛》才红极一时，逃过了差点被停播的命运。有人议论说，易中天是上电视说书的，于丹是给大众灌心灵鸡汤的，他们对经典的讲评虽然深受人们喜爱，但是学术硬伤一箩筐，闹出的笑话比比皆是。期刊《咬文嚼字》2008年第1期"品评"的是于丹，集中辨析了她的8个典型的语文差错，如将儒家的"舍生而取义"说成"杀生而取义"，将佛教词语"三界"（欲界、色界、无色界）误解为"三生"（前生、今生、来生）。《百家讲坛》的话题在学术领域屡屡引发争议，易中天、于丹等都处在一个有趣的位置，作为学者，他们首先被学术界质疑，频频被自己研究领域内的同侪批判，而跟他们的研究并没有关系、对

---

[1] 《马克思恩格斯全集》第29卷，人民出版社1972年版，第583页。

他们的错误也无力辨别的老百姓，这时却成了他们学术讲评的拥护者。究其原因在于，《百家讲坛》的制片人和编导们为了拯救收视率，在竞争激烈的市场机制中生存发展，以学术之名，推动该栏目向娱乐化转型。他们开始强调节目的大众化，要求主讲人淡化学术味道，高度关注讲稿的故事性、悬念性、戏剧性，甚至是主讲人的表演性。客观地说，他们立足于人民大众的角度对讲评形式所做的这些探索是颇具成效、值得肯定的。老百姓喜闻乐见，当时，也造就了多位名利兼收的学术明星。关键问题在于，当时他们没能及时地对学者讲评的内容进行严格把关。经典毕竟是经典，对经典作品不严谨的讲解和批评会误导人们对经典的认知。而且，当这类曲解经由大众媒介迅速发酵，越发地有恃无恐时，那么经典之为经典的独到的艺术魅力将在很大程度上被消解。

如何在这个大众文化来临的时代防范文艺作品与批评"有人民、无艺术"的局面的产生？习近平总书记在重提文艺批评应采用"历史的、美学的观点"的基础上，及时且同时增加了"人民的、艺术的观点"。结合习近平总书记所讲的当前文艺批评存在的问题来分析，运用这四大观点来评判和鉴赏文艺作品，在笔者看来，至少给予了批评家两方面的有益提示：

第一，批评不应局限于精深高妙的表述，特别是不需要故作高深地直接套用西方某些诡谲晦涩的理论来裁剪中国人民大众的审美，而应该尽可能地让人民大众读得懂、信得过。文学艺术本身是生动的鲜活的，如果批评只是一味地依赖理论术语，"生搬硬套地解读文本，将生动的文本肢解成毫无生命的碎片"[①]，这样的批评只会适得其反，被大众读者拒绝。就像一开始的《百家讲坛》虽然希望构建一座让专家通向老百姓的桥梁，但是象牙塔里的学术讲评始终难以走进观众的视线。习近平总书记的讲话中还说到，"近些年来，民营文化工作

---

① 张江：《原点、焦点与热点——〈文学观象〉系列论评》，人民出版社2015年版，第104页。

◆ 学思践悟：新时代文化使命与文学研究

室、民营文化经纪机构、网络文艺社群等新的文艺组织大量涌现，网络作家、签约作家、自由撰稿人、独立制片人、独立演员歌手、自由美术工作者等新的文艺群体十分活跃。这些人中很有可能产生文艺名家"①。但不可否认，这些人中很可能有相当一部分人并未抑或不愿经受规范的学院教育。据此，批评家在对他们的作品作出评价引导时更应牢记这一点，深入浅出，否则就难免有浮文巧语、徒陈空文之嫌了。

第二，当下的批评在看重人民大众的接受度的同时，不应被名利金钱左右，而应该尽可能地摆脱现实的功利考量，重塑批评的公信力。批评是关于文学艺术的观点和理论，只有观照文学艺术作品本身，并最终指向文艺实践，批评才有意义。目前，大众读者对文艺作品的选择基本上是由商业性的宣传、炒作来完成，这当中的危害自不待言，哲学家利奥塔一语破的："艺术家、画廊主、批评家和公众共同沉浸在'随心所欲'之中，这是松懈萎靡的时刻。然而这种'随心所欲'的现实主义，却不过是金钱的现实主义。"② 因此，今天我们更加需要一种批评，即"像医生治病一样的诊断性批评。这主要指不带任何外在的意图，只是面对作品本身实话实说、发现问题、揭示病症的批评"③。像大众传媒平台在编排、制作、播出文艺讲评栏目时，更应该下决心狠刹娱乐炒作之风，探索如何吸纳优秀的专业批评家团队参与到栏目各个环节的运作中，为文艺批评的质量把关，从而为大众提供真正有益的艺术精神食粮。

综上，当前的文艺批评活动应当自觉运用历史的、人民的、艺术的、美学的观点评判和鉴赏作品，努力发挥批评主体的创造性，表现批评家的独特发现和深刻见解，同时竭力避免当前批评存在的主要问

---

① 习近平：《在文艺工作座谈会上的讲话》，《人民日报》2014年10月15日第2版。
② [法]马克·吉梅内斯：《当代艺术之争》，王名南译，北京大学出版社2015年版，第83页。
③ 张江：《原点、焦点与热点——〈文学观象〉系列论评》，人民出版社2015年版，第105页。

题,从而将习近平总书记讲话中的要求落到实处,开创文艺批评的新局面。可见,习近平总书记所提的运用"历史的、人民的、艺术的、美学的观点"评判和鉴赏作品,四大观点之间互为补充、相得益彰,连珠合璧、应景对时,是对马克思主义文艺批评标准的新阐发。

其次,习近平的文艺批评思想也体现了批评的意识形态性与审美性的辩证统一。苏联文艺理论家与批评家巴赫金多次谈到意识形态环境这个概念,认为人生活于其中,人的文化创造活动理所当然也是在意识形态的环境中展开的。不过,根据马克思主义的辩证观,虽然文化艺术作为以想象和幻想为重要内容的意识形态形式,受到经济基础和社会历史条件的制约,但同时又具有极大的相对独立性。诚如法国马克思主义哲学家阿尔都塞强调的:"每一件艺术作品,都是由一种既是美学的又是意识形态的意图产生出来的。"① 文艺作品如此,文艺批评亦然。习近平总书记所提的"运用历史的、人民的、艺术的、美学的观点评判和鉴赏作品",这句话中包含了文艺批评应达到意识形态性(历史的、人民的)与审美性(艺术的、美学的)的辩证统一的要求。一个批评文本,只有在与历史的、人民的、艺术的、美学的交汇点上,才能对所批评的艺术作品加以观照,揭示作品的意义,从而走向与作者、读者以及其他批评家的对话。

文艺批评应该包含意识形态性与审美性的辩证统一,并不是个人性的突发奇想,而是在当前特定的文化语境下提出来的,它的问题意识是非常鲜明的。习近平总书记在讲话中对文艺批评还提出了如下一段话:"在艺术质量和水平上敢于实事求是,对各种不良文艺作品、现象、思潮敢于表明态度,在大是大非问题上敢于表明立场,倡导说真话、讲道理,营造开展文艺批评的良好氛围。"② 所谓"大是大非问题"便是涉及中国特色社会主义、中国共产党的领导、社会主义核心价值观的意识形态方面的问题,批评是一把利器,在对待这样的大

---

① [法]阿尔都塞:《抽象画家克勒莫尼尼》,杜章智译,载陆梅林选编《西方马克思主义美学文选》,漓江出版社1988年版,第537页。

② 习近平:《在文艺工作座谈会上的讲话》,《人民日报》2014年10月15日第2版。

是大非问题面前，容不得半点含糊其辞。意识形态作为一个国家、一个社会价值观的最高最集中的体现，它的功能是为了动员社会成员，凝聚全社会人民大众的力量，为实现共同的目标而进行奋斗。对主流意识形态的捍卫，任何国家、任何社会都不可能超然物外。比如，丹麦著名文学评论家勃兰兑斯的《十九世纪文学主流》主要建构的是一种欧洲文学精神；美国文学理论家布鲁姆的《西方正典》则试图在文化研究的语境中捍卫"伟大的英语文学传统"。有人认为，意识形态体现的只是统治者的意志，但请别忘了亚里士多德说过的话，人的社会性决定了"人天生是一种政治动物"①，没有任何统治者是凭空产生的，特别是在和平求发展的年代，意识形态在很大程度上同样是社会人民大众意志的体现。2012年11月29日，习近平总书记在参观《复兴之路》展览讲话时首次提出"中国梦"。多年来，习近平总书记在多个场合多次提及"中国梦"。

"中国梦归根到底是人民的梦，必须紧紧依靠人民来实现，必须不断为人民造福。"② 习近平总书记的这番重要讲话，阐明了中国梦的核心价值，即中国梦就是人民的幸福梦。而要实现这项伟大的事业，习近平总书记指出："文艺的作用不可替代，文艺工作者大有可为。广大文艺工作者要从这样的高度认识文艺的地位和作用，认识自己所担负的历史使命和责任。"③ 李泽厚在《美学四讲》中谈到审美形态时，将之分为"悦耳悦目"、"悦心悦意"和"悦志悦神"④，在他看来，即便是与人的感知相关的愉悦耳目器官的生理反应也是与社会性的性能相交织的。毋庸讳言，对于这种生理反应与社会性的性能相交织的过程而言，文艺批评具有举足轻重的作用。总之，在当前的形势下，批评家应该有所担当，不臣服于市场，像萨义德所说的那

---

① [古希腊]亚里斯多德：《政治学》，秦典华编译，载苗力田主编《古希腊哲学》，中国人民大学出版社1992年版，第585页。
② 习近平：《在第十二届全国人民代表大会第一次会议上的讲话》，《人民日报》2013年3月18日第1版。
③ 习近平：《在文艺工作座谈会上的讲话》，《人民日报》2014年10月15日第2版。
④ 李泽厚：《美学四讲》，广西师范大学出版社2001年版，第189页。

样,"小心衡量不同的选择,选取正确的方式,然后明智地代表它,使其能实现最大的善并导致正确的改变"①。

再次,习近平总书记的这一文艺批评思想也是对当前批评标准多元化下的乱象的反拨。20世纪80年代以来文艺批评的政治标准消隐以后,批评的多元格局产生,西方各式各样的批评思潮先后涌入,语境多元的活跃导致了批评标准和话语的混乱及虚浮现象。特别是在市场经济体制改革目标的推动下,文艺市场化、商业化的道路已经势不可挡。评价电视以收视率为标准,评价电影以票房为标准,评价报刊用发行量当标准,评价网络媒体只看点击率,等等,促使那些描写欲望、展示流行、强调媚俗的文化形态肆意扩张开来。进入21世纪后,网络在人们的生活中占据了尤为重要的角色。由于互联网信息的即时性、覆盖的广泛性,消费主义和大众文化急剧发展,疯狂地拆解着中国人传统的审美范式,而这时期的某些商业化的批评又起到了推波助澜的作用。个别影视导演在接受采访时表示,希望观众跟他分享某种复杂性和模糊性,说:"我们不是在讲道德,不是在讲社会约定俗成的习惯,也不是在讲法律,我们是在讲介于两性之间的一些模糊地带。"撇去传统的"道德"、"习惯"、"法律",其口中的"模糊地带"恰好印证了当下文艺审美与批评标准的一种临时性和相对性。而人们却一直在为这种临时性和相对性支付金钱、时间甚至理性。习近平总书记提出的文艺批评的"四大观点"旨在引导文艺批评由社会功利走向审美自律,这对于文艺批评的健康发展无疑具有重要的意义。

四 文艺批评家应该坚持的品行

唐弢在为其《晦庵书话》初版本所写的序言里表达过,曾竭力想

---

① [巴勒斯坦]爱德华·W.萨义德:《知识分子论》,单德兴译,生活·读书·新知三联书店2002年版,第86页。

把每段《书话》写成一篇独立的散文,可以是随笔,可以是札记,也可以是带着一点絮语式的抒情。可见,虽说批评侧重于分析,但对于在20世纪就已经争取到艺术地位的文艺批评而言,语言表述的魅力与逻辑分析的能力一样不可偏废。习近平总书记在文艺讲话中要求文艺作品文质兼美,但在文末提到文艺批评时没有明确提出相关要求。不过我们必须知道,要成为一名优秀的文艺批评家,就必须坚持批评写作自身的艺术性,这样才能让读者乐读。

(一)坚持批评写作自身的艺术性

在这里,也可以品一品李健吾在其《咀华集》中点评沈从文的《边城》的例子。李健吾写道:"自然越是平静,'自然人'越显得悲哀……这一切,作者全叫读者自己去感觉。他不破口道出,却无微不入地写出。他连读者也放在作品所需要的一种空气里,在这里读者不仅用眼睛,而且五官一齐用——灵魂微微一颤,好像水面粼粼一动"[①]。这段文字不仅一语道破了作家的艺术独创性,而且文字本身也是曼妙有致,引人赏读。英国牛津大学的教授柏拉威尔在研究伟大的思想家马克思的著作时,认为《资本论》有意地模仿了文学结构,该书中的象征、隐喻、颠倒反衬、滑稽模仿等写作手法俯拾皆是。"在《资本论》第一卷中,除了上述那些附带提到文学作品、类比、隐喻的情况之外,还有直接引用《圣经》、维吉尔、尤维纳利斯、贺雷西的作品的话;直接引用莎士比亚《亨利四世》上篇的话;直接引用莫尔的《乌托邦》,巴特勒的《胡迪布腊斯》和伏尔泰的《老实人》的话——而且通过暗喻,引用了恐怖故事,德国的民间文学、流行歌谣、歌曲小调、传说、童话、神话、谚语。"[②] 可想而知,即使在《资本论》这样的分析批判资本主义社会的生产、分工、商品流通以及"拜物教"等的理论大作中,马克思的心目中也从来没有脱

---

① 刘西渭(李健吾):《咀华集》,文化生活出版社1936年版,第74—75页。
② [英]希·萨·柏拉威尔:《马克思和世界文学》,梅绍武等译,生活·读书·新知三联书店1982年版,第462页。

离艺术和美学上的考虑。

将批评视为"创作中的创作"的王尔德在其《作为艺术家的批评家》一文中指出,"最高的批评,它批评的不仅仅是个别的艺术作品,而且是美之本身"①。在他看来,批评是将要处理的原材料也即艺术作品转化成一种新颖又可喜的形式。从荷马、埃斯库罗斯一直到莎士比亚和济慈,这些伟大的艺术家也不尽然是从生活中直接寻找题材,而是取材于神话、传奇,以及古代故事,在这些原材料的基础上予以创作创新,批评家也是这样。尽管批评发展至当下,有脱离艺术本身被理论淹没的倾向,但仍不乏诸多优秀的批评大家始终在坚持着批评写作自身的艺术性,理论分析与文字的表现力并不相互抵牾,这一点是值得广大的批评工作者思索和实践的。此外值得一提的是,大众传媒平台在编排文艺讲评栏目时,同样应该自觉追求讲评内容与形式的艺术性传达,前文提到的《百家讲坛》栏目对传统曲艺的借鉴倒也不失为一种可喜的探索。

(二) 坚持"真理越辩越明"

习近平总书记在讲话中明确提到这一点,他倡导文艺批评要说真话、讲道理,并提出:"坚持百花齐放、百家争鸣的方针,发扬学术民主、艺术民主,营造积极健康、宽松和谐的氛围,提倡不同观点和学派充分讨论,提倡体裁、题材、形式、手段充分发展,推动观念、内容、风格、流派切磋互鉴。"②

21世纪以来,随着媒介网络的迅猛发展,不仅是坚守书斋的学院批评家、媒介网络的专职批评工作者,甚至普通读者都可以直接参与到批评中来。不得不承认,文艺批评的空间已经被极大地扩展,批评主体的身份也越来越多样。某些在网络连载的文艺作品,由于艺术家本人能够与批评者通过网络进行实时互动,批评者的意见有时可能

---

① [英] 奥斯卡·王尔德:《谎言的衰落——王尔德艺术批评文选》,萧易译,江苏教育出版社2004年版,第130页。
② 习近平:《在文艺工作座谈会上的讲话》,《人民日报》2014年10月15日第2版。

直接左右甚至改变文艺文本的创作走向。面对这样的现象，不少持文化精英观的批评家本能地感到忧心忡忡，总觉得普通读者的批评缺少深度，没有灵魂，是批评的一种堕落，其实大可不必。限制参与辩论的主体有违社会的民主精神，更何况真理总是越"辩"越明的。论辩是一种思想的交流、碰撞活动，通过与他人辩论，参与者的思想能够得到积极的引导和启发，逻辑得到锻炼，知识得到增长，见解也得到升华。可见，通过论辩反而有助于在批评家和大众之间建立一种新型的主体间的、参与性的关系网络，这在很大程度上也能抵制肤浅的消费文化对大众的不良影响。伊格尔顿作为马克思主义批评家，曾明确要求自己，积极投身并帮助指导大众的文化解放①。他十分看重论辩的技艺，认为大众文化解放的真正实现意味着社会会产生更多的论辩，由此，那时候的社会在某种程度上比现在的社会更复杂，也即孔子所言的"君子和而不同"。应该说，辩中求理，格物致知，每一场有理有据有节、可圈可点的论辩都是在以杯水之力促民主，以求是之心启民智。

（三）努力发展中国当代文艺批评理论

刘勰在《文心雕龙》中多处讲到，作家诗人要随着时代生活创新，以自己的艺术个性进行创新。例如，我们一般认为，至唐代，诗歌发展已达艺术的巅峰，严羽在《沧浪诗话·诗辨》中评价道："诗者，吟咏性情也。盛唐诸人惟在兴趣，羚羊挂角，无迹可求。"到了宋代，面临前人盛极难继的局面，宋人在批判借鉴的基础上另辟蹊径，"以文字为诗，以才学为诗，以议论为诗"②，走出了一条新变之路。又如关于中国绘画，宗白华认为，传统绘画以书法为基础，并且往往以有形有限的景物呈现无穷的宇宙空间；丰子恺认为，传统绘画

---

① Terry Eagleton, *Walter Benjamin or Towards a Revolutionary Criticism*, London: Verso, 2009, p. 97.
② （宋）严羽：《沧浪诗话》，参见郭绍虞校译《沧浪诗话校释》，人民文学出版社1983年版，第26页。

与文学关系密切,主要表现为"引诗入画",将远近不同的景物置于同一平面上观看。现当代的中国画家,像林风眠、李可染、贾又福等人,他们返本开新,依靠借鉴西方绘画转化了中国画之前对于平面空间的单一理解,并尝试继续保留在画作中呈现宇宙空间的无限性以区别于西方绘画。

诗人里尔克的诗歌喜用"敞开者"一词。德国哲学家海德格尔研究指出,对于敞开者,"敞开"是指允许把某物带到自身面前来,但这种被带来的东西是按照敞开者的意愿"在有意贯彻对象化的意图的意义上的制造"[①]。通俗些来说也就是,敞开者允许进入,但这种允许进入绝不意味着解构自我,失去自我本真的特质,而是批判汲取之后的改革创造和新生。中国现当代文艺经过一代优秀文艺家们的努力,已经具备了一定的与全球艺术家角逐世界级声誉的能力,这也从侧面说明了中国现当代文艺批评家并非碌碌无为。只要坚持继承创新中国古代文艺批评理论优秀遗产,批判借鉴现代西方文艺理论,运用历史的、人民的、艺术的、美学的观点评判和鉴赏作品,重塑当下文艺批评精神,努力发展中国当代的文艺批评理论,如鲁迅所言,"国人之自觉至,个性张",相信具有中国特色的现当代文艺批评理论体系的形成当指日可待。

[①] [德]马丁·海德格尔:《林中路》,孙周兴译,上海译文出版社2008年版,第261页。

把握作家艺术家在推动中华文化繁荣中的重要角色

汪尧翀

习近平总书记在《在文艺工作座谈会上的讲话》中指出，实现中华民族伟大复兴需要中华文化繁荣兴盛。① 在党的十九大报告中，习近平总书记再次强调："文化是一个国家、一个民族的灵魂。文化兴国运兴，文化强民族强。没有高度的文化自信，没有文化的繁荣兴盛，就没有中华民族伟大复兴。"② 艺术的特性就在于它能够率先把握时代的风气，建设人的精神家园。在党的二十大报告中，习近平总书记强调，新时代中国共产党的中心任务就是"团结带领全国各族人民全面建成社会主义现代化强国、实现第二个百年奋斗目标，以中国式现代化全面推进中华民族伟大复兴"。③ 中国式现代化是讲求物质文明和精神文明相协调的现代化，既要厚植现代化物质基础，也要大力发展社会主义先进文化。唯有推进文化自信自强，才能铸就社会主义文化新辉煌。党的二十大报告明确提出："坚持以人民为中心的创作导向，推出更多增强人民精神力量的优秀作品，培育造就大批德艺

---

① 习近平：《在文艺工作座谈会上的讲话》，《人民日报》2014年10月15日第2版。
② 习近平：《决胜全面建成小康社会 夺取新时代中国特色社会主义伟大胜利——在中国共产党第十九次全国代表大会上的报告》，《人民日报》2017年10月28日第1版。
③ 习近平：《高举中国特色社会主义伟大旗帜 为全面建设社会主义现代化国家而团结奋斗——在中国共产党第二十次全国代表大会上的报告》，《人民日报》2022年10月26日第1版。

双馨的文学艺术家和规模宏大的文化文艺人才队伍。"①

近日，习近平总书记在文化传承发展座谈会上继续强调："在新的起点上继续推动文化繁荣、建设文化强国、建设中华民族现代文明，是我们在新时代新的文化使命。"②面临这样一个变革的时代，艺术要在文化繁荣中发挥自身积极作用，就要把握时代风气、时代精神，要求文艺创作者高度自觉。作为文艺创作的主体，作家艺术家既是整个文艺活动的起点，也是文艺活动的关键环节。同样，在文艺理论的领域中，作者问题也是一个最基本的阿基米德点。如何理解作家艺术家，取决于如何理解作家艺术家在艺术活动中的地位、功能以及意义。正是在这个意义上，习近平总书记极其重视作家艺术家问题，并鲜明地指出："作家艺术家应该成为时代风气的先觉者、先行者、先倡者。"③

一 文艺家要启智慧之先河

何谓"先觉者"？从字面意义上说，先觉者就是能够率先感知时代风气，把握时代脉搏的人。如果用先觉者形容作家艺术家，就是指他们应当具有感知时代风气，创造艺术精品的能力。综观中华民族星河灿烂的文学史，先秦经典、楚辞汉赋、唐诗宋词元曲、明清小说等，这些经典的文艺作品，无不反映了其时代的社会生活和精神生活，无不同国家和民族发展紧紧相连。习近平总书记将这条艺术规律总结为："古今中外，文艺无不遵循这样一条规律：因时而兴，乘势

---

① 习近平：《高举中国特色社会主义伟大旗帜　为全面建设社会主义现代化国家而团结奋斗——在中国共产党第二十次全国代表大会上的报告》，《人民日报》2022年10月26日第1版。

② 习近平：《担负起新的文化使命　努力建设中华民族现代文明》，《人民日报》2023年6月3日第1版。

③ 习近平：《在文艺工作座谈会上的讲话》，《人民日报》2014年10月15日第2版。

而变，随时代而行，与时代同频共振。"① 这就是说，作家艺术家总是受他所处时代生活的影响。作家艺术家处于任何时代，皆须服从艺术创造的规律。作为一个个体，他的全部生命体验和精神感悟，可以说是因时代而催生，因时代而孕育。

问题在于，作家艺术家虽然受限于他的时代，但文艺作品的永恒价值却总是超越时代的。今天人们读到《诗经》中的句子时，虽然已经能够通过充分的文献资料，了解其具体所指的历史语境，但仍然会感到文学强大的穿透力，千载之下同样能够产生深深的共鸣。可以说，这种扎根时代且不得不为同时代人、为不同时代人所欣赏的价值，就是文学永恒的价值。而作为此类文艺作品的创造者，不但具有敏锐善感的心灵，而且还需要具有"智慧"。

宽泛地说，"智慧"一词往往指人所具有的最高级的综合能力，关乎人的判断能力、发明创造能力、记忆理解能力等等。尤其在中文语境中，智慧并不与智力完全相等同。一个人智商很高，能够进行很复杂的运算，完成常人所不能完成的任务，可以形容他是聪明的、卓越的。若一个人头脑清楚、条理分明，且洞察世情、游刃有余，才形容他是智慧的。这就是说，智慧不仅关乎一个人理论上的修养，也关乎一个人实践上的练达，尤其与一个人对社会、对历史的认识息息相关。更进一步说，形容一个人有智慧，也就是说一个人具有某种特定的世界观。因此，作家艺术家的智慧，是一种相对特殊的智慧。无论哪个时代，作家艺术家都必须通过艺术形式来表达自身的感知。借维柯的话来说，作家艺术家的智慧是一种诗性智慧。作家既不是预言家或算命先生，有未卜先知的本领，也不是科学工作者，能够通过数据分析来进行预测。作家艺术家的先知先觉来源于对现实生活的观察，也源自长期修养所形成的敏锐的判断力和想象力。而作家艺术家的过人之处则在于能够通过艺术形式，遵从艺术创作的规律，把这种感知

---

① 习近平：《在中国文联十大、中国作协九大开幕式上的讲话》，《人民日报》2016年12月1日第2版。

传递给人们,创造出喜闻乐见的艺术精品。生活中这样的例子层出不穷:尽管普通人经常也会有许多细微的观察和敏锐的感受,但直到看到某个艺术家的作品或读到某个作家笔下的描写时,方才深深地共鸣,被艺术家的智慧所打动。

从这个角度来说,中华民族恢弘灿烂的文学史,可以说是作家艺术家诗性智慧的一个宏大的合集。这种诗性智慧反映了中国人民的精神生活和精神世界的深邃动人。作为中华民族文艺创造力的代表,无数文学家艺术家在历史发展的长河中留下了不朽的作品。这种诗性智慧创造了具体的文艺作品,也在实践中结晶为了艺术创造的规律。

二 文艺家要敢于发时代之先声

作家艺术家作为先觉者,能够感知时代风气的变化,具有把握时代内容的诗性智慧。与之相应,作家艺术家要在艺术实践上去落实这种感知,用艺术实践及艺术作品去表达这种智慧。正因为作家艺术家远比普通人敏感,比一般公众更早地感悟到时代风气,所以才能够以艺术实践来率先地表达这种感知。要达到这样的水平,对于作家艺术家来说不是一件容易的事情。作家艺术家觉知时代风气,因时而感,因势而行,启于自身的艺术创作。同时,作家艺术家的艺术创作活动,对时代格局、社会生活皆有巨大影响。总之,作家艺术家要成为时代风气的"先行者",不仅要有突破自我的勇气,也要有突破时代的勇气。作家艺术家创作行动中个体性与社会性的统一,根本的落脚点就在于作家的主体修养。

作家主体修养的内涵十分丰富,"胆""识"二字可谓其中的核心。就此而言,我国清代著名的文艺理论家叶燮早已深刻地把握了"胆、识"问题。叶燮所著《原诗》分内外两篇,辩论诗之源头,具有严密的逻辑和完整的诗学理论体系。[①] 总体而言,叶燮《原诗》的

[①] 蔡镇楚:《中国古代文学批评史》,岳麓书社出版社1999年版,第440页。

理论体系是以宇宙本体"气"作为核心,统摄万物;继而"气"又主客二分,分别为"在物者"的审美客体与"在我者"的审美主体。审美客体包括理、事、情。按照叶燮的理解,"理"是指事物发生的必然,"事"是指事物的客观存在,"情"则指事物所呈现出来的万千情状。通常,这三者的统一就被认为是客观存在。而审美主体则从主观方面着眼,指诗人所具备的主体条件即"才、胆、识、力"这四个要素。叶燮打破了传统诗论"感物言志"的模式,认为审美主体与审美客体有机结合,才能够生成文章。

叶燮以"胸襟"一词来统摄"在我者"的诸种内涵:"诗之基,其人之胸襟是也。有胸襟,然后能载其性情智慧、聪明才辨以出,随遇发生,随生即盛。……有是胸襟以为基,而后可以为诗文。不然,虽口诵万言,吟千首,浮响肤辞,不从中出,如剪采之花,根蒂既无,生意自绝,何异乎凭虚而作室也!"① 叶燮所论"胸襟",容纳了创作主体的诸种要素,强调了主体作用。胸襟的内涵虽多,但叶燮认为,"才、胆、识、力"这四者是其具体内涵。历来的研究者对这四个要素究竟如何理解,如何组合已经做出了不少解说。

通常认为,"识"是四者中最为重要的。"识"是指作家的取舍、判断、眼光、觉知、感悟等,非有此等见识而不能认识客观事物,亦不能认识历史。换言之,作家首先得是一个先觉者,尤其是对所处时代风气的觉知。在这个意义上,叶燮所谓的"识",近于前面所说的"智慧",既是对艺术规律的认识,也是对时代风气的把握。作家有了"识",才有"胆"。人们往往胆识并举,用以形容一个人智勇双全的状态。叶燮所谓"识明则胆张,任其发宣而无所于怯,横说竖说,左宜而右有,直造化在手,无有一之不肖乎物也。"② 这一论述十分清楚地说明了智慧和勇气之间的递进关系,但实际上也是依存关系。没有勇气,作家无法突破寻获智慧的屏障。作家作为"先觉者"

---

① 叶燮著,蒋寅笺注:《原诗笺注》,上海古籍出版社2014年版,第96—97页。
② 叶燮著,蒋寅笺注:《原诗笺注》,上海古籍出版社2014年版,第160页。

在诗性智慧上有所得，才能在艺术实践上加以发挥。无论是突破"影响的焦虑"也好，突破时代语境、时代精神的局限也罢，才有了勇气的激发与凭附。叶燮也总结了四者的关系："大凡人无才则心思不出，无胆则笔墨畏缩；无识则不能取舍；无力则不能自成一家。"[1]敏泽指出，在叶燮看来，胆、识是可以后天锻炼而出的。[2]换言之，"才""力"所涉及到的是天赋及独创性，而"胆""识"所涉及到的则更多地是社会性的内容。相比之下，"胆""识"更起决定性的作用。这意味着作家的主体修养，实际上正是在社会历史中习得的。

一言以蔽之，在作家的主体修养层面上，"勇气"不能和"智慧"相脱离。有"勇"无"智"，作品容易成为空泛的口号，虽然在当时发挥了一定的社会影响力，但超越不了时代，在文学史中难觅一席之地。有"智"无"勇"，作品则容易随波逐流，虽然能够在消费市场中因其策略而流行一时。所谓"养兵千日用兵一时"，形象生动地说明了作家艺术家主体修养与创作行动的关系。尤其在社会急剧转型、思想大活跃、观念大碰撞、文化大发展的时期，作家的主体修养更具有重要意义。

三 文艺家要实现开社会之先风

作家艺术家不仅是先觉者，而且也是先行者，这从智慧和勇气方面规定了作家艺术家的角色。实际上，无论是智慧（识）、还是勇气（胆），仍然是从主体性层面对作者角色的建构。换言之，智慧、勇气皆出于作者的"自我"。智慧是自我的认识和感悟，勇气则源于自我的行动。但是，无论是智慧还是勇气，都离不开作者的责任。所谓"责任"，涉及到自我与社会中"他者"的关系。如果没有社会责任，任何个体都不是一个真正的个体；个性与社会性从

---

[1] 叶燮著，蒋寅笺注：《原诗笺注》，上海古籍出版社2014年版，第91页。
[2] 敏泽：《中国文学理论批评史》，人民文学出版社1981年版，第885页。

不是分裂的,而恰恰完成于个体的社会化过程中。具体而言,在文学活动中,作者主要面对着两个他者。第一个他者是作者的自我;第二个他者是读者群体。作者与自我的关系是一种内在的对话,作者与读者的关系则是一种外在的关系。从读者的角度来说,他通过阅读作品与作者发生关系。而从作者的角度而言,他通过作品向读者传播自己的思想情感。"先倡者"的内涵就在于,作者对读者负有一种社会责任,这既涉及到作者的创作取向,也涉及到文艺在社会层面上所起的倡导作用。

首先来看作者的创作取向问题。作者的创作取向就是作者的社会责任问题,表现为作者与社会的具体关系。习近平总书记在论述作者与社会的关系时,将社会比作一本大书:"读懂社会、读透社会,决定着艺术创作的视野广度、精神力度、思想深度。广大文艺工作者要努力上好社会这所大学校,读好社会这本大书,创作出既有生活底蕴又有艺术高度的优秀作品。"[1] 所谓读懂、读透社会这本大书,就是指作家艺术家从广阔的生活素材中提炼出真知灼见,见出个体与社会的关系,培养出最基本的社会责任感。这种社会责任感是作家艺术家创作优秀文艺作品的必要前提,是作家艺术家"胆、识"的最终落脚点。如果没有这种社会责任感,作家艺术家的艺术追求就会坠入"为艺术而艺术"的危险。众所周知,纯粹就艺术创新和艺术追求而论,"为艺术而艺术"的作家同样具有极高的"胆、识"。但是,没有对社会的"责任"来统一两者,艺术的境界就降低到了消遣和娱乐的层面。因此,一个作者的自身修为并不与其艺术技巧的追求脱节。一个作者坚持什么,倡导什么,都会直接反映在他的创作之中。作家艺术家的个体修为与创作活动本身合二为一了。

其次,作者与社会的关系还进一步地反映在文艺对社会的倡导、引导作用上。作家艺术家作为时代风气的先倡者,究竟要倡导什么?

---

[1] 习近平:《在中国文联十大、中国作协九大开幕式上的讲话》,《人民日报》2016年12月1日第2版。

《讲话》明确指出："文艺是给人以价值引导、精神引领、审美启迪的，艺术家自身的思想水平、业务水平、道德水平是根本。"[①] 换句话说，作家艺术家所具有的创作责任感，就是社会责任感，要求作家艺术家自身具有极高的思想境界、业务素养以及道德修为，创作必须具有鲜明的价值导向。《在文艺工作座谈会上的讲话》旗帜鲜明地提出了三种价值导向。第一，文艺创作要以社会主义核心价值观为核心。第二，文艺创作要追求真善美。第三，文艺创作不仅要有当代生活的底蕴，而且要继承文化传统的血脉。创作主体应当更多地看到中西之间的互通，古今之间的交融。正如钱钟书先生所言："东海西海，心理攸同；南学北学，道术未裂。"[②]

更进一步说，文艺创作的价值导向问题，实际上与文艺的社会功用问题一脉相承。在中国文学批评史上，对文艺社会功能的言说，形成了一个源远流长的深厚传统。这个传统始自孔子著名的"兴观群怨"说。[③] "兴"意为比兴，既是创作手法，也指诗抒发感情，以情动人。"观"指诗歌能够反映社会现实的变迁，不仅能观风俗盛衰，而且能够考见政治的得失。"群"是指诗歌的沟通、交往的功能。"怨"则是指讽谏怨刺，是古代诗歌特有的政治功用。孔子以这四项功能来概括《诗经》的社会功用，后世也将之敷衍为文学批评的普遍标准。从作者论的角度来看，这种规定也相应地要求作者在创作活动中遵循同样的批评标准。例如，古代文论中"圣人作文"命题，便从作者论的角度探讨了"创作者的神圣性"问题。[④] 圣人之为作者，"作文"是化成天下，垂范后世。这里的文就不仅是文辞之文，也提升到了人文世界的秩序层面了。因此，圣人作文的价值导向便是"道"了。这一作者论的传统在古代文论中影响极大，从《易·系辞

---

① 习近平：《在文艺工作座谈会上的讲话》，《人民日报》2014年10月15日第2版。
② 钱钟书：《谈艺录》，中华书局1984年版，第1页。
③ 顾易生，蒋凡：《中国文学批评通史·先秦两汉卷》，上海古籍出版社1996年版，第81页。
④ 龚鹏程：《中国文学批评史论》，北京大学出版社2008年版，第211页。

传》到《文心雕龙·原道》,都强调圣人与文人的合一,从而规范了文艺创作的价值取向。

当然,文艺创作的价值导向不仅仅关切到艺术作品所表现的内容,也同样关系到艺术作品的形式,关涉艺术创作的规律问题,也是马克思主义文艺理论的经典论题。马克思在《致斐·拉萨尔》的信中,提出了著名的"莎士比亚化"与"席勒化"的问题。马克思认为,"席勒化"是拉萨尔创作中存在的一个问题,即把作品视为实现思想观念的手段,从而使得作品中的人物变成了某种抽象的道德观念的化身,或者说成为了"时代精神的单纯的传声筒。"[1] 相反,"莎士比亚化"则是指马克思所倡导的现实主义创作手法。这种现实主义手法是从现实生活出发,而不是从抽象的观念出发,通过生动的情节描写,鲜明的性格刻画,来反映社会生活,具有相当高的艺术水准。"莎士比亚化"也就意味着文艺创作活动要兼顾思想观念的传达与艺术创作的特殊规律,达到内容与形式的高度统一。这既是文学批评的标准,也是创作的方法论。归根结底,作家的社会责任感及价值导向,与艺术创作的规律并不是冲突的,而是和谐统一的关系。这也是说,"虽然创作不能没有艺术素养和技巧,但最终决定作品分量的是创作者的态度。"[2]

---

[1] 马克思等:《论文艺》,人民文学出版社 1983 年版,第 91 页。
[2] 习近平:《在中国文联十大、中国作协九大开幕式上的讲话》,《人民日报》2016 年 12 月 1 日第 2 版。

古典戏曲的"人民性":郑振铎在一九五〇年代初期的思考与探讨

李 芳

党的二十大报告高度重视"人民性"的问题,报告中明确指出:"人民性是马克思主义的本质属性,党的理论是来自人民、为了人民、造福人民的理论。""我们要站稳人民立场、把握人民愿望、尊重人民创造、集中人民智慧,形成人民所喜爱、所认同、所拥有的理论,使之成为指导人民认识世界和改造世界的强大思想武器。"[①]

进入二十世纪以来,"人民性"就是文学现代性的核心内容[②]。中国文学的"人民性"是左翼文艺思想和《在延安文艺座谈会上的讲话》的重要内容,毛泽东曾在讲话中指出:"为什么人的问题,是一个根本的问题,原则的问题。"[③] 在 20 世纪 50 年代初期,文艺的"人民性"更是反复阐释、重申的原则性问题,"人民性"的文艺开始担负起了重要的时代使命。1949 年之后,我国政府对古典戏曲的重视前所未有,认为戏曲的影响范围和深度,远超其他艺术门类。[④] 在戏曲研究、创作与表演领域上,一方面在全国范围内迎来了轰轰烈

---

① 习近平:《高举中国特色社会主义伟大旗帜 为全面建设社会主义现代化国家而团结奋斗——在中国共产党第二十次全国代表大会上的报告》,《人民日报》2022 年 10 月 26 日第 1 版。

② 陈晓明:《人民性、民间性与新伦理的历史建构——百年中国文学开创的现代面向思考之三》,《文艺争鸣》2021 年第 7 期,第 6—14 页。

③ 《毛泽东选集》第 3 卷,人民出版社 1991 年版,第 857 页。

④ 傅谨:《"戏改"的政治与艺术理念探源》,《戏剧艺术》2022 年第 4 期,第 1—12 页。

烈的"戏改",以全新的政治与艺术理念全面改造戏曲表演的内容和形式;另一方面,在马克思主义指导下的、符合时代需要的戏曲史观逐步建立并影响了后续的古典戏曲研究。这二者都要求强化传统戏曲与人民的关系,倡导戏曲为人民而用,最大化发挥戏曲的宣传与教育功能。

20世纪50年代初期,中国社会科学院文学研究所成立,著名学者、活动家、收藏家郑振铎担任首任所长。同时兼任文化部文物局局长的郑振铎牵头策划、主持完成的《古本戏曲丛刊》前四集,是中华人民共和国宣告成立之后的第一部大型的戏曲文献丛书,也是为新的时代总结前代传统文化而设计、推出的一大出版工程。郑振铎关注、收集、整理、研究戏曲文献的渊源其来有自。在此之前,他曾致力于抢救性地保护珍稀古籍,将多方瞩目的"脉望馆抄校古今杂剧"收归国有,并主编影印了《清人杂剧》初集、二集。如果将郑振铎为《古本戏曲丛刊》前四集所作的序言视为一个整体,我们可以看到,它们较为完整地表达了他在50年代初期对古典戏曲的深入思考。从20世纪初郑振铎开始关注俗文学文献,到1930年代为商务印书馆写作出版《中国俗文学史》,再到1950年初主持编纂《古本戏曲丛刊》;他对古典戏曲本质、功能的认识与阐述,经历了从戏曲是为大众所嗜好、所喜悦的"俗文学",到戏曲为人民而作、为人民而喜爱,再到传统戏曲具备鲜明的"人民性"的一个过程,构成了他阐释中国传统戏曲性质的三个层面上的大跨越。

戏曲在古典文学的文、诗、词、小说等诸多文体当中具有天然的特殊性,从诞生之日起,它先是舞台的,然后才是案头的。在中国古代的戏曲发展史中,从元杂剧到明传奇,文人的加入让它由"俗"变"雅",提升了它的文学品格。但是,郑振铎早在20世纪30年代出版《中国俗文学史》时,就发掘出戏曲小说的"俗"的特性的重要性。这种特性让戏曲小说在近代文学转折时期地位崛起,诗文所不得不面对的白话革命等问题,在戏曲小说中却是迎刃而解的。尤其对于传统戏曲来说,通畅的语言和表演的形式,让它先天地与底层人民

古典戏曲的"人民性"：郑振铎在一九五〇年代初期的思考与探讨

挂钩起来，具有鲜明的"民间品格"。

从20世纪20年代起，郑振铎对"俗"文学的持续关注，让他为中华人民共和国设计续修《四部丛刊》时，首先想到的就是古典戏曲。与此前不同的是，在20世纪50年代初期探讨、宣扬中国文学、文艺"人民性"的大环境之下，郑振铎开始编纂《古本戏曲丛刊》初集之时，已经充分意识到必须在理论阐释上系统提升戏曲的"人民性"，这在他所撰写的、于1954年2月刊行的《古本戏曲丛刊》初集的印本序中是得到了更为充分表达的。《古本戏曲丛刊》初集序，一向被视为是郑振铎戏曲古籍整理理念的发扬，但其中对戏曲"人民性"的相关叙述，尚未得到充分的讨论。将这篇印本序与郑振铎最初作于1953年11月的初集初稿序对照阅读，则更可看到郑振铎在序中对古典戏曲如何体现"人民性"的探讨进行了重大的修改。初稿"序"首先强调历史，开篇的第一句是"中国戏曲的传统是很悠久的"，追溯历史，将其定位为"唐诗、宋词、元曲、明传奇，是被艳称为一代之胜的"这一高度之后，才转入"（戏曲）在人民群众里是有深厚广大的基础的"[1]。印本序的开头则改为一句定性性质的"中国戏曲在人民群众之间，有广大深厚的基础。它们产生于人民群众里，植根于人民群众的肥沃的土壤上，为历代的人民群众所喜闻乐见"[2]。后文转入剧作家的创作意图，表述也与人民不脱联系："我们的剧作家们便这样的与人民的好恶爱憎紧紧的联系着。亦有若干皇家供奉之作，颂扬圣德之章，但那是没有生命的东西，人民不会接受它们。而凡为人民所喜闻乐见的，也就是说，凡能流传久远、传唱极盛的，必定是具有活泼泼的生命的东西，这是可以肯定的。"[3]

在郑振铎的观念中，"中国戏曲的历史一直是生气勃勃的，产生

---

[1] 郑振铎：《古本戏曲丛刊初集序（初稿）》，《古本戏曲丛刊参考资料》，中华书局1961年版，第3页。
[2] 郑振铎：《古本戏曲丛刊初集序》，商务印书馆1954年版，第1页。
[3] 郑振铎：《古本戏曲丛刊初集序》，商务印书馆1954年版，第2页。

于人民之中，而为人民服务"①。他在《古本戏曲丛刊》初集的初稿序中便说明戏曲与"人民"的关系表现在以下几个方面：第一，戏曲广受人民喜爱，具有深厚的人民基础；第二，戏曲与人民的情感息息相关，传达了人民的情感与愿望、人民的愤怒与不满、人民的痛苦与欢愉；第三，剧作者便是为人民写作的，他不是依靠着少数人，而是为广大人民群众所爱戴、所喜欢的。②在印本序中，他更是将"人民性"着重点出，强化了这一点："中国的戏曲从一开始便是充满了人民性的。剧作家们自觉或不自觉地和广大的人民群众保有深切的联系，一部中国戏曲史基本上是一部中国人民的戏曲史。"③

既然"最广大的人民"的界定，已经触及到了文艺根本性质即"人民性"问题，在郑振铎以举国之力来搜索文献、影印文献时，就不可能不考虑到这一点。郑振铎一向以殚精竭虑地搜访文献著称，他在海内外搜寻、购买，为国家保存文物的过程中，就已经明确提出了自己的目的是为了人民。郑振铎致徐森玉信中曾说："得商务函，知《宝剑记》已由先生交给他们了。此书得以印出，总算偿了多年的愿望。我辈爱书如命，求书如渴，为人民得善本，名画，即大费心力，亦将乐此不疲。"④1949年后的系列运动中，让他也对自己过去一掷千金的购书行为进行反思，并萌生了将所有藏书捐赠国家的想法。1958年郑振铎因公出访意外去世之后，藏书也如愿捐赠到国家图书馆。

此时，郑振铎与其他研究者一样，筹划大规模地影印戏曲是从"为了人民而作"这个主观角度出发的，通过讨论戏曲为人民群众写作的问题，从而提升了戏曲文学的"人民性"。他在《古本戏曲丛刊》四集序中说："元代和明初的杂剧，在中国戏曲史上是有其光辉

---

① 郑振铎：《古本戏曲丛刊初集序（初稿）》，《古本戏曲丛刊参考资料》，中华书局1961年版，第3页。
② 郑振铎：《古本戏曲丛刊初集序（初稿）》，《古本戏曲丛刊参考资料》，中华书局1961年版，第3页。
③ 郑振铎：《古本戏曲丛刊初集序》，商务印书馆1954年版，第2—3页。
④ 陈福康：《郑振铎年谱》，上海外语教育出版社2017年版，第1641页。

古典戏曲的"人民性":郑振铎在一九五〇年代初期的思考与探讨

灿烂的篇页的。关汉卿、王实甫等大剧作家的姓名是永垂不朽的。他们生长于人民群众里,为人民群众的斗争服务。他们辉煌地反映了当时的社会现象和人民生活。广大的人民群众的在封建统治的官僚地主阶级压迫和剥削下的痛苦与呼号,在许多作家的作品里都能或多或少地表现出来。"①

20世纪50年代初期百废待兴,影印古典戏曲耗费了不菲的物力财力,不免受到一些反对。要充分阐释戏曲的"人民性",郑振铎必须重点强调戏曲创作是为人民服务,以抵抗《古本戏曲丛刊》初集刊印后所收到的反对意见。他在二集序中又说,"这些剧本则都能反映人民的要求与愿望,表扬善良,打击坏人,敢于揭露封建社会的黑暗面,且富有人民的尖锐的机智与讽刺,长期地在各地演唱,深为人民所喜闻乐见","对于要论述明帝国没落期乃至中国封建社会的没落期的社会历史的历史学们,也可提供出不少活泼真实的史料来"②。

正是在一番关于"人民性"的浓墨重彩之下,郑振铎关于《古本戏曲丛刊》的编撰方式也有了另外一番全新表述。在工作方式上,如他在初集前后两稿序文中所言,以《古本戏曲丛刊》初集来说,能够从1952年正式开始着手,在1953年一年之中从提议、与出版社协商、到1954年初正式出版,都与他个人熟悉的工作方式密切相关。为了迅速有效地推进,他在最初就不加犹豫地延续了传统的工作方式,即以个人及友人的收藏为主,公立图书馆的藏书为辅,并选择与自己渊源深厚、在出版上经验丰富的商务印书馆作为出版机构。郑振铎组织的《古本戏曲丛刊》初集委员会共五人:郑振铎、杜颖陶、傅惜华、赵万里、吴晓铃。这几位戏曲文献收藏大家和学者,也都是他的老相识和老朋友。吴晓铃在《古本戏曲丛刊》五集序中说:"实际上,西谛先生担负起了全部的编集之责,委员们不过是献藏书、备咨询和提些一管之见供他参酌而已。"③

---

① 郑振铎:《古本戏曲丛刊四集序》,商务印书馆1958年版,第3页。
② 郑振铎:《古本戏曲丛刊二集序》,商务印书馆1955年版,第3—4页。
③ 吴晓铃:《古本戏曲丛刊五集序》,上海古籍出版社1986年版,第4页。

◆ 学思践悟：新时代文化使命与文学研究

实际上，为《古本戏曲丛刊》初集提供了藏书和编目意见的，远不止编委会中的这几位先生。郑振铎在二集序言中说："《古本戏曲丛刊初集》依靠了公私收藏家们、戏剧作家们、专家们和许多团体的力量得以如期出版。这部远远超过汲古阁《六十种曲》的煌煌巨编的问世，引起了很多作家们和研究戏曲者们的注意，他们提供了不少宝贵的意见，并供给了不少资料。"[1] 初稿序中对他们真诚地致谢："对于拟目及供给底本的，有向达先生、赵万里先生、阿英同志、张光年同志、马彦祥先生、梅兰芳先生、程砚秋先生、傅惜华先生、杜颖陶先生、吴晓铃先生等；始终热忱赞助的有宋之的同志、洪深先生等，均应在此志谢。没有他们的赞助与鼓励，这个古本戏曲的大结集是不会完成的。"[2] 然而，就像他在初稿序末段曾特别致以谢意的，商务印书馆的丁英桂和一位姓名阙如的先生，以上这些姓名，都没有出现在刊行本序言里。致谢的内容，改成了表述模糊的"商之同志，皆赞其成。乃征集北京图书馆、北京大学图书馆等公私家所藏，并联合国内各大学、各图书馆、各戏剧团体和戏剧研究者们，集资影印这个古本戏曲丛刊六百部"[3]。《古本戏曲丛刊》初集的初稿序中提供底本的个人收藏家和提供意见的专家们的名字与内容，都在印本序中删去，从而减少了个人的色彩，突出了大众的意义。

文艺的根本问题就是为了谁、服务谁的问题。习近平总书记指出："社会主义文艺，从本质上讲，就是人民的文艺。"[4] 这一问题，在古典戏曲的整理与研究领域，一直横亘于郑振铎的心头。自抗日战争以来，郑振铎一以贯之的爱国热忱，让他选择在解放大军即将南下时，接受党组织的安排，于1949年2月，与马寅初、柳亚子等民主人士一同借道香港前往华东解放区，并作为核心代表参加了中华全国

---

[1] 郑振铎：《古本戏曲丛刊二集序》，商务印书馆1955年版，第1页。
[2] 郑振铎：《古本戏曲丛刊初集序（初稿）》，《古本戏曲丛刊参考资料》，中华书局1961年版，第5页。
[3] 郑振铎：《古本戏曲丛刊初集序》，商务印书馆1954年版，第7页。
[4] 习近平：《在文艺工作座谈会上的讲话》，《人民日报》2014年10月15日第2版。

古典戏曲的"人民性":郑振铎在一九五〇年代初期的思考与探讨

文学艺术工作者代表大会筹委会、世界拥护和平大会等系列活动。1949年7月19日成立的中华全国文学艺术界联合会上,郑振铎曾题字"从前是有所不为,今日必须想到该怎样做的问题"[1]。在这一年中,郑振铎历经了从上海到北京的地域变化,又作为代表团成员前往苏联、捷克和东北参观,在思想意识上接受全新的洗礼。古典戏曲如何为人民,如何体现"人民性",是他在设计、阐述《古本戏曲丛刊》时着重需要解决的问题。从初集至四集的序言中来看,他是从古典戏曲的创作理念、内容主题,作家的身份与情怀,《古本戏曲丛刊》的编撰方式等方面做出了初步的回答。

中国共产党的宗旨和执政理念一言以贯之,就是"为人民服务"。如今,我们倡导在经济、政治、文化、社会和生态文明建设中实现"五位一体"的总体布局,对文学研究工作者来说,首要的任务就是为了人民,以人民为首位的文艺理论建设。体现人民性的文艺理论始终是我国文艺理论的建构基点和努力方向。"文艺要反映好人民心声,就要坚持为人民服务、为社会主义服务这个根本方向。"[2] 戏曲一直以来就是贴近人民生活,备受人民喜爱的艺术形式。从元杂剧大兴以来,关汉卿、王实甫等蜚声国内外的大剧作家正是以反映社会和人民生活而得到肯定,清代"苏州派"李玉等人的创作也是以关注现实、刻画"人民"的形象而著称于世。在当下回顾、总结、探讨郑振铎关于古典戏曲"人民性"的思考和阐述,无疑为古典戏曲如何继承传统,古典戏曲的改编演出和文本普及如何在当下社会更好地适应人民新的审美需求提供了有益的借鉴。

---

[1] 陈福康:《郑振铎年谱》,上海外语教育出版社2017年版,第1365页。
[2] 习近平:《在文艺工作座谈会上的讲话》,《人民日报》2014年10月15日第2版。

传承中华优秀传统文化 建设中华民族现代文明

朱曦林

习近平总书记在出席文化传承发展座谈会时指出："中国文化源远流长，中华文明博大精深。只有全面深入了解中华文明的历史，才能更有效地推动中华优秀传统文化创造性转化、创新性发展，更有力地推进中国特色社会主义文化建设，建设中华民族现代文明。"他强调："在五千多年中华文明深厚基础上开辟和发展中国特色社会主义，把马克思主义基本原理同中国具体实际、同中华优秀传统文化相结合是必由之路。这是我们在探索中国特色社会主义道路中得出的规律性的认识，是我们取得成功的最大法宝。"[1] 习近平总书记的重要讲话，从党和国家事业发展全局战略高度，贯通历史、现实和未来，融通中国与世界，深刻把握历史发展逻辑和文化建设规律，对中华文化传承发展的一系列重大理论和现实问题作了全面系统深入阐述，凝练概括了中华文明的突出特性，深刻阐明了"两个结合"特别是"第二个结合"的重大意义。

"第二个结合"是又一次的思想解放，是对马克思主义中国化时代化历史经验的深刻总结，也是对中华文明发展规律的深刻把握。马克思主义和中华优秀传统文化来源不同，但彼此契合，相互成就，共

---

[1] 习近平：《担负起新的文化使命 努力建设中华民族现代文明》，《人民日报》2023年6月3日第1版。

同造就了一个有机统一的新的文化生命体，巩固了中华文化主体性，筑牢了道路根基，打开了创新空间，让中国特色社会主义道路有了更加宏阔深远的历史纵深，也拓展了中国特色社会主义道路的文化根基，使中国式现代化赋予中华文明以现代力量，中华文明赋予中国式现代化以深厚底蕴。

中国式现代化既不是照搬照抄其他国家的现代化，也不是消灭古老文明的现代化，而是深深植根于中华优秀传统文化的现代化，是赓续古老文明、从中华大地长出来的现代化。习近平总书记指出，中华优秀传统文化有很多重要元素，这些元素包括天下为公、天下大同的社会理想，民为邦本、为政以德的治理思想，九州共贯、多元一体的大一统传统，修齐治平、兴亡有责的家国情怀，厚德载物、明德弘道的精神追求，富民厚生、义利兼顾的经济伦理，天人合一、万物并育的生态理念，实事求是、知行合一的哲学思想，执两用中、守中致和的思维方法，讲信修睦、亲仁善邻的交往之道等，它们共同塑造出中华文明突出的连续性、创新性、统一性、包容性、和平性。习近平总书记强调："如果不从源远流长的历史连续性来认识中国，就不可能理解古代中国，也不可能理解现代中国，更不可能理解未来中国。"[①]只有全面深入地了解中华文明的历史，才能更有效地推动中华优秀传统文化创造性转化、创新性发展，更有力地推进中国特色社会主义文化建设，建设中华民族现代文明。

一　"修史立典"赓续中华民族历史文脉

文化是一个国家、一个民族的灵魂。文化兴则国运兴，文化强则民族强。历史和现实都表明，一个抛弃了或者背叛了自己历史文化的民族，不仅不可能发展起来，而且很可能上演一场历史悲剧。习近平

[①]　习近平：《担负起新的文化使命　努力建设中华民族现代文明》，《人民日报》2023年6月3日第1版。

总书记多次指出，历史是一个民族、一个国家形成、发展及其盛衰兴亡的真实记录，是前人各种知识、经验和智慧的总汇。在文化传承发展座谈会上，习近平总书记指出："中华文明具有突出的连续性，从根本上决定了中华民族必然走自己的路。如果不从源远流长的历史连续性来认识中国，就不可能理解古代中国，也不可能理解现代中国，更不可能理解未来中国。"① 中华文明的优秀传统文化和民族精神之所以能够一代一代地传承并延续到今天，离不开薪火相传、历久弥新的"修史立典"传统。在新的历史起点上，赓续中华民族历史文脉，建设中华民族现代文明，"历史是最好的教科书"②。

中华文明的历史传统源远流长，早在殷商时期已形成了国家档案的汇集和整理制度，并逐渐在国家体制中设置了专门保存、管理施政记录的史官，如太史掌国之六典、小史掌邦国之志、内史掌书王命、外史掌书使乎四方等。《尚书》就说"惟殷先人，有册有典，殷革夏命"。③ 这些册书典籍的记载，既保存了施政经验以备此后参考，又使施政、议政者的重要言行有案可查，构成了对施政决策的监督。西周时期，史官制度进一步发展，周王室和各诸侯国形成了各自经过系统编纂的史书，如晋《乘》、楚《梼杌》、秦《记》以及周、鲁、齐、宋、燕等《春秋》，都是早期官修的史书。春秋战国，学在官府的格局被打破，百家争鸣的局面形成，在官修史书之外，私人修史之风兴起。孔子所修的编年体史书《春秋》，不仅是迄今尚存的第一部编年体史书，也是中国历史上第一部私人编修的历史著作，奠定了中国古代史学"微而显，志而晦，婉而成章，尽而不污，惩恶而劝善"④ 的基本精神。而《左传》《国语》《战国策》等书，也在体例和内容上

---

① 习近平：《担负起新的文化使命 努力建设中华民族现代文明》，《人民日报》2023年6月3日第1版。
② 《在对历史的深入思考中更好走向未来 交出发展中国特色社会主义合格答卷》，《人民日报》2013年6月27日第1版。
③ （唐）孔颖达疏：《尚书正义》卷16，（清）阮元校刻：《十三经注疏》，中华书局2009年版，第468页。
④ （唐）孔颖达疏：《春秋左传正义》卷27，《十三经注疏》，第4154页。

丰富了传统史学著作的基本形式。同时，以史为鉴、多识前言往行以畜其德、疏通知远等对历史经验、历史效用、历史规律的总结和认识，也开始受到当时各阶层的广泛重视。

到了秦汉时期，特别是两汉时期，随着"海内一统"的形成和巩固，强调"善言古者合之于今，能述远者考之于近。故说事者上陈五帝之功，而思之于身，下列桀、纣之败，而戒之于己"①，从过往历史中总结经验教训已成为史家的重要职责，史学也在这一时期有了划时代的发展。西汉武帝年间，在经历战国末年"诸侯兼并，史记放绝"②和秦国年间"史官非秦记皆烧之"③后，重设太史令，以掌史职。司马迁的《史记》应运而生，该书"本纪以述皇王，列传以总诸侯，八书以铺政体，十表以谱年爵"④，开创了记载国家大事、典章制度、各类人物、社会风貌和历史进程的纪传体史书。他提出的"网罗天下放失旧闻，考之行事，稽其成败兴坏之理，亦欲以究天人之际，通古今之变，成一家之言"⑤，也被后世史家视为良史的毕生追求。东汉时期，为适应统治思想的变化，班固纂成《汉书》，发展和丰富了纪传体史书的内容，在《史记》体例的基础上，改进纪传，完善表志，强化了"大一统"观念和正统意识，创造了反映一代皇朝史事的历史撰述形式，成为历代纪传体皇朝史的标准体例。此后"世有著述，皆拟班、马，以为正史"⑥，开启了中国古代"正史"编纂的传统。

魏晋南北朝时期，史学从经学中独立出来，官修、私著呈现出多途发展。但由于这一时期各政权所重视的是各国正史的编纂，对前朝史尚未设置常设的机构和专职的史官，后世称为"前四史"的《史记》《汉书》《后汉书》《三国志》均是私人修史的成果。隋唐

---

① 王利器撰：《新语校注》卷上《术事第二》，中华书局2012年版，第37页。
② 《汉书》卷62《司马迁传》，中华书局1962年版，第2716页。
③ 《史记》卷6《秦始皇本纪》，中华书局1982年版，第255页。
④ （梁）刘勰：《文心雕龙注》，范文澜注，人民文学出版社1958年版。第284页。
⑤ 《汉书》卷62《司马迁传》，第2735页。
⑥ （唐）魏征、令狐德棻：《隋书》卷32《经籍二》，中华书局1973年版，第957页。

时期海内重新恢复一统，以"正统观"为核心的"大一统"观念进一步增强，统治集团的历史意识也进一步强化。官方对正史的编纂尤为重视，强调历史鉴古知今、论定人物的作用，认为"司典序言，史官记事，考论得失，究尽变通，所以裁成义类，惩恶劝善，多识前古，贻鉴将来"[①]。在隋唐统治者的重视下，唐贞观年间正式设立史馆，由宰相负责监修，完善了当代史的编纂，形成了起居注、实录、国史的修史体系。同时，前朝史的编纂也被纳入官方修史的体制中，成为王朝正统性的象征，并先后完成了《梁书》《陈书》《北齐书》《周书》《隋书》《晋书》《南史》《北史》八部前朝正史的编纂。自此以后，历代鼎革之际，继起的皇朝都十分重视修纂前朝史，将之作为朝政大事。这标志着中国古代官修正史传统的形成。

自此以后，从辽、宋、夏、金时期的多政权并立，到元、明、清时期的大一统，各政权对修史机构和史官职责不断完善，正统观和大一统观在官修史书中不断强化，从"十七史"，到"二十一史"，再到"二十四史"，从《资治通鉴》到"三通""九通"，各王朝统治者在"自古有天下国家者，行事见于当时，是非公于后世，故一代之兴衰，必有一代之史以载之"[②]，"凡未经宸断者，则悉不滥登。盖正史体尊、义与经配、非悬诸令典，莫敢私增。所由与稗官野记异也"[③]思想的影响下，自觉承续着对前代王朝史的编纂、对前代官修史书的续补，共同构建着中华民族的历史记忆，凝练着中华民族"慎终追远"的价值取向，最终在清乾隆年间完成了"钦定正史"、官修史书的体系建构。而历代典籍也无不透露出"垂劝戒，示久远"的宗旨，深刻地反映出中华民族以史为鉴、史以经世的优良传统。

以史为鉴，开创未来，一个国家、一个民族要振兴，必须在历史

---

① 《旧唐书》卷73《令狐德棻传》，中华书局1975年版，第2597页。
② （明）陈建：《皇明通纪·启运录卷之五》，中华书局2008年点校本，第146页。
③ 《四库全书总目》卷45《史部·正史类序》，中华书局1965年版，第397页。

前进的逻辑中前进、在时代发展的潮流中发展。① 重视历史、研究历史、借鉴历史是中华民族五千多年文明史的一个优良传统。在党的二十大报告中，习近平总书记强调："我们必须坚定历史自信、文化自信，坚持古为今用、推陈出新，把马克思主义思想精髓同中华优秀传统文化精华贯通起来、同人民群众日用而不觉的共同价值观念融通起来，不断赋予科学理论鲜明的中国特色，不断夯实马克思主义中国化时代化的历史基础和群众基础。"② 用历史映照现实、远观未来，从中国共产党的百年奋斗中看清楚过去我们为什么能够成功、弄明白未来我们怎样才能继续成功，在新的征程上更加坚定、更加自觉地牢记初心使命，不断增强实现中华民族伟大复兴的精神力量，以中国式现代化推进中华民族伟大复兴，建设中华民族现代文明。

二 "民为邦本"创新中华民族发展理念

中华民族在五千多年的文明传承中，"民惟邦本，本固邦宁"的民本思想，贯穿于历史发展的各个阶段，是中华优秀传统文化的重要组成部分，深刻地体现了"中华文明具有突出的创新性，从根本上决定了中华民族守正不守旧、尊古不复古的进取精神，决定了中华民族不惧新挑战、勇于接受新事物的无畏品格。"③ "政之所兴在顺民心，政之所废在逆民心。"一百年来，中国共产党继承和发扬"民惟邦本"的中华优秀传统文化，团结带领中国人民以"为有牺牲多壮志，敢教日月换新天"的大无畏气概，书写了中华民族几千年历史上最恢宏的史诗。习近平总书记在党的二十大报告中指出，"以人民为中

---

① 习近平：《开放共创繁荣　创新引领未来——在博鳌亚洲论坛2018年年会开幕式上的主旨演讲》，《人民日报》2018年4月11日第3版。
② 习近平：《高举中国特色社会主义伟大旗帜　为全面建设社会主义现代化国家而团结奋斗——在中国共产党第二十次全国代表大会上的报告》，《人民日报》2022年10月26日第1版。
③ 习近平：《担负起新的文化使命　努力建设中华民族现代文明》，《人民日报》2023年6月3日第1版。

心""坚持人民至上"是贯彻始终的立场方法观点,也是前进道路上必须牢牢把握的重大原则,充分体现了体现了对古代民本思想的创造性转化和创新性发展。

民本思想源远流长,早在先秦时期已见于文献的记载。《尚书·五子之歌》中提出"民惟邦本,本固邦宁"的思想,将百姓视为国家的根本,认为根本巩固了,国家才会安宁,可以说是对"以民为本"思想的高度总结,反映了当时统治者对"民"的深刻认识。到了春秋战国时期,崇尚道德、以民为本的思想得到进一步伸张,成为诸子百家的民本主张,在"百家争鸣"的时代,成为各执政者施政举措的理论依据。其中,由孔子倡导的仁政思想,经孟子、荀子继承发扬,提出"民为贵,社稷次之,君为轻"①,"天之生民,非为君也;天之立君,以为民也"②,系统反映了儒家民本思想的价值追求,并在帝制时代成为历代王朝的执政理念和巩固维护"大一统"秩序的合法性依据。

秦统一六国,中华文明进入帝制时代,经过秦汉之际的动乱和西汉初年"与民休息"的调整后,随着大一统王朝的巩固,汉武帝在思想领域确立了以儒家为核心的文化传统。其间,董仲舒以儒学为基础,兼纳阴阳、刑名之学,阐发"天人合一"的理论,提出"天之生民,非为王也,而天立王以为民也"③,使民本思想与"大一统"理论进一步融合,成为维护王朝秩序的重要基础。民本思想也在经历了春秋战国时期"百家争鸣"和秦汉两朝的交融整合后,进一步得到了深化和拓展。自此以后,秦汉以降的历代王朝,不管是大一统的时代,还是南北对峙、多政权并立的时期,都将民本思想作为施政理念和政治合法性的基础,推行抑制土地兼并、轻徭薄赋、劝课农桑的

---

① (宋)朱熹:《孟子集注》卷14《尽心章句下》,《四书章句集注》,中华书局1983年版,第367页。
② (清)王先谦:《荀子集解》卷19《大略》,中华书局1988年点校本,第504页。
③ (清)苏舆撰:《春秋繁露义证》卷7《尧舜不擅移、汤武不专杀》,中华书局1992年点校本,第220页。

政策，使耕者有其田，有效地减轻了农民的负担，促进了经济的发展。比如北魏时期的"均田令"，唐代"两税法"，明万历年间张居正的"一条鞭法"改革，清康熙年间实行"滋生人丁，永不加赋"的办法和"摊丁入亩"的政策等，这些改革和政策都在一定时期内保障了人民的利益，维护了社会的稳定，巩固了王朝的统治。

与此同时，"民惟邦本"成为衡量清明政治的标准，历代士大夫也通过具体实践不断地完善民本思想的理论内涵。特别是两宋以降，随着儒学复兴，士大夫主体意识形成，"以民为本"也成为士大夫"以天下为己任"的价值追求。明清之际，面对"天崩地坼"的变革，黄宗羲、顾炎武、王夫之等思想家更是立足于民本思想，对专制主义皇权提出严厉的鞭挞，高呼"天下之治乱，不在一姓之兴亡，而在万民之忧乐"①，这些探索哺育了一批关心人民疾苦的思想家、政治家和文学家，使"民惟邦本"的思想得到充实和发展，在近代成为康有为、梁启超、严复、谭嗣同、孙中山等人探索"民权"思想的先声。②

"江山就是人民，人民就是江山"，自马克思主义传入中国后，中国共产党人就从理论和实践的结合上，深化和发展了传统的民本思想，将"为民做主"的古代观念转化为"人民当家作主"的现代认识，将"民惟邦本"的价值理念转化为"以人民为中心"的发展思想，将"民贵君轻"的政治理想转化为立党为公、执政为民的实际行动和制度实践，最终成为代表中国最广大人民利益的马克思主义执政党。③经历了百年奋斗历程，新时期的中国共产党人始终坚持将马克思主义基本原理同中国具体实际相结合、同中华优秀传统文化相结合，矢志不渝地"坚持以人民为中心的发展思想"，鲜明地反映了新时期中国共产党"人民至上"的思想，也是新时期"民本

---

① （清）黄宗羲：《明夷待访录·原臣》，河南大学出版社2017年版，第129页。
② 林甘泉：《论中国古代的民本思想及其历史价值》，《光明日报》2003年10月28日第B3版。
③ 高翔：《中华优秀传统文化的忠实继承者和发展者》，《中国纪检监察报》2021年6月3日第8版。

思想"的根本体现。可以说，源远流长、不断承续的民本思想不仅是中华文明重要的思想资源，也是中华优秀传统文化创造性转化、创新性发展不可或缺的重要组成部分，更是建设中华民族现代文明的重要内涵。

三 "九州同贯"铸牢中华民族共同体意识

中华文明是世界上唯一自古延续至今、从未中断的文明。[①] 五千多年来，中华各民族之间兼收并蓄、相互依存、相近相亲，在交融发展的过程，形成了团结统一的内在动力，铸就了中华文明无与伦比的包容性和吸纳力。习近平总书记深刻指出："中华文明具有突出的统一性，从根本上决定了中华民族各民族文化融为一体、即使遭遇重大挫折也牢固凝聚，决定了国土不可分、国家不可乱、民族不可散、文明不可断的共同信念，决定了国家统一永远是中国核心利益的核心，决定了一个坚强统一的国家是各族人民的命运所系。"[②]

早在先秦时期，中华民族就逐渐形成了以炎黄华夏为凝聚核心、"五方之民"共天下的交融格局。秦国一统六国，"书同文，车同轨，量同衡，行同伦"，开启了中国统一的多民族国家的发展历程，确立了大一统的基本格局。此后，虽然经历了多次大一统与多政权分立的交替，但在"华夷一统"发展趋势的推动下，无论哪个民族入主中原，都以统一天下为己任，都以中华文化的正统自居。从魏晋南北朝时期的内向纷争，经隋唐时期的整合发展，到五代十国的交融，再到辽、宋、西夏、金"桃花石"时期的多政权对峙，文明融合、内聚运动始终是贯穿其间的历史发展主线。政治上的分裂和对抗，并未瓦解"一个中华"的文化和政治认同，北方各民族政权将中原的政治、文化精神与当地社会

[①] 习近平：《建设中国特色中国风格中国气派的考古学 更好认识源远流长博大精深的中华文明》，《求是》2020年第23期。

[②] 习近平：《担负起新的文化使命 努力建设中华民族现代文明》，《人民日报》2023年6月3日第1版。

基础结合，组成更为稳定的政权体系，与中原政权进行以文化融通为基础的内向运动，从而呈现为中华文明分区域差异化发展而总体趋于新整合的局面。[①] 最终这种内向交融的发展在元、明、清时期，使中华民族重新走向大一统，并在清中叶时实现了中华文明地理覆盖区域与国家行政版图的基本重合，中华文明共同体核心区域与周边区域的周期性分合聚散从此结束，中华文明统一多民族国家最终形成。[②]

回顾中华文明的发展历程，在中华民族大家庭的形成过程中，各民族之间有矛盾冲突，更有交流融合，在冲突和融合中关系越来越密切，成为民族关系的主流。从先秦、两汉到元、明、清，千百年的交流融合，使得各民族难分难解，终于形成56个民族共同组成的血脉相连、休戚与共、团结进步的中华民族大家庭。习近平总书记深刻指出："一部中国史，就是一部各民族交融汇聚成多元一体中华民族的历史，就是各民族共同缔造、发展、巩固统一的伟大祖国的历史。"[③] 历史已经证明，中华文明辽阔的疆域是各民族共同开拓的，中华文明悠久的历史是各民族共同书写的，中华文明灿烂的文化是各民族共同创造的，中华文明伟大的精神是各民族共同培育的。只有不断铸牢中华民族共同体意识，共同推动中华民族走向包容性更强、凝聚力更大的命运共同体，才能形成共同致力民族复兴的强大力量，为不断推进和拓展中国式现代化，全面建成社会主义现代化国家、建设中华民族现代文明注入不懈的动力。

四 "天下大同""和谐万邦"推进中华民族和谐包容新格局

中华文明五千多年绵延不断、经久不衰，在长期演进过程中，形

[①] 高福顺：《辽宋夏金时期内聚性不断增强》，《历史评论》2021年第3期。
[②] 赵轶峰：《中华文明的延续性、内聚性及其演进的模式特征》，《黄河文明与可持续发展》第11辑，河南大学出版社2015年版。
[③] 习近平：《在全国民族团结进步表彰大会上的讲话》，《人民日报》2019年9月28日第2版。

成了中国人看待世界、看待社会、看待人生的独特价值体系、文化内涵和精神品质，这是我们区别于其他国家和民族的根本特征，也铸就了中华民族博采众长的文化自信。① 中华民族历来是爱好和平的民族，在五千多年的文明发展中，一直追求和传承着包容、和平的理念。以和为贵，与人为善，己所不欲、勿施于人等理念在中国代代相传，深深植根于中国人的精神中，体现在中国人的行为上。中华民族之所以在世界有地位、有影响，既不是靠穷兵黩武，也不是靠对外扩张，而是靠中华文化的强大感召力和吸引力。"天下大同""协和万邦"是中华民族自古以来对人类社会的美好憧憬，构建人类命运共同体，不仅符合中华民族历来秉持的天下大同理念，也契合中国人怀柔远人、和谐万邦的天下观，深刻反映了中国古代"天下观"在新时代的创造性转化、创新性发展。

习近平总书记对中华文明的突出特性总结道："中华文明具有突出的包容性，从根本上决定了中华民族交往交流交融的历史取向，决定了中国各宗教信仰多元并存的和谐格局，决定了中华文化对世界文明兼收并蓄的开放胸怀。中华文明具有突出的和平性，从根本上决定了中国始终是世界和平的建设者、全球发展的贡献者、国际秩序的维护者，决定了中国不断追求文明交流互鉴而不搞文化霸权，决定了中国不会把自己的价值观念与政治体制强加于人，决定了中国坚持合作、不搞对抗，决不搞'党同伐异'的小圈子。"② 党的二十大报告强调："中国式现代化是走和平发展道路的现代化。我国不走一些国家通过战争、殖民、掠夺等方式实现现代化的老路，那种损人利己、充满血腥罪恶的老路给广大发展中国家人民带来深重苦难。"③ 新征程上，以习近平总书记为核心的党中央统筹中华民族伟大复兴战略全

---

① 习近平：《在敦煌研究院座谈时的讲话》，《求是》2020年第3期。
② 习近平：《担负起新的文化使命 努力建设中华民族现代文明》，《人民日报》2023年6月3日第1版。
③ 习近平：《高举中国特色社会主义伟大旗帜 为全面建设社会主义现代化国家而团结奋斗——在中国共产党第二十次全国代表大会上的报告》，《人民日报》2022年10月26日第1版。

传承中华优秀传统文化 建设中华民族现代文明

局和世界百年未有之大变局，传承发展中华优秀传统文化，推动构建人类命运共同体，不断丰富和发展人类文明新形态，不仅为解决人类面临的共同问题、推进人类和平与发展提供了中国智慧、中国方案、中国力量，也为建设中国式现代化、建设中华民族现代文明提供了根本遵循。

从秦汉以迄明清的两千余年间，"天下观"首先是以地域概念出现在历史舞台的，《诗经》写道"溥天之下，莫非王土；率土之滨，莫非王臣"①，在先秦时期"天下"所呈现的是以"九州"为核心的空间地域观念。秦汉以降，随着"大一统"国家的形成，"天下"与"国家"逐渐趋于合一。孟子所说"人有恒言，皆曰'天下国家'。天下之本在国，国之本在家，家之本在身"②，到东汉时经师赵岐已解释为："天下谓天子之所主，国谓诸侯之国，家谓卿士夫也。"③ 这就是说，所谓"天下"，在秦始皇统一六国以后，不再是周天子之治下，而成为帝制时代一家一姓的"家天下"，"天下"所反映的是政权实际所能控制的疆域范围。

此后，"天下"作为政权疆域范围的内涵不断发展，从汉代的"陛下以四海为境，九州为家"④，到唐代的"朕以四海为家，兆人为子"⑤，至清代时统治者更是明言："自我朝入主中土，君临天下，并蒙古极边诸部落，俱归版图，是中国之疆土开拓广远，乃中国臣民之大幸！"⑥ 甚至在中俄《尼布楚条约》中，"清朝""中国"与清廷统治的"天下"已成为可以互换的词语，反映了经历魏晋南北朝、五代十国至元代边疆民族入主"中国"并得到汉族认同后，王朝直接统治区域的扩大化和明确化，而各少数民族政权在经历与中原的不断融合后，也以中华文明正统自居，中原与边疆一体的"天下"观趋

---

① （唐）孔颖达疏：《毛诗正义》卷13，《十三经注疏》，第994页。
② 《孟子集注》卷7《离娄章句上》，第278页。
③ （汉）赵岐注，（宋）孙奭疏：《孟子注疏》卷7上，中华书局2009年版，第5913页。
④ 《汉书》卷64《严助传》，第2784页。
⑤ 《旧唐书》卷19《懿宗本纪》，第672页。
⑥ （清）清世宗：《大义觉迷录》，清武英殿刊本。

于凝固。可以看到，在中华文明演进的历史进程中，由于中原核心区域与边缘地区的不断交流融合，在形成中国统一多民族国家的不同时期，呈现出"内聚性"的发展趋势，历代统治者和士大夫对"天下""中国"内涵范围的理解也不断拓展和深化，并在"大一统"观的统摄下，中华各民族间的文化交往交流交融呈现出兼容并蓄、多元并存的和谐格局，逐渐形成了中华民族共同体意识，至清代中叶以"中国"为大一统核心的"天下"和现实中的统一多民族国家疆域实现版图重合，中华文明的地理疆域由此完成了凝聚的过程。

与地域概念相伴而生，"天下"观还蕴涵了关怀民生疾苦的人文意识和社会责任。先秦时期，"民"的因素已被引入"天下"的意义之中，孔子在论仁时就说道："克己复礼为仁。一日克己复礼，天下归仁焉。"① 孟子则强调："乐民之乐者，民亦乐其乐；忧民之忧者，民亦忧其忧。乐以天下，忧以天下，然而不王者，未之有也。"② 儒家经典《礼记·礼运》篇中更是系统阐述了"大同"和"小康"两种百姓安居乐业的理想社会，此后伴随着历史的演进，这种人文关怀和社会责任意识不断充实深化，魏晋隋唐间，"以天下为己任""天下为公"的话语已普遍流行于士大夫之间，成为士大夫阶层共同的精神追求。两宋以降，在儒学复兴的影响下，士大夫的自觉精神发轫，"天下"观的人文内涵进一步向前拓展，国家命运、民生疾苦成为士大夫所关怀的社会责任，他们表现出强烈的家国情怀和"以天下为己任"的精神追求。这种时代精神，在范仲淹"先天下之忧而忧，后天下之乐而乐"③的高扬下，被正式呼唤出来，成为士大夫群体的共识，凝聚着"为天地立心，为生民立道，为去圣继绝学，为万世开太平"④的共同价值追求。迄于明清易代，面对中华文化遭遇的传承断

---

① 《论语集注》卷6《颜渊》，《四书章句集注》，第131页。
② 《孟子集注》卷2《梁惠王章句下》，《四书章句集注》，第216页。
③ （宋）范仲淹：《范文正公文集》卷8《岳阳楼记》，《范仲淹集》，凤凰出版社2019年点校本，第123页。
④ （宋）张载：《张载集·拾遗》，中华书局1978年点校本，第376页。

裂危机，在"亡国与亡天下奚辨"的文化承续讨论中，顾炎武立足于维护数千年来中华礼乐文明的优良传统，渡越一家一姓，以文化传承的广阔历史视野，弘扬数千年来学人"以天下为己任"的担当精神，指出"保天下"关乎一个国家、一个民族的精神和思想，是文化根脉所在，维护中华文明悠久的历史传承和优秀的文化传统，是全体民众责无旁贷的共同责任。[1] 在众多有识之士"天下之治乱，不在一姓之兴亡，而在万民之忧乐"[2]的呐喊努力下，清廷顺应时势，以"大一统"观为核心，逐步调整文化政策，在交流交融中，统一认识，凝聚人心，树立起共同的社会理想，完成了统一多民族国家社会的重建。

1840年鸦片战争以后，中国逐步成为半殖民地半封建社会，国家蒙辱、人民蒙难、文明蒙尘，中华民族遭受了前所未有的劫难。为了拯救民族危亡，中国人民奋起反抗，仁人志士奔走呐喊，太平天国运动、戊戌变法、义和团运动、辛亥革命接连而起，一代又一代的仁人志士接过先辈留下的思想遗产，使之与时代的使命相结合，将明清之际"保天下者，匹夫之贱，与有责焉"的呐喊提炼为"天下兴亡，匹夫有责"的历史箴言，通过历史和现实的结合，展现出中华文化维护国家、民族根本利益，讲责任、重担当，以天下为己任的基本品格。从此，"天下兴亡，匹夫有责"的价值追求融入中华民族的爱国主义传统，成为中华优秀传统文化的一个精神标识。

中国古代的"天下"观在中华文明发展历程中，还展现出了追求"和"的精神内涵。《尚书·尧典》就说道："克明俊德，以亲九族。九族既睦，平章百姓。百姓昭明，协和万邦。"[3]《中庸》则将"柔远人，怀诸侯"作为治理国家的纲领加以记载，认为尊重不同国家之间的差异，以礼对待域外四方的来者，才是实现与邦外各国安和相处的最好方法，对于域内诸侯和不同边疆民族则应该"继绝举废"，加以

---

[1] 陈祖武：《学步录》，中华书局2021年版，第502页。
[2] 《明夷待访录·原臣》，第129页。
[3] 《尚书正义》卷2，《十三经注疏》，第250页。

关怀爱护，不断促进交流融合。这一思想从先秦到明清也成为中国古代处理域外和边疆少数民族关系的重要方针。习近平总书记深刻指出："自古以来，中国先贤在对待民族、邦国的关系上，倡导以'协和万邦'即和平共处为邦交原则，以'天下大同'即共同社会理想为追求目标。"① 自党的十八大提出构建人类命运共同体以来，习近平总书记在不同场合多次强调，中华民族历来是爱好和平的民族，中华文化崇尚和谐，中国"和"文化源远流长，蕴涵着天人合一的宇宙观、协和万邦的国际观、和而不同的社会观、人心和善的道德观。在五千多年的文明发展中，中华民族一直追求和传承着和平、和睦、和谐的坚定理念。以和为贵，与人为善，己所不欲、勿施于人等理念在中国代代相传，深深植根于中国人的精神中，深深体现在中国人的行为上。

习近平总书记在党的二十大报告中指出，坚持和发展马克思主义，必须同中国具体实际相结合、必须同中华优秀传统文化相结合。他强调，中华优秀传统文化是中国人民在长期生产生活中积累形成的，其中所蕴含的宇宙观、天下观、社会观、道德观，同科学社会主义主张具有高度契合性。② 在新的历史起点上继续推动文化繁荣、建设文化强国、建设中华民族现代文明，是我们在新时代新的文化使命。必须坚定历史自信、文化自信，坚持古为今用、推陈出新，把马克思主义思想精髓同中华优秀传统文化精华贯通起来、同人民群众日用而不觉的共同价值观念融通起来，立足中华民族伟大历史实践和当代实践，坚持走自己的路，用中国道理总结好中国经验，把中国经验提升为中国理论，实现精神上的独立自主。要秉持开放包容，坚持马克思主义中国化时代化，传承发展中华优秀传统文化，促进外来文化

---

① 习近平：《习近平在中央党校秋季开学典礼上强调——领导干部要读点历史》，《人民日报》2011年9月2日第1版。

② 习近平：《高举中国特色社会主义伟大旗帜　为全面建设社会主义现代化国家而团结奋斗——在中国共产党第二十次全国代表大会上的报告》，《人民日报》2022年10月26日第1版。

本土化，不断培育和创造新时代中国特色社会主义文化。正如习近平总书记所强调的："对历史最好的继承，就是创造新的历史；对人类文明最大的礼敬，就是创造人类文明新形态。"[①] 在新征程上，要自信自立、担当使命、奋发有为，赓续历史文脉，续写当代华章，共同努力创造属于我们这个时代的新文化。

[①] 习近平：《担负起新的文化使命 努力建设中华民族现代文明》，《人民日报》2023年6月3日第1版。

包容、创新与延续：多元一体的中华文明
——以南北朝三个造型艺术为例

王敏庆

魏晋南北朝时期是中华文明与外来文明广泛接触和碰撞的时期。习近平总书记在文化传承发展座谈会上谈到中华优秀传统文化所具有的"重要元素"时，提到的"包容性""创新性"和"连续性"[①]，在这一时期的艺术中有着鲜明的体现。对于魏晋南北朝艺术的研究，独立地看一两个个案，这种特性可能并不明显，但当这种个案研究越来越多，且进行整体观察时，便会凸显出来，下面以三个南北朝时期造型艺术为例，加以说明。

案例一·敦煌莫高窟428窟佛塔形制渊源

敦煌莫高窟428窟建于北周，由时任瓜州刺史的建平公于义开凿。[②] 其后壁绘有一座佛塔，为五塔组合式，形制奇特。就目前所见资料来看，其样式不仅在南北朝仅见，就是纵观整个中国佛塔发展

[①] 习近平：《担负起新的文化使命 努力建设中华民族现代文明》，《人民日报》2023年6月3日第1版。

[②] 金维诺：《中国美术史论集》（中），黑龙江美术出版社2004年版。宿白：《东阳王与建平公二稿》，载《中国石窟寺研究》，文物出版社1996年版，第244—259页。施萍婷：《建平公与莫高窟》，载《敦煌研究文集》，甘肃人民出版社1982年版，第147页。

史，它的形式也是罕见的。当然这并不是单指其五塔组合的形式，五塔组合早在北魏便已出现，而是指它整个的建筑特征。

敦煌莫高窟428窟壁画中的佛塔位于洞窟主室后壁（西壁）南侧，其形制为五塔组合式（图1-1、图1-2）。中央主塔高大地立于双层塔基之上。[①] 主塔可分为四层：第一层为拱门入口，门两侧墙壁平素无装饰。第二层绘四力士，赤身仅着短裤，披佩帛。第三层宽大的拱门内绘释迦诞生图。第四层为一佛二菩萨的铺像组合。三、四层均有斗栱，廊柱并为三间四柱式。上为塔檐，是中国木构庑殿顶式，再上为覆钵塔顶，两侧有受花（山花蕉叶），中间立金翅鸟，覆钵上绘覆莲纹饰。覆钵上为塔刹部分，最下有一平台（平头），上安阶梯状受花。受花中间立刹杆，置七重相轮，最上为仰月火焰珠组合。从火焰珠至覆钵顶拉有两串铃铎（或璎珞宝饰），仰月两侧各有两条缯幡，各呈S状相互交错飘摆下垂至塔顶两侧。概括而言，428窟佛塔最显著的特征有三：

图1-1　莫高窟428窟佛塔　　图1-2　莫高窟428窟佛塔线图

[①] 李玉珉在《敦煌428窟新图像源流考》一文中认为上层绘有类似砖墙的小长方格子的塔基，是围住塔身的围墙，而施萍婷、贺世哲在《近承中原　远接西域——莫高窟四二八窟研究》一文中则称其为"两层阶梯式素平台基"。仔细观察可以发现这两层"台基"的表现方式确有不同，第一层整体为黑色，与四小塔的基座相同；第二层为深浅蓝色小长方块组成的类似砖墙的壁面，而四小塔无。

169

1. 五塔组合，四小塔位于主塔四隅，各有基座，与主塔分离。样式与主塔相似，只是较细，更像四根装有塔刹的立柱，无木建庑殿式塔檐。小塔分三层，每层均有两根柱子并施斗栱，各层无平座。塔刹与主塔也略有不同，小塔塔刹有双重仰月，在两重仰月之间有三个三角状排列的圆轮（三宝轮），上层仰月中安火焰珠。

2. 木构庑殿式塔檐与覆钵塔顶的组合。

3. 多层带平座塔身。

以下我们从这三方面来看此塔的形制来源。

（一）五塔组合

中国早在北魏云冈石窟及单体石塔中已经出现这种五塔组合形式，即中间主塔高大，四隅小塔与主塔体积相差悬殊。如，南禅寺旧藏北魏石塔（图1-3A），[1] 云冈第6窟上层塔柱（图1-3B），旧藏山西崇福寺（现藏台北历史博物馆）的北魏天安元年（公元466年）曹天度小石塔（图1-3C），此外，在四川广元皇泽寺45窟中心柱的上部也出现了四塔位于柱体四隅的组合形式（图1-3D）。至于文献中记载的五塔组合式佛塔，为人们引用最多的是隋修寂寺佛塔："仁寿（公元601—604年）建塔。下勅送舍利于韩州修寂寺。初造石函。忽有一鸽飞入函内。自然驯狎经久乃去。寺有砖塔四枚。形状高伟。各有四塔镇以角隅。青瓷作之上图本事。"[2] 此修寂寺佛塔的年代，李玉珉先生认为约与敦煌428窟佛塔时间相近。将四小塔置于主塔四隅的组合方式，有学者认为"这可能与汉朝礼制建筑具有因袭相承的关系"[3]。所谓汉朝礼制建筑，即指汉长安城南郊的"十几个规模巨大的礼制建筑遗址"，其"每个遗址的平面沿着纵横两条轴线采用完全对称的布局方法，外面是方形围墙，每面辟门，而在四角配以曲尺

---

[1] 李裕群：《五台山南禅寺旧藏北魏金刚宝座石塔》，《文物》2008年第4期。
[2] （唐）道宣：《续高僧传》卷26，《大正新修大藏经》T50，第67页1a。
[3] 刘敦桢等编撰：《中国古代建筑史》，台北：台北明文书局1985年版，第87页。

包容、创新与延续：多元一体的中华文明

形房屋，围墙以内，在庭院中央都有高起的方形夯土台"①（图1-4）。这是汉代考古发掘为我们提供的材料，早在先秦文献中，就已经出现了关于在城四角设置建筑物的记载，如《墨子·城守篇》中关于城四角建有高建筑物的记载。就实物而言，广州、武威雷台等地出土的汉代建筑明器（多为坞壁形式）（图1-5），其围墙四角上均置有角楼。在南北朝时期，寺院于院墙四角也置有角楼，如北周造像碑上的寺院，此一形式隋唐承之，一直延续到五代。②

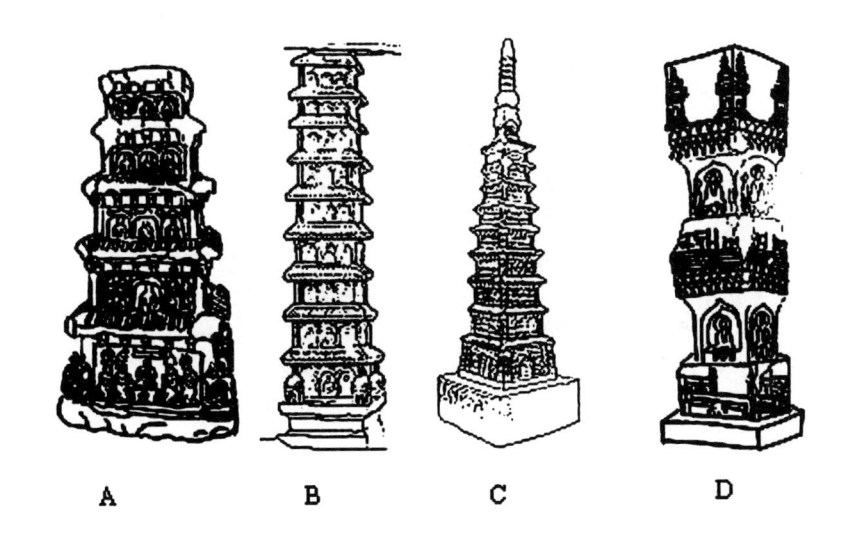

图1-3 北魏五塔组合式佛塔

注：A为南禅寺北魏石塔（笔者据李裕群《五台山南禅寺旧藏北魏金刚宝座石塔》，《文物》2008年第4期，第83页图1重绘）；B为云冈第6窟上层塔柱；C为北魏天安元年（公元466年）曹天度小石塔（B、C引自杨超杰，严辉著《龙门石窟雕刻粹编·佛塔》，文物出版社1995年版，第40、41页图11、12）；D为广元皇泽寺第45窟中心塔柱，北魏晚期（笔者据罗宗勇主编：《广元石窟艺术》，四川美术出版社2005年版，图14重绘）

---

① 刘敦桢等撰：《中国古代建筑史》，台北：台北明文书局1985年版，第47页。此外，孙机先生在《中国早期高层佛塔造型之渊源》一文中也谈到汉长安城南郊的礼制建筑与古印度寺院中间起高塔格局的相似性，只是由于他的侧重点在于考察中国古代高层佛塔之渊源，而没有关注整座建筑的四隅所置建筑与中间主体建筑的关系。
② 萧默：《敦煌建筑研究》，文物出版社1989年版。

171

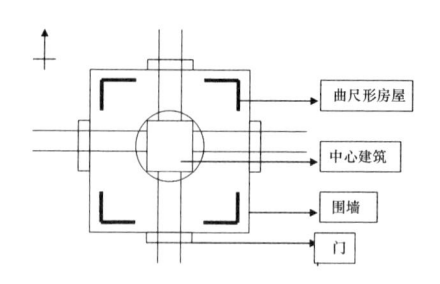

◈ 学思践悟：新时代文化使命与文学研究

图1-4 汉代礼制建筑平面示意图①

图1-5 汉代陶楼，甘肃武威雷台，② 汉墓出土

　　尽管有着中国汉代礼制建筑影响的五塔组合形式在北魏的造像塔上已经出现，但细观北魏时期的五塔组合与428窟的佛塔还是有着明显的差别，最显著的一个特征就是四角的四个小塔比例与主塔差距较大，相比之下其比例关系更像四根瘦高的柱子。而主塔四角带有四根柱子的组合，则直接令人想到犍陀罗的覆钵塔。在犍陀罗佛塔艺术遗存中，我们看到有一种在塔的四角位置立有四根柱子的样式。柱头有的立有

---

① 刘敦桢：《中国古代建筑史》，中国建筑工业出版社1984年版的汉代礼制复原图绘制。
② 孙机：《中国早期高层佛塔造型之渊源》，载《中国圣火——中国古文物与东西文化交流中的若干问题》，辽宁教育出版社1996年版，第287页。

包容、创新与延续：多元一体的中华文明

石狮，这种形象渊源或许与阿育王石柱有关。图1-6是一处位于塔叉始罗（Taxira）的配有四个石柱的佛塔实物遗迹。图1-7是一座现藏于柏林的佛塔雕刻，这些图片可以帮我们复原出当年犍陀罗佛塔的完整形态。四角的石柱习惯上称为三宝柱，源头可追溯到佛像还未产生的时代。人们以一个车轮状图形象征佛陀说法。用三轮并置代表佛、法、僧三宝，这通常被称之为三宝轮或三宝标，其排列方式有一字排开者，有呈品字状排列者（图1-8），当然也有一轮者。[1] 我们看到428窟佛塔四角的小塔上端就有着这种三宝标。因此可以判断出，428窟佛塔的五塔组合配置，这种结构并非来自前述北魏五塔组合的样式，而是来自犍陀罗地区的佛塔。四角的小塔，其实是由犍陀罗佛塔四角的三宝柱演化而来，其修长的比例还保持着犍陀罗佛塔石柱的特征。

图1-6　犍陀罗，塔叉始罗佛塔遗迹，公元1世纪[2]

---

[1] 犍陀罗"礼敬三宝"石板雕刻，其三宝柱头石狮上部即为一个法轮。参见栗田功《ガンダーラ美術》第Ⅰ册，二玄社1988年版，第287页。
[2] 陈奕恺：《略论北魏时期云冈石窟龙门石窟浮雕塔形》，载龙门石窟研究所编《龙门石窟一千五百周年国际学术讨论会论文集》，文物出版社1996年版，第241页。

图 1-7　犍陀罗，带有四根石柱的佛塔，公元 2 世纪

图 1-8　三宝礼拜，柏林东亚艺术博物馆藏

（二）木构庑殿式塔檐与覆钵塔顶的组合

428窟佛塔形制奇特：虽是五塔组合但却与北魏以来的五塔形式有别；中国传统木结构建筑庑殿顶式的塔檐，但又在其上加覆钵；多层塔身类似中国楼阁式塔，每层建有平座但腰檐处又无塔檐，而平座的设置又与北魏均无平座的楼阁式塔[①]相异。但若排除各种干扰因素观其主旨，就会发现此塔的主体（中央主塔的最上一层）形式，实际上是仿木结构与覆钵相结合的单层塔（图1-9）。特征是：塔身前有四根檐柱，柱头托阑额与斗拱，正面看去，形成三间四柱的形式，其上为铺有瓦垄的类似木构建筑庑殿顶的屋檐，再上为覆钵顶，两侧有受花，最上端安置塔刹。

仿木结构与覆钵相结合式塔。这类塔式一般是作为石窟的外立面，即它是一种"外貌模拟佛塔的窟前石雕仿木建筑"，并且其形制"目前尚无早于北齐的实例，流行的时间仅限于北齐一代"[②]。所谓"北齐一代"，主要就是指由北齐皇室开凿的邯郸响堂山石窟。这类塔形窟"记有北响堂北洞、中洞、南洞（图1-10），南响堂第3、7窟（图1-11），水浴寺第1窟，共六窟，占全部响堂北齐洞窟（共十一窟）的一半以上"[③]。其典型特征是覆钵底部边缘有仿木构建筑屋顶（庑殿顶）的塔檐，塔身有立柱。莫高窟428窟佛塔的主体类型即属于此型。它与响堂山塔形窟除了装饰风格、纹样细节上有所不同外，其大体形制结构如出一辙。虽形制结构相同，但通过图像对比，很容易看到二者风格的差异，其中最明显的是廊柱。北周428窟佛塔的三间四柱，为典型汉式的斗拱木柱，上面还有阑额，而北齐的则是多棱柱，柱头是宝珠。北周塔覆钵处的受花为带有弧线的阶梯状，而

[①] 孙机：《中国早期高层佛塔造型之渊源》，载孙机《中国圣火——中国古文物与东西文化交流中的若干问题》，辽宁教育出版社1996年版，第288页。

[②] 杨泓：《汉唐美术考古与佛教艺术》，科学出版社2000年版，第332页。

[③] 唐仲明：《晋豫及其以东地区北朝晚期石窟寺研究——以响堂山石窟为中心》，博士学位论文，北京大学，2004年，第51页。

◈ 学思践悟：新时代文化使命与文学研究

北齐的则是以曲线为主，尤其是南响堂第7窟外立面的受花。北周和北齐的这种塔式，一个具明显的汉式风格，一个受粟特艺术影响较多，呈现鲜明的异域风情。响堂山石窟此类塔型要比莫高窟428窟佛塔早，所以428窟此塔当是吸收了响堂山的因素。

图1-9　428窟佛塔主塔上部（笔者绘）

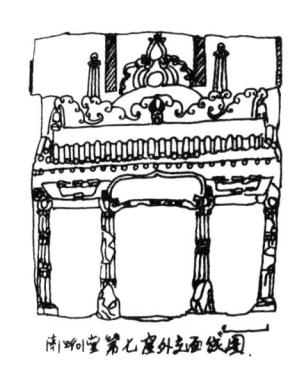

图1-10　北响堂南洞外立面①　　图1-11　南响堂第7窟外立面②

---

① 唐仲明：《晋豫及其以东地区北朝晚期石窟寺研究——以响堂山石窟为中心》，北京大学出版社2004年版，第51页。
② 张林堂、孙迪编著：《响堂山石窟：流失海外石刻造像研究》，外文出版社2004年版，第106页。

(三) 多层带平座塔身

428窟五塔的主塔，是一座多层佛塔，其最上层的"单层覆钵塔"形制奠定了整座塔的基调，即它是一座覆钵高塔。众所周知，对中国佛塔产生直接影响的不是印度桑奇那类低矮偏平的覆钵式塔，而是约在公元前后出现的犍陀罗的逐渐向纵高方向发展的覆钵塔。参看图1-12印度—中国覆钵式塔发展演变示意图。

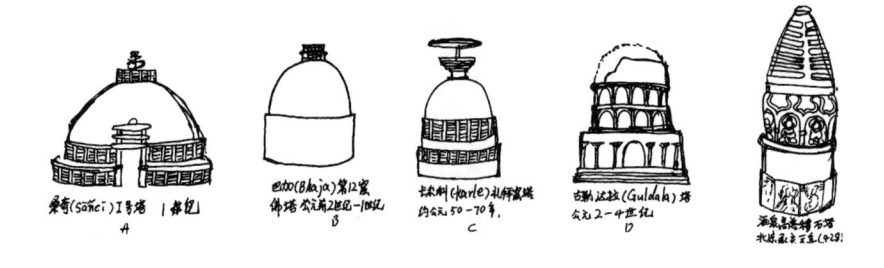

图1-12 印度—中国佛塔演变示意图（笔者绘）

犍陀罗佛塔是整个佛塔发展中的一个重要类型，一方面它仍然保持着印度佛塔鲜明的覆钵特征，另一方面，其塔身升高呈柱状，出现多层装饰带，装饰带之间有沿线，有时还出现收分。塔身下出现一层或两层以上的方形基座（图1-13至图1-15）。如果去掉428窟佛塔四角的四个小塔，仅将主塔与犍陀罗及深受犍陀罗影响的佛塔相比较，便不难发现二者在塔式结构上的同构性（图1-16），如428窟佛塔的双层塔基与塔尔潘岩画佛塔的双层方形塔基一致，其塔身带有栏杆的平座以及最上层没有栏杆的平座，在视觉上就如同犍陀罗佛塔塔身装饰带之间的沿线。只是428窟佛塔整个塔身均是方形，最上层的覆钵，也不再是单纯的覆钵塔式，而是带有塔檐和受花的单层方形覆钵塔样式，而这种塔式也是中原匠师在融合外来和本土因素基础上的创造。由此可见，428窟佛塔的主塔是借鉴了犍陀罗佛塔样式的意象，同时融入了本土的造型特点。

◇◆ 学思践悟：新时代文化使命与文学研究

除了佛塔样式之外，还有一些其他装饰因素，如仰月宝珠。仰月宝珠的塔刹装饰，既非佛教原有之物，也非中国传统之装饰物，其渊源可以追溯到遥远的西亚。约公元前1100年的"库都鲁"石碑上部，就清晰地雕刻着"仰月宝珠"[①]，在这种"日月"图像传播的过程中，粟特人显然起了很大作用，428窟塔上的仰月宝珠图像原型当是传自粟特。当然，这个图像不是在428窟才出现，而是早在北魏时便已有之。

图1-13 犍陀罗小塔，斯瓦特博物馆藏，罗里延唐盖出土，2—3世纪（黄夏年教授摄）

图1-14 供养石雕塔（引自《佛陀之光》第150页）

[①] 拱玉书：《西亚考古史》，文物出版社2002年版，第23页。

包容、创新与延续：多元一体的中华文明

图 1-15　塔尔潘岩画，6—7 世纪（引自《佛陀之光》第 204 页）

图 1-16　428 窟五塔主塔

综上所述，我们可以看出，428 窟五塔组合式的佛塔，是其设计者独具匠心的创造。在整体形态上，他套用了犍陀罗带有四根三宝柱覆钵塔的形式结构。在具体塔样上又借鉴了北齐皇家石窟带庑殿顶式塔檐的单层覆钵塔，并将其浓郁的西域风格改造为汉式风格，具体而言就是大量采用中国传统的建筑语言因素，如斗栱、廊柱、回栏平座等。一些局部装饰,如仰月宝珠、受花,则沿袭北魏以来的传统,其中受花又融入了中亚建筑部件的特征(详见下一个案例)。所以,428 窟五塔组合,是设计者融汇东西两方面的佛塔艺术要素,再加自己的匠意独创而成,它没有一个现成的蓝本可以借鉴,是外来的佛教艺术在中国的创造。

案例二·佛塔上的受花[①]

受花又名请花,又称山花蕉叶或蕉叶,它是佛塔顶部塔刹的一个组成部分。在不同时期有着不同的特色。初期的受花位置并不固定,有时它出现在小覆钵(塔刹上的半球状物体)的下面,承托着小覆钵,在覆钵上再安置装有相轮的刹杆(图 2-1)。有时则出现在覆钵上面,但这种情况多出现在阶梯几何状受花上。而在印度或犍陀罗的佛塔上则不见受花这个部件(图 2-2)。

图 2-1 中国佛塔上的受花　　图 2-2 犍陀罗佛塔各部位名称示意图

[①] 参见王敏庆《佛塔受花形制渊源考略——兼谈中国与中、西亚之艺术交流》,《世界宗教研究》2013 年第 5 期,第 54—65 页。

包容、创新与延续：多元一体的中华文明

据笔者所查，在古代文献中并无"受花"或"请花"之名，古建筑词典中也不见这一名词，此当为日本学者所多用。"山花蕉叶"一词出现在宋代的《营造法式》中，佛教典籍所见者惟"蕉叶"一词。宋代知礼撰述的《金光明经文句记》云："十二因缘经八种塔并有露盘。佛塔八重。菩萨七重。支佛六重。四果五重。三果四。二果三。初果二。轮王一。凡僧但蕉叶火珠而已。虽两经异说。而凡僧并无层级。迩世所立虽无露盘。既出四檐犹滥初果。傥循蕉叶火珠之制。则免僭上圣识者宜效之。"①

据笔者考察，大约在公元5世纪后期以前，不论是在印度、犍陀罗，还是在中国的佛塔上均未发现受花，②但在5世纪后期受花却在我国出现了，这一现象表明受花不是外来品，不是随佛塔的传入而传入我国，它是佛教艺术在中国发展的产物，是中国佛教艺术中所特有的。③

受花这一我国佛塔的特有之物，不见于印度、中亚以及我国新疆一带早期的佛塔上。我国较早的佛塔实物，北凉小石塔上不见有受花。炳灵寺169窟西秦壁画上的覆钵塔，相轮通过刹杆直接安在覆钵

---

① （宋）知礼述：《金光明经文句记》卷6（上），《大正新修大藏经》第39册，第154页。提到佛塔"蕉叶"的更早些的文献是后唐景霄纂《四分律钞简正记》，其第16卷中写道："搜玄引十二因缘经。八種塔有露盤。如來塔八露盤菩薩七緣覺六曰（四）果五三果四二果三初果二輪王。及未得果人一露盤。今有一家。記中。云佛七已上也乃至者。得果人。及輪王未得露盤。但有火珠舊葉耳。"（卍续藏第43册，第454页）这段文字不仅标点粗率，而且字也有讹误，通过与相关文献对校可知，"曰果"当为"四果"，"舊葉"当为"蕉叶"。更晚的记有"蕉叶"的资料有明代祇述《佛说目连五百问经略解》，卍续藏第44册，第889页。此外，唐代湛然的《法华文句记》卷3（上）（《大正新修大藏经》第34册，第196页），唐代法藏的《华严经探玄记》卷8（《大正新修大藏经》第35册，第261页）等，也都引用了《十二因缘经》中关于佛塔的记载，只是文中未涉及"蕉叶"。

② 印度本土佛塔造型朴素，如桑奇大塔仅在覆钵顶部有个四方围栏（平台），中间立刹杆相轮，无受花。犍陀罗佛塔覆钵较高耸，雕饰也更复杂，但也未出现受花。我国新疆地区克孜尔石窟壁画中的佛塔，虽然与实体佛塔建筑有所不同，但壁画佛塔仍未见受花。在我国甘肃酒泉、敦煌等地出土的北凉小石塔上也不见受花。此外，甘肃炳灵寺169窟西秦壁画上的覆钵塔，相轮通过刹杆直接安在覆钵顶上，亦无受花。

③ 中国社会科学院宗教研究所郑筱筠老师一直致力于南传佛教研究，她为笔者提供了大量南传佛塔未出现受花的实物证据，从而进一步证明了受花确系我国，更确切地说是我国汉传佛教艺术发展的产物。

181

顶上，亦无受花。受花的真正出现是在平城（今大同），尤其是云冈石窟，在云冈二期石窟中不仅出现了完整的带有受花的塔刹，而且还清晰地反映了受花的出现及演变过程。

云冈石窟的佛教造像艺术受犍陀罗影响甚大，受花的出现与犍陀佛教雕刻中古希腊科林斯柱式有密切的关系。古希腊有三大柱式（图2-3），其中科林斯柱式在犍陀罗佛教艺术中被广泛运用，并形成具有犍陀罗地方特色的"科林斯"柱式（图2-4）。其柱头花叶中所出现的人物形象，在传入中国后的一段时期内也被保留了下来，这就是在云冈二期石窟佛塔或类似佛塔建筑顶部的花叶中所见到的人物形象。有学者认为这一形象是"化生"，① 但笔者以为它更多成分是云冈对犍陀罗艺术图像的挪移。在犍陀罗，这一人物形象不是固定的，但他们有一个共同的身份即佛教徒、佛的供养者。② 进入云冈后，这个人物形象变得比较固定而简略，是受花源自柱头花叶装饰的最好"人证"。

图2-3 古希腊三大柱式（笔者绘）

---

① "依照其构造，应该是一种石造的重层柱，顶部没有相轮和覆钵，而在塔顶上覆有类似'阿康萨斯'（Acanthus）柱头的装饰，即在两片半扇形叶状的中央，出现一个人头，有时出现半身人像，或许就是所谓的'化生像'。"参见陈奕恺《略论北魏时期云冈石窟、龙门石窟浮雕塔形》，载龙门石窟研究所编《龙门石窟一千五百周年国际学术讨论会论文集》，文物出版社1996年版，第230页。

② 有时花叶中偶尔出现佛坐像。参见晁华山《佛陀之光——印度与中亚佛教胜迹》，文物出版社2001年版，第139页。

图 2-4　犍陀罗石柱及柱头（笔者绘）

由于云冈一期洞窟中未见佛塔，而三期中的佛塔受花已发展得相当完备，可知受花的出现及演变的重要阶段在云冈二期。笔者在详细梳理云冈二期佛塔及类佛塔雕刻时制有一张完整的图表，通过对它们的梳理和排比，可使人们对受花的出现和演变情况一目了然。这里限于篇幅，只把二期各阶段的佛塔及类佛塔中具代表性者列出（图 2-5）。

云冈二期洞窟"其具体时间大约自文成帝以后以迄太和十八年（公元 494 年）迁都洛阳以前的孝文帝时期，即 465—494 年"[①]。宿白先生对云冈二期石窟的排列顺序是：7、8；9、10；1、2；5、6窟，此外二期还包括 11、12、13 窟。前面的 7、8；9、10；1、2；5、6 窟为四组双窟，排列顺序亦即开凿的前后顺序。后面三个窟亦为一组，其中 12 窟为中心窟，12 窟的开凿时间与 9、10 窟相近，11、13 窟与 12 窟同为一组窟，开凿时间应相同，但这两窟拖延的时间比较长，如第 11 窟，当第 6 窟完工时，11 窟的中心方柱和壁上小龛仍在补雕。[②] 故笔者将 11 窟的佛塔暂列于演变序列图的最后。

---

① 宿白：《云冈石窟分期试论》，《考古学报》1978 年第 1 期，第 26—27 页。
② 宿白：《云冈石窟分期试论》，《考古学报》1978 年第 1 期，第 26—27 页。

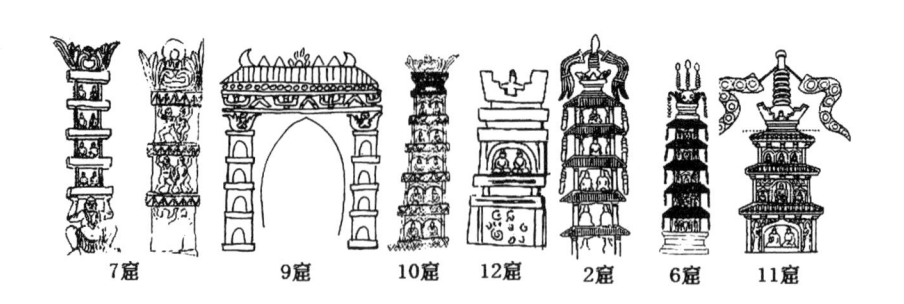

图2-5　从柱头花叶到佛塔受花演变序列图

  这个序列图明确的显示出层柱、受花与塔三者之间的关系（这里暂且忽略12窟和11窟的两个佛塔及类佛塔图像，此为后面所论内容）。在云冈二期早期的石窟中，尚可以很明显地看到犍陀罗科林斯柱式的身影，之所以如此肯定，是因为中国传统的柱子其柱头是没有花叶装饰的，而且花叶丛中出现的人物，亦证明了那是来自犍陀罗的柱头装饰。而且我们看第9窟殿堂式龛两侧的多层石柱，它取代了中国传统建筑中柱子的位置，这也说明那个多层的、顶部有着花叶及人物装饰的建筑物就是柱子。只是在云冈，其柱身变为多层，柱头的花叶也被简化，形成单层、左右对称呈扇状排布的柱头花叶。饰有花叶的柱头，多层且雕有佛像的柱身（在犍陀罗的柱子上，柱身往往只雕有一尊佛像或一到两个人物），已经使这种柱子成为中国的"科林斯"柱式。

  多层柱身的出现可能是受中国楼阁式高层建筑的影响，早在东汉末笮融所起之佛塔就是一座中国楼阁式建筑。[①] 另外，在第10窟，我们还看到有了层层收分的多层柱身石柱，它的外貌特征越来越接近多层楼阁式塔的外貌特点，只是它尚无作为塔的标志性特征的相轮。但在第10窟这座有着收分的多层柱的柱头变得更为讲究，它的形制不再像柱身那些平板式的隔层，而是出现了类似束腰须弥座似的台座，它的上面承托着花叶。这种多层柱身石柱的进一步演化形式则是如第

[①] 孙机：《中国圣火——中国古文物与东西文化交流中的若干问题》，辽宁教育出版社1996年版，第278—294页。

2窟那样带有相轮、覆钵及多层屋檐的完整意义上楼阁式塔的出现。之所以认为云冈二期石窟中这种楼阁塔的形式来自有着多层柱身的石柱，除它们的主体都为多层之外，我们看到石柱最显著的特征——带有基座的花叶柱头被保留了下来，如第6窟佛塔顶部的那个基座与第10窟完全相同，第2窟虽小有变化，但形制基本相同。而最上部的花叶则已成为佛塔的受花。我们注意到，花叶状受花基本上都出现在覆钵下，即覆钵出现在受花中，然后再在覆钵的上面立刹杆相轮。在笔者所梳理的云冈佛塔中的第2窟、第6窟、第11窟以及云冈三期的第14窟，均是如此。实物表明，花叶状受花最初是出现在楼阁式佛塔塔顶的塔刹中，它是由犍陀罗雕刻中石柱的花叶柱头演化而来，它不与覆钵塔的平头产生任何关联。云冈二期楼阁塔塔刹实际上是由一个带有基座的受花，承托着缩小了的、带有相轮的覆钵塔构成。由于印度或犍陀罗佛塔均为覆钵式，而这种中国楼阁式建筑要想取得塔的身份就要有塔的标志，即插有刹杆相轮的小覆钵，所以在高层楼阁塔中我们往往看到的是覆钵埋于受花中。这一时期塔刹规制并不固定，呈现多样性，如有的相轮为三个。

孙机先生曾说受花为犍陀罗塔之平头演变而来，而本文这里所论证的花叶状受花又与覆钵塔的平头无关。那么犍陀罗覆钵塔上的平头究竟与受花有无关联呢？当然有，只是不表现在花叶状受花上，而是体现在另一种受花形式——阶梯几何状受花上。

这种阶梯几何状受花在云冈二期较晚的洞窟中出现，其形制为两组阶梯相对，中间构成"V"字形。第11、12窟都有几何状的受花形式出现（图2-6、图2-7），它的形象与城墙上的城堞颇为近似。至于是不是城堞，还需进一步证明。除了云冈，阶梯状受花还见于敦煌莫高窟，如莫高窟257窟中的两座北魏佛塔。这两座塔均是在中式传统殿宇和门阙建筑上安置了一个印度式的小覆钵塔，以标示其佛教属性。我们注意到这两个小覆钵塔上，平头的位置就是阶梯状受花（图2-8）。时间稍晚些的北周301窟中的一个纯覆钵小塔，阶梯受花也是位于平头的位置，只不过阶梯受花中还含有一个小覆钵（图

◈ 学思践悟：新时代文化使命与文学研究

2-9），而257窟北魏的那两个小覆钵塔的阶梯受花中则没有。但不管怎样，阶梯受花出现在平头的位置是一个重要线索。

图2-6 云冈第11窟带有阶梯状受花的佛塔

图2-7 云冈第12窟带有阶梯状受花的柱子

186

图 2-8　莫高窟 257 窟北魏佛塔

图 2-9　莫高窟 301 窟北周塔

敦煌地接西域，在佛教艺术上更易受到外来文化的影响。犍陀罗佛教艺术的影响也远播敦煌。考察犍陀罗地区的佛塔，其平头部位就多有城堞纹，如图 2-10 便是现藏于斯瓦特博物馆的一座犍陀罗小佛塔平头的局部，其最上边沿，就是一排城墙上的城堞，它的形状很像几何状受花，只不过几何状受花是将相邻的两个城堞各取一半，其形

◈◈ 学思践悟：新时代文化使命与文学研究

式如同平头上拐角处的城垛。这种阶梯状的城垛是一种古老的形式，图 2-11 是著名的古城波斯波利斯谒见殿（阿帕达纳宫）的遗址，矮墙上的城垛与犍陀罗小塔平头上的城垛形状一致。墙垣上的这类装饰（如果可以称为装饰的话）不仅在波斯，而且在阿拉伯地区广为存在，现今阿拉伯岛上的一些古老建筑仍保存着这样的"装饰"。

图 2-10　犍陀罗小塔局部，斯瓦特博物馆藏

图 2-11　进贡者之行列，伊朗，公元前 5 世纪初[1]

---

[1] ［日］林良一：《世界美术 2　美索不达米亚之美术》，讲谈社昭和四一年五月版，第 125 页。

包容、创新与延续：多元一体的中华文明

中国的阶梯状受花的样式正面看上去如同相邻的两个城堞各取一半，而犍陀罗佛塔平头上则是如墙垣上的城堞一般，是一整排，这种差异不是我们站在今人的立场上，想当然地认为它是截取了城堞的局部，而形成中国的阶梯状受花，它应当也有一个形式来源。在追寻相关线索的过程中，笔者发现在遥远的阿拉伯半岛的西北部，有一处公元前后开凿于岩壁上的规模可观的建筑群，形式颇有些类似于佛教的石窟。其建筑的窟门外立面形制与云冈12窟中类似于佛塔的建筑形式十分相似，参见图2-12 Mada'in Saleh（麦达因·萨利哈）古墓外观与云冈12窟前室北壁下层的建筑对比图。在这张对比图中，我们看到云冈12窟中的建筑形制与Mada'in Saleh古墓外观的建筑形制惊人地相似，最上部外观构成"V"字形的阶梯状建筑部件如出一辙，几乎没有任何变动，下面紧挨着的双重屋檐结构，云冈12窟的建筑物也是亦步亦趋地模仿，只是很多细节被大大省略，但云冈12窟中的建筑物却保留了saleh建筑鲜明的结构形式特征。按在建筑艺术中，最能体现一个建筑物特征的是它的屋檐部分，在中国古代的本土建筑中不见这种平直的重檐建筑形式，而且云冈12窟中的建筑两层檐离得如此近，显然是有意为之，而不是因为空间位置不足而无意间形成的挤压，这一点从此建筑物的下部对重檐结构的重复可以得到证明。此外我们在云冈第7、8、9、10窟中所见到的类似佛塔的柱状建筑，其柱身平直的板状隔层是等距离的，而到第12窟中却突然出现这种两层隔板紧挨的重檐形式，并且12窟的这种建筑形式似乎也不见于其他洞窟，两者之间并无发展演变轨迹可言。换句话说，云冈12窟前室北壁下层的这种建筑形式的出现是有其范本的，而这个范本就笔者目前所搜集到的证据来看，其根源应该可以追溯到遥远的阿拉伯半岛。在文化艺术的渐次传播中，影响到了中国的这种阶梯状受花的出现。

189

1.madain saleh 古墓外观　　2.云冈第12窟前室北壁下层西部

图 2-12　Mada'in Saleh 古墓外观与云冈 12 窟前室北壁下层的建筑对比图①

　　阶梯状受花，只在北朝流行过一小段时间后便消失了，而花叶状受花则在后来的发展中延续下来，并进一步发展演变。受花的出现，使得中国匠师创造出了一种充满异域特色，但却又完全是在中土形成的一种佛塔形式，即单层方形覆钵塔（图2-13），这种塔式发展到晚唐五代产生了一次嬗变，也就是我们所熟悉的吴越王所造的金涂塔的样式（图2-14），其四角高大的马耳状受花给人以深刻印象，这种塔后又流传至朝鲜半岛和日本。

---

① 左图引自 Kamaan Al Kamaan, *Under the sky of the Saudi Arabia*, Singapore, 2007, p.156；右图引自［日］水野清一、长广敏雄《云冈石窟》卷8，京都大学人文科学研究所云冈刊行会1953年版。

包容、创新与延续：多元一体的中华文明

图 2-13 单层方形覆钵塔，北周天和六年①

图 2-14 金涂塔，五代（笔者摄）

案例三·神秘的连珠人面纹

最初引发笔者关注人面纹的是法门寺地宫石灵帐上的连珠人面纹。扶风法门寺，西距长安约 120 多公里，是大唐皇室经营的皇家寺院，其寺中释迦真身宝塔下有一座地宫，石灵帐便位于地宫之中。这件石灵帐雕饰华美，被放置在一个石雕的禅床上；外观呈竖立长方体，底

---

① ［日］斋藤龍一编：《大阪市立美馆山口谦四郎藏中国雕刻》，大阪市立美术馆发行 2013 年版，第 93 页。

191

面为正方形，由盝顶、帐檐、帐身、须弥座构成。帐檐双层，内侧刻有"大唐景龙二年（中宗李显，公元708年）戊申二月己卯朔十五日，沙门法藏等造白石灵帐一铺，以其舍利入塔，故书记之"的铭文。帐檐与帐身之间的四面拦额部分，各雕七尊跏趺坐佛像，佛像下为灵帐"垂鳞"天盖与三角形和长条形幕边，再下为帐身，雕饰各种宝幡、璎珞，帐身内四面雕刻八大菩萨。帐身下分别为须弥座和禅床。连珠人面纹就位于须弥座的束腰部分（图3-1）。人面纹呈正圆形，浅浮雕，为男子面相，肌肤饱满，形象较为写实。须弥座束腰四面各有七个人面纹，联珠状等距离排列，人面之间以立式流云纹界栏分隔，构成二方连续图式。连珠人面纹出现在石灵帐的须弥座上并非孤例，法门寺地宫前室的一座方形小石塔（舍利容器）的须弥座束腰部位也饰有连珠人面纹，塔身四面雕八大菩萨（图3-2）。可见这种图像的安排并非偶然随意为之，而应当是有意设计或有经文依据。

图3-1 中室石灵帐，唐景龙二年　　图3-2 法门寺地宫前室石塔，唐

除了法门寺地宫中的这两件带有人面纹的石灵帐和小石塔外，在单体佛像的佛座束腰部位出现连珠人面纹的造像还见于北吴庄出土的北齐倚坐佛、北齐至隋的佛坐像、法源寺唐永徽元年佛像等（图3-

3)。其实不论石灵帐还是小石塔，均是供奉佛舍利，意涵与佛像同功，然佛像与佛塔在早期的佛教信仰中也几无差别，也就是说，连珠人面纹与佛构成了一种固定组合。而要探知这种组合的含义，石灵帐显然提供了更多的信息。

图3-3A 佛座上带有连珠人面纹的佛造像：倚坐佛佛座，北吴庄出土，北齐

图3-3B 佛座上带有连珠人面纹的佛造像：佛坐像束腰莲座，北齐至隋

◆ 学思践悟：新时代文化使命与文学研究

图 3-3C　佛座上带有连珠人面纹的佛造像：法源寺佛像莲座，唐永徽元年

法门寺地宫石灵帐雕于景龙二年（公元 708 年），由沙门法藏主持建造。法藏大师是武则天曾经推崇的佛教国师，俗姓康，是中亚粟特人后裔，他精通经律论三藏，在其撰写的《大乘密严经疏》第四卷中曾提到八大菩萨。[①] 在一部由中亚大夏—吐火罗沙门弥陀山[②]主译、法藏参与的《无垢净光大陀罗尼经》中，提到八大菩萨及其他神祇与舍利塔的关系，加持、护持佛塔的有恒沙诸佛、八大菩萨以及夜叉、四天王、帝释梵天等。我们将这段经文与灵帐图像对照，看到恒沙诸佛居最上，中为菩萨，下为护法诸神，这一顺序与佛教神祇的等级顺序是一致的，连珠人面纹与夜叉主四王帝释等护法神相对应（图 3-4）。而在护法诸神中唯一与人面纹有关系的，是四大天王中的毗沙门天王（*Vaiśravaṇa*）。

[①]　参见《大正新修大藏经》X21，No. 0386。
[②]　"沙门弥陀山，唐言'寂友'，睹货逻国人也。幼小出家，游诸印度；遍学经论，于《楞伽》《俱舍》，最为精妙。志弘像法，无恼乡邦；杖锡而游，来臻皇阙。于天后代，共实叉难陀，译《大乘入楞伽经》。后于天后末年，共沙门法藏等，译《无垢净光大陀罗尼经》一部。译毕进内，辞帝归邦；天后厚遗，任归本国。"参见（唐）智升《开元释教录卷九》T55，No. 2154。

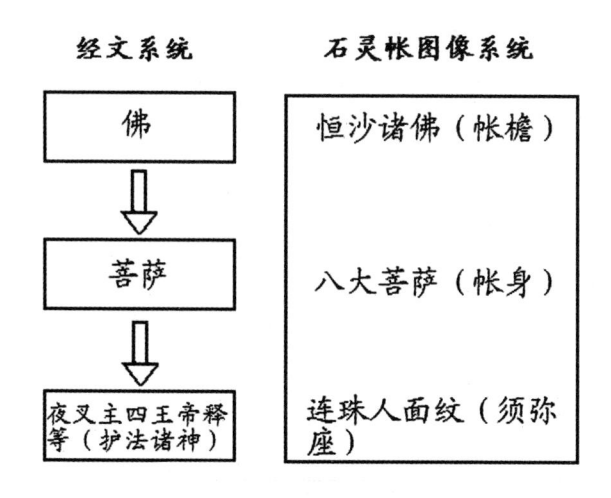

```
经文系统            石灵帐图像系统

  佛              恒沙诸佛（帐檐）

  ↓

 菩萨             八大菩萨（帐身）

  ↓

夜叉主四王帝释      连珠人面纹（须弥
等（护法诸神）         座）
```

图 3-4 经文与石灵帐图像系统对照图

  毗沙门天王信仰在隋唐时期的欧亚丝路流传颇广，几乎跟连珠纹一样，从中亚直至日本都有踪迹可循。毗沙门的形象有新样与旧样之分，旧样毗沙门与一般武士相仿，如吐鲁番交河古城出土的一幅唐代麻布画上的毗沙门像。而新样毗沙门天王的身上则出现了人面纹。

  学界一般认为，新样毗沙门大约出现在唐开元、天宝年间，于阗的毗沙门在传入长安之后，进一步扩展成为克敌制胜的护军神，[①] 如唐密宗高僧不空（梵名 Amoghavajra，公元 705—774 年）在开元天宝时期翻译的《北方毗沙门天随军护法仪轨》[②] 以及《北方毗沙门天随军护法真言》。新样毗沙门更紧密地与战争、护军护城相关。其基本形象特征是：1. 地天从地中伸出半身，两手支撑毗沙门天两足，2. 衣下襟外展，长达膝部，乍看似着外套形的铠甲，腰束带，长剑斜

[①] 张永安：《敦煌毗沙门天王图像及其信仰概述》，《兰州大学学报》（社会科学版）2007 年第 6 期，第 61 页。

[②] 《北方毗沙门天随军护法仪轨》云："若欲降伏诸国兵贼众者，当画一像。身卦紫磨真金甲，于净室中烧众名香、乳头薰陆香，诸色香花饮食供养，真心念诵天王真言十万遍。天王领天兵来助，他国兵敌自退散。若能昼夜诵念不绝，天王使太子独健，领天兵千人卫护，不离其侧……若欲降前敌众者，于净室持斋画一天王形象，挂紫磨真金甲，于二丈竿悬军前五十步指其敌，其敌不能相损。"

挂。3. 头高昂，戴着附有装饰的宝冠。① 此外就是出现在新样毗沙门的铠甲胸饰上配有人面纹，人面纹的排列形式大约有单面式、双面式和三面式三种，如法门寺地宫舍利宝函上的大圣毗沙门像（图3-5）、晚唐后晋开运四年（公元974年）的版画大圣毗沙门像（图3-6）以及敦煌莫高窟壁画中铠甲上带有人面纹的毗沙门天王像，如属于中唐时期的榆林25窟的毗沙门像和莫高154窟的毗沙门像等，这些新样毗沙门天王的铠甲上就有着一面至三面不等的人面纹像，其中以两面的居多，正好位于铠甲胸部的两边。

图3-5 大圣毗沙门像，法门寺地宫舍利宝函

图3-6 大圣毗沙门像，晚唐后晋开运四年（974年）

---

① ［日］松本文三郎：《兜跋毗沙门天考》，金申译，《敦煌研究》2003年第5期，第36页。

包容、创新与延续：多元一体的中华文明

带有人面纹的毗沙门天本就是一种武士形象，我们在龟兹（今新疆库车）也发现了6—7世纪的铠甲胸部两侧有人面纹的释迦武士（图3-7），这应该就是新样毗沙门天王像身上人面纹图像来源。而龟兹释迦武士铠甲上之所出现人面像，则又与受到古希腊罗马文化影响的中亚地区的艺术相关。亚历山大东征将古希腊文明带入了中亚地区，随之而来的还有古希腊的大神们。在阿富汗班格拉姆（Begram）宫殿遗址10号房间出土了一件公元1世纪的雅典娜（在罗马神话中称密涅瓦）半身铜像，在她的胸前就赫然雕刻着一个人面像（图3-8）。

图3-7 释迦武士，龟兹，6—7世纪

图3-8 密涅瓦（雅典娜）半身像，阿富汗Begram，1世纪

197

◈ 学思践悟：新时代文化使命与文学研究

古希腊神话中的雅典娜女神是众神之王宙斯的女儿，她出生时引起大地震荡，发生了地震和海啸。在奥托·泽曼的《希腊罗马神话》中对雅典娜有这样一段评价："她是国家的保护神和维护者，不管是战争还是和平，只要是促进国家繁荣的，皆由她而始，都是她的作品，是她的发明。因此她既是战神也是和平女神。作为战神，她陪伴军队出征，鼓舞他们勇敢战斗，赐给他们胜利与战利品。她也同样用她的权力和力量保护后方的城市与城堡。"① 而雅典娜铠甲上的那枚头颅（人面）是蛇发女妖戈尔贡·美杜莎的。奥维德的长诗《变形记》中记载着佩尔修斯杀死美杜莎并将其头颅献给雅典娜的故事。因此美杜莎的这个头颅（人面）也成为雅典娜的一个象征，在很多古希腊罗马的雅典娜雕像艺术中均可见到（图3-9），当然有时美杜莎的头颅也会出现在雅典娜的神庙建筑或她的盾牌上。可能是为了获得雅典娜的庇佑，出自庞贝古城，约为公元前120年的亚历山大东征像上，就已经出现了美杜莎的头颅（图3-10），除雅典娜外，人面纹图像还出现战神马尔斯、古希腊罗马皇帝——古罗马的最高军事统帅（图3-11）以及罗马皇帝禁卫军的铠甲上（图3-12）。

图3-9 女神雅典娜，2世纪

---

① [奥]奥托·泽曼：《希腊罗马神话》，周惠译，上海人民出版社2005年版，第29页。

包容、创新与延续：多元一体的中华文明

图 3-10　亚历山大东征像，庞贝古城，公元前 120 年
（引自 Athéna. IIe siècle av. J.-C. Marbre）

图 3-11　图拉真皇帝像局部，古罗马

◈◈ 学思践悟:新时代文化使命与文学研究

图 3-12 皇帝禁卫军,古罗马,约公元前 2—前 1 世纪

自唐代向前、向西追寻,我们可知这种人面图像可上溯到古希腊罗马文化。而唐代自新样毗沙门出现后,这种带着人面图像的武将形象,也逐渐影响到中国的道教人物,如四川石门山第十窟,南宋时期的真武大帝(图 3-13)、山西永乐宫元代壁画上的白虎星君(图 3-14),而这两位道教神祇的神格,也往往与战争、战神相关。由此可见中国的本土宗教道教也深知这种人面图像的本质含义。中唐新样毗沙门形象产生后,一直有延续而未曾断绝,如陕北石窟中的一些天王像,就是胸铠两侧饰有人面纹(图 3-15)。元代,北京居庸关四天王像中的毗沙门像铠甲上饰有人面纹。至明代,北京大慧寺毗沙门像胸铠两侧也饰有人面纹(图 3-16)。

从地中海到黄河流域,人面纹在这个漫长的流转过程中不可能被原封不动地移植到其他文明中,它的形象会随着具体文化环境的不同而有所变化,而数量的变化,特别是连珠形式的出现,则很明显是受到古波斯文化的影响。从这个漫长的演变过程中,我们看到,人面纹这种图像,从一种外来之物,逐渐被融入到中华文化之中。

图 3-13　真武大帝，四川石门山第十窟，南宋

图 3-14　白虎星君，山西永乐宫壁画，元

◆ 学思践悟：新时代文化使命与文学研究

图 3 - 15　天王像，陕北石窟，宋　图 3 - 16　毗沙门天王，北京大慧寺，明

总　　结

　　敦煌莫高窟 428 窟佛塔形制是其设计者独具匠心的创造，是设计者融汇东西两方面的佛塔等艺术要素，再加自己的匠意独创而成。佛塔受花的出现，也是匠师大胆吸收外来艺术样式创造而成。伴随着受花出现的还有一种充满异域特色，但却是完全在中土形成的一种佛塔形式，即单层方形覆钵塔，这种塔式发展到晚唐五代产生了一次嬗变，也就是我们所熟悉的吴越王所造的金涂塔的样式，其四角高大的马耳状受花给人以深刻印象，这种塔式后又流传至朝鲜半岛和日本，成为中国和日本文化交流密切的见证。人面纹，其源头可以追溯到遥远的古希腊文明，而连珠的形式又与古老的波斯文明相关，人面纹这种图像东传后，千回百转，又为道教艺术所采纳，这一图像一直延续到明清，但其与战争和军事相关的核心内涵则从未变过。这些案例，无不体现出中华文化的包容性，只有在包容的基础上、在海纳百川的胸襟下，才会创造出更加灿烂的文明，而这种文明也才会持续、稳定地延续下去。

守正创新 培根铸魂
坚持马克思主义在意识形态领域指导地位的根本制度

王 莹

习近平总书记在党的二十大报告中指出："我们要坚持马克思主义在意识形态领域指导地位的根本制度，坚持为人民服务、为社会主义服务，坚持百花齐放、百家争鸣，坚持创造性转化、创新性发展，以社会主义核心价值观为引领，发展社会主义先进文化，弘扬革命文化，传承中华优秀传统文化，满足人民日益增长的精神文化需求，巩固全党全国各族人民团结奋斗的共同思想基础，不断提升国家文化软实力和中华文化影响力。"[1] 党的二十大报告中强调的坚持马克思主义在意识形态领域指导地位的根本制度，是新时代推进文化自信自强，铸就社会主义文化新辉煌的根本要求。

一 坚持马克思主义在意识形态领域指导地位的根本制度是党对社会主义文化建设规律认识的新境界

马克思主义是立党立国的根本指导思想。中国革命、建设、改革

---

[1] 习近平：《高举中国特色社会主义伟大旗帜 为全面建设社会主义现代化国家而团结奋斗——在中国共产党第二十次全国代表大会上的报告》（2022年10月16日），人民出版社2022年版，第43页。

开放和新时代的历史经验告诉我们,中国共产党之所以能、中国特色社会主义之所以好,归根到底是因为马克思主义行。坚持马克思主义在意识形态领域指导地位的根本制度,是历史的结论、现实的必然,意义重大而深远。

(一)坚持马克思主义在意识形态领域的指导地位的根本制度,是恪守党的本质属性、巩固党的团结统一的必然要求。从中国共产党人初心使命一以贯之的思想脉络来看,对马克思主义的坚定信仰,决定了我们党的性质与宗旨、目标和方向、政策和主张,成为一代代共产党人的政治灵魂、精神支柱和最鲜明的身份标识。党的思想理论上的先进和纯洁,是党始终保持强大生命力和战斗力、始终成为时代先锋的坚强保证。

(二)坚持马克思主义在意识形态领域指导地位的根本制度,是坚持正确发展道路、思想国家长治久安的必然要求。思想引领方向,方向决定道路。建党100多年来,我们坚持把马克思主义与中国实际和优秀传统文化相结合,找到了正确的新民主主义革命道路、社会主义革命和建设道路、中国特色社会主义道路,从而取得了举世瞩目的历史性成就。选择和坚持正确的道路,必须坚定理论上的清醒和坚定。坚持马克思主义在意识形态指导地位的根本制度,能够使我们保持思想定力、政治定力,坚定道路自信、理论自信、制度自信、文化自信,既不走封闭僵化的老路,也不走改旗易帜的邪路,确保始终沿着中国特色社会主义道路阔步前进。

(三)坚持马克思主义在意识形态领域指导地位的根本制度,是筑牢全体人民共同思想基础、凝聚团结奋斗强大精神力量的必然要求。共同的思想基础是团结一致向前进的根本保证。坚持马克思主义在意识形态领域指导地位的根本制度,就是要坚定主心骨、把准定盘星,夯实共同思想基础,促进全体人民在思想上精神上紧紧团结在一起,汇聚起团结奋斗的磅礴伟力。

(四)坚持马克思主义在意识形态领域的指导地位,是保证我国文化建设正确方向、更好担负起使命任务的必然要求。在百年未有大

守正创新　培根铸魂　坚持马克思主义在意识形态领域指导地位的根本制度

变局的新形势下，我国文化领域正在发生广泛而深刻的变革，社会思想观念日益多样，价值取向日趋多元，各种社会思潮纷纭激荡。坚持马克思主义在意识形态领域指导地位的根本制度，才能在复杂的社会文化生态中把握主流与支流、区分先进与落后、划清积极与消极，确保社会主义先进文化始终沿着正确方向繁荣发展。

二　坚持马克思主义在意识形态领域指导地位的根本制度推动新时代社会主义文化建设取得的历史性成就、发生的历史性变革

党的十八大以来，中国共产党团结带领全国各族人民，始终坚持马克思主义在意识形态领域指导地位的根本制度，我国意识形态领域形势发生了全局性、根本性改变，全党全国各族人民文化自信明显增强，全社会凝聚力和向心力极大提升，为新时代开创党和国家兴业新局面提供了坚强的思想保证和强大精神力量。

（一）作出意识形态是为国家立心、为民族立魂的工作的重大判断。针对拜金主义、享乐主义、极端个人主义和历史虚无主义等错误思潮不时出现、网络舆论乱象丛生，一些领导干部政治立场模糊、缺乏斗争精神，严重影响人们思想和社会舆论环境的现象，党中央准确把握世界范围内思想文化相互激荡、我国社会思想观念深刻变化的趋势，及时提出意识形态工作是为党立心、为民族立魂工作的重要判断，将意识形态工作当作一项十分重要的工作来抓，并在党的十九届四中全会上通过的《中共中央关于坚持和完善中国特色社会主义制度、推进国家治理体系和治理能力现代化若干重大问题的决定》中将坚持马克思主义在意识形态领域指导地位作为一项根本政治制度明确确定下来，表明党对意识形态工作重要性的认识达到新的高度。

（二）坚持以社会主义核心价值观引领文化建设。习近平总书记指出，社会主义核心价值观是当代中国精神的集中体现，凝结着全体

人民的共同价值追求，要以培养担当民族复兴大任的时代新人为着眼点，强化教育引导、实践养成、制度保障、发挥社会主义核心价值观对国民教育、精神文明创造、精神文化产品创作的生产传播的引领作用，把社会主义核心价值观融入社会发展各个方面。党的十八大以来，我们注重用社会主义先进文化、革命文化、中华优秀传统文化培根铸魂，广泛开展中国特色社会主义和中国梦宣传教育，推动理想信念教育常态化制度化。提出文化自信是更基础、更广泛、更深厚的自信，是一个国家、一个民族发展中更基本、更深沉、更持久的力量，没有高度的文化自信、没有文化繁荣兴盛就没有中华民族伟大复兴。繁荣发展社会主义文艺，在全社会唱响了主旋律、弘扬了正能量。坚持把社会效益放在首位、社会效益和经济效益相统一，推进文化事业和文化产业全面发展，完善公共文化服务体系，为人民提供了更多更好的精神食粮。《山海情》《觉醒年代》《长津湖》等影视作品，为大力弘扬伟大建党精神和生动体现打赢人类历史上规模最大的脱贫攻坚战的历史功绩，起到了回顾历史，勇毅前行的正面引导；《典籍里的中国》《经典咏流传》《诗画中国》等系列节目，又为中华优秀传统文化的创造性转化与创新性发展提供了成功的路径探索。2022年首创的央视大型文化节目《诗画中国》从播出到收官，全网共计收获热搜热榜443个，话题总阅读量累计超27.4亿次，全网视频播放量累计超3.2亿次，以其紧跟时代步伐，再现千载文脉，赢得了收视和口碑的双丰收，赢得了广大人民的喜爱。

（三）提出中华优秀传统文化是中华民族的"根"和"魂"，是中华民族的突出优势，是我们在世界文化激荡中站稳脚跟的根基，必须结合新的时代条件传承和弘扬好的重要论断。我们实施了中华优秀传统文化传承发展工程，推动中华优秀传统文化创造性转化、创新性发展，增强全社会文化保护意识、加大文化遗产保护力度。习近平总书记高度重视中华优秀传统文化的传承、传播与发展，多次在重要讲话和高端国际论坛中引经据典，为提升国家文化软实力和中华文化影响力发挥了巨大作用。随着中国国际影响力的日益提升，中国文化软实力和中华文化影响力也在蒸蒸日上。中法文化年、中俄文化年、伦敦中国文化年、纽约中国文化游、"感知中国"等活动把中国文化带到国外民众中间，产生了积极反响。中央电视台制作的大型政论纪录片《将改革进行到底》《中国外交》《打铁必须自身硬》《舌尖上的中国》等，给全世界一个全方位的中国形象，充分展示了中国的道路自信、理论自信、制度自信、文化自信。英国广播公司 BBC 在 2020 年 4 月 26 日播出了纪录片《杜甫——中国最伟大的诗人》，将杜甫与莎士比亚、但丁相提并论，将中国文化的大 IP 推广到全世界。2022年 10 月 12 日，就在党的二十大召开前夕，欧洲航天局意大利女宇航员萨曼莎·克里斯托福雷蒂（Samantha Cristoforetti）在国际空间站执行任务时，给社交媒体上发布的太空摄影作品配上了王羲之《兰亭集序》中的名句："仰观宇宙之大，俯察品类之盛，所以游目骋怀，足以极视听之娱，信可乐也。"并附上了意大利语和英语的翻译，让中国经典名句遨游太空，引发国内外网友热议，体现了新时代中华文化影响力和文明互鉴新形态。

（四）着力解决意识形态领域党的领导弱化问题，进一步增强党在意识形态领域的领导权、管理权和话语权。党的十八大以来，我们相继召开全国宣传思想工作会议、文艺工作会议、党的新闻舆论工作会议、网络安全和信息化工作会议、哲学社会科学工作座谈会和全国高校思想政治工作会议等重要会议，就一系列根本性问题阐明了原则立场、廓清了理论是非、校正了工作导向，思想文化领域向上向好态势不断发展，推动用党的创新理论武装全党、教育人民、指导实践。高度重视互联网这个意识形态斗争的主阵地、主战场最前沿，健全互联网领导和管理体系，坚持依法管网治网，营造清朗的网络空间。健全意识形态工作责任制，推动全党抓宣传思想工作，守土有责、守土负责、敢抓敢管、敢于斗争，旗帜鲜明反对和抵制各种错误观点，牢牢掌握意识形态领域的领导权、管理权和话语权。

三 新时代坚持马克思主义在意识形态领域指导地位的根本制度的根本要求

对意识形态领域马克思主义阵地的坚守，始终是我党开展各项工作的重中之重。党的二十大为第二个百年奋斗目标的前进和发展指明了新的思想导向和执政纲领，也为实现全面建设社会主义现代化国家，实现中华民族伟大复兴的千秋伟业，制定了下一个五年的顶层规划和基本方略，在文化领域坚持马克思主义在意识形态领域的根本制度应着力解决以下几个问题。

（一）进一步认识"两个确立"的决定性意义。"两个确立"是深刻总结党的百年奋斗历程、党的十八大以来伟大实践得出的重大历史结论，特别是当其与党的二十大报告中国共产党的中心任务的确定相对接，既体现了中国共产党百年以来一以贯之的使命担当，又体现了马克思主义的立场、观点、方法，彰显了新时代中国特色社会主义道路的前进方向。习近平新时代中国特色社会主义思想是当代中国意识形态的核心和灵魂。坚持马克思主义意识形态的根本制度，必须用习近平新时代中国特色社会主义思想武装全党，增强"四个意识"，坚定"四个自信"，做到"两个维护"。

（二）坚持"两个结合"开辟马克思主义中国化时代化新境界。马克思主义意识形态不是一成不变的，在新时代开辟马克思主义中国化时代化新境界，就必须做到"六个必须坚持"、"两个结合"，不断夯实马克思主义中国化时代化的历史基础和群众基础，让马克思主义在中国牢牢扎根。

（三）切实把马克思主义指导地位贯穿到文化建设各方面。坚持马克思主义在意识形态领域指导地位的根本制度是具体的、现实的，不是抽象的、空洞的，文化领域的一切工作和活动都应紧紧围绕这一根本制度来展开和推进。理论武装、新闻宣传、文艺创作、精神文明建设、道德建设、思想政治教育等都应该贯彻落实马克思主义指导地位，为推动建设具有强大凝聚力和引领力的社会主义意识形态服务。

（四）进一步认识新时代中国共产党伟大斗争精神的思想内涵和现实意义。斗争精神在党史上是攻坚克难，保持党的先进性和纯洁性的重要力量，党的二十大报告不仅体现了这一精神历久弥新的价值，还深刻剖析了在新时代坚持伟大斗争精神是中国共产党在建设和实践中奋勇向前，在复杂形势和困难挑战面前勇于担当，在重大政治原则和大是大非问题上敢于发声的宝贵精神品质，必须长期坚持葆有不松懈才能确保党永远不变质、不变色、不变味。

（五）进一步落实意识形态工作责任制。建立健全意识形态工作责任制，是加强党对意识形态工作全面领导的重大举措，也是坚持马克思主义在意识形态领域指导地位这一根本制度的重要体现。根据一些地方存在的责任意识不强，"不想抓"的思想依然存在，落实措施不力、"走套路"的现象尚未根除，阵地管控不力、"把关松"的顽症亟待纠正，业务知识不精、"缺能手"的问题比较严重，好人主义作祟、"问责难"的尴尬急需化解的现实情况。在落实责任制方面应当扣紧"责任链"，织密"责任网"；把牢"方向盘"，画好"同心圆"；巩固"主阵地"，把好"准入关"；唱响"大合唱"，下好"一盘棋"。面对复杂的意识形态斗争新局面，按照习近平总书记提出的"打铁必须自身硬"的要求，应加强理论武装、补足"精神之钙"，克服"本领恐慌"，练就"火眼金睛"，用好"思想利器"，淬炼"过硬作风"。以奋发有为的精神状态做好新时代的意识形态工作，增强实现中华民族伟大复兴的精神力量。

坚持马克思主义在意识形态领域指导地位的根本制度不仅体现了共产党人初心使命一以贯之的思想脉络，更呈现了习近平新时代中国特色社会主义思想的理论贡献和实践价值。

党的二十大报告涵盖党的建设和国计民生的方方面面，立意高远，视野宏阔。大国气象，领袖风范皆令人心怀激荡。充分体现出习近平新时代中国特色社会主义思想作为当代中国马克思主义、21世纪马克思主义心怀天下，面向未来，以构建人类命运共同体为使命的责任担当。在世界观、方法论上诸多前所未有的创见，皆是马克思主义立场、观点、方法的卓越体现，而贯穿其中的思想主轴，就是坚持马克思主义在意识形态领域指导地位的根本制度。而这毫不动摇的坚持，也必将为实现第二个百年奋斗目标的新伟业，为中国在未来世界秩序中承担更加举足轻重的地位，为中华民族伟大复兴，提供行稳致远的思想指引，把定守正创新的正确航向。

从《德宗本纪》涉藏史事纂修看史馆同人对多民族一统史观的维护

李思清

《清史稿·德宗本纪》初稿的编纂者是清史馆协修瑞洵（1859—1936）。瑞洵字景苏，大学士琦善之孙，乌鲁木齐都统恭镗之子。瑞洵的家族在清代十分显赫，他虽然籍隶满洲正黄旗，先世实为蒙古人，"为元裔巴图孟克大衍汗之后"。①"大衍汗"即著名的达延汗，成吉思汗第十四世孙，明朝时期蒙古大元可汗。②瑞洵编成《德宗本纪》初稿后，又经李哲明和柯劭忞改订，李、柯二氏是汉人；《清史稿》付印成书又经金梁之手，金梁是满人；本文所议又是涉藏史事之增删，这一增删发生在民国，自然也与当时的汉藏关系颇相呼应。

清史馆同人中，满、蒙、汉各族学者均有。汉族学者更重史例、史法，即偏重《清史稿》的学术质量；而赵尔巽、瑞洵、金梁等人则视国史如家史，表现出浓重的家国情怀。③这是清史馆内的族群关系在《清史稿》编纂过程中的体现。旗人之所以主修"满传"及重

---

① 铃木吉武：《犬羊集·序》，瑞洵《犬羊集》，1934 年刻本，中国国家图书馆古籍馆藏，索取号：91683。
② 据内蒙古社会科学院藏《阿勒坦汗传》所载成吉思汗后裔世系。参见珠荣嘎译注《阿勒坦汗传》，内蒙古大学出版社 2014 年版，第 188 页。
③ 已有学者注意到这一点。刘海峰曾指出，清史馆主要由桐城古文派和八旗派组成，前者以柯劭忞居首，后者以赵尔巽居首。在实际撰述中，"桐城派多主文，八旗派多主义；汉人主汉传，旗人主满传；汉人重列传，旗人重本纪"。见刘海峰《〈清史稿〉撰述人及其关系考》，《史学月刊》2003 年第 2 期。

视"本纪",这有他们自己的情感因素在内,当然也是史馆分工的结果。例如光绪、宣统两朝本纪因为距离过近,很多当事人是仍然在世的民国高官,宣统帝本人仍居紫禁城中,这使得史事的取舍及人物的褒贬都不易措手。纂修人员甚至把这种畏难心理写进了《清史稿·宣统本纪》的赞语中:"虞宾在位,文物犹新。是非论定,修史者每难之。"(《清史稿》卷二十五)故光绪、宣统两朝本纪的初稿并没有交付汉族学者,而是由角色身份颇为特殊的瑞洵完成的。

《德宗本纪》瑞洵初纂稿本共十卷,涉藏史事116条,经柯劭忞终审校改之后,保留49条。这也正是《清史稿》正式刊本最终保留下来的内容。李哲明和金梁也参与了审校。尽管族群身份各异,但清史馆同人共同致力于确立中华本位和民族一统的历史框架,这是与史学层面的"正史体例"相互依存的。①《德宗本纪》中的涉藏史事之编纂,堪称满、蒙、藏、汉四族之间的一场史学合奏。

一

《德宗本纪》"瑞洵初稿"(十卷稿本)共1046页,每页160字,全篇16.7万余字。而《德宗本纪》的"终订底稿"(两卷稿本)共309页,每页210字,全篇约6.5万字。②初稿篇幅是修订稿的2.58倍,可见删改力度之大。

"瑞洵初稿"卷一无题名页,卷二、卷四至卷十题名页均有"瑞洵阅"三字;惟卷三题名页有"瑞洵纂"三字。卷一、卷二、卷六、

---

① 金梁将满文老档译成汉文刊行,后又整理盛京大内崇谟阁旧档,赵尔巽为之"跋"曰:"是编当早刊行,既免散失,且补国史所不及。"此所谓"国史",是赵尔巽作为清史馆馆长对"清史"的定性。官修正史向以朝代命名,但清史馆同人纂修《清史稿》已是五族共和的民国时代,萦绕史馆同人脑际的"国史"二字,已非一族一姓的"家天下"。故《清史稿》貌似因袭"二十四史"的"王朝史"架构,实际史馆同人的史学素养与见识已与清初明史馆同人有很大不同,疆域、主权、国家的意识更为浓烈。赵尔巽:《〈崇谟旧档〉跋》,收入金梁:《瓜圃丛刊叙录续编》,民国十七年(1928)铅印本。

② 两个稿本均见冯明珠主编:《清史馆未刊纪志表传稿本·本纪》,台北:沉香亭企业社2007年影印(下同,不另出注),第十三、十四册。

从《德宗本纪》涉藏史事纂修看史馆同人对多民族一统史观的维护

卷七、卷八均在正文首页右下线框外注明"许鼐厚缮";卷三、卷四、卷五、卷九、卷十未书缮写人名,据笔迹可知缮写人仍为许鼐厚。在"瑞洵初稿"之前,应至少还有一个"瑞洵草稿"。许鼐厚据"瑞洵草稿"缮写,形成了我们目前所看到的"瑞洵初稿·原稿"。柯劭忞、李哲明(瑞洵本人或许也参与校改)在这个缮写本上再度进行删改,形成了"瑞洵初稿·改稿"。需要指出的是,卷三题名页署的是"瑞洵纂",而除卷一之外的其他八卷(卷二、卷四至卷十)均题"瑞洵阅"三字;且卷三之上无删改痕迹,亦与其他各卷不同。

"瑞洵初稿"和"终订底稿",是《清史稿·德宗本纪》的两个重要稿本,前一稿本是后一稿本的祖本,二者有直接的承续关系。与"瑞洵初稿"相较,"终订底稿"一个最突出的特点是不再频繁贴签,而是直接删改。考虑到两个稿本上均有删改标记,故分别称为:(1)"瑞洵初稿·原稿",(2)"瑞洵初稿·改稿";(3)"终订底稿·原稿",(4)"终订底稿·改稿",再加上(5)《清史稿》正式刊本(关内及关外本),这些版本为我们呈现了《德宗本纪》纂修的几个阶段,也留下了增删修改的具体细节。

《清史稿·德宗本纪》涉藏史事的记载,上述诸版本、阶段一直有变化。各阶段记载情形如下:

(1)"瑞洵初稿·原稿":涉藏史事116条;

(2)"瑞洵初稿·改稿":涉藏史事保留102条,删除14条;

(3)"终订底稿·原稿":在上稿102条内删除32条,又增加1条,故为71条;

(4)"终订底稿·改稿":涉藏史事70条(比上稿少1条),又以删除标记删除21条,保留49条;

(5)"正式刊本":同上稿所改,保留49条。

实际编纂过程中的增删修改当然不止以上四次,因为台湾"故

213

宫"博物院至少还藏有另外一个不完整的稿本。该稿本共有三卷，卷一（即《德宗本纪一》）记事起于光绪元年，止于光绪三年己丑，篇末文句尚未完结，即插入卷二（即《德宗本纪二》）题名页及正文，正文记事至光绪五年十二月末；但是卷三（即《德宗本纪三》）却从光绪七年开篇。没有光绪六年的内容。卷一、卷二稿本整洁，无删改痕迹，文字也与以上所列举的"瑞洵初稿""终订底稿"差异很大，说明这两卷书稿是编纂过程中产生的一个弃置不用的稿本。卷三的情况有所不同，它上面有大量的删改笔迹、标记，题名页左侧书"德宗本纪卷三"，右下方有"瑞洵阅"三字，当出瑞洵本人手笔。文字也跟上面列举的"瑞洵初稿""终订底稿"差异很大，跟它们没有编纂上的承袭关系，同样是一个废弃不用的稿本。

遗憾的是，最后保留的49条涉藏史事，第1条就出现了失误。中央政府授予济咙呼图克图的名号"通善"，误为"达善"。这个错误被《清史稿》关外本、关内本及中华书局点校本保留下来，各版本均未能更正。

《清史稿》正式刊本该条内容为："（光绪三年正月）庚申，命前藏济咙呼图克图于达赖未出世以前掌商上事务，给'达善'名号。"

在"瑞洵初稿"中，这段话原作："戊午，命都察院左都御史景廉在军机大臣上行走。申命前藏济咙呼图克图于现在达赖喇嘛未经出世以前掌管商上事务，给'达善'名号。"①

根据稿本上面的删改标记，"在军机大臣上行走"需改为"直军机"；"申命"减"申"字；又删"现在""经""管"四字，因此，"瑞洵初稿"修改之后的内容为："戊午，命都察院左都御史景廉直军机。命前藏济咙呼图克图于达赖喇嘛未出世以前掌商上事务，给'达善'名号。"而"终订底稿"则作："戊午，命左都御史景廉直军机。命前藏济咙呼图克图于达赖喇嘛未出世以前掌商上事务，给'达善'名号。"这意味着，《清史稿·德宗本纪》的"瑞洵初稿""终

---

① 瑞洵纂：《德宗本纪》卷一，《清史稿未刊纪志表传稿本》，第10763页。

从《德宗本纪》涉藏史事纂修看史馆同人对多民族一统史观的维护

订底稿"和正式刊本,对同一件事的文字表述出现了四个不同的版本,连日子也不一样。检《清实录》光绪三年内容可知,命济咙呼图克图继续掌办商上事务是在光绪三年正月庚申。故正式刊本时间不误,而其他稿本均误为"戊午",原因是瑞洵初稿本的"庚申",漏掉了"庚"字,不知是缮写人抄误,还是瑞洵自己的失误。后来又删去"申"字,遂致此事系于戊午。好在正式刊本作"庚申"不误。至于"通善"误为"达善",此误亦源自《实录》。

《德宗本纪》所记涉藏史事,从"瑞洵初稿·原稿"的116条,减至"正式刊本"的49条,所余不足其半。"正式刊本"最终保留下来的49条内容,大致归纳为以下八项。括号中的序号是笔者所加(依其在《德宗本纪》中出现的时间为序),因正史本纪皆取编年记事法,故此顺序亦是时间顺序。如果某条记载涉及多项,则兼入各项。

达赖喇嘛:
(2)达赖喇嘛转世灵童掣瓶;(5)同治升遐呈进贡物;(17)受戒赏物;(26)请还瞻对地;(29)遣使进贡;(31)英兵入藏,达赖逃,命班禅摄之;(33)英兵入藏,达赖求救;(35)申请建庙于库伦,不许,命仍还藏;(45)进京入觐;(46)遣御前大臣博迪苏往保定迎劳达赖;(47)达赖至京,觐见于仁寿殿;(48)紫光阁赐宴达赖;(49)达赖祝嘏,进方物,懿旨加封诚顺赞化西天大善自在佛,岁赐廪饩万金,遣归藏。

班禅额尔德尼:
(8)文硕寻访班禅转世灵童;(10)赏物;(14)坐床;(18)谒陵进贡;(31)英兵入藏,达赖逃,命班禅摄之。

西藏地方其他官员:
(1)前藏济咙呼图克图掌商上事务;(3)颁予济咙呼图克图敕

书；（4）察木多帕克巴拉胡图克图进贡。

英国侵藏及中英交涉：
（7）英使来议印藏通商；（15）奎焕与英使议约；（31）英兵入藏，达赖逃，命班禅摄之；（33）英兵入藏，达赖求救；（38）英兵入藏，索赔款一百二十余万，谕国家代给，以恤番艰；（42）张荫棠为全权大臣，与英人议藏约。

安边平乱及改土归流：
（6）三岩野番就抚；（11）平瞻对乱；（13）藏事平，颁布鲁克巴部长敕印；（19）平定松潘之乱；（20）川军进军瞻对；（21，22）瞻对用兵及应对原则；（23）罢改土归流之议；（25）命德尔格忒土司撤兵；（27）三瞻仍隶达赖；（28）三岩就抚，设土千户，隶巴塘。罢朱窝、章谷两土司改土归流议；（37）巴塘平；（41）巴塘等属喇嘛胁河西蛮作乱，官军讨之；（44）裁巴塘、里塘土司，置流官。

川督、驻藏大臣及相关官员的任免奖惩：
（9）文硕褫职；（12）升泰任命；（16）三年入觐制度；（24）罢鹿传霖；（30）论义和团焚堂杀教罪，夺裕禄、庆善等人原职；（32）唐绍仪赴藏；（33）英兵入藏，达赖求救，命德麟处置；唐绍仪为议约全权大臣；（36）巴塘民众焚毁教堂，凤全遇害，饬四川提督马维骐剿之；（39）置川滇边务大臣，以赵尔丰任之，赏侍郎衔；（40）有泰褫职谪戍；（42）张荫棠为全权大臣，与英人议藏约；（43）赏赵尔丰尚书衔，为驻藏大臣，仍兼边务大臣；（46）遣御前大臣博迪苏往保定迎劳达赖。

涉教事宜：
（30）论义和团焚堂杀教罪，夺裕禄、庆善等人原职；（36）巴塘民众焚毁教堂，凤全遇害。

从《德宗本纪》涉藏史事纂修看史馆同人对多民族一统史观的维护

民生事宜：

（34）打箭炉地震；（38）英兵入藏，索赔款一百二十余万，谕国家代给，以恤番艰。

据柯劭忞、李哲明（或有瑞洵）在《德宗本纪》十卷稿本上的删除标记可知，《德宗本纪》在编纂过程中较重视官员的品阶及身份，一些颇具历史价值的地方性事件未能保留。例如，"瑞洵初稿·原稿"记载了达赖喇嘛之父工噶仁青随达赖喇嘛进贡一事，而洋人欲由川境赴藏游历、藏兵阻止一事却被删除。当然这两件事都未出现在《清史稿》正式刊本中。前者删除可以理解，藏兵阻止洋人赴藏游历一事十分重要，是不应该删除的。

"瑞洵初稿"上留有不少"签识"。卷一，同治十三年十二月，"奉两宫皇太后懿旨，允惇亲王奕誴请撤销十一月十五日加赏王大臣等及王公中外大小官员加级恩旨。以未能保护圣躬夺太医院左右院判李德立、庄守和职，带罪当差"。此处做了删除标记，并在其上贴签，上写："撤销、加级资、免太医职，俱是循例之件，似可不载。"[①] 光绪元年正月甲寅，"以剿平全黔苗匪赏道员刘岳曙清字勇号"，此句亦删，上有贴签曰："赏勇号、资花翎某衔似可略。"[②] 光绪元年，三月，"丁丑，予故广东巡抚蒋益沣于浙江省城建祠"，此句有删除标记，并贴签曰："予建祠统载《礼志》，似不必散见纪中，其有特例者，著之可也。请酌。"[③]

虽然这些贴签很少署名，但也有几张出现了"明注"二字。一处为：

[①] 《德宗本纪》（稿本）卷一，《清史馆未刊纪志表传稿本·本纪》第十三册，第10695页。

[②] 《德宗本纪》（稿本）卷一，《清史馆未刊纪志表传稿本·本纪》第十三册，第10703页。

[③] 《德宗本纪》（稿本）卷一，《清史馆未刊纪志表传稿本·本纪》第十三册，第10711页。

凡祈雨雪之类岁中一书以见义,似不必频频书之。请酌。明注。①

另一处是在光绪二年五月,"辛酉朔,以近畿被旱谕发部库银十万两赈济",此句被删,上有贴签曰:"乙亥之后,不得有辛酉朔,不知何以致误。前后谛审,俱不相应。查《续东华录》五月夏至旱为庚申,似可据改。依次求之,壬申当为丁巳,辛未当为丙辰,庚午当为乙卯。再上一日为甲寅。……明注。"②此外,光绪三年三月的一条签识也有"明注"二字:"壬戌一条,又见下文四月辛卯,文同底本,派庄王代亦同。可疑。查《东华录》载四月一条,不载此条。此处似可删去。请大酌。明注。"③

"明",即李哲明。根据笔迹判断,以上未署"明注"的其他签识,也都出自李哲明手笔。

二

"瑞洵初稿"提及驻藏大臣的次数多寡不均,多者如色楞额十三次提及,文硕、升泰、文海亦各提及六、七次之多。到"终订底稿"的改稿阶段,全部控制在三次以内;"正式刊本"则控制在两次以内。"瑞洵初稿"提及驻藏大臣的次数,跟《清实录》中这些人物的出现频次大致成正比例。"正式刊本"之所以将每位驻藏大臣在《德宗本纪》中的出现频次最终压缩在两次以内,是希望"本纪"能够提纲挈领、简明扼要,体现正史本纪的"史法"。

---

① 《德宗本纪》(稿本)卷一,《清史馆未刊纪志表传稿本·本纪》第十三册,第10736页。
② 《德宗本纪》(稿本)卷一,《清史馆未刊纪志表传稿本·本纪》第十三册,第10745页。
③ 《德宗本纪》(稿本)卷一,《清史馆未刊纪志表传稿本·本纪》第十三册,第10769页。

从《德宗本纪》涉藏史事纂修看史馆同人对多民族一统史观的维护

驻藏大臣是清代中央政府派赴西藏的地方行政长官,代表中央政府会同达赖监理西藏地方事务。清代光绪年间共12位驻藏大臣,他们的在任时间长短不一,个人才干也有高下,功过是非,学界已开展了较为深入的专门研究。① 下面以表格形式列举《德宗本纪》瑞洵初稿、终订底稿及正式刊本对驻藏大臣的记载频次。表中的驻藏大臣名单及任命时间,系据《清史稿·疆臣年表》及《清史稿·德宗本纪》整理而成,表中数字是指驻藏大臣的姓名在《德宗本纪》各版本中出现的次数。②

表1　光绪间驻藏大臣名单及入载《德宗本纪》各稿本情况一览

姓名	任命时间	瑞洵初稿 原稿	瑞洵初稿 改稿	终订底稿 原稿	终订底稿 改稿	刊本
淞桂	同治十三年九月	4	4	0	0	0次
色楞额	光绪五年十一月	13	7	1	1	1次
文硕	光绪十一年十一月	6	5	4	3	2次
长庚	光绪十四年正月	4	4	1	1	0次
升泰	光绪十六年五月	7	6	4	2	2次
奎焕	光绪十八年九月	4	4	3	1	0次
文海	光绪二十二年二月	6	5	3	1	1次
庆善	光绪二十六年正月	1	1	1	1	0次
裕钢	同年九月	1	1	0	0	0次
有泰	光绪二十八年十一月	6	5	2	1	1次
联豫	光绪三十三年十月	1	1	0	0	0次
赵尔丰	光绪三十四年	7	7	6	2	2次

---

① 参见祁美琴、赵阳《关于清代藏史及驻藏大臣研究的几点思考》,《中国藏学》2009年第2期;许广智、赵君:《试论清末驻藏大臣对近代西藏政局的影响》,《西藏大学学报》2009年第3期。

② 赵尔巽:《清史稿》卷二八〇《疆臣年表十二》,中华书局1977年版,册二十七,第8251—8304页。

◇❖ 学思践悟：新时代文化使命与文学研究

"瑞洵初稿"七次提到赵尔丰，第一次是光绪三十二年七月初置川滇边务大臣，"以四川建昌道赵尔丰为之"。光绪三十四年二月再次提及："加川滇边务大臣赵尔丰尚书衔，为驻藏大臣、边务大臣依旧。"而"终订底稿"由原来的 6 次删剩为 2 次。

担任驻藏大臣时间较长的有泰（其兄升泰曾任驻藏大臣），在"瑞洵初稿"中曾有 6 次提及，最终仅保留 1 次，还是负面的信息。删改情形如下：

（1）光绪二十九年，十二月，"戊辰，以藏事紧要，裕钢延不赴边，有意规避，下部议。谕有泰迅往开导番众，亲与英员商办。"（页 11599）

［终订底稿：删。］

［正式刊本：删。］

（2）光绪三十年，九月，"丁丑，英兵入藏，有泰言达赖喇嘛逃窜，褫夺名号。"（页 11613—4）

（后半句自"有泰言"起有删除标记。）

［终订底稿：删。］

［正式刊本：删。］

（3）光绪三十一年，十二月，"己亥朔，予故驻藏帮办大臣凤全四川省城建祠。……乙巳，有泰奏英人强迫班禅额尔德尼赴印度，阻之，不听。下外务部察核。"（页 11643—4）

［终订底稿：存而复删。文原为："乙巳，有泰言英人强迫班禅赴印度，下外部察核。"复删之。］

［正式刊本：删。］

（4）光绪三十二年，十月，"癸未，……有泰罢，以联豫为驻藏大臣。"（页 11667）

从《德宗本纪》涉藏史事纂修看史馆同人对多民族一统史观的维护

［终订底稿：删。］
［正式刊本：删。］

（5）同年，十一月，"戊午，有泰以庸懦昏愦贻误事机，夺驻藏办事大臣，听察办。"（页11671）
［终订底稿：删。］
［正式刊本：删。］

（6）光绪三十三年，二月，"甲子，已革驻藏办事大臣有泰谪戍军台。"（页11674）
［终订底稿：存，略改。文为："甲子，有泰以贻误藏事褫职。及是，谪戍军台。"复删"及是"二字。］
［正式刊本：存，文同上。］

"瑞洵初稿"虽有六条提到有泰，但罢免及处分居其三。上面第一条内容也提到有泰的前任裕钢"延不赴边，有意规避"，是庸碌畏葸之辈。有泰参与的涉藏事务颇多，但干得漂亮的事情几乎没有。有泰被任命为驻藏大臣后，曾"故意拖延赴藏行程，历时近一年的时间才抵达拉萨"。他态度消极、措置不当，致使局面失控。① 故《德宗本纪》对他的记载看上去很不客气。清史馆同人在《德宗本纪》中针对有泰、裕钢的此番删改，显然有微言大义的考量。

遗憾的是，这番删改造成了一个时间上的错误。错误是从"终订底稿"开始出现的。"瑞洵初稿"分三条记载有泰被罢及谪戍一事。先是记光绪三十二年十月癸未有泰被罢，再记同年十一月戊午有泰"以庸懦昏愦贻误事机，夺驻藏办事大臣，听察办"，最后记光绪三

---

① 参见康欣平《有泰与清末西藏政局的演变》，《青海民族大学学报》2010年第3期；平措达吉、中德吉、旺宗、次旺、达瓦《驻藏大臣有泰评述》，《西藏大学学报》2012年第2期。

221

十三年二月甲子有泰"谪戍军台"。三次处分程度不同,时间也不同。"终订底稿·原稿"试图将上述三条合为一条,故仅在光绪三十三年二月甲子这天记"有泰以贻误藏事褫职。及是,谪戍军台。"删改人要表达的本意是:有泰先是以贻误藏事褫职,到这天(所以用了"及是"二字)又被"谪戍军台"。"终订底稿·改稿"将"及是"二字删除,导致早已发生的"有泰以贻误藏事褫职"这件事,被系在光绪三十三年二月甲子。时间便错了。《清史稿》正式刊本因袭了这个错误。

除驻藏大臣外,丁宝桢(四川总督)、凤全(驻藏帮办大臣)、恭寿(成都将军)等人,也在《德宗本纪》各版本的涉藏史事中提及。

如前所述,《德宗本纪》涉藏史事从"瑞洵初稿·原稿"的116条,删减到"瑞洵初稿·改稿"的102条,再到"终订底稿·原稿"的71条、"终订底稿·改稿"的49条,哪些内容被删掉了呢?被删较多的是不很重要的日常事务及例行任免。再就是重要事项仅保留其主干或结果,而删掉过程及枝节。

综合来看,《德宗本纪》对涉藏史事的删改是较为妥当、得体的。对瑞洵、李哲明、柯劭忞、金梁这几位参纂人员而言,光绪一朝是他们的"所见之世"。亲身经历、耳目所及,史料虽仍有赖于清廷所修的"实录",但对相关史事的见解和判断却早有成竹在胸。在史料的处理和人事的褒贬方面不会有大的闪失。

《德宗本纪》的删改原则,是在尽量保证史实准确的前提下,精简字句、减少篇幅。于式枚称《明史》"纪、表不如志,志不如传,弘、正前之传不如嘉靖以后",但仍认为《明史》"不漏不蔓,体例最善"。[1]《德宗本纪》的删改,体现了柯劭忞不以繁冗为尚的个人旨趣,也与清史馆同人"取则于《明史》"的"公议"一致。[2]

---

[1] 朱师辙:《清史述闻》,上海书店出版社2009年版,第87—88页。
[2] 朱师辙:《清史述闻》,上海书店出版社2009年版,第13页。

从《德宗本纪》涉藏史事纂修看史馆同人对多民族一统史观的维护

三

清史馆成立的当口，正是中国国内的族群关系由满蒙主导的"集权帝国"框架，转换为汉族一元主导的"共和民国"框架之初。清季排满思潮的勃兴，曾经鼓舞了满、蒙、藏各族族群意识的高涨。辛亥革命之后，曾经居于汉藏之间的满蒙，已从政权的中心退为边缘。但在清史馆内部，满蒙学者的角色依然十分显要。

《清史稿》成书于1914—1927年间，袁世凯北洋政府"广召耆儒，宏开史馆"的目的，是为踵袭"往代二十四史"之"前例"，编出一部可以"萃一代人文之美"的"千秋信史"。① 清史馆同人对晚清民初的"新史学"思潮并不陌生，但他们对清史的体例设想"多数偏于旧史体裁"，主导意见是以清修《明史》为范例进行纂修。这也正是《清史稿》仍以传统正史面目编纂成书的主要原因。清史馆同人受聘编纂《清史》，分别担任总纂、纂修、协修等职，历时十四年而难于定稿，赵尔巽去世，柯劭忞兼代馆长，加上袁金铠、金梁二人的努力，终以"清史稿"而非《清史》之名仓皇付印。盖北伐成功之后，北洋政府垮台，作为北洋政府下属机构的清史馆随之解体，同人四散，各谋生路去了。皇皇巨制，虽仓促"收束"而终得印成，也是不幸中的万幸。这当中，满洲人金梁功不可没。

金梁是瓜尔佳氏，清代开国功臣费英东直系后裔。满人金梁既关心他所在族群的历史建构，也曾编写《雍和宫志略》。他在该书中曾十分具体地道出乾隆、雍正各帝作为满洲统治者是如何发挥藏传佛教的作用，实现以藏制蒙、以蒙制藏的治理方略的。② 满、蒙世代联姻，清代王公多出二族；而藏、汉二族是被清廷习惯上视为统治对象的。所以，清廷与西藏之间的关系，在清代就不是简单的汉藏关系。晚清

---

① 朱师辙：《清史述闻》，上海书店出版社2009年版，第1—2页。
② 金梁编纂、牛力耕校订：《雍和宫志略》，中国藏学出版社1994年版。

223

赵尔巽、赵尔丰兄弟在川、藏颇有作为，那种一往无前、大刀阔斧的魄力，除了二人的治军理政风格使然，也与赵氏兄弟身为汉军旗人（政治地位高于汉人）深受清廷信任、器重不无关系。因此我们不能忽视赵尔巽、赵尔丰身上的满洲因素，这在相当大的程度上影响到二人对涉藏事务的强硬程度。反过来说，他们并非出身满蒙，没有敷衍和退缩的资本，必须格外勤勉和谨慎，以战功及治绩作为仕途的保障，这是汉族官员及汉军旗人在清代的立身之本。在这个意义上说，宏观层面的满藏关系又被拆分为微观层面的满汉关系和藏汉关系。

光绪二十五年（1899），瑞洵以满洲正黄旗人身份出任科布多参赞大臣，科布多是蒙古首领噶尔丹的殒身之地。① 光绪三十四年，赵尔巽、赵尔丰兄弟以汉军正蓝旗人身份分别出任四川总督、川滇边务大臣和驻藏大臣，赵氏兄弟与瑞洵的族群身份出现了交织，族群身份的交织必然带来族群认同的交织。这种交织在清代对三人自身的仕宦生涯是一种无可替代的优势，而到了民国，赵尔巽、瑞洵等人在族群身份上的这种交织，又非常有效地转换为抵制、阻止国族分裂的稳定力量。赵尔巽在辛亥革命之后所以能够稳住东北三省的政局，虽未支持革命，但也没有反对共和，更重要的是他以个人威望保土安疆决不独立，可以视为对辛亥革命的间接支持。民国初年复辟派伺机活动，赵尔巽与之保持距离，不肯参与。汉人和旗人的双重身份，使得赵尔巽能够更加理解和尊重满汉化合、五族一统的"中华民国"之建构，与执迷于复辟的少数满人还是判然有别的。

在《清史稿》编纂的时代，有清一代相对固定的族群结构及互动模式发生了较大的变化。在清代，中央政府与西藏地方之关系是在满蒙王公贵族主导下，以黄教为宗教纽带，以平衡汉藏关系、蒙藏关系为治理方略而相对稳固的一种内部治理关系。近代以降作为"民族国家"的中国，其"民族"与通常所说的单一民族有很大的不同。汉

---

① 康熙二十九年（1690）乌兰布通之战，噶尔丹战败，因原根据地伊犁为其侄策妄阿拉布坦占据，遂退至科布多。康熙三十五年昭莫多之战，噶尔丹主力军被清军击溃，部众叛离。康熙三十六年（1697）三月，噶尔丹卒于科布多。

从《德宗本纪》涉藏史事纂修看史馆同人对多民族一统史观的维护

族革命人士的所谓"排满",只是为了推翻一姓一家的专制制度,这也是隆裕太后逊位诏书所说的"一姓之尊荣":"今全国人民心理,多倾向共和。南中各省,既倡义于前,北方将领,亦主张于后。人心所向,天命可知。予亦何忍因一姓之尊荣,拂兆民之好恶。是用外观大势,内审舆情,特率皇帝将统治权公诸全国,定为立宪共和国体。"(《清史稿·宣统本纪》)这儿将满族视为"一姓",认为"全国人民"的心理是"倾向共和"。由此可见,不论革命一方还是清廷一方,均视中华民国之成立为一次制度变化——即"将统治权公诸全国",而不希望"各姓"分裂。①

另一方面,《清史稿》之成书,虽与元修《宋史》、清修《明史》一样,属易代修史,但也有很大的不同。清史馆同人虽身处民国,与前清是异代,但很多编纂人员是前朝的旧臣。易言之,《清史稿》不能算是纯粹的"史家修史",它还是"大臣修史",而且"大臣"也不是一般的"大臣",而是前朝的"封疆大吏"(赵尔巽清末任东三省总督)。这使得《清史稿》中的家国本位、民族立场、主权和疆域意识均十分强烈。

从瑞洵对《德宗本纪》涉藏史事的处理,可以发现瑞洵对边疆及少数民族事务的重视。瑞洵曾任科布多参赞大臣,对民族事务、边疆事务一向留心。因此,《德宗本纪》"瑞洵初稿"对驻藏大臣、达赖、班禅等相关人事的记载可谓无微不至、不厌其烦。连驻藏大臣有泰被贬这样的事件,在被称为正史纲目的"本纪"中,居然分三次记载。凡能恪尽职守的驻藏大臣,《德宗本纪》均尽量入载。经李哲明、柯劭忞覆勘校改之后,所记更为均衡得体。

柯劭忞非常注意补充各朝本纪中遗漏的蒙、藏史事。《太宗本纪》为邓邦述、金兆蕃合纂,柯劭忞覆勘时增删颇剧。天命十一年九月,邓、金稿本记:"蒙古科尔沁卓哩克图贝勒武克善遣使来吊丧。""吊

---

① 参见杨昂《清帝〈逊位诏书〉在中华民族统一上的法律意义》,《环球法律评论》2011年第5期。

丧"，指祭奠新近去世的努尔哈赤。柯劭忞将此条史事调换为"蒙古科尔沁土谢图奥巴遣使来吊"，并眉批曰："土谢图，宜从《国史》本纪，不宜改。"同年十月，邓、金稿本记："己酉，以札鲁喀部败盟杀掠，私通于明，命大贝勒代善等率精兵万人讨之，先贻书声其罪，上送至蒲河山而还。"柯劭忞改"札鲁喀"为"蒙古喀尔喀札鲁特"。① 意在使表述更为确当。

崇德二年十月，柯劭忞于"乙未""庚申"间新添一条涉藏史事，书于稿纸顶端栏外："丙午，厄鲁特顾实车臣绰尔济遣使来贡。厄鲁特道远，以元年遣使，是年冬始至。"② 这是《清史稿》本纪涉藏史事的较早记载。崇德二年，即1637年；"厄鲁特"是中国清代对西部蒙古的称呼，"顾实车臣绰尔济"，即"固实绰尔济"，藏名"色沁曲结"，是西藏达赖、班禅和顾实汗派往盛京访问的"伊拉古克三"，他是沟通清朝与蒙、藏地区关系的最早引线人，也是清朝入关后首先进京觐见的黄教上层人物。

总之，《德宗本纪》记藏事，其立场为国家领土及主权之完整；其意义为体现国家对西藏地位之重视，呈现中央政府对西藏事务的经营与治理。清帝逊位，将治权交付中华民国及全体国民，满、汉、蒙、回、藏等所有各族实现共和。清帝逊位之后新成立的中华民国政府乃"五族共和"之政府，而《清史稿》虽名为"清史"，其所反映者并非一族一姓之兴亡，而是中华民族最近三百来的交汇融合史。清史馆同人在《清史稿》中有效地建构了大一统的国史框架，这是对当时各种分裂思潮的及时回应。《清史稿》所呈现出来的多民族一统史观，乃是清史馆内各族学者的自觉和共识，是他们主观上共同维护的结果。他如《清史稿》创设《邦交志》，重视条约、交聘、出使、边界勘定等事务，均表明了这一点。

---

① 《太宗本纪上》，邓邦述、金兆蕃合辑本，《清史馆未刊纪志表传稿本》本纪第十三册，第206页。
② 《太宗本纪下》，邓邦述、金兆蕃合辑本，《清史馆未刊纪志表传稿本》本纪第十三册，第330页。

从中国国家版本馆谈到中国现当代文学版本文献学的建立

段美乔

一

2023年6月1日,习近平总书记前往中国国家版本馆中央馆考察。中国国家版本馆的规划和建设作为党的十九大以来社会主义文化繁荣发展工程的重要内容,被列入《中华人民共和国国民经济和社会发展第十四个五年规划和2035年远景目标纲要》。习近平总书记站在提高国家文化软实力,增强历史自觉,坚定文化自信,实现民族复兴的高度,期待中华文化的典籍版本在新的历史时代,能够发挥传承民族精神,厚植文化底蕴,赓续中华文脉的作用。

我国历朝历代都把典籍版本的保藏传承放在非常重要位置。周朝的藏室,汉代的天禄阁,唐代的弘文馆、集贤院,宋朝的三馆秘阁,明代的文渊阁,清代的四库七阁,典籍版本的保藏传承承担着为中华文明培根续脉的功能。对于中国国家版本馆的建设初衷,习近平总书记在中央总馆考察时提出,在我们这个历史阶段,要把自古以来能收集到的典籍资料收集全、保护好,把世界上唯一没有中断的文明继续传承下去。国家版本馆的主要任务就是收藏,要以收藏为主业,加强历史典籍版本的收集,分级分类保护好。同时,要加强对收藏的研究,以便更好地做好典籍版本收藏工作。在做好主业的前提下,协助各方面做好历史典籍版本的研究和挖掘。①

中国国家版本馆集全国之力,发动全国近900家收藏单位、580余家图书出版社、1万余家报刊社以及众多民间藏家,开展古籍版本资源调查,积极奉献珍贵版本资源。目前,仅总馆入藏的古籍版本就达到了2500万件。中华文明历经沧桑流传下来的这些宝贵的典籍版本,串起中华五千年文明,铭记着中华民族诞生、发展、壮大的演进历程,蕴含着中华文化、中华文明发展的一系列方向性、根本性、战略性问题。除了古籍版本,新中国成立以来各类出版物版本,例如文学经典版本及手稿,年画、连环画、宣传画等特色版本,与古籍版本一起,作为中华优秀传统文化的重要载体、国家和民族的精神血脉,成为中国国家版本馆的收藏对象。这对于近现代典籍版本文献工作者具有深刻的指向性意义。

何谓版本?"版""本"二字,各有其意。古人以竹简写书,木版奏牍。"版"之本义为木片,引申之后,竹简也可称版。随着缣帛卷轴的出现,卷轴的轴头即为"本",原义为"根"。雕版印刷术出现后,"版本"合用,成为印本的代称。②近代以来,版本扩大为一切形式的书籍的总称。在中国现代文学界,"版本"这一概念的外延更加宽泛,书本、报纸、杂志,装订成册的书刊、一部作品的各种异文,同部作品的不同艺术呈现(比如"年连宣")、进入新媒体后的不同网络文献形态等等,都可称之为不同的版本。③中国国家版本馆吸纳了具有历史文化传承价值的中华古籍、革命文献、宗教文献、雕版拓片、碑帖家谱、钱币邮票、影视剧数字版和外国精品版本等等不同的"版本类型"。中国国家版本馆所谓的"版本"与中国现代文学界对于"版本"的理解颇为接近,都溢出了传统的古典文献学中的

---

① 习近平:《担负起新的文化使命 努力建设中华民族现代文明》,《人民日报》2023年6月3日第1版。
② 参见张舜徽《中国文献学(新版)》,东方出版社2019年版,第55—60页。
③ 金宏宇:《中国现代文学史料批判的理论与方法》,社会科学文献出版社2021年版,第130页。

"版本学"之外。

古籍的版本学兴于汉，成于明，盛于清，初附属于"校雠学"，至民国时期始独立为一门单独的学问。1958年国务院科学规划委员会成立了"古籍整理出版规划小组"，古籍整理出版工作有了全面的安排和统一的部署，古籍整理工作者不断地尝试总结古籍整理工作的经验及教训，归纳出古籍整理的通例，意欲成为古籍整理的一种规范或标准。古典文献学进入现代学术体系，成为一门独立的学科。

中国现代文学的版本学实践自20世纪40年代中后期唐弢的书话写作就已经开始。至20世纪80年代中期，朱金顺、姜德明、金宏宇等学者的版本研究，涉及到几乎全部现当代文学文献的版本类型。近年来中国现当代文学文献的版本研究在学界不断升温。但至今现代文献版本谱系和版本校勘仍然没有形成独立的方法论，其理念和方法基本从古籍版本谱系和校勘延伸而来。古典文献的版本学自然可以为现当代文学版本文献学的建构提供借鉴，但随着现当代文学版本研究的不断推进，现当代文学文献自身特性越发凸显，需要不断突破古典文献版本学的限域，寻求新的学术路径，建立符合现当代文学文献的版本实践的、独立的现当代文学文献的版本学。

二

现代出版文化和印刷技术深刻地参与了现当代文献的版本生产与流通，促成现当代文学的版本文献的特性。

首先，现当代书籍出版前通常会经过作者自己的校订，但在印刷过程中，印刷所和抄写工皆有可能对原文进行误植，出于对现代机械复制的信赖，这类偏差容易长期被隐蔽起来，影响到读者的理解。张丽华对鲁迅"随感录"《新青年》刊本与北新书局《热风》本的校读、段美乔对曹禺文化生活出版社的《日出》重印本的比对，都说明这一问题。

其次，现代出版文化的活跃与印刷术的快捷便利，使得现当代文学作品版次更迭极快。这些重印并非仅仅是对最初的"版次"进行简单的"复制",在版本的物质形态上往往会呈现出明显差异,显示了出版者以及受众对其认知的微妙变化。典型的如泰东图书局版的郭沫若诗集《女神》,从1921年、1927年、1930年、到1935年的几次重印,封面设计、广告推介以及丛书归属等方面,反映出不同历史时段社会文化语境存在的差异。

更为重要的是,由于现代印刷术快捷便利的特性,可以在短时期内,由作者本人自行修订内容,形成诸多独立又相关的修改本。这是现代文学版本文献迥异于古典文献的最独特的存在,也是现代文学版本文献整理和研究的重点。

古典文献的版本学是以古代典籍的版本实践为基础建立的,致力于处理古代典籍共同面对的基本问题。例如,古典文献的不同版本往往是在长期流传过程,由不同的人在不同的时代对相似文本的传抄、误刻、妄改、评点和校勘等各种不同原因而形成。是故古典文献的校勘整理,主要是通过比勘文字、篇籍的异同,以各种内部或外部证据为依据进行逻辑推理,纠正其中的讹误,确定文献的属性,其最终目标是尽可能恢复原始文本,重建唯一的定本。当前,现当代文学文献的版本整理通常延续古典文献的版本校勘方法,以确立一个最接近作者原本的"定本"或"善本"为目标,校勘整理也以校订文字内容为主。整理在世作家的作品时,一般以作家本人意见为主;如果是整理作家生前出版的作品,目前主流的做法是将初版本选作校勘底本,将报刊本或手稿等作为"前文本",用于参校,初版本之后的版本基本消失于大众视线。

又如,古典文献因为不同时期刻本与抄本的并置、乃至多个不同来源的版本承递,版本状况的复杂显而易见。在绵延千年的古籍版本实践中,版本鉴定是古籍版本学的重要环节。古籍的物质形态,包括纸张(麻纸、皮纸、竹纸)、字体、墨色、版式设计、装帧形式等等,在版本鉴定中居于非常重要的地位。现代文献的版本,由于年代较近,又有版权页制度的存在,版本源流考证相对简单。但事实上,现代文献的复杂性并不逊于古典文献。现当代文学版本，按照文学生产方式和传播载体的变化，可以分作手稿、杂志本、初版本，还有因出版社变化导致版本形态变化而出现的各种变本，因被禁而出现的各种伪装本、删节本等。当然最为特别的还是大量作者本人基于各种原因不断修订自己的作品而形成的异文。尤其是上世纪五六十年代，具有较高社会地位、政治地位的作家，其作品大多存在重大修订，版本情况颇为复杂。例如龚明德发现郭沫若剧作《屈原》至少有 4 个系列 8 个不同的版本、金宏宇考察巴金《寒夜》同样发现了至少 8 个版本。作为作家在不同历史时期创作意志的产物，他们有着各自的文本特性，无所谓"错讹"。

当前的现当代文学的版本校勘和整理，沿用古典文献的版本校勘理念，以"善本"或"定本"为目标。但是古典文献学对于"善本"和"定本"的认识，与现代文学的版本实践的存在着不小的偏差。古典文献学中"善本"的概念始出宋代文献，其内涵在不同历史时期有所变化。宋人眼中的"善本"，是校勘精湛、内容完整的本子，主要看重内容。至明代，"善本"指向了那些古旧稀有、版刻精妙的版本。清代张之洞以"足""精""旧"为善本"三义"，要求"善本"具有全本、精校、旧刻。而晚清藏书家丁丙在《善本书室藏书志》的编例中，把旧刻、精本、旧抄、旧校四类版本定为"善本"。关于"善本"的确切内涵，各家说法不一，但目前看来，"旧"大概都会被列为标准之一。受此影响，当前现代文学研究界普遍存在着"初版本主义"，往往将初版本之后的各种版本忽略不计。更有甚者，研究者在讨论到版本变迁，尤其是涉及到 1949 年以后、乃至 1978 年以后的版本变迁时，往往以意识形态因素一言以蔽之，为"忽略不计"给出看似合理的根由。现代文献的版本问题也没有受到研究界的足够重视，在现代文学研究和文学史写作中，屡屡出现硬伤。借鉴古古籍版本学的"善本"观念，现代文学文献研究者如朱金顺、金宏宇、张元珂等，提出现代文学文献的"新善本"，并提出各自的筛选标准。

从大众阅读和文学文本经典化的过程来看,"善本"或者"定本"的编订是必不可少的。然而现代印刷术的出现,使得现代文献的印刷数量大,版本更迭快,同年代的读者可能面对着不同的版本,从而读出不同的感受。但对于学术研究而言,这些还没来得及消逝在历史洪流中的文本,却是我们丰富文学史,拓展现代文学研究空间的重要史料。

三

版权页信息的直接明了使得现代文献的版本考证不再是难点,但更重要的却是要通过对版本的修改进行比对,判断不同版本在修改时所选择的底本,确定版本流变之节点。在此基础上确立版本的演进链,从而形成版本谱系。

确立版本演进链的主要依据是版本修订时的底本选择,即某版本是在哪个版本的基础上进行修改的。版本演进链不清楚,校勘便很难进行。只有在版本演进链内的校勘,才具有操作性。而选择哪个版本做底本进行修改,体现了作者对这个底本的看法,是时代、审美等因素的综合。梳理现代文学文献的版本谱系,不仅可以让我们看到不同版本之间的递进、承传等各种关系,还可以使我们在对校和比较作品的不同版本时遵循正确顺序,从而将不同版本的文本特性、版本变迁的原由等放置在一个完整的谱系之中加以阐释。

在版本谱系中对版本修订进行综合考察,才能真正有效地把版本研究延伸至文本批评之中,发现版本修订过程中作者如何在意识形态的需要、时代语境的变化、作家的艺术追求和个人的精神境遇之间腾挪闪转。这些初版本之后的版本,既非一般线性发展的"版本进化"可以概括,也无法简单用纯粹意识形态因素来解释。作家在各种版本的修改中,力求在社会、时代要求与个人化的文学审美之间寻求平衡,这本来也应该是一个优秀作家的基本素养,不宜简单地以意识形态因素一言以蔽之。应该说,这些产生于作家不同人生阶段的版本,是作家自身思想、艺术观念和现实环境的变化共同作用的结果，是研究作家创作史、精神史的重要材料。确立版本谱系，通过版本的比对参证，解读文本，发现问题，不仅拓展了现代文学研究空间，同时也提示我们，文献不仅是批评的基础也是批评的方法，把现代文献学作为一种文学批评和文学史的研究方法，具有重要意义。

现当代文献的版本，在其生成过程中，出版机构、出版组织和文化体制是绕不过去的问题。新中国成立后，出版业全面统一，国家出版社成为出版业的主要力量。出版领导机构建立了出版行业的特定秩序，制定出版业的规章制度和行为原则，从而将其纳入国家政治经济文化建设的轨道。出版机构的合并与调整、各级出版机构的出版权限的变化，都会影响到现当代文学的版本生产和流通。研究不同时代版本的版本形态、出版过程与传播情况，将各版本呈现的物质形态与其背后组织过程也纳入考察视野，将版本文献的发掘和研究，与出版史、文化组织结构史、文化体制的成型和变动史相结合，把版本谱系和版本校勘视为文化史研究的一部分，将为现代文献学开辟一个广阔的研究领地。

在现当代文学史研究中，版本校勘和整理具有非常重要的地位，关涉到文学的外部研究和内部研究的所有问题，版本研究自然会与版本学、校勘学、目录学等相关联。版本谱系研究则牵涉文本发生学与文本阐释学，版本链的确立则会成为传播学、出版史、文学制度史等的关切对象。因此中国现当代文学的版本研究必须突破单一的古典文献的版本学的研究方法，从多种角度切入进行一种跨学科的研究。

现当代文学作品的每一个版本都是一个满载学识的仓库，都可以成为关于一个作家的所有知识的手册。中国现当代文学的版本变迁也包含了这"所有知识"。建立独立的中国现当代文学版本文献学，遵循其内在的逻辑将上述"所有知识"有序化、系统化，从而有助于形成以现当代文学为依托的跨学科的"知识库"，有效推动中国现当代文学史与文化史研究的发展。

近年来现代文学文献学发展的新态势之一，是史料挖掘及文献整理工作得到了普遍的重视,出现了相当一批专事现代文学文献发掘、保存、研究的学者和不少专注于刊载现代文学文献研究成果的刊物。尤可注意的是,国家社科基金重大项目近年也越来越将注意力投向了现当代文学的文献研究整理。可以想见未来中国现代文学文献学的研究,必将收获更多的成果。然而遗憾的是这些文献整理工作大多还是以古典文献的"善本"和"完本"为目标,将版本问题甩在研究视野之外。这其间固然有现当代文学的版本校勘整理成果的呈现方式的问题,但习焉不察,这个问题将永远是个问题。

四

文运与国运相牵,文脉与国脉相连。每一种文明的延续都需要文化工作者们薪火相传、代代守护,更需要与时俱进、勇于创新。党的十八大以来,以习近平总书记为核心的党中央把文化建设摆在全局工作的重要位置,深入了解中华文明五千多年发展史,把中国文明历史研究引向深入。

典籍版本在集中展现中华优秀传统文化精华,凸显一个时代文明成就的标识性,梳理中华文明的传承脉络方面具有独特的价值。典籍版本生产本身、生产的条件及其传播涵盖了中华文明发展的经济史,典籍版本的结构、接受、交流和适应性也蕴含着中华民族的文化史和文化活动,因而典籍版本也构成了不同阶段社会、政治尤其社会等级的历史。

从《史记》到二十四史、历朝历代的经史子集、"备天地万物古今之事"按专题编纂文献以供学习之用的各种类书等等,这些典籍版本构成了一条绵延数千年的历史文化发展脉络。汉代书籍内容主流是先秦诸子的著作,隋唐宋时期佛经成为书籍主要内容。宋朝以诗词为代表的文化发展至顶峰,适应商品经济和市民生活的需要,民间对宗教内容以外的书籍需求量骤增,出现了大量的平话话本和生活日用类书如《事林广记》《万宝全书》《三才图会》等。明清时期,民间对书籍内容的需求更加多元，戏曲、小说彻底普及，书籍下沉至底层社会。明清盛行的各种"杂字"书，如《马首农言》《庄农日用杂字》等则把人们日常的多样的生活事项和民俗事象记录传播继承下来。近世以来，口述史的盛行、口头文献的大量留存，展示出大历史下普通个体具体而微的生活现场。这是中华文明进程的一个巨大进步，也是人类文化多样性的宝贵财富。

中国典籍版本的发展脉络也就是印刷术、造纸术、装帧术等综合技术的发展脉络。战国的简牍、帛书，汉代以来的纸书卷轴，五代后的册页，宋代的"蝴蝶装"，元代的"包背装"，明清的线装书，近现代以来的书刊、"年连宣"，录音录像等影音制品、电子书、数字文献、数据库乃至最新的AI技术在人文社科领域取得的成果，这一系列演变背后显示出科技的发展和提高。随着科技的发展，典籍版本的载体越来越丰富，功能也越来越强大。典籍版本的流传，包括流传主体、流传环境、流传方式、流传内容、流传对象、流传效果等等，背后都影射出不同历史时段文化管理制度和运行的方方面面。

在中华文明发展的历史长河中，不论是具有重要历史价值的善本、散页，还是凝聚着九州风韵的艺术珍品，不论记录的是社会精英的重大活动、还是普通民众的日常生活，每一件留存至今的版本，都彰显了中华民族深厚的文化软实力。典籍版本在新时代整理和传承，将为赓续中华文脉注入立根铸魂的思想力量。站在为中华文明培根续脉的高度思考中国现代文学版本文献学的建设，中国现代文学版本文献学的独立品格和价值得到进一步确认：它"不止在整个文学研究事业中占有不容忽略、无法替代的位置，而且它本身就是一项宏大的系统工程"[①]。只有这一价值在实践中得到确认，中国现代文学文献史料学的"春天"才真正到来。

[①] 樊骏：《这是一项宏大的系统工程（上）——关于中国现代文学史料工作的总体考察》，《新文学史料》1989年第1期。

唐弢与中国学术道路的探索

冷 川

理解唐弢和中国学术道路探索的意义，我们需要注意到三组关键的联系：第一，唐弢与中共领导的左翼文化运动的密切关系；第二，唐弢与中国社会科学院文学研究所这个重要平台的密切关系；第三，唐弢与中国文学学科研究标准确立的密切关系。

一 左翼运动成就的文化战士

1958年10月18日，时任文化部副部长并兼任中国社会科学院文学研究所所长的郑振铎先生，在赴苏联访问途中，因飞机失事殉职。郑先生生前有两个未曾完成的愿望：一个是他主持的大型古籍整理项目《古本戏曲丛刊》，此时刚刚出到第四辑，这个项目直到2018年，才由文学所的几代研究者经过薪火接力最终完成。[①] 另一个就是调唐弢进京，主持文学所的现代文学研究工作。郑振铎为何如此信任唐弢呢？这恐怕与二人的治学理念和在中共领导下的左翼文化界的合作经历密切相关。

唐弢本名唐端毅，浙江镇海人，中学时便因家境窘迫而失学，但凭借刻苦自修考入了上海邮政管理局。唐弢的兴趣广泛，尤其对于野史杂著颇有心得，对于文章的文脉章法也有细心的揣摩。三十年代

---

① 刘跃进：《艰难困苦，玉汝于成》，《中国社会科学报》2021年7月9日第A07版。

初,他投稿于《申报·自由谈》的一系列文章,酷似鲁迅的文风,迅速引起了文坛的关注,批判者将其作为鲁迅的一个新笔名加以围剿,称赞者也惊讶于作者文字的老练从容。鲁迅本人也注意到了唐弢,第一次见面时,鲁迅就戏称"唐先生写文章,我替你挨骂"①。稍后鲁迅注意到这个年轻人和自己相仿的阅读趣味,意识到了这个年轻人温和谨慎的外表下所包含着的和自己类似的炽热的情感与鲜明的爱憎。在有限的交往中,鲁迅给了唐弢极为坦率且有针对性的建议,如对自修外语的重视,对外国文学的有益的补充,对长文章的驾驭和坚持,尝试撰写一部近代文学史,用现实的关切去引导和组织自己文史阅读的重心和方向,自然也包括对当下文坛活动和人事选择的斟酌……虽然在那个变动的时代中,这些建议并未能悉数落实,但对于唐弢的提升无疑助益良多。正是在鲁迅的提点和关照下,到抗战全面爆发前,唐弢已经成长为左翼文化阵营中一个较为成熟的战士。对于30年代文坛,唐弢是亲历者,对其成就和局限都有切实的体悟,诸如此后对文坛和研究界影响深远的"两个口号的论争"等问题,他也有自己的理解和判断。这种经历对于他建国后转向学术研究,理解中国现代文学的特质,有着其他研究者无可比拟的优势。不过唐弢当时并未加入左联和中国共产党,这同样出于党组织和鲁迅等人的关照。根据徐懋庸等人的回忆,鲁迅建议不要急于扩大左联盟员的范围,有些人留在组织之外,更便于在复杂的斗争中为左翼事业贡献力量。党组织和左翼为了应对特务的邮件检查,多在邮寄信件和刊物时,待邮局的进步人士检查结束、邮包封口之际再将材料放入;而来信则用"存局候领"的方式,确认无特务发觉,再安排人领取。在这个过程中,唐弢等人作出了巨大的贡献。建国后,唐弢曾写过一篇入选中学课本的短文《同志的信任》,讲到鲁迅如何冒着风险保护和传递方志敏的信件和手稿,他说"鲁迅先生不是中国共产党党员,可是,在所有共产党员的心目中,他永远是一个能以生命相托付的、最

---

① 唐弢:《琐忆》,载《唐弢文集》卷6,社会科学文献出版社1995年版,第75页。

可信任的同志"①——这样的话，同样适用于革命斗争时期的唐弢本人。

唐弢和郑振铎的交往在30年代也日渐密切起来。相对于唐弢的审慎周密，郑振铎则是一个热情直率的人，所有的爱憎均展露无遗。郑比唐年长十五岁，是名副其实的兄长，在进步文化事业中，两人愈发接近。尤其是鲁迅逝世后，许广平、郑振铎、王任叔等人以复社的名义，主持鲁迅全集的编纂工作，如此丰硕的著作，如此紧迫的时间，所有的审校者均是怀抱着对于鲁迅先生的挚爱而义务工作，唐弢正是其中的一员。他每天在繁忙的邮务工作后，来到编委会默默地校读，这个经历也是唐弢日后从事鲁迅作品辑佚及研究工作的开端。1944年，当鲁迅北平藏书将要出售的消息传到上海时，为之奔走呼号最献力的是郑振铎先生，而受命北行去与朱安交涉阻止出售事宜的正是唐弢。在这趟行程中，唐弢切实看到了朱安等人生活的窘境，听到了其发出的"我也是鲁迅遗物，你们也得保存保存我呀"②的呼求，也彻底看穿了以"赡养老母寡嫂"③为名滞留北平的周作人的冷漠和悭吝。正如有的研究者注意到的，唐弢的文学气质，实则介于周氏兄弟之间，从理智上，他钦佩和追随鲁迅的战斗精神，而文学口味则因其性情，更偏重于周作人的舒缓从容。北平之行在其情感上是一个分水岭，在民族大义的激励下，他愈发贴近于鲁迅式的沉毅热烈、郑振铎的爱憎分明。

和郑振铎一致的，还有二人对于文献资料的眼光和热情。郑先生在抗战期间为民族抢救文献的事迹人尽皆知，而唐弢这个"小兄弟"也在默默地贡献自己的力量，当时有报道称，在沦陷的上海，唯有两个人在尽力收书，大手笔的是郑振铎，各类孤本珍本，无论是靠个人的倾尽财力，还是靠国内进步力量所提供的支持，他总是想尽一切办法买下来，使之免遭毁于战火、流失海外；小手笔的是唐弢，受财力

---

① 《唐弢文集》卷6，社会科学文献出版社1995年版，第265页。
② 《唐弢文集》卷6，社会科学文献出版社1995年版，第161页。
③ 《唐弢文集》卷6，社会科学文献出版社1995年版，第162页。

和能够调动的社会关系的限制，他的重点并非古籍珍本，而是新文学的期刊著作。大量新文学的图书刊物流入了废纸收购站，而唐弢完全靠着自己的节衣缩食，常常整日泡在废纸收购处，每天仅用两个烧饼充饥，从中抢救出了大批期刊和原版书籍。如成套的《新青年》《小说月报》《现代评论》《文学》，部分"觉悟"副刊、"学灯"副刊，北平的《晨报》《京报》副刊等，以及大量新文学图书的初版本。由于国民政府的图书检查制度，有些书籍期刊出版即被查禁，偶有流出的即为孤本；某些书局财力薄弱，发行渠道单一，图书印量少，售卖范围亦窄，能够保留下来的数量极为有限——看似所收均为当代的刊物，但文献的稀缺度、抢救的紧迫感，实则并不比古籍的搜购要弱。此前，赵家璧主持《中国新文学大系》（1917—1927）的编纂时，藏书家阿英的收藏确保了这一工作的顺利展开。而唐弢，则是阿英之后，又一位对于新文学书刊的保存和甄别具有高度自觉意识和切实成就者。正是在这种大规模的资料抢救工作中，唐弢的文献能力、版本意识远远走在了同时代人的前面。

郑、唐二人不光都有收书的热情，对于文献价值的理解也颇有相通之处。郑振铎写过《中国俗文学史》，在国内较早印行过民间情歌的集子，致力于杂剧和敦煌变文的收集和整理，也和鲁迅一起刊印过《北平笺谱》等图集。用唐弢的话来说，郑先生是有意"从人类学和民俗学的观点去研究历史的"[1]，他本人同样有此方面的自觉和慧心。抗战胜利后，他开始书话写作，除了传统的文献学材料外，也极力保存相关的历史掌故，力图将每本书所附带的时代信息、人文情愫保留下来，所秉持的较为宽泛的文学理念与郑振铎等人极为相似。在前面提及的邮局文献传递工作中，唐和郑更有长久的合作。据他们的密友刘哲民回忆，上海沦陷时期，仅郑振铎和藏书家张咏霓之间的通信便有三百多封，均和文献的抢救整理相关，这些信件悉数由唐弢代为寄

---

[1] 唐弢：《西谛先生二三事》，载《郑振铎纪念集》，上海社会科学出版社2008年版，第419页。

送,一旦被日伪查获,株连甚广。三百多封邮件,唐弢所冒的风险可想而知。郑振铎这位老大哥和唐弢这位小兄弟,他们的友情和信任,他们在学术上的相通与理解,正是在中国革命斗争的试炼中,在中国现代学术的探索体悟中,牢固地建立起来的。

二 文学所的建立和中国学术道路的探索

郑振铎兼任所长的文学研究所成立于1953年2月,该部门划归中国社会科学院前,先后挂靠于北京大学和中国科学院,但其工作方针的确定和高级研究人员的管理始终由中宣部直接负责。尤其是1958年后,文学所的政治、思想、业务均由中宣部直接领导,所从事的工作被纳入了国家中长期的科研及意识形态规划之中。随着1952年的院系调整,新中国最为核心的社会科学研究力量并非在高校,而是集中于社科院与作协。据王平凡的回忆,《文学研究所计划》中所列建所方针和任务是:"按照国家的需求和本所的具体条件,有步骤有重点地以马列主义、毛泽东思想的观点研究我国和外国的文学和文学理论"[①] 研究所人员的构成,主要包括两部分,一为如郑振铎这样已经取得公认学术成就的名家,像俞平伯、王伯祥、余冠英、孙楷第、钱钟书等,二为来自延安的有着较好马克思主义学养的知识分子,如何其芳、陈涌、毛星、朱寨、王燎荧等。至于具体的工作,在1957年末,配合国家的第二、第三个五年计划所列举的七项任务,讲述得最为详尽:1. 研究我们当前的文艺运动中的问题,经常发表评论,并定期整理出一些资料;2. 研究并编出一部包括新的研究成果和少数民族文学的多卷本的中国文学史;3. 编选出一些中国文学的选集和有关文学史的参考资料;4. 外国文学方面,研究各主要国家的文学,并将研究成果按照时代编出一些论文集,作为将来

---

① 王平凡:《中国科学院文学研究所大事记(上)——郑振铎、何其芳领导时期的文学所》,《当代文学研究资料与信息》2010年第6期,第46页。

编写外国文学史的准备；5. 编订汉译外国文学名著丛书，每部作品都冠以帮助一般读者理解和欣赏的序文；6. 研究文艺理论，并编写一部较为通俗、结合中国实际的文艺学著作；7. 编订汉译外国文艺理论名著丛书。①

在这七项工作中，文艺时评和文学史是重点，而后者则要从资料的收集整理入手。前面提到的《古本戏曲丛刊》便是郑振铎等人于1954年开始陆续影印出版的，这样的工作是此后文学所倡导的"大文学史""学术型文学史"的基础。调唐弢入所，同样是一个切合文学所工作思路的举措，此前他已在鲁迅作品的辑佚辨伪方面取得了卓越的成果，书话写作也获得了研究者的广泛关注，评论文章更是漂亮至极。作为一个有着出众资料功底的研究者，唐弢进入社科院文学所，意味着那种重史料、重文献，同样兼重马列主义理论指导的学术思路，从古代文学研究领域贯穿到了现代文学学科之中。

从大的时代背景看，唐弢调入文学所恰逢新中国学术转型的一个关节点。1949年建国后，我们在苏联的支持和帮助下，通过两个五年计划，建立起了国家的工业基础。而在文化教育领域，苏联的影响同样举足轻重。教材的编订有着浓厚的"苏联模式"的痕迹，理论家日丹诺夫、毕达可夫的著作、季莫菲耶夫的《苏联文学史》给了探索现代文学教材的中国学者可资模仿的范例；同时，又由于现代文学史和现代革命史的高度同构性，更早普及的《联共（布）党史》同样是文学研究者的重要参考书籍。王瑶在1951年出版的《中国新文学史稿》，在很大程度上可以被视为由朱自清等人开始的、现代文学考察与苏式教材书写相结合的产物。王瑶以毛泽东的新民主主义思想作为阐述现代文学发生发展的基本逻辑，将文学分期与政治分期尽可能地加以协调；在各时段中，对于不同文体的发展情况分门别类地加以介绍。《中国新文学史稿》是现代文学史编写的开山之作，也正

---

① 《文学研究所所志初稿（1953—2013）》（内部印行），社会科学文献出版社2013年版，第53—54页。

是因为得风气之先，所涉及的作家作品的体量具有此后各著作无可比拟的优势。50年代中期陆续出现的张毕来、丁易、刘绶松的著作，则向苏式模板进一步地靠拢，基本延续了苏联文学史中"总论+分章""思潮+文体门类""重点作家+普通作家群体"的模式。① 这些著作中大量采用革命史叙述代替文学文体解读辨析的做法，无形中降低了文学史写作作为一门科研工作的门槛，使之具备了批量复制的可能。

此后，文学史的编写进入"大跃进"状态，高校的学生索性甩开专家教授，自己动手编写教材，这里面最有名的是北京大学中文系55级学生编写的《中国文学史》和北师大中文系三四年级编写的《中国民间文学史》《中国文学讲稿》。这批著作存在极为严重的简单化、概念化、庸俗政治化的倾向，而郑振铎先生的《插图本中国文学史》《中国俗文学史》则成为他们的重点批判对象之一。1959年年中，在文学所与作协、北京大学、北京师范大学联合召开的研讨会上，何其芳的发言极为引人注目，他以《文学史讨论中的几个问题》为题，明确提出一部文学史应具备三个基本特点：一、准确地叙述文学历史的事实；二、总结出文学发展的经验和规律；三、对作家作品评价恰当。在发言中，何其芳委婉但清楚地批评了上述文学史试图用"现实主义"和"反现实主义"这组公式去概括复杂文学现象所带来的弊端，并以北大55级文学史为例，对该书中存在的概念混淆、评价标准混乱、脱离历史苛求古人以及简单套用马列主义的表述、缺乏必要的历史常识的问题均有具体说明，也正是在这次会议上，何其芳提到文学研究所也有文学史的写作计划，但其目标是学术性的。②

随着50年代后期中苏关系的松动，探索有中国特色的社会主义道路逐步进入中共高层的规划。这段时间，在意识形态和文科建设领

---

① 温儒敏：《"苏联模式"与1950年代的现代文学史写作》，《北京大学学报》2003年第1期，第70页。
② 洪子诚：《红、黄、蓝：色彩的"政治学"——1958年"红色文学史"的编写》，《文艺研究》2020年第11期，第64、65页。

域，中宣部和文学所之间的互动与合作极为值得关注。在1958—1961年间的一系列报告讲话中，我们能够注意到时任中宣部副部长的周扬对"普及和提高""厚今薄古""以论代史"等一系列主流做法提出了谨慎的商榷意见，他所采用的曲折灵活的文风，自然和中央高层对国家发展道路的思考和探索密切相关；但具体到文学所，周扬所给予的支持则相对明确和直接，诸如对文学研究所的定位着重于"提高"而非"普及"，要求文学所要"大搞资料"，建立从古至今最为完备的资料储备。[①] 在1960年初中宣部确定由文学所现代组负责编写《中国现代文学史》之后，这项工作也并未匆忙上马，现代组的成员按照中宣部的要求，对1958—1960年期间各地高校所写的十几部文学史进行了研读和评述，对于本学科的发展概况做了全面普查。更为重要的是，唐弢在周扬的直接帮助下，邀请了茅盾、夏衍、罗荪、黎澍、陶然等现代文学运动的亲历者来所座谈，或介绍他们了解的文学运动的史实，或对如何撰写一部文学史提出建议。这批作家学者所谈内容使得编写组中的那批年轻人深感震撼，如当年还是青年科研人员的樊骏在回忆中讲到，夏衍在座谈中一方面坦承二三十年代所提倡的"无产阶级文学"犯有左倾错误，另一方面也谈到左翼运动能在国民党的严酷统治下获得蓬勃的发展，应该在文学史的编写中有辩证的分析；历史学家黎澍对李劼人的"大波"三部曲极为推重，而这部作品在建国后实则并未引起研究界的重视；罗荪对郭沫若历史剧《屈原》在国统区上演时的轰动效应和解放后再排演的肉麻效果作了对比，提醒青年科研人员尽管文艺要为政治服务，但"成也萧何败也萧何"，如何兼顾两者的关系需要细斟酌……[②]这些谈话极大地拓展了编写者的视野，也活跃了他们的思路，使他们认识到现代文学三十年中所包孕的巨大的历史文化含量——这是一个饶有意味的现

[①]《文学研究所所志初稿（1953—2013）》（内部印行），社会科学文献出版社2013年版，第129页。

[②] 樊骏：《编撰〈中国现代文学史〉的若干背景材料》，《新文学史料》2003年第2期，第85页。

象：在特定年代中，最具学理化的建议，恰恰来自意识形态部门的高层，它展现了中国共产党人实际具备的学理修养，也从另一个角度折射出现代文学的政治内涵和历史品格。

三　作为文学史家的唐弢和现代文学研究规范的确立

1959 年秋，唐弢由上海作协调入文学所，担任研究员和现代文学组组长。入所之初，他便向何其芳表示自己的心愿一是写一本鲁迅传，另一个就是独立编写一部有特点的现代文学史。相对于当时流行的"思潮+文体"的基本模式，唐弢有自己的角度，正如他在 80 年代多次提到的，"按我的设想，最好是以文学社团为主来写，写流派和风格"①。但个人著史在五六十年代并非主流，而文学所又是一个具有示范意义的单位，很快个人写史的想法让位于文学所学术性文学史的集体计划。但如上面提到的，这个夭折的项目在筹备期展现出来的视野和雄心仍然令人为之心仪。

可事情很快又有进一步变化。1961 年周扬受命主抓高校文科教材建设，现代文学史的写作是重中之重，唐弢及其团队的骨干成员无疑是中宣部最为信任的人选。无论是何其芳，还是唐弢本人，在经过短暂的踌躇后，他们的党性原则使其坚决地转向了作为文科教材的《中国现代文学史》的写作。诚如较早从事学科研究的黄修己所言，为了编好这套教材，国家投入的力量是空前绝后的。② 唐弢为该书的主编，此前有文学史编写实绩的王瑶、刘绶松、刘泮溪等人悉数参与，而参加的中青年学者如北师大的李文保、杨占升、张恩和、蔡清富、吕启祥、陈子艾、王德宽；文学所的樊骏、路坎、吴子敏、许志英、徐廼翔；北大的严家炎、厦大的万平近，以及华中师院的黄曼君

---

① 唐弢：《艺术风格与文学流派》，载《唐弢文集》卷 9，社会科学文献出版社 1995 年版，第 415 页。

② 黄修己：《中国新文学史编纂史》（第二版），北京大学出版社 2017 年版，第 94 页。

等，多在日后成为该学科的关键人物。教材要求的是知识性与稳定性，它不必是最具探索性、先锋性的，但必须扎实、准确，作家作品的评价经得住推敲，在时代允许的范围内，最大限度地传递真实的历史信息。换言之，就著史的角度而言，这部文学史为我们提供的是一个底限，或者说是现代文学研究应该有的基本标准。

根据多位当年参与者的回忆，作为主编的唐弢，他与团队成员共同确立了五条编写原则：一、必须采用第一手材料，作品要查最初发表的期刊，至少也应依据初版或者早期的印本，以防传辗因袭，以讹传讹。二、注意写出时代气氛，文学史写的是历史衍变的脉络，只有掌握时代的横的面貌，才能写出历史的纵的发展。报刊所载同一问题的其他文章，自应充分利用。三、尽量吸收学术界已有的研究成果，个人见解即使精辟，没有得到公众承认之前，暂不写入书内。四、复述作品内容，力求简明扼要，既不违背原意，又忌冗长拖沓，这在文学史工作中可以说是一种艺术的再创造。五、文学史尽可能采用"春秋笔法"，褒贬要从叙述中流露出来。[①]

除了第三条是教材所不得不具有的保守选择外，其余四条均有明确的现实针对性，也体现了唐弢等人建立现代文学研究技术标准的决心：熟悉原始期刊、回归历史场域，意味着文学史编撰历史品格的回归；从写出作品的时代氛围到梳理文学发展的清晰的历史脉络，是唐弢一再提醒青年研究者"点面线"递进的研究逻辑，既呼应了当时对文学文化发展规律的探索，也使得每一个判断均言之有据。而对春秋笔法的强调则可避免简单粗暴的政治批判，是对当时流行的"以论带史"以至于"以论代史"编著方式的摒弃。正是因为坚持了上述原则，这部著作在很多方面有正本清源之效。如开篇谈五四文学革命，对胡适、陈独秀的贡献都有必要的肯定，由对李大钊、陈独秀当年思想发展情况的考察，连带出对五四运动的定性，这些问题处理得

[①] 严家炎：《唐弢先生对中国现代文学学科建设的贡献》，载《唐弢纪念集》，社会科学出版社1993年版，第597页。

有理有据，在当时展现出了极大的学术勇气；对两个口号论争等敏感话题，也如实地叙述了论争的过程以及积极和消极方面的影响，采用了鲁迅主张的"并存"之说，体现了编撰者对党的抗日民族统一战线政策的深入理解。[①] 这部著作在最大的范围内，将党性原则和史家精神有机地统一起来，既旗帜鲜明，又言必有据，且措辞婉转，给读者留下了充足的思考、推敲的空间。尤其是唐弢亲自执笔的鲁迅两章，是全书水平最高也最能体现出作者论从史出、含蓄蕴藉风格的章节，即使现在读来，亦有历久弥新之感。学术研究所依据的观念多变，但学问本身永不过时。

作为写过《文章修养》和《创作漫谈》的唐弢，同时也是一位文体家，他重史料，但反对资料的堆砌，要求作者以简洁优美的笔触去复述作品、批评褒扬，所用文字都要经得住咀嚼。很多人都回忆过唐弢文字的讲究，如吴子敏、蓝棣之、严家炎所言，一个文题的设定，一篇文章的开头，改易六七次极为常见。文字或大笔直写、或精雕细琢，挥洒轻盈若行云流水，偶有四六骈对，古意森然，所关注者均在文气的自然流动，时时刻意经营，却又力求无迹可寻之化境。当下我们强调的是学术的"研究"，古人相对更看重的是"文章"的分量，在唐弢，他是有意将两者加以融合，如1956年所写的长篇论文《鲁迅杂文的艺术特征》，是经得起郭小川在纪念大会上朗诵的。表演者感情充沛，所读文本圆润畅达，令听者赞叹不已——这种对学术论文的美文追求是唐弢的一份特殊贡献，立意之高，即使放在当下也近乎奢侈。

唐弢主编的《中国现代文学史》的命运多舛，无需再行赘述。它的正式出版和普及已经是新时期以后了，此时现代性的话语方式取代了以往新民主主义的单一视角，这部凝聚了唐弢及其助手无数心血的著作，注定只是一个"历史的中间物"。不过它对学科的意义远不止

---

① 万平近：《务实求真，光华长存——忆唐弢同志主编中国现代文学史》，《新文学史料》1993年第1期，第104页。

于文本自身,从某种角度讲,这部书的编撰可以视为建国后第一、二代学者在学术方法和知识培养方面最为集中的一次交流与指导,尤其是对第一手资料的强调和系统阅读,使得参与此项目的年轻学者对于现代文学学科的家底和研究方法有了切实的了解,并在新时期推广开来,"读期刊"成为现代文学研究生的必修课。而唐弢所看重的资料整理、社团流派研究思路,也成为 80 年代学科再出发时最可倚重的资源,前者有马良春、徐迺翔、张大明主持的《中国文学史资料汇编》大型文献项目,后者则有严家炎的《中国小说流派史》、杨义的《中国现代小说史》等丰硕成果。从改革开放到 80 年代中后期,不到十年的时间,现代文学研究界的成果呈井喷之势,在内容体量和对文学理解的深广度上都迅速赶上并超越了海外汉学界的成就,亦可看出唐弢等人学术思路所蕴含的巨大潜力。

  我们今天讨论唐弢学术的价值和贡献,着眼点并非荣誉权的分配。我们应该注意到,唐弢在中国共产党领导的进步文化事业中的成长经历,注意到他所在的文学所这个机构所负担的使命,以及中宣部系统对他的信任和支持。正如唐弢自己说的,一个作家、一部作品是一个"点",他本人同样也是一个点,我们应该从他身上解读出时代风云的影响,梳理清楚他如何将个人的学术积累和兴趣,与探索中国学术道路的宏大命题结合起来,帮助现代文学研究从传统中汲取资源、从现实中找寻依托。

让劳动者形象成为新时代文学的主角

霍 艳

在当下的时代,劳动者的实干精神似乎有更多得到强调的必要。他们实干奋进的形象也越来越多出现在新时代文学作品里。

新中国成立前,劳动者常以被损害、受压迫的形象在文学作品里出现,《骆驼祥子》里的祥子一步步走向堕落,《祝福》里的祥林嫂勤劳善良却被剥夺了劳动资格。新中国成立后,《在延安文艺座谈会上的讲话》精神指导下,工人、农民等普通劳动者开始成为文学作品的主角,如《创业史》《乘风破浪》《百炼成钢》塑造了一批在社会主义实践中涌现出来的先进劳动典型,《三里湾》围绕着农业合作社的工作描写了不同劳动者间的复杂纠葛。这些作品充满了对劳动的高度肯定,使劳动者的主体地位和尊严得到确定,展现出社会主义新人蓬勃的精神状态。与此同时,文学工作者也通过"深入生活"积极投身劳动实践与群众相结合,完成自我改造。20世纪50年代一批专业作家积极扎根生活,反映新中国的建设和存在问题,柳青就是其中一位代表。1952年他担任陕西省长安县县委副书记,主管农业互助合作工作,他深入调查研究,亲自指导王莽村"七一联合农业社"、皇甫村"胜利农业社",在此基础上完成的长篇小说《创业史》成为一部经典之作。

但到了20世纪80年代,随着社会发展,传统的劳动方式、伦理道德与追求现代化的新历史语境发生碰撞。在文学作品里,出现了这么两类作品:一种是描写农村小生产者们遭遇的困境,他们辛勤的劳动不再能保障美好生活的实现，年轻一代劳动者开始感受到市场逻辑和传统伦理的冲突。另一种是从写工人变成写厂长，描写他们在改革过程中所面临的政治阻力和情感冲突，他们的劳动形式是管理而非生产；与之相对的工人却出现了消极懒散的状态，暴露出精神层面的危机。

20世纪90年代，伴随着产业结构调整，出现了城乡发展愈发不均衡，农村劳动者向城市流动变成打工者，城市劳动者面临下岗等严峻问题。劳动者的权益没能得到很好的保障，使得劳动者在媒体上常以弱势、底层的形象出现，形成刻板印象。市面出现了《佛山文艺》《外来工》这样聚焦于打工生活的通俗文艺刊物，提供给打工者自我表达的平台，为他们在流动中的诸种不适应提供心灵抚慰。他们在书写中也显现出想成为城市人、过上现代化生活的愿望。后来伴随都市情感、时尚类杂志的兴起，这些打工刊物开始向小资趣味转型，打工作家或放弃写作或转向纯文学领域。

到了世纪之交，消费主义浪潮席卷，很多人开始以消费而不是工作、职业定义身份。消费者取代劳动者的形象出现，文学从表现劳动工作变成表现日常生活。文学里的劳动形态也发生变化，格子间里的职场取代了机器轰鸣的工厂，劳动生产变成职场斗争。脑力劳动者成为职场文学聚焦的主体。与此同时，体力劳动者变成了"打工文学""底层文学"里被资本压榨的流水线上的螺丝钉。这种高效率却孤独的原子化工作方式，使得劳动者之间原本因频繁接触而产生的关系、情感逐渐减弱，变成理性的利益计算。在这个过程中，一部分人开始从有意识、有意义的行动主体变成了不思想、无感受的生产机器。[①]在一些人看来，自己的劳动失去了创造性，复杂的生命世界亦被忽视。年轻一代如果无法从劳动中获得自我价值的肯定，就会对所从事的事业缺乏归属感、认同感，认为工作"毫无意义"，戏谑地把自己称为"打工人""搬砖人"，既而转向娱乐消费。同时，竞争的压力

---

① 魏明毅：《静寂工人：码头日与夜》，上海人民出版社2022年版，第143—144页。

也会让大家进入大规模的"内卷"。

在一段时间里,"劳动者"形象在文学作品里呈现式微的状态。其原因是,在一个不断现代化的社会里,"劳动"依然保持着传统的形态,被理解为单调重复的体力劳动和单纯的物质生产,没有被赋予新的内容和意义,没能反映新的生活经验和社会关系,劳动也不再成为一种人对世界的掌握方式;过去以政治共同体面貌出现的劳动者逐渐变成原子式的个人,重复机械的劳动使其痛苦,他们暴露出的精神上的危机也一直没能得到解决。从文学的角度来说,纯文学不断强调个体、深挖心灵世界,使得作为集体概念的工农阶层和劳动场景没有得到足够的重视。"底层文学"以资本对人的异化为批判对象,但缺乏对劳动创造性和技能、力量美感的正面描写。作家也变得越来越职业化、专业化,身和心都与劳动实践相脱离。

这个现象在新时代中有所改变。这其中的原因如下:一是国家不断完善劳动者的权益保障制度、健全劳动法律体系、建构新的劳动评价标准,提高人们生产积极性,构建更为和谐的劳动关系;二是出现了新的职业和劳动形态,改变了人们的生活方式、生产关系、价值观念,反映了劳动与日常生活相融合的趋势和中国社会结构的深层变化,更具时代特色,也为文学叙事注入了新的经验[①];三是新时代对文学提出了新的要求,将反映中华民族伟大复兴作为表现主题,这其中劳动是推动社会进步最根本的力量,劳动精神是最强大的精神动力,这些是文学创作永恒的源泉。同时伴随媒介发展,劳动者也通过各种方式自我表达并被看见。

非虚构最初兴起就以劳动者和劳动生活为表现对象,如梁鸿"梁庄"系列、吕途"中国新工人"系列。当下非虚构常以职业为切入点,勾连各种社会关系,反映了当代中国人丰富的日常生活。可以说中国的职业变迁史也是一部波澜壮阔的发展史,传统职业不断进行细分、升级,新兴职业形式灵活多样,难以再用脑力、体力劳动进行简

[①] 林芳毅:《劳动经验与文学叙事》,《当代文坛》2022年第4期。

单区分，它们一起支撑了中国社会的平稳运转。2019年"人间"工作室开启了"寻业中国"征文，将不同职业的劳动者作为主角，结集出版的《在工作中，看到中国》记录了22种职业，既有开锁匠、风电工程师、杂技演员这些经历了行业兴衰变化的坚守者，也有app内容审核员、外卖员、黄金分析师等新兴职业，还有大量基层工作者。他们平实的讲述既丰富了时代面向，也使人重新反思"工作"之于生活的意义。

纯文学致力于弘扬劳动者的劳模精神、劳动精神、工匠精神。赵德发《经山海》、欧阳黔森《看万山红遍》、乔叶《宝水》等作品反映劳动者在乡村振兴、脱贫攻坚等伟大事业里所发挥的作用。陈彦《装台》、李娟《冬牧场》表现劳动者在平凡生活里吃苦耐劳的精神品质。葛亮的"匠传"系列小说描摹精妙的劳动技能，传承亘古不变的"匠人精神"。这些作品发挥纯文学的优势，着力刻画劳动者的心灵世界，展现劳动的力与美，重新凸显劳动在追求美好生活中所发挥的重要作用。所塑造的人物既能在劳动中显现自己的本质力量和创造潜能，也能通过劳动认识自我、把握世界。广大文学工作者也努力投身"深入生活"的实践，积极扎根人民中去。

网络文学则凸显劳动者的创造性，诞生了一批塑造"时代新人"的精品力作，既涉及警察、医生、消防员等维系日常生活的普通劳动者，也着力书写一批行业领军人物。他们共同特点是有清晰的主体性、能动创造性和传奇色彩，通过锐意进取、艰苦奋斗改变环境，劳动的过程也是主体自我觉醒的过程。《大江东去》塑造了三个典型人物，分别代表着改革开放时期的国营经济、集体所有制经济、私营经济的劳动者形象。《重卡雄风》里锐意创新的年轻改革者和兢兢业业的前辈工厂人以大公无私的精神和对技术的执着追求，将重型卡车的中国制造变为中国智造。网络文学中也不乏女性劳动者身影，她们在边疆成立女子采油队，开荒办厂，以坚硬强干的面貌打破对女性的刻板形象。还有以"一带一路"、援非建设为背景的网络文学，展现了在国际上奋斗的中国劳动者的形象。被大英图书馆收录的《大国重工》《大医凌然》也向国际展现了中国劳动者昂扬的精神风貌。对于劳动者的塑造和不同行业、职业发展状况的呈现，使网络文学摆脱过去娱乐化、猎奇化的倾向，不断探索现实主义的广阔道路。

中国有大量的文学爱好者和深厚的群众文艺创作基础，随着媒介发展，劳动者可以借助文学创作进行自我表达。"皮村文学小组"就是这样一个由劳动者组成的群体。他们闲暇时间聚在一起讨论文学，不定期出版刊物，尽管文学基础薄弱、缺乏专业写作训练，但他们丰富的生活经验、真挚的情感、蓬勃的生命力、善于应变的劳动智慧，依然带给人们全新的视角。他们的作品集《劳动者的星辰》，以丰富的故事承载了这个时代丰富的细节。"皮村文学小组"的指导老师张慧瑜对这些"学生写作"评价很高，他认为工友们的写作"最不功利"，"离精神性最近"，他们不指望能发表，"写出来就很幸福"。更令人触动的是"工人们面对命运不卑不亢，大悲大喜都能坦然面对"，他们的作品不沉湎于过度抒情和自我关注。一批高校教师、作家也会为他们进行授课、点评，在与工友的接触中，青年知识分子不再扮演高高在上的导师，而是俯下身来向劳动者学习。张慧瑜就鼓励自己的学生通过非虚构观察记录劳动者的生活，一些媒体人、学者也主动体验外卖骑手的工作，去挖掘科技、算法背后被遮蔽的情感世界。

范雨素、陈年喜、王计兵、胡安焉这些平凡的劳动者从事着和文学毫不相关的工作，甚至没有受过完整的教育，但他们依然坚持用文学这种古老形式书写时代的发展和身边的故事，展现民间社会的众生相。他们的优势在于能用丰富的工作经验和真实的生活细节，呈现出生命的粗粝质感和人与社会复杂的关联，尽管在语言、结构、技巧上有所欠缺，但并不妨碍他们借文学表达真情实感和对社会的独特观察，具有鲜明的时代特色。和循规蹈矩、按部就班成长的文艺青年相比，他们有各自不同的成长轨迹，身上体现了真诚坦然的创作态度和对文学对生活独特的理解，纠正了当下文学创作由于生存背景和汲取资源相似而越来越同质化的倾向，呈现出勃勃生机。

普通文学爱好者数量庞大，虽无法直接登上文学期刊，但新媒体给了他们表达的平台，展现他们生活里的沉淀，也为文学重新"赋形"。2023年快手、B站分别推出诗集《一个人也要活成一个春天》《不再努力成为另一个人：我在B站写诗》，创作者有农民、建筑工人、外卖骑手、家庭主妇、留守老人。作诗的场景也很随意：火锅店、小卖部、玉米地、送外卖的途中、婴儿身边。短视频的形式更让他们工作、生活场景得以生动再现，诗歌从可听可读变成可看可感，显示出生活处处充满着诗意，鼓励人们不断去发现。

这种劳动者的创作还原了文学本来面貌。文学不是专属于精英阶层的奢侈品，也不是消费社会里的商品，而是充满无限的精神潜能，可以打破身份、环境的束缚，在文学面前，众生是平等的。文学是波澜壮阔时代的一份见证，每个劳动者的"文学作业"都承载了这个时代丰富的细节和饱满的情绪。文学更是心灵的起点，是一种真挚情感的抒发和繁重压力下的释放，人们借文学进行对话，寻求"他们懂我"的共鸣，从自我联结到世界。就像外卖诗人王计兵表达的，"我笨拙地爱着这个世界"。

这种由劳动者书写、源自生活土壤、真挚素朴的文学还有着可复制性，能吸引更多人对生活进行挖掘，展现各种有趣的灵魂和复杂的人生经验。他们的作品浓缩了劳动者的生活智慧和巨大的生命能量，见证生活、工作的酸甜苦辣和时代的众生百态，真挚而动人，给当下文坛带来一股鲜活气息，把虚无缥缈的文学重新拉回到大地。

可以说文学是展示劳动者形象和劳动者自我展现的很好方式。自古以来文学作品就以劳动场景和劳动智慧为素材，如今它以更多元的表现形式和更便捷的生产方式，鼓励劳动者自我书写。"文学"本身就是扎根于新时代的一种创造性劳动，它不只是一个摆放在书架的名词，还是一个动词，一种行动方式、思考方式。文学有能力参与到社会发展的实践中来，照亮劳动者前行的脚步，通过对劳动精神的弘扬为中国现代化发展注入能量。

党的十八大以来，习近平总书记多次围绕劳动的价值、弘扬劳动精神进行深刻阐释，如2016年4月26日，习近平总书记在与知识分子、劳动模范、青年代表座谈会的讲话上谈到："梦想属于每一个人，广大劳动群众要敢想敢干、敢于追梦。说到底，实现中华民族伟大复兴的中国梦，要靠各行各业人们的辛勤劳动。"① 2015年4月28日，习近平总书记在庆祝"五一"国际劳动节暨表彰全国劳动模范和先进工作者大会上的讲话中强调："我们一定要在全社会大力弘扬劳模精神、劳动精神，大力宣传劳动模范和其他典型的先进事迹，引导广大人民群众树立辛勤劳动、诚实劳动、创造性劳动的理念，让劳动光荣、创造伟大成为铿锵的时代强音，让劳动最光荣、劳动最崇高、劳动最伟大、劳动最美丽蔚然成风。"② 习近平总书记还着重强调树立榜样的重要性，"劳动模范是劳动群众的杰出代表，是最美的劳动者。劳动模范身上体现的'爱岗敬业、争创一流，艰苦奋斗、勇于创新，淡泊名利、甘于奉献'的劳模精神，是伟大时代精神的生动体现。"③

可以说中国形象就是劳动者的形象，中国故事就是劳动者勤劳勇敢的故事，中国精神就是劳动者艰苦奋斗的精神。中国梦要靠劳动者的埋头苦干、担当作为来实现，只有看到他们，才能看到中国。在一个叫嚷着"躺平"的年代，新时代文学工作者有必要重新弘扬劳动者的奋斗精神、奉献精神、创造精神，书写出他们的荣光，关怀他们的情感世界。更要在文学作品里凸显劳动模范的榜样力量，大力宣传他们的先进事迹。广大作家也要在文艺创作的劳动过程中不断校正自己的视野，细心观察时代变化，生成新的自我。

---

① 习近平：《在知识分子、劳动模范、青年代表座谈会上的讲话》，《人民日报》2016年4月30日第2版。
② 习近平：《在庆祝"五一"国际劳动节暨表彰全国劳动模范和先进工作者大会上的讲话》，《人民日报》2015年4月29日第2版。
③ 习近平：《在知识分子、劳动模范、青年代表座谈会上的讲话》，《人民日报》2016年4月30日第2版。

"进博物馆"与"鼎成为碗"
——鲁迅对文物价值现代性转化两种路径的思考

王 芳

"一战"结束后,中国知识人对传统文化的态度较此前更为复杂,排满革命时期拥有天然合法性的复古立场与国粹建构,此时一方面存在着内部分化堕落,一方面无法回答遽成风潮的世界主义潮流提出的新课题。但无论是追索脉络加以接续,还是吸纳各类资源再造文明,现代知识人的深层目的都是不让中国人从"世界"中被挤出去。其关怀之切,学养之深,眼界之广,使得现代学界成为一个传统文化创造性转化的大型试验场,值得我们今天再次注目。

民国初期,随着考古学的强势崛起,出土文物成为通向历史真实的最重要路径。不过,历史真实并非仅仅指知识的确凿,对鲁迅来说,他并不否定学术和知识生产的科学化,但更在意文物传达出的具有实感的历史印象,并试图在此基础上做出历史观的判断——1935年,在与朱光潜关于陶渊明、古希腊文艺以及古文物是"静穆还是热烈"的论辩中,鲁迅始终坚持,充满汗迹血腥的热烈的生活,才是历史的本相,这与他在晚清文言论文《摩罗诗力说》中的意见并不相远。事实上,以文物为中介悬想历史本相,并以历史"争抗劬劳"[①]的本相激励民众,始终是鲁迅实践的方向。清末民初,鲁迅关注文物古迹展览,试图通过历史文物的文化光焰激发爱国心,

---

① 《鲁迅全集》第1卷,人民文学出版社2005年版,第69页。

是"造成人民"的一种路径；1920年代，鲁迅依旧关心博物馆的建设问题，只是对于文物与民众发生精神联系的可能产生质疑，并对文物经手者的私心报以无奈和愤恨；而到了1930年代，鲁迅在与朱光潜的论争中得出新的结论，除了知识分子通过文物布满锈迹花纹对历史展开投射和悬想以外，文物还有一种新生的可能性，即擦去锈迹花纹，瞬间抛开值钱的痕迹，文人的趣味，直面历史原本的模样，呈现出历史热烈的本相——"鼎在周朝，恰如碗之在现代"。文物从私心的交易价值和虚静的文人趣味中解放出来，才有可能成为当下与历史发生联系的契机。

一　考古与展览：以文物"造成人民"的设想及困境

从晚清至民国，金石学在制度上逐渐被考古学所替代，但无论是挖掘，还是进一步的研究工作，都面临重重困难。1919年，马衡在北大开设金石学课程，撰《通史材料征集议》呼吁征集书籍、金石和器物，所见状况与晚清时仍相似："近年地层发现非不多也，而人民视为利薮，官府置若罔闻，操纵之权，司之牙侩。一器一物之出土，国人尚未及知，转瞬已入外人之手。虎伥鬼蜮，言之痛心。……按各国博物馆之设，与国人公共保存其庋藏之品，有加无已，永无散佚之虞，立法何等美善。我国虽已仿行，尚在幼稚时代。"① 乃至端方书中著录藏品现已大量亡佚，很可能是流向海外了，情况较之晚清更为严峻。三年后（1922年），北京大学研究所国文门考古学研究室成立，但到了1923年，研究室所藏古器数量仍严重不足，于是在1923年5月成立古迹古物调查会，强调发掘工作。根据查晓英的调查，从1924年开始到1930年，古迹古物调查会确实组织了较多考古活动，但真正的发掘工作，即1919年提出、1927年重提的洛阳太学

---

① 马衡：《通史材料征集议（续）》，《北京大学日刊》1919年第285期，第4页。

发掘计划始终没能实行，直至 1929 年和 1930 年才分别发掘了唐墓和燕下都。①

对于学科化和科学化的潮流，鲁迅在学术层面是认同的。罗振玉、王国维之学重视实地挖掘和科学的研究方法，鲁迅受其影响颇大毋庸置疑，按照日记和书账记录，他先后购置了二人编著近 40 种，这在鲁迅藏书中也是少见的。张杰在《鲁迅与"罗王之学"》一文中总结了鲁迅对罗振玉和王国维的评价有三个层面，"在政治层面上，鲁迅对他们忠君、保皇以及极力维护和复辟清朝统治的腐朽观念和顽固立场持否定态度。……在道德层面，鲁迅不屑于罗振玉而肯定王国维……在学术层面上，鲁迅重视'罗王之学'，因此能跨越学界樊篱，并把'罗王之学'与自己摆在了适当的位置"②，颇为中肯。事实上，1920 年代从考古发掘，进而研究产生合格的"知识"，并非容易的事。

晚清时鲁迅警惕来中国实地探访矿物文物的"幻形旅人"，后来则独独推崇王国维的国学，一正一反实际上都是对实地学术研究的推崇。在 1922 年的文章中，鲁迅同时谈到了这两件事："中国有一部《流沙坠简》，印了将有十年了。要谈国学，那才可以算一种研究国学的书。开首有一篇长序，是王国维先生做的，要谈国学，他才可以算一个研究国学的人物。……当假的国学家正在打牌喝酒，真的国学家正在稳坐高斋读古书的时候，沙士比亚的同乡斯坦因博士却已经在甘肃新疆这些地方的沙碛里，将汉晋简牍掘去了；不但掘去，而且做出书来了。"③

孙伏园回忆 1924 年自己和鲁迅游西安的经历时，也谈到了系统挖掘和研究难以展开，他说西安的古迹大多遭到焚毁，"长安城里几乎看不见一点唐人的遗迹"，而所存较多的则是地下的陵墓，从表面

---

① 参见查晓英《从地质学到史学的现代中国考古学》，硕士学位论文，四川大学，2003 年。
② 张杰：《鲁迅与"罗王之学"》，《鲁迅研究月刊》1999 年第 8 期，第 69 页。
③ 《鲁迅全集》第 1 卷，人民文学出版社 2005 年版，第 419 页。

上看不见,"陵墓的价值,全在有系统的发掘与研究……适之先生常说,孔子的坟墓总得掘他一掘才好,这一掘也许能使全部哲学史改换一个新局面,但是谁肯相信这个道理呢?……但是谁有这样的兴趣,又谁有这样的胆量呢"。大部分人的意见,是"不准有系统地发掘",但实际上被盗墓者和外国研究者掘空,"古墓依然尽被掘完,而知识上一无所得的"①。可见,鲁迅和孙伏园游西安时对此也是无奈且不知希望在何处的。

1926年离开北京,身处厦门的鲁迅还是与金石碑拓脱不了关系,与晚清时热心张罗学生参观古迹、向平民开放展览相比,此时鲁迅已颇为灰心,但依旧将这个事业看得严肃而重要。当年10月4日、10日和16日给许广平的三封信中,都提到林语堂主持开展览会的事,"玉堂也略有此意,所以不日要开展览会,除学校自买之泥人而外,还要将我的石刻拓片挂出。其实这些古董,此地人那里会懂,无非胡里胡涂,忙碌一番而已"②。这类展览会似乎是对外开放,给本地人而非专给学生的,鲁迅并不反对展览拓片,只是觉得没人会懂;16日的信中,鲁迅则展示了他对展览主持者和展览物的不满:"一点泥人和一点拓片便开展览会,你以为可笑么?还有可笑的呢,陈万里将他所照的照片陈列起来,几张古壁画的照片,还可以说是与'考古'相关,然而还有什么牡丹花,夜的北京,北京的刮风,苇子……。倘使我是主任,就非令撤去不可;但这里却没有一个人觉得可笑,可见在此地也惟有陈万里们相宜。又国学院从商科借了一套历代古钱来,我一看,大半是假的,主张不陈列,没有通过;我说'那么,应该写作'古钱标本''。后来也不实行,听说是恐怕商科生气。后来的结果如何呢?结果是看这假古钱的人们最多。"③

不论是对观众"那里会懂"的不抱希望,还是对展览主持者专业性的不满,归根到底都是因为鲁迅对于文物的展览有所期待。对于鲁

---

① 孙伏园:《鲁迅先生二三事》,湖南人民出版社1980年版,第82页。
② 《鲁迅全集》第11卷,人民文学出版社2005年版,第143页。
③ 《鲁迅全集》第11卷,人民文学出版社2005年版,第160页。

迅而言，面向民众的展览会是一个传承民族文化记忆，唤醒民众爱国心的重要空间和机制，因此，文物展览的目的和价值，在于其上附着着通往历史的活的光晕，并由此"造成人民"[1]，这也是晚清鲁迅重视乡邦古迹游览和介绍的原因。

鲁迅也是在这些实践中逐渐认清，彼时他在古文物上所见的中国历史文化之"光晕"，大众并不在意，甚至其他知识分子也仅仅在意其交易价值，在意自己能否得到私利。在1927年的《谈所谓"大内档案"》[2]中，鲁迅对此做了一次深入的揭露。和一般的收藏不同，以"大内档案"作为历史博物馆的资料，不仅东西稀有难得，自带神秘色彩，引得民间谣言纷纷，如鲁迅说的"我早先还听得人说，其中且有什么妃的绣鞋和什么王的头骨哩"，似乎"大内"之中有着什么了不得的"魂"；然而"神秘色彩"的出路却是最不神秘的交易，而非具有"光焰"的精神传承，这是鲁迅对于中国神话和文物的共同感慨。另一面，这是收藏史上的大改革，皇家藏宝阁转为公共博物馆，中国人一向重视"历史博物"，但却没有什么公共的展示。然而鲁迅用自己的经历和所见告诉大家，中国的历史文物大多是被偷去成了私人的，不仅从前偷，到了民国"历史博物馆筹备会"也一样偷，图书馆的厄运也不在于战争，"是在好书被有权者用相似的本子来换掉，年深月久，弄得面目全非"。

文物具有如此之高的价值，正因为中国文化对历史高度崇尚，但如果这种崇尚并未产生具有公共性的价值，只是因此不断增值抬价，成了满足私利的买卖，则历史也会走入虚无。作为一个文物研究和展览的实践者，鲁迅侧身其间长达几十年，深入了解这一传统的存在运作方式，其经验、批评和主张也因此具有洞察性。博物馆作为建构民

---

[1] 参见《维持小学之意见》（署名周树人、周建人，刊《越铎日报》，1912年1月19日）："侧惟共和之事，重在自治，而治之良否，则以公民程度为差，故国民教育实其本柢。上论学术，未可求全于凡众，今之所急，唯在能造成人民，为国柱石，即小学及通俗之教育是也。"

[2] 《鲁迅全集》第3卷，人民文学出版社2005年版，第585—594页。

族国家想象的重要空间，其建设需要主事者有见识和公心，鲁迅对彼时博物馆制度化过程中出现的种种问题的批评背后，是对文物如何与民众产生精神联系自晚清始终不绝的关注和思考。

二 擦除文物的锈迹花纹：悬想历史的中介与重现本相的历史

民国的器物之学，在考古学等的影响和刺激下更为彻底地专业化，研究者个体情怀逐渐压入纸背。尽管鲁迅自己也是致力于科学与启蒙的一份子，但身处学院（以及卷入与学者的口角风波中）的他已经敏锐地感知到"启蒙范式"对于其他可能性的削弱。

19世纪上半页，赫尔德等人认为，艺术是有机的、整体性的，以环境和时代为单位，反对普适的理性叙述。经过19世纪不断发展，这些观念已经成了欧洲文学艺术的基本原则，也极大地影响了鲁迅。因此，鲁迅相信直观感受对于人的精神的冲击，其艺术观不局限于文学内部，他看重物质文化和美术，这些兴趣促使他通过收藏和把玩艺术品，获得对时代更直观的了解，他在恋物和对恋物的超克之间徘徊，并由此达至对于特殊环境下的"时代"及其精神的想象。因此，与鲁迅对中国古代文化的接受和想象并非"不及物"的一样，要了解一个他所创作的关于某时代的文本，找到他赖以建构想象和文本的物质中介至关重要——这种通过视觉性、美术的物质中介，充满情感地想象和建构本民族传统文化，是鲁迅"国民性"的另一面，即浪漫主义与民族主义天然的情感联结。

在"沉默的十年"中，鲁迅搜集拓片的直接目的是为《中国字体发达史》作材料上的准备。看起来，他的工作与同时代的学者如胡适、顾颉刚、容庚、马衡等《国学季刊》主要作者接续清儒的工作并无宗旨上的差异，也是用新材料在"科学性"的方向上努力，就像胡适在《国学季刊》"发刊宣言"中提出的，在材料和论题等方面"扩大研究的范围"。鲁迅这项一直未面世的工作，实际上为他的文学创作提供了养分和必不可少的基础。诉诸直观的器物和图像所能提供的，不仅仅是其遗留或残存的文字材料，更是作为历史物件所透露的不可复制、不可他求的时代气息，这成为鲁迅想象一个时代的基础。

《铸剑》一文在历史背景叙述等缺失的情况下，以"鼎"和"钺"乃至"剑"等古器承载了时代信息——套用鲁迅晚周"根柢在巫"的判断，这个时代并不指向具体的王朝，而是笼统的巫术时代。有赖于金石学兴趣和积累，鲁迅在《铸剑》中较为准确地还原了此一时期器物的功用，在此，上古器物不再是被收藏保存、摩拓研究、等待"进博物馆"的骨董，而是在文本中获得了新的"生命"。

在知识传统之外，金石传统中始终有一条暗流，即研究者主体与历史建立起某种溢出于具体知识之外的情感联系，通过器物及其传递的信息，"追摹"和悬想逝去时代的遗风。宋代《考古图》作者吕大临将上古器物的用途等信息的失落归咎于秦火，"遗编断简，仅存二三"，而意外出土的"尊彝鼎敦之器"，其形制文字用途皆难以了解。面对这些难得的器物，他所做的是"观其器，诵其言，形容仿髴，以追三代之遗风，如见其人矣"。这种主观感受溢出于近代"考古"概念之外，或者说，研究者主体对于历史/器物对象的主观情感本是中国"考古"观念的题中之义。

与儒家脉络中的前辈一样，金石学为鲁迅悬想和建构上古时代所提供的，便是负载于器物上的上古时期元气淋漓的社会初相。在《说胡须》[①]中，鲁迅由胡子想起长安，绝不仅仅因为只有长安的佛教造像、碑林等上才有关于胡子的图像资料，而是因为长安本身就是中国历史想象的核心，而胡子的问题，又关乎国粹的想象和建构，这才是两者之间的根本联系。陈平原谈及鲁迅自己的叙述和孙伏园、冯雪峰等人回忆鲁迅对长安寄予的文化想象，其前提也是"古老的长安，某

---

① 《鲁迅全集》第1卷，人民文学出版社2005年版，第183—189页。

种意义上,成了中华文化的象征"①。在孙伏园的回忆中,"印象"是一个很重要的词,未见的时候是"幻想"(孙伏园:"古迹虽然游得也不甚少,但大都引不起好感,反把从前的幻想打破了";鲁迅:"到那里一看,想不到连天空都不像唐朝的天空,费尽心机用幻想描绘出的计划完全被打破了"②)。见了之后,结合着从书本得来的知识,转为印象,"但一叩问鲁迅先生的意见,果然在我意中又出我意外地答复我说:'我不但甚么印象也没有得到,反而把我原有的一点印象也打破了!'"③。孙伏园本人看重的主要还是"知识",但鲁迅却要获得"印象",陈平原称之为"凝聚着历史情境、空间意识、生活体验以及审美感受的都市景观"④。事实上,从"景观"转为"印象"便是文学产生的过程:相较于细节本身,印象更具有整体性;但在鲁迅这里"印象"并不是抽象和空洞的,需要建立在直观、丰富、准确的大量细节的基础上才可能获得。从知识到印象,鲁迅试图以主体可感的方式来把握历史,正如对于《故事新编》,鲁迅透露自己的得意之处,就是"没有把古人写得更死"。所谓没有"更死",也就是如何在语言中复活古人,最重要的不在于是否还原了史实,而是能否让读者体会曾经活着的历史和人物——作为文学者的鲁迅,在"知识"的历史外,更看重的是历史是否有可能在当下的场域重新发挥作用。

正因为看重历史与当下的联系,所以鲁迅始终警惕历史文物被各类制度等把持不断走向僵死的价值和趣味取向,这是使得历史真正失去光辉,走向虚无的沉沦之路。1933年,鲁迅谈及当时学界和官商之间关于影印《四库全书》的争论,发现官商要用清代"钦定"之

---

① 陈平原:《长安的失落与重建——以鲁迅的旅行及写作为中心》,《鲁迅研究月刊》2008年第10期,第9页。
② 《鲁迅全集》第14卷,人民文学出版社2005年版,第279页。
③ 孙伏园:《长安道中》,载孙伏园《鲁迅先生二三事》,湖南人民出版社1980年版,第82页。
④ 陈平原:《长安的失落与重建——以鲁迅的旅行及写作为中心》,《鲁迅研究月刊》2008年第10期,第25页。

"珍本",而学界则主张若经删改则应用完整的"善本"来替代。《四库全书》删改是鲁迅一直关注且痛心的问题,这次当然是支持学者的观点,但他看出,学者的主张是不会通过的,"即使在中国,恐怕生意也还是'珍本'好。因为这可以做摆饰,而'善本'却不过能合于实用。能买这样的书的,决非穷措大也可想,则买去之后,必将供在客厅上也亦可知。这类的买主,会买一个商周的古鼎,摆起来;不得已时,也许买一个假古鼎,摆起来;但他决不肯买一个沙锅或铁镬,摆在紫檀桌子上。因为他的目的是在'珍'而并不在'善',更不在是否能合于实用的"。决定"珍"和"善"价格差别的,在于难以言说的某种神力,"况且'钦定'二字,至今也还有一点威光,'御医''贡缎',就是与众不同的意思"①。

在1933年的论述中,鲁迅强调的是"鼎"和"沙锅"在实用性上差异不大,但因为历史或皇家钦定之"威光",价值全然不同,物的本质已被全然湮没,不过"土财主"还是各种文化和权力威光无意识的追随者。但到了1935年,鲁迅在与朱光潜的论辩中,讲了一个全然不同的"土财主买鼎"的故事:"记得十多年前,在北京认识了一个土财主,不知怎么一来,他也忽然'雅'起来了,买了一个鼎,据说是周鼎,真是土花斑驳,古色古香。而不料过不几天,他竟叫铜匠把它的土花和铜绿擦得一干二净。"对于土财主的这一明显违背古董收藏规律的行为,"一切'雅士',听到的无不大笑",然而鲁迅在吃惊过后,"接着就变成肃然,好像得了一种启示",这启示是"觉得这才看见了近于真相的周鼎",因为"鼎在周朝,恰如碗之在现代","所以鼎在当时,一定是干干净净,金光灿烂的",是"热烈"的。②

鲁迅不认同朱光潜将"静穆"作为文艺的虚悬极境的观点,因为这种脱离历史现实的艺术标准,不仅是覆盖遮蔽了热烈历史的真相,

---

① 《鲁迅全集》第5卷,人民文学出版社2005年版,第283—284页。
② 《鲁迅全集》第6卷,人民文学出版社2005年版,第439—444页。

同时也是与当下人民的真实生活失去了联系。因此，"鼎"被剥去所有历史负载，成为用来吃饭的"碗"的瞬间，便成为鲁迅顿悟的灵感来源。鲁迅深切感到历史在中国文化中巨大的神力，而被擦去古花纹的鼎获得了热烈和生活气息的一瞬，就是"当下"获得神力的瞬间，超越物本身的泛神论从古物转移到了今物。古鼎一方面是重要的历史文物，承载着儒家历史价值；另一方面，也延伸出了文人雅士的古趣审美，在儒士和文人两个文化脉络中，都有特定的位置和意义。这样一个文物甚至可说是重器，被完全不理解这两层文化内含的土财主把"历史痕迹"和"古趣审美"擦拭得一干二净，再次恢复了光辉灿烂的原身，闪耀着只有热烈的当下才会有的光芒——这样一个鼎，本来只能带着它的"土花斑驳，古色古香"进博物馆或者毫无生机地存放在财主的家中，如今却获得了一种被擦拭、抚摸和使用的可能，获得了作为一个器物的未来，呈现出一种活泼泼的当下性。

鲁迅看重文艺、物件、历史与人民的日常生活之间的真实联系，看重各类文物存在于历史之中的勇猛本相，而不是将之虚悬起来放进"艺术之宫"，作为古人曾经"热烈""抗争""勤劳"地生存于这世界上的痕迹，文物只有被从交易价值和虚静趣味中解放出来，才有可能成为历史与当下发生联系的契机。

新时代文艺生产的现代性与时代精神
——兼谈《柳青》电影的"人民性"

田美莲

新时代文艺的生成机制、传播路径都发生了巨变,而如何形成具有内生力量的整体文艺生态环境,并激发出艺术生产的现代性与时代精神,就成为了我们当下必须面对的文化现实问题。为此,我们不仅要赓续优秀传统文化,关注当代文化生产与传播机制出现的新变化,而且要从更高的视野与文化的视角,梳理与追踪文艺发展的前沿话题,以对新时代的新形态文艺进行有效考察。这将为中国当代文化、艺术研究引入新的视角与新的方法,也为构建中华文明自信、构建精神共同体,尽可能地获得一些新的思路与路径。进一步说,对于文艺所涉及的核心价值观、生产传播、文化传统等方面,我们不仅要从当代艺术的精神溯源、生存现实与创作环境进行拓展研究,还要从跟人民相关的大众传媒等更多的领域予以观察,从而深入地进行探讨。这里我们不妨以电影《柳青》为例,对其所蕴含的历史主体性、现代性力量、自我革命、精神价值等,进行分析。

《柳青》电影被提名为第十九届华表奖优秀故事片,获得了中宣部"五个一"工程优秀故事片奖。作为新时代的一部影像文本,由田波导演拍摄了整整6年,剧本大改了几十次,它是如何体现红色经典所承载的"革命性"与"人民性",又是如何展示出当前文艺生产的现代性与时代精神,以及传达出了怎样的核心价值观等,这一系列问题引发我们的思索。我们知道柳青作为传主,进入电影的理由,自然有很多。这个曾经随北京大学毕业的大哥到米脂上小学的少年，从大哥那里接触到了共产主义理想，读到了《共产党宣言》，加入了共青团，之后逐渐走上了革命征途，贴近人民大众，并以生命创造与誊写了中国自我革命的奇迹。因此，柳青不仅是一个当代文学与文化史上的大师，成为了作家路遥"文学教父和人生导师"，更是一个见证中国人民创业历史，追赶时代之光的中国革命精神的实践者。

显然，作为经典大师的柳青，因其所创造的时代价值与精神价值等，成为了我们的精神标杆。早在 2014 年 10 月 15 日召开的文艺工作座谈会上，习近平总书记就提到柳青扎根乡村，"蹲点 14 年，集中精力创作《创业史》。因为他对陕西关中农民生活有深入了解，所以笔下的人物才那样栩栩如生。柳青熟知乡亲们的喜怒哀乐，中央出台一项涉及农村农民的政策，他脑子里立即就能想象出农民群众是高兴还是不高兴。"[①] 这是习近平总书记第一次郑重地提到柳青。2017 年 10 月 19 日，习近平总书记在参加党的十九大贵州省代表团讨论时，再次提到党政干部要学柳青，接地气。"他就是长期在农民里面，对他们非常了解。中央的文件下来了，他就知道他的房东老大娘是该哭还是该笑，他很了解老百姓的想法。党政干部也要学柳青，像他那么接地气，那么能够跟老百姓融入在一起。"[②] 这些都体现了新时代新形态文艺生产的现代性、时代精神，以及红色经典文化传播等方面，所必须要把握的艺术核心原则，那就是艺术生产与人民性之间必然具有关联性，要体现人民的历史主体性价值，以及精神价值的本土建构等。

一 激活了红色经典内蕴的现代性力量

尽管新时代文艺生成机制、传播路径等发生了巨变，但当代文艺

---

① 习近平：《在文艺工作座谈会上的讲话》，《人民日报》2015 年 10 月 15 日第 4 版。
② 韩秀峰：《柳青向我们走来……》，《陕西日报》2018 年 6 月 13 日第 12 版。

新形态既积淀了中华儿女的生存智慧、革命激情与精神意志,也承载了与内蕴了特定时代的历史与现实文化心态的特质,具有跨时代表达的思想内核,而有时这种内核是不可轻易地被复制和还原的;同时,这种艺术样态象征着共和国文艺生产的调性,是属于集体力量与意志的样式,高蹈革命的激情、理想还有时代气息,但又是超越时代的且成为了中华民族精神的有机构成,当然也体现了新时代的主流核心价值观。那么在当下,回到这种具体的革命历史语境中,如何处理个人意志与集体意识、个人情感与历史使命、知识分子与乡村生活模式之间的关系,进而在这种冲突关系中,突出所要叙述的主题:现实即生活,生活即创造。这也是检视主创者审美创作能力及水准的核心所在。

《柳青》电影主要改编自柳青女儿刘可风所撰写的《柳青传》文本,内容自然也涉及《创业史》,这部被誉为"经典性的史诗之作"的红色经典长篇小说,存在由印刷文本到视觉文本的转换。应该说,柳青践行了毛泽东《在延安文艺座谈会上的讲话》精神。早在1952年春,在新中国开始新征程的历史时刻,柳青就到陕北乡村创业,他有着革命的激情与高远的理想,也追随中外伟人的精神品格:"高尔基和鲁迅在他们开始创作活动以前和创作活动初期同样也是读过许多(比我们更多)本国的和外国的、古典的和现代的作品,但是他们的作品一开始就带着独到的思想和独创的风格;因为他们是拿自己的生活经验为基础创作的。"[①] 柳青具有中西文化交汇的开阔的视野,他接续了中国传统文化、五四新潮思想、延安革命精神,吸收俄苏批判现实主义等国外经验,并与中国本土中华民族情绪、创业精神结合,挥洒而构成了具有鲜明的中国特色、中国风格、中国气派的小说范式。如果说他的《种谷记》《铜墙铁壁》展示了战争年代中国人民群众的正义、激情与意志,对中国乡村的出路做出了勘探,那么"《创

---

① 柳青:《和人民一道前进——纪念毛泽东〈在延安文艺座谈会上的讲话〉十周年》,《人民文学》1952年第6期。

业史》把长篇小说艺术推向新的审美层次，其叙事之严谨和细节之精致，对苦难中人性的表现和对农民劳动的赞美令人耳目一新，是文艺为工农兵服务时期公认的巅峰之作和红色经典。"[1] 这部历时六年、四易其稿的以《稻地风波》为名的小说，在1959年《延河》4月号开始连载。自8月号起，柳青接受读者的意见，改名为《创业史》第一部，至11月号刊载完毕，并于同年11月在《收获》第6期发表《创业史》第一部全文。次年《创业史》第一部单行本由中国青年出版社出版，随即引爆全国文艺界。作为历史真实人物与事件的影像表达，《柳青》自然需要将新时代的审美与核心价值叠放其中，力求让"红色经典"在新时代获得增值、释放出新的动力源，这也契合当前艺术界新的思考点。

电影《柳青》以时间（1952、1955、1958、1964、1970）为刻度为线索，按照编年史形式结构叙事，讲述了新中国成立初期作家柳青放弃城市优渥的生活条件，回到陕西长安皇甫村扎根十四年，与农民一起搞农业合作化，从土改运动后农村出现了新分化，到建立农村互助组模式，再到成立初级社和高级社的故事，其间涉及"大跃进""四清""文化大革命"等运动与重大事件，并展示了柳青《创业史》的创作过程和心路历程。影片对轰轰烈烈的农业合作化运动场景进行了描绘，也揭示了合作社内部矛盾与农民的复杂心理。电影《柳青》作为一部现实主义题材的作品，体现了历史与现实、作家与人民、文学与电影的对话，是知识分子介入乡村现实的革命性探索与生活实践，也成为了社会主义自我革命的一面镜子。

从电影文本生产及传播来看，电影《柳青》拓展了电影表意与写实的空间表达。第一层面是属于表层面的语言与修辞，比如以画外音的方式出现的内心独白，还有注入的文学观念等，这足以包容电影艺术作品的多义性，保持开放的阐释空间，赋予其多重的美学与文化意蕴，具有真实的历史依据和社会实践意义。如影片中的经典台词：

---

[1] 阎纲：《纪念柳青学习柳青》，《人民日报（海外版）》2021年11月12日。

"政策好不好,就看农民是哭还是笑?""合作化是探索与实践,为后人提供借鉴。""社会发展都是遵循一个规律,探索一条适合自己的道路。""我就是失败了,也是对文学的一种贡献"。这都是柳青的内心与精神世界的投射。第二层面主要以动态的影像来构成,所涉及的历史画面具有视觉冲击力,也有可能成为较直白而出现残缺的现实。《柳青》片尾有一组镜头:面对火红朝日升起,柳青站在高高的塬上,吟诵了一首诗:"襟怀纳百川,志越万仞山。目极千年事,心地一平原。"此后,电影进入到叙述的高潮。镜头转向了一赶着马车农民的背影,柳青发出了独白:我看着他们就亲。电影从远景到近景,切到柳青嘴角抽动、流一行清泪的特写。这样的画面令人动容与感佩。第三层面最坦率而且保存相对完整,诸如电影画面中的地域文化元素花馍、窗花、动物雕塑、麦田里矗立的石刻神像,以及陕西方言等,妥帖地嵌入到电影叙事,增添了地方人文性与民间色彩。如此,电影结构不仅容纳了柳青的思想变化与创作追求,更主要的是将农民精神面貌、内心世界及乡村生态等整体摄入,在一个巨大的社会新主体与国家现代化建构的时代氛围中,凸显人民的精神面貌与内心世界。此外,电影也以一种新时代的考察视角,对历史中的主体与其所处时代的负责关系予以审视,从中发掘出新中国现代化道路上,恒常前进的精神力量与文化支撑之所在。

二 乡土中国自我革命的实践者

《柳青》将艺术还原到真实的生产和生活内部的在场的经验性与现实性,重视对"人民"作为主体本身所蕴含的丰富的历史内容与艺术可能性的发掘。其创作机制的核心,就是昭示电影是表征与建构意义的,构成了一个历史与现实交融的装载空间,容纳了柳青所面对的复杂的历史史实,也展示了《创业史》小说生成的多重内在的思想内涵。同时还揭示了生产方式、生产关系的变动导致了革命的发生,传达出政治、经济、社会、人性等构成了交织在一起的一张网,形成了新旧势力、新旧力量的对抗，并且触动了共同走向前进的必然之路的历史动力。同样，电影里面人民内部新旧力量的抗衡、对比，也促动了整个新中国自为的自我革命发展空间的现代化构建。

电影时间—空间中的柳青共有几个重要阶段：一是归乡初期的创业。一开始展现在镜头里的柳青，是风华正茂的知识分子气质，他以西装革履现代知识分子的样态，带着理想与激情回归乡村，立志要改写中国乡村现实，记录新中国的社会发展。很快，柳青实现了干部、知识分子、农民身份的转换与叠合，当他以光头与乡村着装形象出现时，坐在树下的农民看到后立刻站起来围住了他。二是非常时期的创业。柳青以火热的激情，融入了乡村创业模式，但在对接到乡土现实的过程中，遭遇了来自特殊时代的考验与曲折，柳青始终坚定革命信仰，依然关心民生的问题。尤其是在轰轰烈烈的"大跃进"运动中，在激进的时代氛围中，眼瞅着玉米烂在地里收不上来，他在暴雨中拖着生病的身体，带领农民抢收庄稼。其间，尽管柳青遭遇了莫大的变故和磨难，诸如脊背生疮、病痛缠身、吃住艰苦、挨斗、痛失爱妻等，但他始终没有倒下，仍然不放弃对农村合作社存在的得失，以及对中国乡村发展道路的理性思考。《柳青》电影按照艺术创作规律处理生活素材，电影通过构图、俯拍、远景、逆光等电影语言，将人的朴素情感与广袤大地上的稻田、动物自然之境融合，尽显社会主义初级阶段人民的创造力、向心力与意志力，歌颂了人民勤劳、质朴的精神与人格。整体上来看，电影的艺术气质浓烈。其中围绕互助组的建立与合作社的推行，是电影浓墨重彩的部分，前期合作化生产，无论在摄影、构图、俯拍、远景、布光都充满革命浪漫主义气息，形成轻盈、欢快的运动镜头与节奏。尤其是电影中升级高级合作社重点戏份，采用了长镜头的表现方式。而随着矛盾和政治运动发生，光与影逐渐变得暗淡，多为沉重凝滞的固定镜头出现。

影片尽显传主生命本身精神高度与精神力量，洋溢着革命乐观主义的光芒，也焕发出了人类生命崇高之美。通过对柳青、王家斌等人物形象的塑造，电影立体地展示了他们的协作与互动，推动了整个故事情节发展，体现了作为党的领导者与作家的多重使命，唤起了新中国农民自觉意识与使命意识以及生命崇高的意义。柳青深入乡村、扎根乡村，住在简陋的庙里，过着朴素的艰苦的生活，认准"要想写作，就要先生活，要想塑造英雄人物，就要先塑造自己"。当妻子欣喜地拿着中国青年出版社寄来的一万六千元稿费时，柳青却毅然决然地将《创业史》的稿费全部捐献出去，扶持当地公社乡村的基建，带着妻儿们继续过清贫日子。影片也没有回避在现代化创业的演进过程中，激进的冒进的思想给创业带来的种种不适，出现了对诸多"运动"中的创业及创业环境的展示，从而将人民所触及的生产现代性与精神的现代性进行了追问，也将现代化想象与复杂的现实性之间的关系予以挖掘。当合作社主任王家斌被批斗而为"我们这半辈子弄合作化，弄了个啥？"和"我们实事求是为什么？"困惑时，柳青的回答掷地有声："我们做工作要对得起自己的良心就可以了，又不是为了表扬，更不是为了升官发财。"应该说，1950年代的中国社会围绕乡村现代化建设与城市化建设，已经投入了巨大的宏观调控力量，在这种时代激进的征程中，柳青们面对现实的冷静与坚持，这一切身体力行的奉献与作家高洁的灵魂，还有他的风骨、气节与品格，都获得人民的尊重与敬意。

三 精神价值的中国本土建构

恩格斯说过："历史就是我们的一切，我们比任何一个哲学学派，甚至比黑格尔，都更重视历史。"[①] 对作为历史主体的人民，进行真实的描摹与刻画，是新时代新形态文艺的一大美学追求。《柳青》是对经典的另外一种方式的解读，彰显了柳青的大视野与大格局，不仅具有史诗性的历史意义，也体现了柳青介入乡土现实的实践及创业革命的当代意义与启示。电影叙述回到历史的语境中，以合作化运动中

---

① 《马克思恩格斯全集》第1卷，人民出版社1956年版，第650页。

作家与农民的互动、协作共同创业为基点，还原与展演历史中的人民作为社会乡村主体的构建者，贴合社会主义建设的发展思路，投入到乡村合作社道路的革命实验中，取得了振奋人心的成就。也因为历史的运动变化，这种实践偏离了发展轨道。在这个过程中，新旧思想产生了冲突，进步与落后、积极与消极等形成了分化。作为一个对党和国家有坚定信仰的作家，柳青真实地记录农民的生活现实与时代的发展，也以自己的革命意志与精神力量参与到中华民族基石的铸造。

电影强调了人民的主体性构建。电影不仅要把柳青作为一个革命者的英雄形象来塑造，而且也要通过人物与时代、环境的冲突矛盾，来反映革命创造的复杂与艰难；同时在"大历史"与"新主体"的关系中，将人民作为时代主体与精神谱系的缔造者，展示他们在中国社会主义初期积极参与物质财富的建设、精神共同体的构建的风貌。此外，在集体创业的过程中，不仅柳青发生了蜕变，每个个体也都发生了革命性的蜕变。影片真实地体现了农民自己当家作主、创造美好生活的愿景与主体性；但也毫不回避农民自身存在的狭隘与消极心理。还有涉及个体生存与尊严的问题，影片当然也关切到了农民创造价值的问题。比如王家斌最后的苦闷，已经不是温饱的问题，而是上升到了关于精神困惑与道路迷茫的问题。

此外，《柳青》强调了理性精神价值的力量，这同时也是对历史经验的总结与理性反思。电影以柳青为叙事主体，刻画了一位经典作家的内心世界与灵魂的刻度，通过柳青与农民的关联故事的电影镜头与生活场景的展示，揭示了中国发展的史诗般的真实境况，并且在歌颂英雄人物的同时，也展现出由于冒进的发展思路与政治强行介入的乡村，出现了背离社会自然发展规律之弊端；也有对生产方式、发展速度、政策的反思与问题意识，因而充满了理性探索的勇气与质疑精神。如在电影中，庙宇外墙上的八个大字"庄严国土，利乐有情"，原本系佛经里《般若经》《法华经》《菩萨本行经》《华严经》所倡导的，意在以圆满的智慧启迪人心、净化力量，维护国家利益，造福人类、利益众生，这里成为了点题之笔，既昭示了电影主题，与柳青的精神一脉相承，也把人民性和现代性的主旨通过优秀传统文化的样式展示出来。

最后,电影践行了社会主义价值观的先锋性。《柳青》传达出柳青作为多重身份的艺术家的秉性,他作为大秦岭孕育出的具有深邃眼光的艺术家,高蹈着革命理想主义与激情,承接传统东方式哲学经验,积极吸纳马克思主义基本原理等经典文本,真切地把握了社会历史的脉搏,从互助组到合作社,从新民民主主义革命到社会主义革命,从旧农民到社会主义新主体,还有社会主义工业化以及城乡关系,绘制了一幅激荡着时代激情与意志的动态图景,展示了人的内心世界,探索了人的自身存在价值与生命意义,展现了社会主义时期新的情感结构与精神结构。同时,展示了具有共产主义新信仰的社会主义时代下的新的历史主体,他们的自我革命与创业精神,正是在中国现代化国家建构中,构筑了社会主义现代性想象与乡土实践本身。

当然,透视一个时代里中国人的精神世界,必然要涉及情感表达。《柳青》电影展示了作家与人民的情感、家人的情感、国家的情感等,更以影像建构起大众对民族、国家、历史的集体认同,承接了《创业史》的自我革命的创业精神,在个人、集体、乡土、民族、国家的多重"创业"叙事中,描绘了人民自我改造和思想转变,体现了中国人自主创业的精神独立性,也表达了中华民族文化中的"家国一体性"。如对石像生的展示,用空镜头别有深意——既表现出神禾塬上这片土地历史悠久,富有传奇故事,更在美学上体现出中国样式。还有农民夜里抢收玉米的画面,有一种历史对接到生活的超现实感。如此,这昭示了在历史的长河中和沃野上,人民才是土地和历史永恒的主人。应该说,电影对创业精神做了崭新的诠释与有意义的探索,不仅彰显了中华民族的脊梁,也向世界展示了超越时代的精神价值的中国构建,闪烁着新时代构建人类精神共同体的智慧之光。

结　　语

虽然新时代文艺生成机制、传播路径及文艺形态发生了巨变,但文艺生产的现代性与时代精神,以及人民的主体性如何呈现在各种艺术形式中,仍然是一个核心问题。透过电影潜文本的文化符码,我们走进了主创者的内心世界,发现《柳青》电影因叙事、故事性与文学存在同一性,而有着内在的衔接与转换,但也因各自的审美范式有着独立的形态,存在着参差对照性。两者促成各种艺术的共生与交互,从而营造出具有内生力量的文艺生态环境,必然要遵从主流意识形态、经济结构等,也恪守着自我的艺术原则。同时,人民文艺与文艺新形态中的主体人民,成为了电影与文学彼此联结的核心存在,不仅围绕着反映人民性的立体多维、复杂性存在,也深刻地反映出一个时代里的文艺新形态,就是要表征人民的主体性认知,也展示出了文艺阵营中保守主义与激进主义之间的争锋本身,从中发掘出社会发展的进步性与新生力量。

今天,在大众传媒力量的积压下,以电影形态为主的视觉影像对历史中人民的真实生存样态作了展现,既有历史时间里的生命厚度与纵深感,也有新时代电影的发展逻辑,贯穿了对现代性与历史关联的梳理,并且吸引到观众解读历史,回到具体的历史语境与发展脉络中去,以现代的眼光去审视历史中的人物与思想。这或许就是《柳青》电影所包含的意义。这一切,都是因为人民的主体实践及其精神活动,不仅是社会现实的反映,更是要创造与改造现实;而作为历史的、社会的、文化的艺术载体,也必然伴随着反映与改变现实,构成文艺新形态,并在此过程中完成着文艺精神、意识形态的自我革命,铸造着中国人的隐忍、坚强、内敛的民族性格,也形构着中国人的精神结构,乃至人类精神命运共同体。

当代文学批评的古典意识与民族情感

徐 刚

在讨论中国当代文学的批评经验时，如何处理和安放古典意识与民族情感，似乎一直是纠缠我们的重要问题。长久以来，此类事关西方与东方，世界和中国，普遍与特殊，传统和现代的议题，总能成功掀起"古今中西之争"的话语"涡流"。曾经一度，我们沉浸在"走向世界"的宏伟理想之中，然而如人所见，世界并不"平坦"。关于这种"不平"，抑或某种"霸权"生态在文学世界的反映，法国理论家帕斯卡尔·卡萨诺瓦在《文学世界共和国》一书中曾有所描述。如她所言，"世界文学"空间其实与现实国家具有同构性，"这是一个被心照不宣的力量支配的空间，但是它将决定在世界上到处被写出来并到处流传的文本形式"[1]；它将会建构它的首都、外省和边疆，它有中心与边缘，而文学资本往往高度集中在宗主国，对世界文学政治产生决定性的影响。于是，中心的辐射与边缘的"逆袭"，成了这个故事中必不可少的"剧情"。正是在这个意义上，如歌德所惊呼的，"一种具有普遍意义的世界文学正在形成，我们德国人在其中将扮演光荣的角色"[2]。这其实也是在提示我们，在对世界文学这一超越性的话题进行表述时，民族身份的建构问题始终处于重要位置。时至今日，这样的问题更加清晰。随着全球化与本土性的碰撞日益剧

---

[1] [法] 帕斯卡尔·卡萨诺瓦：《文学世界共和国》，罗国祥、陈新丽等译，北京大学出版社2015年版，第26页。

[2] [德] 歌德：《歌德论世界文学》，查明建译，《中国比较文学》2010年第2期。

烈，后现代思潮甚嚣尘上，世界性的多元主义获得空前强调，文化民族主义重新回流，对于处在潮流之中的中国当代文学批评来说，我们不得不重新思索"中国"的意义究竟何在。这当然需要我们从古典意识和民族情感的层面去探寻，去追索。

一

在梳理当代文学的批评经验时，我们需要重点关注的是今天已然占据主流的所谓"学院派"批评。在系统清理"学院派"批评的是非功过之前，我们可以比较粗略地确定这类批评的三种要素：一是批评者的学者身份；二是批评中的学理性；三是写作时的学术规范与专业化特征。即从批评主体来看，它注重的是完整的学院教育和正规的学术训练；从批评方法来看，它注重知识、学术的谱系化，强调批评的理论视野和知识结构；从批评风格来说，它大多是谨严、庄重的论说体，而很少用散漫、自由、活泼的印象体。就当代文学而言，"学院派"批评家其实主要是由就职于高等院校、科研机构的当代文学教研工作者构成，他们或者有着较好的文艺理论根基，或者有着深厚的现代文学功底，他们的文学批评更多体现出文学研究的特质，在话题的选取与论题的阐述上，相对以沉稳扎实见长。研讨当代文学中一些相对稳定的现象与一些比较重大的问题，是他们的强项之所在。概而言之，"学院派"批评意味着理性、严谨和引经据典，它力图建立批评者与学者的双重身份，保持与商业、政治及社会体制的一定距离，而寻求批评的独立意义。其实，法国著名文学批评家阿尔贝·蒂博代在他的代表作《六说文学批评》中，早已指出了以大学教授为主的职业的批评的主要特征。一方面是优势，体现出批评者良好的学养、系统化的知识、宽阔的视野以及持论较为平和、学理性强等特征；而另一方面则是不足，由于重规矩规范而显示出沉闷的学究气，缺乏敏锐的艺术感觉，等等。

事实上，"学院派"批评的最大问题在于，批评的学理性空前加强,但批评的现实感却极大弱化。批评蜕变为从理论到理论,从文本到文本的游戏,而失去了现实的针对性,批评有时候会沉浸在单纯理论操练的欢悦之中,在阐释的游戏中迷失了批判性,而流于一种无效的分析。那些满腹经纶的批评家仿佛执意不愿与群众对话,他们的文章虽不乏某些哲学的、文化的、史学的高端知识,却唯独不愿痛快地告诉人们有关文学与社会的新鲜体验。这不由得让人想到伊哈布·哈桑对后结构主义批评家的批评,"他的文风完全可能是晦涩费解的、也许甚至是令人讨厌的",而那些冷僻的"拜占庭式的贡戈拉主义",实乃出于他们的"过于矫揉做作"。正是这种"矫揉造作",构成了某种极端自恋的文艺观念在批评中的投影。这也难怪读者会在"看不下去""看不懂"的抱怨中,将这类批评指斥为"学术黑话"。这当然只是"学院派"批评进入"走火入魔"状态的表现,但也确实是客观存在的普遍问题。尤其是考虑到目前多数批评从业者都在学院谋职,他们不得不服膺于学院教学和科研考核的基本原则。然而在此需要指出的是,作为一种批评方式,或者说学术建制,"学院派"批评的形成自有其历史原因。这也是20世纪90年代以来学术转型的产物,文学批评的学院化与"思想淡出,学术突显"的社会现实密切相关,再加之海外汉学的深远影响,文化研究的持续冲击,年轻一代批评工作者所经受的教育和学术训练,使得学术化、理论化的批评模式成为文学批评的新常态,这也造成了当今文学批评的基本样貌。

尽管"学院派"批评的重要性不可否认,甚至依然是批评活力的重要来源,其理论的穿透力,所带来的历史纵深感,所囊括的社会宽广度,其通过文本的细致阅读,精微的分析所达致的作品阐释力,并不是随感式的评论所能轻易替代的。但我们依然有理由抱怨它的诸多弊端,比如,"学院派批评"的僵化就有目共睹,"食洋不化"的毛病极为突出,操持者往往将高头讲章辅以西方理论,将文学批评包装成"神圣不可侵犯"的样子。这里尤其重要的是,西方理论的先入为主,往往令批评不堪重负。因而,如何张扬一种"中国性",成为摆在当代文学批评面前的一个严峻问题。

二

20世纪90年代，面对西方文艺理论的强势冲击，中国传统文论在世界范围内的"失语"之势逐渐彰显，理论界顺势展开了有关"中国传统文论的现代性转换"的讨论议题，由此引起了一系列旷日持久的争论，也取得了一些阶段性的成果。当然，随着古典时代的远去，现代生活的深入人心，我们不得不承认，以中国古代文论为核心的批评方式，在阅读和阐释今天的文学文本时必将面临某种错位和无力。确切地说，"五四"以来借助日语翻译而引进的诸多西方概念，已然构成了我们话语言语的基本方式。时至今日，倘若依然执着地使用"道"或"气"，以及"风骨""神韵""滋味"等传统概念或命题，来处理以"五四"新文学为根基的中国现当代文学，其有效性显然是大打折扣的。当然，现当代文学中又始终存在着西方文论无法捕捉和消化的"硬骨头"，比如废名、汪曾祺，再比如阿城。在面对这类承继着古典文脉之余绪的现当代作家时，西方理论的局限性是显而易见的。因此就中国当代文学批评而言，在"固守"传统与"全盘西化"之间撕扯、抉择，从简单的"中体西用"，到以古典文论思维及文法术语为核心，融通西方文论，达致中国文论的新境界，成了一项极为紧迫的理论任务。

好在面对20世纪90年代以来的学科宰制，重新反思"学院派"批评的"走火入魔"带来的种种问题，已经成为学界共识。越来越多的批评者发现，在颇显僵化的"学院派"批评之外，李健吾、李长之等人的体验式、感悟式，或者说是随笔体批评，亦是一种可贵的尝试，可以从中挖掘出某种独特的批评经验。这似乎意味着，在现代性的"间隙"，古典意识的张扬不仅显得重要，更是恰逢其时。更多的例证也在陆续说明这一点。在发表于1993年的《论〈故事新编〉的象数文化结构及其在鲁迅创作中的意义》一文中，张文江曾尝试以象数文化结构读解鲁迅的《故事新编》，他认为该书的八篇小说"互相耦合，似有八卦之象，而《补天》上出之，犹乾象焉"①。这在彼时一派以西方理论解读中国作品的批评风潮中，颇有几分独树一帜的意味。几乎与张文江同一时候，生于安徽的上海批评家胡河清以融通古今中西的批评视域来重新解读当代文学，也给人留下了深刻印象。在《贾平凹论》一文中，胡河清从贾平凹作品中读解出其与西北气脉、奇门遁甲，以及《周易》全息思维的内在关系。而在《中国当代文学与文化传统》《论阿城、马原、张炜：道家文化智慧的沿革》，以及《论格非、苏童、余华与术数文化》等诸多篇章中，他有意跳开马原、余华、格非等先锋作家与西方现代主义、后现代主义文学的师承关系，反其道而行之，敏锐地发现他们的作品与中国古典传统的内在关联。尤为重要的是，他在批评文体上也有鲜明的自觉，其笔法与当时流行的批评方式显著不同。时至今日，胡河清人已故去，他的代表著作《灵地的缅想》却时常被人提起。

看得出来，由西方理论转向中国传统文化，其本身就意味着对现代性视域的超越之意。这一点在王德威对于"有情的历史"的挖掘中有着生动体现。这位哈佛大学的汉学家专注于研讨中国文学中被压抑的"现代性"传统，其对当代文学主流叙事的强烈"解构"意义当然不容忽视，然而他以沈从文、陈世骧、高友工等人的论述为基础，发掘出所谓中国的"抒情"传统，可谓革命之外中国现代性的"生动"一面，其隐秘的文化政治意识姑且不论，这对于当代批评中古典意识的开掘显然具有重要意义。此外，浦安迪从《周易》思维入手，发现《红楼梦》中多使用"二元补衬"，以表达其根植于中国古典思想的世界观念，这也是开掘古典意识的重要体现。

三

不同的人对于当代文学批评有着不同的价值诉求。或是基于某种

---

① 张文江：《论〈故事新编〉的象数文化结构及其在鲁迅创作中的意义》，《社会科学》1993 年第 10 期。

自娱自乐的游戏；或是通过移情的方式体验一种他人的生活，讲述自我的生存经验和人生启示。批评的最初目的和意义就是评判具体的作品好不好，好在哪里，承担甄别和筛选的功能，这是批评的常识。然而，在什么标准的意义上阐释、甄别和评判文艺作品，不同评判标准所显示的不同文化意义，这背后便涉及到意识形态的重要问题。在一篇题为《文学批评的文化责任》的文章中，有论者明白无误地指出了这一点。在文章看来，基于总体文化的要求，对于文学批评的社会功能理应有着更高的期待。作者认为文学批评是意识形态的，这是今天我们完全忽略的问题。文学批评不是简单的作品评价，或者说评价只是一种形式，更内在的是以专业的方式达成某种意识形态目的，最终指向一种文化的培养和精神的养成。比如人们非常熟悉的《十九世纪文学主流》，它要建构的是一种欧洲文学精神，而布鲁姆的《西方正典》，则试图在文化研究的语境中捍卫"伟大的英语文学传统"[1]。

也就是说，文学批评，从其更内在的维度来看，它指向的是一种民族情感的塑造。而民族精神，毫无疑问是一个民族赖以生存和发展的精神支撑，是凝心聚力的不懈动力。在这个意义上讨论当代文学批评，一个至关重要的问题在于，如何守护批评的立场。最近，有关"文学批评的中国视野"的问题，逐渐引起人们的热烈讨论。毫不夸张地说，这也应该是近三十年来中国文学批评界、理论界面临的最重要的问题之一。在 20 世纪 80 年代以来的启蒙主义文学思潮之中，一个全新的"现代视野"曾让国人欢呼雀跃，一时间新思潮的萌动与勃兴所带来的批评繁荣也令人津津乐道。然而很快，在 20 世纪 90 年代的市场化改革之中，自由主义思潮及其表征的文学形式开始显示出它的缺陷与流弊。在全新的反思与激辩中，"西化"与"中国道路"的价值选择逐渐成为一个至关重要的问题。旅美学者张旭东就曾在一篇文章中借讨论本雅明在 20 世纪 80 年代与 90 年代的不同接受方式，讨论批评实践所连带的价值取向问题，进而指出从"资产阶级世纪"

---

[1] 参见杨庆祥《文学批评的文化责任》，《文艺报》2015 年 4 月 17 日。

中苏醒的必要性。① 在这之后，他的许多工作也是致力于在特殊性与普遍性的辩证关系中，重新审视"中国道路"的积极性与紧迫性。

"冷战"格局中的中国知识分子多以欧美为师，然而他们终究在一种世界体系的狂热中失却了中国视野和中国立场。它不仅是一个历史问题，同时是一个认识论的问题，也是一个涉及文学批评方法论的问题。近几十年来，当代中国实现了巨大跨越，社会生活日新月异，文化生态日趋丰富。就反映社会现实，折射人类心灵，始终代表时代精神价值的文学而言，无论是作家的生命体验、创作方法，还是读者的阅读习惯、审美经验，都发生了巨大变化。今天确实需要巨大的勇气和智力去面对中国当代文学。在此，一个重要的问题在于，从文学的民族和本土经验，以及世界文学的多重视野来看待当代文学的独特意义，这既是一种知识的选择，也是道义的承担，它孜孜以求的是当代文化的自我建构。毕竟，批评的实践不是致力于一种轻率的自我诋毁，而是某种积极的文化建构。在此，当代文学批评不仅是一种基于知识逻辑展开的文本阐释，也是基于建构汉语文学世界意义的责任和担当。

---

① 参见张旭东《从"资产阶级世纪"中苏醒》，《读书》1998 年第 11 期。

发展红色童书　讲好党史故事

费　祎

党的十八大以来，党中央高度重视少年儿童的成长和教育工作，2021年初，《中共中央关于全面加强新时代少先队工作的意见》发布，文件指出："少年儿童是祖国的未来、中华民族的希望，也是党的未来。我们党始终高度重视少年儿童、亲切关心少年儿童，始终把培养好少年儿童作为一项关系红色江山永不变色的战略性、基础性工作。"[①] 在中国共产党的百年征程里，活跃着许多少年儿童的身影，他们的故事我们已经耳熟能详，如宣传抗日救亡的少年儿童团体"新安旅行团"的故事，战争时期刘胡兰、王二小、小萝卜头等儿童的故事。这些杰出儿童的事迹，是中国革命史不可忽缺的一个组成部分。新时代的少年儿童，生活在和平安定的环境下，再也不用承受战乱、饥饿和灾荒之苦，并拥有了前所未有的资源和发展机遇，但吃水不能忘挖井人，铭记革命历史，传承革命传统，先辈的精神仍需在新时代青少年身上继续发扬光大。

中国共产党建党已逾百年，在全社会普遍开展党史学习教育之际，如何让新时代的少年儿童群体更好地了解革命历史，传承红色基因，是当前十分迫切的议题。值得注意的是，随着时代的发展，当前儿童的生活方式和思想状况已经不同以往，在党史学习的过程中，必

---

① 《中共中央关于全面加强新时代少先队工作的意见》，《人民日报》2021年2月4日第2版。

须要考虑少年儿童的成长规律，尊重少年儿童的主体地位，用当前少年儿童易于理解和接受的语言和形式来进行教育，如此，才能让他们更好地"学史明理、学史增信、学史崇德、学史力行"①。在此，笔者认为，推动、鼓励"红色童书"的出版、阅读和推广，是一个非常好的路径。

一 利用好红色资源，大力支持革命历史主题原创绘本的创作和推广

习近平总书记强调，"要把红色资源利用好、把红色传统发扬好、把红色基因传承好"②。百年征程里，中国共产党领导中国人民在民主革命、社会主义建设和改革开放过程中涌现出了许多感人的英雄事迹和革命故事，留下了许多珍贵的文物资料。除了这些真实的文物和史料，当代文学史上还有一些优秀的革命历史小说，也是可兹利用的红色资源。从这些丰富的红色资源中，我们可以精选一些素材，创作出一批适合少年儿童阅读的绘本。

绘本也称图画书，是由文字和图画共同组成的特殊的书籍，开本多样，文图关系的配合形式也十分丰富，从封面到封底，从文字的内容到插图的风格，书中每一个细节组合起来，给儿童提供一个综合的审美体验。在绘本出现之前，国内面向儿童的读物，主要是传统连环画和用于识字启蒙的挂图，自21世纪初欧美绘本引进中国后，编译、宣传、推广国外优秀绘本，便成了国内一些童书出版公司的主流做法。自2010年以后，绘本市场逐渐兴盛，近几年，因为全民阅读的大趋势和亲子阅读的流行，绘本已经成为国内儿童教育图书市场的主要读物。

---

① 习近平：《学史明理 学史增信 学史崇德 学史力行》，《新长征》2021年第8期。
② 习近平：《贯彻全军政治工作会议精神 扎实推进依法治军从严治军》，《人民日报》2014年12月16日第1版。

◈❖ 学思践悟：新时代文化使命与文学研究

"中国革命历史是最好的营养剂。"[①] 将红色资源转化为绘本，可以让当代儿童在自主阅读中潜移默化地触摸历史。对此，国内出版界已经有了一些尝试，如2015—2016年解放军文艺出版社相继推出的"和平鸽绘本系列"和"长征绘本丛书"，收有《南京那一年》《我们家的抗战》《心型雨花石》《虎子的军团》《红军柳》《远去的马蹄声》《爸爸的木船》《在一起》《小太阳》《大郭小郭行军锅》等书，以绘本形式讲述抗战和长征故事，进行革命传统教育。2017年，电子工业出版社出版了"我的大英雄"剪纸绘本丛书，该丛书是手工剪纸配图的红色革命题材的儿童绘本，分别为《雷锋的故事》《杨靖宇将军》《巾帼英雄赵一曼》《狼牙山五壮士》《战斗英雄黄继光》《伟大的战士邱少云》《刘胡兰的故事》《人民英雄》8册。此外，还有一些单册图书，如反映共产党员生平的《李保国》，但总体而言，革命历史主题的原创绘本数目仍然较少，且在内容和制作形式上也存在单调、不够丰富的缺点，目前在市场上的销量和关注度都不尽如人意。

如何进一步提升革命历史主题原创绘本的创作水平？首先要进一步丰富、扩大此类图书的题材和选题范围，不限于战争中的人事，还可以将选题扩展到共产党成立时的情境、一些革命先驱的成长经历、部分革命文物的来源、社会主义建设和改革开放时期的大事记和先进人物的先进事迹，乃至共产党人在最近三年多的疫情防控中涌现出的许多感人事迹等。此外，还可将一些优秀的"红色经典"改编成绘本。在这方面，出版界已积累了一些成功的经验，比如根据鲁迅的经典散文改编成的绘本《风筝》《从百草园到三味书屋》，根据萧红的长篇小说改编的套装绘本《呼兰河传》，都进一步扩充了读者的文化和审美体验。借鉴以上成功的改编经验，一些知名的革命历史题材的短篇小说，如王愿坚的《七根火柴》、孙犁的《荷花淀》等，都可以配上插画改编成绘本。而一些长篇小说如《小兵张嘎》《闪闪的红

[①] 习近平：《在党史学习教育动员大会上的讲话》，《求是》2021年第7期。

星》《城南旧事》等，亦可以发展出如套装绘本、立体书等多种出版形式。总之，要把先辈们的英雄故事用更为丰富多样的形式讲述给少年儿童听，才会起到良好的教育作用。

二　改良传统连环画，积极鼓励中共党史题材连环画的创作和推广

连环画（又称小人书），是中国一种特殊的书籍形式。和现在流行的绘本相比，传统连环画同样采取图画叙事，但图文关系是固定的上图下文，没有绘本那么形式多样，在色彩上通常为黑白图文，也不像绘本那样丰富多彩，其优点是故事性强，老少咸宜，开本小，方便携带，成本低，价格低廉。连环画在20世纪50—80年代，曾普遍活跃在中国的城乡各处，产生了极其广泛的影响。80年代后期以来，因开本、主题、装帧等原因及市场关注度不够，连环画开始衰落，不仅创作界新作渐少，经典连环画的销售市场也逐渐被欧美绘本、日本动漫、画报、画刊取代。21世纪以来，随着人民生活水平的提高和科技的发展，电脑、智能手机、电子游戏、电子阅读设备逐渐普及，这些新的传播手段提供了更为丰富和海量的影像体验，装帧和印刷相对简陋的传统连环画失去了广泛的传播基础，逐渐走向边缘化。

在各个时期品种众多的连环画中，曾涌现出一批优秀的表现共产党艰辛创业历程的连环画，如《鸡毛信》《林海雪原》《渡江侦察记》《铁道游击队》《红日》《红岩》《敌后武工队》《山乡巨变》《朝阳沟》等。这些革命历史题材的连环画多改编自当年知名的文学名著，凝聚了几代绘画精英的心血，文学和艺术水准都达到了相当高的水平，有的在艺术性上要远高于当今的普通绘本，对当年的读者影响很大。2023年6月1日习近平总书记在考察中国国家版本馆之际，谈到少年时读小人书的经历："这些小人书都是全套的，我小时候都翻烂了，《岳母刺字》《牛头山》《枪挑小梁王》《双枪陆文龙》《小商河》……"，总书记对连环画的价值予以了高度评价，称"这些小人书很有教育意义，

画小人书的人功夫也深，都是大家"①。

中国的好东西不能丢了。新时代，我们需要继承和发展传统连环画的成功经验，并吸取其衰落的教训，将连环画这一最具"中国作风"和"中国气派"的艺术形态加以改良，让其重新成为老百姓尤其是全国少年儿童所喜闻乐见且获益良多的读物。

首先，这就需要文学作者、美术家及出版界积极关注、学习、利用好中国传统连环画的丰富资源，推动优质连环画"活过来"，创新出版、发行和装帧艺术，将之以适应时代要求的新面貌推出来。在文字上，以现代儿童的语言习惯对传统连环画的文本内容进行适当修订；在形式上，要进行版式优化，用现代绘本的设计语言对原有连环画的图文关系、色彩、构图、媒材等不足之处进行改进优化；再次，升级为大开本。传统连环画一般只有巴掌般大小，在当前高度发达的出版市场，很难吸引当代儿童的兴趣，而升级为大开本，将原有的32开或64开的小开本，扩展到12开或16开的大开本，更符合当下儿童的阅读习惯和需求，也方便他们更好地领略老艺术家们精湛的艺术之美。

在革命历史题材方面，当前国内多家美术出版社已进行了尝试，纷纷推出红色经典系列连环画，如上海人民美术出版社的"经典连环画阅读丛书——战斗英雄故事"，天津人民美术出版社的"红色经典连环画珍藏版"，连环画出版社的"百种红色经典连环画"，中国电影出版社的"中国红色教育电影连环画丛书"，河北美术出版社的"中华红色教育连环画"等。这些丛书或增大开本，如"中华红色教育连环画"丛书将原来的小开本调整到16开；或以某一类主题成套推出，如"百种红色经典连环画"分为"英雄人物篇""峥嵘岁月篇"等多个种类出版。但以上这些系列所做的创新还嫌不足，在套装的装帧、封面设计等方面仍然有进一步提升的空间。

---

① 习近平：《担负起新的文化使命 努力建设中华民族现代文明》，《人民日报》2023年6月3日第1版。

在此，国内一些出版社针对传统文化主题连环画所做的改良值得借鉴，比如"活字文化"策划的"中国绘本"系列，精选了《牛郎织女》《白蛇传》《李逵闹东京》《少年将军岳云》四本名家杰作，以注重传统文化特色的连环画为载体，文字和体例上则进行了改编，以左文右图的大开本绘本形式呈现。又如连环画出版社出版了"中国绘本彩色连环画系列"，对《西厢记》《木兰辞》《孙悟空三打白骨精》等6册连环画以彩色大开本形式予以改版。这些"新连环画"重新获得了市场的认可和儿童读者的欢迎。可以说，在改良革命文化主题连环画之际，如何改进色彩、开本、装帧等形式，让中国艺术和革命精神相结合，是出版界需要考虑的关键问题。

除了对既有连环画进行改良，还要鼓励新的创作，针对当今儿童的阅读特点创作出适应时代需求又有中国文化特色的高质量、丰富多元的连环画作品。这是新时代振兴连环画的重要途径，也是让新时代儿童主动走近革命历史的重要路径。在此，出版界和创作界已经有了一些成功的尝试，值得借鉴和予以推广。如解放军出版社2012年出版的军史连环画《星火燎原》系列（4册），连环画出版社于2014年出版的党史连环画《红色的历程》系列（10册）。图文并茂的形式，既符合青少年阅读，也适合文化程度偏低的部分党员和普通读者了解党的历史。而著名艺术家沈尧伊创作的长篇连环画《长征·1936》，以连环画的形式全方位、多角度展现了长征这一历史事件，其另一部杰作《征路星火》则以恢弘的画卷对南方游击战争进行了侧写，这两部连环画杰作，既让当下的读者了解了历史，又让人感受到了老艺术家精湛的艺术。期待以后能涌现出更多、题材更丰富的新作品。

三 努力打造红色"纸上博物馆"，积极开展"云阅读"

国内众多的革命博物馆、军事博物馆、纪念馆、党史馆及红色旧址等，是党和国家的红色基因库，承载着党的历史记忆，是激发爱国情怀的重要场所。习近平总书记在参观西柏坡纪念馆、焦裕禄纪念馆等红色旧址之际,就曾多次感叹,"每一件实物、每一个故事都能引起我的心灵共鸣"[①]。要讲好党的故事,除了组织青少年现场参观、实地感受中国革命波澜壮阔的历史和革命先烈的英雄事迹之外,还有必要让这些馆里的文物"动起来",并且"走出去"。

一方面,可以通过将之选编成当前最受儿童欢迎的绘本的形式,将"一幅幅图片,一件件实物,一封封电报,一个个故事",通过形象生动的图文予以展示、出版。另一方面,还可以采用立体书(绘本的一种)的形式,打造"纸上博物馆",让这些博物馆,不仅"可观",还"可触""可感""可听",让躺在展柜里的文物和展品,和广大少年儿童在绘本里得以亲密接触。相比单纯在博物馆、纪念馆里观看展品和阅读介绍性的文字,立体书这一形式显然更有吸引力,受众也更广泛,并且也有利于少年儿童反复温习。

当前的图书市场上,介绍名城或文化场馆的原创童书已有一些,比如绘本《北京:中轴线上的城市》,该书采用细致的工笔画描绘了北京的四季和时代的变化,书中将紫禁城三大殿做成了拉页设计,生动的图文不仅吸引青少年的阅读兴趣,还可以帮助读者直观地了解北京城的构成和相关知识。介绍博物馆的则有《打开故宫》,作为一本纪录片式的历史绘本,该书采用立体结构和翻翻、推拉等纸艺技术,直观地呈现故宫的建筑、器物、景观及人物,文字上则注重详解诸多立体结构的内容以及背后的中国传统建筑文化,精巧而新颖的设计,深受青少年读者喜欢。

至于立体书领域,"乐乐趣童书"已做出了初步的尝试,其推出的"自信少年读经典立体绘本"系列包括《白求恩大夫》《为人民服务》《南泥湾的故事》和《黄河边的民族强音》四个故事。这套书设计的巧妙之处在于选取故事中的高潮情节和经典桥段,分别用3D立

---

① 习近平:《在河南省兰考县委常委扩大会议上的讲话》,载习近平《做焦裕禄式的县委书记》,中央文献出版社2015年版,第33页。

体场景进行呈现，用立体方式演绎红色故事，让小读者通过更直观的空间触摸和场景想象，更好地感受革命精神和家国情怀。对此，我们可以充分借鉴这些图书的创作经验，还可吸收一些介绍世界著名博物馆的图书（如意大利出版的《伟大的博物馆》丛书）的创作经验，在多方学习的基础上予以形式创新，尽可能地将承载着党的历史记忆的革命博物馆在纸上予以精彩呈现，建造一批声情并茂的"纸上博物馆"，增强少年儿童对革命历史文化的学习兴趣，并让这批"纸上博物馆"走进千家万户。鉴于这部分图书的创作成本较高，建议政府设立专项出版基金，鼓励、支持相关图书的出版和流通。

在当前的儿童书籍出版市场上，从国外引进的绘本和童书占据着相当大的份额，它们在养成儿童人格发展、培养想象力和创造力等方面起到了相当大的作用，也对中国原创绘本提供了许多珍贵的经验，但因为文化差异，也存在不少水土不服的现象。我国原创绘本仍然有很大的发展潜力和空间，在当前的形势下，加大传统文化主题和革命文化主题童书的投入，势在必行。还要强调的一点是，在互联网时代，云阅读是大势所趋，为满足不同层级儿童的需求，我们还需要加大技术力量投入，开发出更丰富多元的图书形式（如点读版、视听版、可供下载和阅览的电子书版）及更专业的红色童书 App，利用新媒体对红色童书进行多元而广泛的数字传播和推广。此外，若有必要，还可以进行多媒体推广和周边文创如文具、服饰等的设计生产，在更广泛的社会层面上增加关注度。

期待我们未来的童书市场上，涌现越来越多的优质红色童书，为培育坚韧、勇敢、爱国的新时代儿童提供充分的滋养。

当代文学与"人民性"问题

程　旸

一

我对这一问题的看法是，对当代文学中"人民性"的理解，首先是与中国共产党建党100周年这个大视野、大框架联系在一起的。

中国当代文学自1949年"建史"以来，"人民性"问题就被确立为一个核心概念。周扬在为第一次文代会所作大会报告《新的人民的文艺》中指出："文艺座谈会以后，在解放区，文艺的面貌，文艺工作者的面貌，有了根本的改变。这是真正新的人民的文艺。文艺与广大群众的关系也根本改变了。文艺已成为教育群众、教育干部的有效工具之一，文艺工作已成为一个对人民十分负责的工作。"① 这是对毛泽东《在延安文艺座谈会上的讲话》的权威注解。按照我的理解，毛泽东同志之所以在《在延安文艺座谈会上的讲话》中明确提出这一问题，是由当时中国革命发展的需要所决定的，这就是，以文艺为武器，团结动员广大人民群众，以实现民族自救和中国革命的最终目标。而在这一过程中，文艺的"人民性"问题得到了极大的强调。事实证明，在新中国成立初期，在五六十年代社会主义建设阶段，文艺与人民之间确实产生了史所未有的紧密联系，发挥了积极的

---

① 周扬：《新的人民的文艺》，载王尧、林建法主编，郭冰茹编选《中国当代文学批评大系1949—2009》，苏州大学出版社2012年版，第10页。

作用，由此，也成为中国当代文学的主要历史特色之一。

但是，进入改革开放年代以后，由于经济建设成为新的中心，当代文学中的"人民性"在不少文学作品、文学评论乃至大众的文化消费中，出现了走弱的趋势。当然，不可回避的是，"四人帮"的极"左"文艺思潮严重破坏了当代文学的正常发展，它的极端文艺表现，对文艺与人民在思想和艺术上的健康联系，造成了极其负面的影响。① 正因为这一思潮的物极必反作用，与一个时期内过分物质化、实用主义观念之上的双向效应，导致了强调"个人"，忽视"大众"利益的倾向，尤其在进入21世纪以后的二十年，这种情况令人日益忧虑。在这一背景下，习近平总书记关于文艺工作的一系列讲话，使文艺重新回到人民性的历史轨道，因此有着突出的现实意义和历史意义。他在"七一"讲话中，对"人民性"问题有过深刻的阐述："人民是历史的创造者，是真正的英雄。""江山就是人民、人民就是江山，打江山、守江山，守的是人民的心。"② 在其心目中，人民是党的工作的最高裁判长和评判者。与此同时，他强调了文学艺术在当代社会发展中的重要作用及其特殊功能。"文学艺术创造、哲学社会科学研究首先要搞清楚为谁创作、为谁立言的问题，这是一个根本问题。""一切有价值、有意义的文艺创作和学术研究，都应该反映现实、观照现实，都应该有利于解决现实问题、回答现实课题。"③ 基于这种思考和思想提炼，习近平总书记明确指出："社会主义文艺，从本质上讲，就是人民的文艺。"④ 有学者在学习习近平总书记系列讲话后谈到自己的认识时说："中国共产党自诞生之日起，就把自己融入人民的汪洋大海，以一叶红船乘风破浪，向着无边的广阔星际披荆斩棘！在对文艺问题的理解中，文艺性质是文艺的根本问题，直接

---

① 朱寨主编：《中国当代文学思潮史》，人民文学出版社1987年版，第488—521页。
② 习近平：《在庆祝中国共产党成立100周年大会上的讲话》，人民出版社2021年版，第9、11页。
③ 习近平：《一个国家、一个民族不能没有灵魂》，载《论党的宣传思想工作》，中央文献出版社2020年版，第368、369页。
④ 习近平：《在文艺工作座谈会上的讲话》，人民出版社2015年版，第1页。

关乎文艺的发展方向和功能发挥。"因此,"由此指明了新文艺发展的方向,进一步坚定了'以人民为中心'的创作导向,从而形成了与伟大建党精神的高度契合"①。

如果说毛泽东同志关于文艺工作的"讲话",是基于中国抗日战争的特殊环境,强调文艺鼓舞动员人民群众团结在中国共产党周围,为实现抗日战争的彻底胜利,实现中国革命的最终成功而做出的深邃的思考。那么,习近平总书记对文艺与"人民性"问题的一系列阐释,则是出于改革开放四十年以后,面临的新形势、新要求,而对文艺发展方向和现实功能所进行的深刻分析。如果放在建党100周年这个大框架中,习近平总书记的理论阐释,既是对毛泽东同志文艺思想的继承和发扬,同时也是在新的历史条件下对这一问题认识的积极推进。我个人认为,在中国革命和中国改革开放历史的洪流中,认真学习这些思想,对自己的专业学习和学术研究,都将产生不可多得的思想借鉴和丰富启示。

二

其次,我在研究工作中这样思考,什么才是当代文学包括当代文学史研究最醒目的时代特征?我的看法是,自觉融入现代中国的百年历史之中,尤其是融入彻底改变中国人命运、使中国实现现代民族国家的伟大历史目标,毫无疑义,应该是当代文学也包括当代文学史研究的根本宗旨。

在20世纪五六十年代文学中,这方面表现最为突出的是"革命历史小说",如长篇,马烽、西戎《吕梁英雄传》(1949)、徐光耀《平原烈火》(1951)、柳青《铜墙铁壁》(1951)、孙犁《风云初记》(1951)、杨朔《三千里江山》(1953)、李英儒《战斗在滹沱河上》

---

① 范玉刚:《文艺在高扬人民性中与伟大建党精神的契合——习近平总书记"七一"讲话的文艺视角解读》,《中国当代文学研究》2021年第6期。

(1954)、杜鹏程《保卫延安》（1954）、袁静、孔厥《新儿女英雄传》(1956)、高云览《小城春秋》(1956)、胡考《新四军的一个连队》(1957)、吴强《红日》(1957)、曲波《林海雪原》(1957)、梁斌《红旗谱》(1957)、李六如《六十年的变迁》(1957、1961)杨沫《青春之歌》(1958)、刘知侠《铁道游击队》(1958)、陶纯《为了革命的后代》(1958)、刘流《烈火金刚》(1958)、雪克《战斗的青春》(1958)、李英儒《野火春风斗古城》(1958)、冯志《敌后武工队》(1958)、冯德英《苦菜花》(1959)、欧阳山《三家巷》(1960)、罗广斌、杨益言《红岩》(1961)、李建彤《刘志丹》(1962)、梁斌《播火记》(1963)、郭澄清《大刀记》(1975)等。又如短篇，孙犁《荷花淀》《白洋淀纪事》《山地回忆》、峻青《黎明的河边》、朱定《关连长》、王愿坚《党费》、茹志娟《百合花》等。这种"革命历史小说"萌发于五十年代初，某些作品带有"速成"痕迹。五十年代末至六十年代初，它的创作达到了高潮，这与作者艺术技巧的积累和成熟，作品经过进一步的提炼打磨有一定关系。

革命历史小说之所以对广大青少年读者产生很大的影响和吸引力，就在于这类作品的"革命回忆录"属性和"在场感"。作者作为"当事人"的亲历经验比图书馆、档案馆里的历史材料更具有一种特殊的"说服力"。自然，这种"回忆"里也夹杂着某种个人经历的"传奇"色彩。梁斌说，"高蠡暴动"后，"不少农民死于战场"，有的被"砍下头颅"，"挂在城门上示众"，"家属不敢回家，在旷野里露宿几月"，"当时，烈士们被埋进一个坟丘，直到今天，高蠡一带人民每年清明节的日子，还成群结伙，套着大车，去为烈士们扫墓"。① 孙犁说，学校毕业后，"我也曾有靠投稿维持生活的雄心壮志"，但不久"证明是一种痴心妄想"，只好去当小学教师。可在抗战气氛下，他已感知到"冀中平原的动荡不安"。1938年初见何其芳，孙犁知道了何其芳属于京派，"讲求文字，可没什么革命性"，

---

① 梁斌：《我怎样创作了〈红旗谱〉》，《文艺月报》1958年第5期。

而自己"向往的是那些热辣辣的作品"。不过,就在反扫荡的行军队伍里,却看见"何其芳和沙汀同志""也在队伍中间"。[①] 这正如冯牧在谈到革命历史小说创作的现实意义时所指出的:"革命战争历史是我国革命史中的一个最重要的部分。在全国解放前的几十年间,'武装的革命反对武装的反革命',从来都是中国革命的重要标志。"[②] 因此,作家对革命历史的自觉融入,并把革命当作自己的理想追求,在梁斌、孙犁这两个例证中得到了鲜明的体现,在革命中,他们得到了精神的升华。梁斌从高蠡群众为抗争而慷慨赴死的行为中,获得了人生的启示。孙犁从个人小圈子中勇敢地站出来,投入民族解放的烈火。某种程度上,这是他们革命一代的思想共性,这是一个时代的集体群像。

在新时期文学初期,以文学形式表现一个民族在经历了浩劫创痛之后的悲欢,曾是伤痕文学、反思文学乃至知青文学共同的思想追求。而在这之后,最能揭示当代文学中的"人民性"的,则是乡土题材小说的杰出代表路遥。在一篇文章里,我曾对《平凡的世界》中领导干部田福军的形象刻画做过这样的分析:《平凡的世界》把改善党群关系的一幕,放到田福军在后子头公社看到农民真实的生活状况上。熟悉农民并对农民怀着深厚感情的作家路遥,可以说做到了细致入微和具体生动的程度。田福军在土崖凹村队长家,刚拿起玉米面馍吃午饭,发现这家六个孩子挤在门口眼馋地看着他。他忽然发现这黄馍上沾了些黑东西,到锅里一看,那里全是黑乎乎的糠团子。他放下黄馍吃完糠团子后,马上召集后子头公社和二十几个大队书记开会,劈头就问:你们直接说,哪个队有断粮的!"许多书记都哭开了。"田福军立即冒着危险命令打开队里粮库,把粮食分给缺粮户。这一典型情节曾经被作家张一弓写到中篇小说《犯人李铜钟的故事》

---

① 参见孙犁《文字生涯》(《山花》1979 年第 2 期)、《冀中生活片断》(《广东文艺》1978 年第 3 期)等文章。

② 冯牧:《革命的战歌,英雄的颂歌——略论〈红日〉的成就及其弱点》,《文艺报》1958 年第 21 期。

中，成为被文学批评界反复评说的一个"关键性情节"。小说以一向情感饱满的笔墨，描写了田福军的内心活动："田福军虽然坐在了飞驰的吉普车里，但他的思想还在后子头公社。通过这次匆匆的调查，使他认识到，'四人帮'虽然打倒了，但农村贫困的局面依然如旧。要改变这种状况，必须从根本上来解决问题。"在这里，路遥替县里田副主任表露出这个人物心里隐痛的东西。从另一角度看，他也是借这支笔，写出了他作为农民之子的内心的隐痛。①说路遥是"农民之子"，应该是对他最恰切的命名。

以上是当代文学创作中的主流叙事，这是它迄今立于当代，为广大读者所认同的根本原因。当然，在四十年来的当代文学中，文学多样化仍然是一个值得珍惜的历史品格。我们主张文学贴近人民、反映人民疾苦和心声，但并不排斥文学有其他更丰富的艺术表现；相反，正是这种多样性、丰富性，才使得当代文学的胸怀显得宽阔而博大。

三

鉴于以上所述，我认为，"以人民为中心"的当代史也应成为文学史研究优先考虑的重要问题之一。在我从事当代文学史研究的过程中，我发现，虽然技术性的史料收集整理、目录编纂、作家年谱研究，包括辑存、勘误等等，是绕不开的基本环节；然而，所谓学问，也应当是人生之学，社会之学，它无法脱离社会而孤立存在。

我进所之初，研究室给我分派的三年研究任务计划是做路遥研究。在20世纪90年代后期之前，路遥无论在文学批评还是文学史研究中，曾是一个"冷门"。这是因为有一些人把他当作"通俗作家"，并认为，与1985年以后先锋文学的主潮来比，他的小说技巧比较传

---

① 参见拙作《社会·历史·人心——论路遥〈平凡的世界〉田福军形象的艺术塑造》，《文艺报》2021年4月16日。

统陈旧；另一些人则认为他不是"代表性"作家。所谓代表性作家的认定，在最初阶段，多半是与文学批评的风尚有较大的牵连。在没有经过时间沉淀、历史淘洗之前，这种风尚会造成对文学史很大程度的"误读"，以至产生错误的引导。21世纪最初几年，尤其在最近十几年，这种状况得到很大的扭转。一个因素是以陕西本地学者为主体，搜集、编撰和整理出版了三十多本的路遥研究著作。这里有"年谱""传记""回忆录"及其他相关材料，也有借助这些材料的文学史研究成果。另外一个因素则是在纪念"改革开放四十年"的重大活动中，路遥被国家命名为"改革开放先锋"，这一荣誉是对路遥的历史命名，而这种命名又与国家四十年的大历史建立了有效联系。这种情况下，不光人们的认知视角发生了极大变化，而且当代中国的急剧转型也迫切要求人们拥有这种更具现实性的"历史感"。

为此，我近些年在《文艺研究》《文艺争鸣》《南方文坛》《当代文坛》和《中国当代文学研究》等权威和核心杂志上，发表了六篇学术论文。这些论文以文献材料为基础，以史见为引导，以我对路遥创作与"人民性"问题的理解为切入点，进行了多方面、多角度的研究分析。这些论文主要探讨了路遥与陕北故土、农村青年、乡村社会转型、文化历史记忆等问题的关系，也以考证方式研究了他当年被推荐上延安大学的曲折道路。研究旨在多侧面地展现路遥的精神世界、人生道路、文学观念以及他在中国20世纪70—80年代社会重大转型期所据以的历史位置，同时对他在这一历史过程中的内在矛盾和冲突也做了一定程度的分析。在我看来，认识路遥与当代中国关系史的维度，作为一个文学史研究个案，不仅关乎对这位作家的历史判断，也关乎到对当代乡土题材小说所存在问题的积极思考，更紧连着当代文学与"人民性"问题的深远思虑。对于我来说，由于学力不逮、学养不够，同时在人生经验上储备不足（对于历史研究者来说，后者不能成为他逃避承担历史责任，推卸对历史进行有效、积极的分析的理由），这些因素在一定程度上阻碍着我下一步研究的开展。因此，借这次谈论当代文学与"人民性"的机会，对自己目前工作状态加以反省，并寻找进一步推进研究的内在力量，于我而言是一次难得的契机。

当然，毋庸置疑的是，文学史研究要追求"唯真""唯实"的史识品格，要坚持为真理而立言的精神维度。因此在具体研究中，我虽然对路遥的精神世界表示了极高的崇尚态度，但并不避讳他在实现这一目标的过程中所犯的一些"过失"，例如《路遥在延安大学》通过史料的爬梳对一些具体史实的订正，对一些无须回避问题的有限展开，等等。我认为，不以"一味溢美"态度对待自己的研究对象，恰恰是一种坚持真理的态度，是科学研究的态度。因为，以"人民性"的标准来检查当代文学史的研究，不是对这一研究的人为缩小，反而会使之阔大，具有更高更远的境界。

回顾对"人民性"的认识，对照个人的文学史研究，这种必要积极的反思是很有意义的。

从命运共同体的视角探寻世界华文文学的价值内涵

张重岗

人类命运共同体的理念，对于世界华文文学研究具有启示性的意义。在全球价值观层面，世界华文文学的发展与人类命运共同体的理念具有内在的契合之处。如何从命运共同体的视角，探寻世界华文文学的价值内涵，推动不同文化之间的对话，促进文明新形态的孕育，对于世界华文文学的发展至关重要。

华人的流动和迁徙，在现代世界中是一个常态。在此过程中，华人逐渐融入世界，与其他民族在长期的生活实践中形成了命运的共同体。跨域生活的体验和社会交往的经验，为华文文学创作提供了基本的素材。其中涉及身份认同、文化意识、人性内涵、时空观念、跨域体验、文明融汇等诸多问题，对此的阐发构建起了世界华文文学的话语体系。

世界华文文学的共同体意识，体现在两个相互关联的层面：在文学书写层面，以华人在世界各地的多样性生活经验为基础，传达中华文明与其他文明交融共构的文化理念；在学术研究层面，人类命运共同体的文明互动视角，有助于打开华文文学的研究空间，创造交融共构的新的文化形态。世界华文文学的共同体意识，以中华文化为底蕴，形成了整合与跨域、边缘与中心、中国性与世界性等多重的辩证关系，体现出不同文明相互尊重、互通共融的价值取向。

从命运共同体的理念出发，产生了新的问题意识：其一，世界华文文学的共同体意识如何发生？其二，跨界的学术共同体如何互动共生？其三，如何建构华文文学的多重共构的话语体系？以下从知识谱系学的角度，对世界华文文学共同体中的多重辩证关系进行溯源和疏通，考察华文文学共同体意识的发生、发展和未来前景。

一　整体性视野的内在张力

"华文文学大同世界"的命题，自20世纪80年代提出之后，受到学者们的普遍关注。这一命题，以中华文化传统中的乌托邦理想主义表述，勾勒了一种新的文化形态的理念。人类命运共同体的意识在此有所体现。

这一命题隐含着内在的张力，即华文文学的世界性存在如何"大同"？换句话说，在华文文学领域中，如何在差异性之中探寻同一性？

刘登翰吸纳"华文文学的大同世界"的表述，以此命名自选集，注重世界华文文学的整体性视野。他认为，"大同"是对边界的消解，华文文学的"大同"是一种整体视野。[①] 从文化层面来看，华人或华文文学具有共同的文化脉络和渊源；从学术层面来看，整体性的视野又是建立在跨域建构的基础上，跨域的比较为华文文学研究打开了学术展开的空间。

随着世界华文文学学科的成形，如何思考世界华文文学的整体性与多元性，成为学科建设中的焦点问题。周宁关于"走向一体化的世界华文文学"的议题，在文学大同世界的期待之下，打开了不同国家和地区学者交流互动的开放诠释视野。在他看来，世界华文文学作为一个精神共同体，形成了多中心主义的、跨越国家界限的、以文学想象为疆域的"文学中华"概念。"走向一体化"的论述，提出了从整体性的角度建立世界华文文学的整合架构的问题。

[①] 龙扬志：《华文文学的文化视野与学科建设——刘登翰研究员访谈录》，《文艺研究》2018年第3期，第81页。

世界华文文学的整体性视野，建立在两个层面的思考之上。一方面，需要从世界文学的高度考察华文文学的地位和特质；另一方面，需要从各国各地区的华文文学多元互动的角度来考察其跨域的联动性。

从世界文学的角度来看，华文文学与其他语种文学如英语文学、法语文学、西语文学、葡语文学等相比有所不同，形成了自身的文学和文化特质。从概念史的角度来看，歌德提出的"世界文学"有欧洲中心主义的倾向，但从文学着手复兴欧洲文化的雄心值得借鉴。在世界华文文学领域，文学同样寄托着中华文明复兴的宏伟抱负。其内涵以中华文化价值为归趋，艺术地呈现了华人的生存经验和世界体验。

不同区域之间的互动、影响和比较，为考察华文文学的整体性提供了可操作的路径。世界华文文学的跨域特征，体现在华人作家在不同区域之间的迁徙和流动之上。基于长时段的观察视角，黄万华把华文文学与历史进程中的文化迁徙群体联系起来，挖掘华文文学生成的历史文化维度。由此发现了华文文学如何在两种文化的相遇、对话、交融之中形成新质，打开了中华性、在地性与世界性的丰富空间，展现了华文文学的变动性和开放性。

世界华文文学的跨域特征，还表现在文学思潮的传播和影响之上。从中国新文学思潮在世界各地传播、影响的角度，可看到华文文学跨国界流传、整合的历史状况。对华文文学跨域性内涵的深入挖掘，从区域联动的角度建立了世界华文文学的整合性视野。

二　边缘与中心的深层互动

关于边缘与中心的纠葛，是华文文学领域的焦点话题之一。对世界华文文学的共同体意识的思考，需要深层次地厘清边缘与中心的关系。

如何界定边缘与中心？从命运共同体的视角来看，世界华文文学的各个区域均属于整体的有机组成部分,边缘与中心之间的关系具有相对性和变动性。边缘与中心之间的互动,在文化根源、文学思潮的意义上可区分为两个不同的层面:从文化的根源上说,中华文化的母体是中心,回到文化母体的本源以汲取写作的能量,是华文文学永恒的动力;从文学思潮的演变来说,华文文学的发展在不同的文学区域形成了波段上的差异,"多元中心论"具有一定的合理性。

在世界华文文学领域,围绕多元文学中心、双重传统、差异性空间、地方性知识等议题,动态地阐释边缘与中心的关系,表现出不同区域之间深层互动的趋势。

周策纵基于华文文学在不同地区的蓬勃发展,较早提出了"多元文学中心"的说法。这一观察,建立在"双重传统"说的基础上。他以此勾勒海外华文文学的发展状况:"中国本土以外的华文文学的发展,已经产生'双重传统'(Double Tradition)的特性。"[1] 双重传统,指的是中国文学的传统和海外本土文学的传统。这两种传统的交互影响,促成了海外华文文学这样一种特殊文学样式的生成。

作为一个基本的观念架构,"双重传统"说从海外视角疏通了华文文学的双重生命之源。其中关于同一与差异、边缘与中心的辩证,显示出学术理念的生命力。特别是在20世纪90年代年轻一代的马华学者如黄锦树等人提出极端的"断奶论"之后,更加凸显这一辩证观念的价值所在。

王润华对此体会深切,令他感到忧虑的是,本土化的过分追求造成了华族文化意识的贫乏和中华文学传统的流失。[2] 他强调马华文学受到重视,与"双重传统"有着莫大的关系:东南亚固然有自身的本土文学传统,但如果没有先秦以来的中国文学传统的根,东南亚乃至世界其它地区的华文文学都不能成长。实际上,中国文学的传统始

---

[1] 王润华:《周策纵:学术研究的新典范》,《世界文学评论》第15辑,长江文艺出版社2015年版,第204页。

[2] 王润华:《世界性文学批评与马华文学的尖端对话》,王润华《华人后殖民文学》,学林出版社2001年版,第146页。

终在马华文学中延续,"双重传统"的内在张力在马华作家如戴小华、朵拉、黎紫书等的新作中得到了体现。

对于中国大陆的华文文学研究者来说,需突破自身的限制与异质文化展开对话。刘登翰强调深入其他地区的华人文化空间的重要性:"站在华文文学的起点,我们需要一种整体性的眼光,探究不同国家和地区华人共同拥有的语言和文化背景,同时也要能深入这些空间和背景,这是我们与异质文化对话的前提。"[1] 在这些差异性的空间中,既有不同国家地区的华人生存历史和经验,也有华文文学书写的美学特征和创造。由此,华文文学建立了比较研究和对话研究的方法论基础。

延续与异质文化对话的思路,刘小新更进一步,引进"地方性知识"的研究范式,矫正"大同诗学"主导下的华文文学研究路径。[2] 这一华文文学研究的策略性调整,旨在提升对于华文文学在地属性的认知,为世界华文文学"一体化"的诗学想象打下坚实的基础。地方性知识的研究思路,拆解了边缘与中心的对立关系,以交互性的辩证对话思维重新思考华文文学共同体的区域关系,为重构大同诗学的理论想象提供了可能。

三 华人文化诗学的理论视野

中华文明在崛起的过程中,正在从被边缘化的境地重返世界体系的中心。如何呼应这一世界体系变动的历史趋势,是世界华文文学需要面对的重要课题。在既有研究的基础上,我们需要进一步探究世界华文文学的世界观念、文化意识和美学形态,在文化对话中思考华文文学话语体系的建构问题。

---

[1] 龙扬志:《华文文学的文化视野与学科建设——刘登翰研究员访谈录》,《文艺研究》2018年第3期,第81页。

[2] 刘小新:《在大同诗学与地方知识之间》,《文学研究》2015年第1卷第1期,第37页。

从命运共同体的视角探寻世界华文文学的价值内涵

世界华文文学的话语体系,是在海内外学者的思想对话过程中逐渐构建起来的。这一思想对话的过程,也是华文文学学术共同体意识探寻、形成的过程。在海内外学者的文化对话中,涉及到中国性与世界性、华人性与人类性、文化意识与审美意识等诸多的议题。从学术共同体的角度,有助于我们反思海内外相关学术研究范式的得失,挖掘世界华文文学的价值内涵,打开深层次文化交流的通道。

关于华人文化诗学的思考,是在中华文明崛起的历史趋势下对于世界华文文学的历史疏通和理论探索。近些年来,在童庆炳、刘庆璋、蒋述卓、李春青、林继中、程正民、顾祖钊、祖国颂、沈金耀等学者的努力下,逐渐形成有中国特色的文化诗学研究路向,在文学各分支领域取得了较为丰硕的成果。在此学术趋势之下,刘登翰、刘小新受到台湾亚裔美国文学研究中"华裔诗学"概念的影响,把文化诗学方法引入华人文学研究领域,提出了华人文化诗学的构想。其主旨是借鉴新历史主义,发展出以华人性为研究核心、以形式诗学和意识形态批评的统合为基本研究方法的理论范式,在开放的社会科学视域中审视、诠释华人文学书写的族裔属性建构意义和美学呈现形式。与之相关,饶芃子把海外华文文学视作一种具有跨文化特色的世界性汉语文学现象,提出应在世界文学格局中,从多元文化的角度,对这一具有中外文化混溶性的汉语文学世界进行学术性的诠释和建构。

在这些学术思考的基础上,如何在历史与区域经验、创作与批评研究的基础上,挖掘华人文学与文化的思想和美学内涵,是华人文化诗学的理论建构的内核所在。基于此种考虑,我们在历史研究和文本分析的基础上,把研究着眼点置于现代性反思与全球文明博弈的视野之中,引入文明对话与冲突、殖民主义与去殖民化、冷战分断与区域和解等文化政治的议题,对于华人文化诗学的建构进行深入讨论。由此,我们重新思考华文文学与文化传统、社会历史、权力话语之间的复杂关系,建立贴近历史真实、富于思想活力、多层次多维度的华人诗学话语体系。

关于华人文化诗学的研究构想,有一个基本的出发点,那就是华人文学与文化的现代性反思视野。在台港澳及海外华人的现代性经验中，存在着两种相颉颃的历史观念和文化哲学：一是西方殖民主义文化主导下的殖民现代性观念，二是华人现代性经验对于前者的吸纳、批判和超越。华人诗学建构的核心问题，正是源于上述两种现代性路径之间的相抗相争。

在此问题意识推动之下，华人文学与文化的现代性实践，发展出三种独特的路径：一是中西文化的互动融通，包括宗教、哲学和文艺等的交流对话，这一路径自晚明以来一直保持着活力，体现了东西方文明相激相荡的开放性思维；二是华人的离散文化，这一形态致力于文化复兴，其双向流动和历史辩证意识有助于纠偏流行的本土化思维，后者不过是殖民现代性的衍生后果；三是第三世界政治哲学，这一激进思路对西方的民族国家意识和霸权观念提出了批判。华人诗学所开启的多重面向，如对话诗学、离散诗学、第三世界诗学等，在很大程度上契合了这些历史和思想的视域。

上述思考，既是对于世界华文文学的历史实践的总结，也是对于全球范围内的华文文学研究的反思和回应。在欧洲、北美和亚洲等世界华文文学的不同区域，分别发展出了文化对话诗学、华语语系文学、第三世界诗学等不同的学术范式。

具有启示意义的是"文化对话诗学"的学术范式。欧华知识人延续晚明以来中欧之间的文化交流传统，在现代思想文化碰撞的语境中，创造性地发展出了新的学术思想路径。程抱一"文化对话诗学"的要义，在于贯穿始终的对话意识。[1] 他的创作和研究生涯，是与西方的诗人、思想家进行深度对话的历程；同时，他也与中国古代的诗人和画家对话，从中国的传统汲取养分。这种对话的方式，开启了中法思想文化的双向互动通道。程抱一通过中西文化思想的创造性诠释，从宇宙论和生命观的角度开启了华文文学跨文化对话的哲理之门，凸显了这一研究范式的价值所在。

---

[1] 张重岗：《程抱一的文化对话诗学》，《暨南学报》2019年第8期。

北美华人学者提出的"华语语系文学"学术范式,在华文文学领域引发了较大的争议。对此,中国大陆、中国台湾、马华学者们进行了学理上的批判。这一学术范式,在经过王德威的理路转换之后,消解后殖民理论的影响,打开了与中国学界的对话空间。他从海外视角出发,提出了华人历史处境、文化心态、审美趋向等诸多问题。对此应加以反思和辨析,全面地阐释中国与海外、华人与世界的历史演变状况和文化政治内涵。

"第三世界诗学"的学术范式,展现了具有左翼倾向的马华和台湾学者关于华人历史处境和文化视域的诗学思考。马华学者林建国对方修的重读,台湾学者陈光兴、赵刚等对陈映真的重读,有一个共同的趋向,即是基于现代性的反思,重建第三世界的文学观念。这一研究动向的宗旨,在于以另类现代性的立场,重新发现内在于亚洲的第三世界想象。

世界华文文学的话语体系,是在跨域学术共同体的积极互动之中建构起来的。以此为着眼点,华人文化诗学的理论视野,拓展出了对话诗学、离散诗学、第三世界诗学等多重的面向。

这是一个不断探求的过程。华人文化诗学的研究,以中华文化在现代的历史处境和创造性转化为焦点,从中西文化交流、华族文化危机与复兴、世界格局演变的历史语境中进行深入的探索。从中西文化的互动交流中发掘对话诗学的价值,从中国文化危机与复兴的视角解释华人离散写作的意义,从现代性反思与世界政治文化的演变中突显第三世界诗学的意涵。在众流汇通的文化格局之中,探寻世界华文文学的多元一体的美学和文化价值内涵。

台湾电影中的中华传统文化精神
——以李行导演为例

李 晨

中华传统文化是以中原文化为基础,以儒家文化为主体,吸收道家、佛家观念,并融合华夏多民族、多地域文化后,不断演化发展而成的特有的文化体系,在长期的历史发展中,中华民族也建立了多元一体的中华文化格局。习近平总书记在2018年全国宣传思想工作会议上的讲话中提出,"中华优秀传统文化是中华民族的文化根脉,其蕴含的思想观念、人文精神、道德规范,不仅是我们中国人思想和精神的内核,对解决人类问题也有重要价值"[①]。

台湾自古以来就与中国大陆血脉相连,同根同源。早在唐宋时期便有汉族人迁移台湾澎湖等地的历史记载,明清时期东南沿海省份出现的几次大规模移民潮中,更有大批民众迁居台湾。尽管乙未割台后,台湾沦为日本殖民地长达五十年之久,后来两岸在"内战/冷战"的双重架构中因历史和政治原因分离数年,但博大精深、源远流长的中华传统文化在台湾地区仍然产生着巨大而深远的影响。

在台湾电影发展史上,李行导演无疑是最具有影响力的导演之一,自20世纪50年代至80年代,他拍摄了60余部影片,包括50部剧情片,2部纪录片,4部舞台剧,多次在亚洲乃至国际影展中获

---

① 习近平:《举旗帜聚民心育新人兴文化展形象 更好完成新形势下宣传思想工作使命任务》,《人民日报》2018年8月23日第1版。

奖或入围，是第二次世界大战后台湾本土电影复兴和重建的中坚人物，被誉为"健康写实主义"电影的领军人物。本文以李行导演的作品为例分析台湾电影中对中华传统文化的继承、表达和发扬。

李行原名李子达，1930年5月20日出生于上海，祖籍江苏武进。由于父亲任职于民国政府财政部，幼年时代的李行跟随家人辗转西安、上海等很多地方求学。中学时代起，李行因酷爱电影和戏剧，高中毕业后就读上海国立教育学院艺术系，学习戏剧制作与表演，但因时局动荡，1948年底中断学业，随家人迁居台北。次年李行进入台湾师范大学教育系，就读期间满怀戏剧理想的李行加入话剧社，担任表演和导演工作。大学毕业后，李行进入《自立晚报》担任文艺宣传部的影视教化剧记者。1954年，"中影"公司成立，成为台湾电影制作的最重要机构。"中影"公司拥有十多家电影院，并负责电影发行放映，利用影院赚来的钱拍电影，再将所拍影片在其所属院线上映，并雇佣专职导演，建立编审机构和基本演员制度，吸收大批电影从业人员。在官方的大力扶植下，一支制片编导队伍初步建立起来，李行受到这股风潮的感召，辞去了记者的工作，满怀热情地投入到电影行业中来。

从统计数据看，20世纪50年代台湾的电影市场，外国片占据了约三分之二的比重，[①] 此外就是数量可观的台语片了。1952年，"电影事业辅导会议"研讨"电影事业辅导方案"草案共十项，其中包含"积极扶植民营制片事业并创设规模较大之制片厂"、"鼓励外商投资中国电影事业或与中国片商合拍片"、"鼓励海外华侨投资中国电影事业"、"政府每年应尽可能在政费中筹措款项补助电影事业"、"鼓励香港制片公司来台设厂或与台湾厂商合作拍片"等内容[②]，为台湾本土电影的发展提供了契机。在这样的背景下，"台语片"悄然兴起。早在台湾光复初期，厦门、香港等地制片公司制作的《破镜重

[①] 吕诉上：《台湾电影戏剧史》，台北：银华出版社1961年版，第47页。
[②] 黄建业：《跨世纪台湾电影实录1898—2000》，行政院文化建设委员会、财团法人国家电影资料馆，2005年版，第212页。

圆》《雪梅思君》《卖油郎独占花魁女》等影片就陆续来台上映，受到了以闽南语为母语的台湾庶民的欢迎，历经数十年殖民统治的台湾民众通过台语电影与祖国延续了情感上的关联。到了50年代中期，《六才子西厢记》（1955年）、《薛平贵与王宝钏》（1956年）等中国传统戏剧改编的台语片上映，并获得巨大成功，李行拍摄于1957年的台语片《王哥柳哥游台湾》，就是在这股台语片风潮中诞生的。对于青年时期迁居台湾的李行而言，这部电影处女作中体现了他个人对台湾社会的影像表达与认识。影片以游客视角，实景拍摄展示台湾的美丽风光与风土人情，蕴含了对台湾乡土的热爱，更寄托了对中华大地的眷恋之情。

20世纪60—70年代，除台语片外，爱情文艺片、功夫武打等电影大行其道，这些电影受制于当时的文艺政策与资本操控，脱离社会现实与乡土，李行试图开拓新的创作领域，着力拍摄现实主义影片，将目光投向现实社会，反映台湾风土民情，促进影片类型多样化。他的这一企图与当时"中影"公司大力倡导的"健康写实主义路线"不谋而合。1963年，李行独立执导了首部国语片《街头巷尾》，并因此结识时任"中影"公司总经理龚弘。"健康写实主义路线"的影片在描述社会生活时以温和人性见长，1964年，李行与李嘉共同导演的《蚵女》是他在"中影"健康写实风格影片中的第一次尝试，该片引起巨大反响，并在第十一届亚洲影展中获得"金禾奖"最佳剧情片奖。1965年李行导演的《养鸭人家》不仅以细腻的镜头对台湾乡村生活进行了全方位、多层次的表现，还采用了二元对立的善恶主题，将城/乡、农/商之间的对立凸显出来，表达了对乡土田园生活和中国传统的农耕文明的赞美与热爱。这部影片获得第十二届亚洲影展最佳编剧奖等三项大奖，李行也凭借此片获得第三届金马奖最佳导演奖。此后几年，李行逐渐形成并延续自己健康写实主义风格，拍摄了一系列脍炙人口的影片。同一时期，李行还与琼瑶合作，拍摄了《婉君表妹》《哑女情深》等爱情文艺片。

20世纪70年代中期，李行拍摄了由残疾教师郑丰喜的自传改编的电影《汪洋中的一条船》，李行以此片再次斩获亚洲电影节最佳导演奖和金马奖最佳导演奖。自此，李行在乡土写实的电影创作路线上继续深耕，拍摄了《小城故事》（1979）《早安台北》（1979）《原乡人》（1980）等一批脍炙人口、广受好评的作品。

回看李行的健康写实主义风格电影创作，乃至其几十年来在电影艺术方面表现出的精神追求与美学风格，与其自幼所受的中国传统文化的影响不无关系，都鲜明地显示出他作为华夏子孙的文化基因与传承。他出生于民国时期的中国大陆，自启蒙时期便受到中国传统文学及其精神文化内核的熏陶，这使他的电影创作虽然立足于台湾乡土与庶民生活，却呈现出与中国现实主义文艺创作精神的内在关联。

首先，李行的电影表现出强烈的家国情怀与中华民族意识。李行的创作中自始至终贯穿着民族精神与家国情怀的主题，在题材选择上，他关注现实，以中华文化为着眼点，尽管有时难免兼顾意识形态和政宣的需求，但始终坚守中华传统文化中的道德伦理与民族大义。

例如李行以台湾作家钟理和自传体小说《原乡人》改编的同名电影，通过对主人公曲折辗转的人生经历的描述，呈现了台湾与祖国大陆无法割断的血脉联系，同时成功塑造了钟理和这样一位保持民族气节的台湾知识分子形象。这部影片中台词"原乡是什么？原乡就是指我们原来的家乡，就是指中国……"，非常明确地抒发了李行导演对祖国的眷恋，对故土的思念，更表现出他的国族认同。

李行凭借着少年时期对大陆的记忆，伴随着中华文化的耳濡目染，远离故土、漂泊他乡的成长经历使他难舍对故土的乡愁，具有浓厚的乡土情怀和寻根意识，他对祖国大陆的向往和怀念是根植于心的，因此李行电影关于家庭观念的表达，始终带有对传统道德的坚守。《街头巷尾》中的阿林嫂、石三泰，虽然贫穷，但却努力工作，试图通过勤劳提升自己和家人的生活，在热切的期盼中努力完成自己的责任与使命，尽管住在街头巷尾，但他们"归家"的心愿却是相同的。《吾土吾民》的故事发生在抗战时期，兴汉中学所在的小县城被侵占，校长杜兴汉及其学校里的爱国师生坚持抗日，不畏强暴，把教育作为国家日后复兴的命脉来誓死保护，坚决抵制日本侵略者对中华传统文化的破坏，李行也借杜兴汉之口提出了他坚定的爱国主义立场。

《养鸭人家》中有一段老林带女儿到钟家做客的情节，两家人一同在农田中耕作唱歌，"碧云天，阡陌远，大地黄金遍，耕者有其田，乐土在人间，大家齐唱庆丰年。"这首歌曲充分表达出劳动人民对土地浓烈的感情，这种感情也是中华传统的农耕文化中的重要组成部分。

其次，李行电影中坚持表现"仁"与"善"的精神。"仁"是中华传统文化中儒家思想的核心，孔子认为，"仁"是治国为人的基本原则。"善"是中华传统美德，自古以来，中华民族有大量讴歌"善"的文艺作品，李行的电影中对"仁"和"善"都有大力的弘扬。

电影《街头巷尾》描写的是一群从大陆初到台湾谋生的底层小人物。他们住在嘈杂混乱的大杂院里，从事着卖菜、蹬三轮、捡破烂等最为底层的工作，生活辛苦，处境艰难，但他们却在贫贱之交中守望相助，始终保持着善良、积极的生活态度。影片表现出对底层民众，特别是与李行一样漂泊到台湾的外省人的悲悯、同情与赞颂。

《养鸭人家》中老林并非小月的生父，只因受了朋友的临终之托，多年来把小月视为己出，但小月的亲哥哥每每以爆出小月身世为要挟对其进行敲诈。老林为了给小月一个幸福完整的家，忍气吞声多年，小月得知真相后，同样为了保住养父多年辛苦积累的家业，回到了哥哥身边。当老林得知小月即将被迫去当歌仔戏演员时，忍痛卖掉家里的鸭子来劝阻小月。老林和小月这两个主要人物都表现出了对彼此极大的善良与仁爱：老林不仅抚养小月长大，更为她日后的前途命运打算，悉心筹划，为了小月能够幸福快乐，不惜付出自己的全部身家；小月表现出了年轻人特有的俏皮与可爱，她一度对养父的行为非常不解，但得知老林受到威胁后，毅然挺身而出，想要以一己之力保住老林的家业。即便是前期表现出贪婪刻薄好吃懒做的哥哥，在影片的结尾也受到老林与小月二人之间父女亲情的感召，还回了老林卖鸭子的钱。

《早安台北》里孤儿出身的大学生唐风为了筹集资金帮助孤儿院摆脱困境，不惜早出晚归兼职打工，甚至为此失去了生命与爱情，同样展现出了仁爱与善良。

再次，李行电影中的主要人物都表现出了中华传统文化精神中坚毅、勇敢、孝顺等中华民族的传统美德。李行电影中成功地塑造了一批人物形象，其中父亲形象的慈祥、坚毅，女性形象的善良贤淑，以及青年形象的自强不息，都给人以深刻的印象。

《街头巷尾》里的石三泰、《养鸭人家》里的老林、《小城故事》里的赖金水，这些父亲的形象都是慈祥坚毅的，他们默默无闻地为家人付出，不求回报，只为了让家人过上更好的生活，是典型的中国家庭中传统的顶梁柱。

《养鸭人家》中的小月、《哑女情深》中的方依依、《原乡人》中的钟平妹，这些看似柔弱的女性在艰难的生活面前都展现出了女性独有的韧性与善良，她们或贤惠，或娇俏，或温柔，化解了生活中的挫折与苦难，体现了中国传统女性的优良品格。

《原乡人》中的钟理和与《汪洋中的一条船》中的郑丰喜则是李行导演塑造的在困境中不甘沉沦，自强不息，奋斗求生的青年人形象。郑丰喜出生在贫苦的农民家庭，因为天生的双脚畸形无法正常行走，在生活中受尽了挫磨。但他身残志坚，凭借着惊人的毅力读完了大学，回归故乡当了一名中学教师，教书育人。这些逆境中的青年人形象展现了中华传统文化中卧薪尝胆、坚韧不拔的顽强的生命力。

李行导演的电影创作体现出了20世纪30—40年代中国民族电影的情怀与气质，由于浸染中国传统文化，受到儒家思想潜移默化的影响，李行导演很难像西方现实主义导演那样撕裂韧性的温情面纱，将残酷的社会阴暗面暴露出来，龚弘也认为，"一般欧洲写实电影，多半暴露社会的黑暗、贫穷和罪恶，依当时台湾的环境来讲，似乎不相宜。"[1] 所以李行导演的电影更多的是表现一种积极向上、逆境求生的精神。这种秉持着强烈的民族意识和家国情怀，歌颂人与人之间真挚的仁爱与善良，鼓励人们自强不息、拼搏进取的精神，构成了李行导演电影的总基调与精神内核，是对当时台湾电影中虚假浮夸、不关注现实生活的反驳与纠正。

20世纪80年代，台湾新电影时期涌现出一大批优秀作品，其中张毅导演的《玉卿嫂》、《我这样过了一生》，王童导演的《无言的山丘》，侯孝贤的《恋恋风尘》、《童年往事》等作品中，都不乏对中华传统文化精神的展现与弘扬。在这股浪潮后崛起的著名导演李安，则更加擅长拍摄中国传统文化与西方文化的冲突，以此展现中国家庭的伦理道德关系，他的"父亲三部曲"——《推手》、《喜宴》、《饮食男女》，层层推进，步步深入地挖掘中国传统文化在遭遇西方外来文化冲击时的困境与坚毅，影片中的中西差异和冲撞已经不仅仅是故事的背景，而是被堂而皇之地呈现出来，导演试图通过这种差异完成中国传统文化的自我调整与完善。

习近平总书记说，中华文化源远流长，中华文明博大精深。只有全面深入了解中华文明的历史，才能更有效地推动中华优秀传统文化的创造性转化与创造性发展。台湾电影从早年在影片中对中华传统文化单方面的呈现，到逐渐尝试通过电影推动中华传统文化的自我调整与完善，走出了一条创造性转化与发展的道路。

---

[1] 龚弘：《回顾健康写实路线》，《电影欣赏》1994年第12卷第6期。

"曲艺"的形成与1950年代的社会主义文艺实践

祝鹏程

中国的说唱艺术古已有之，但今日通行的"曲艺"却是自民国以后逐渐显现，到中华人民共和国建国后被固定下来的，这一时段正是中国现代民族国家建构的关键时期。它的形成伴随着社会主义国家强有力的意识形态的传播和现代化转型。本文将曲艺艺术放回到1950年代的社会主义文艺实践中去，重点考察其定名过程，透过概念的表层涵义，分析其伴生话语所蕴含的一系列价值和立场，并探讨相关实践的意义。

一 1949—1958年："曲艺"的改进与定名

说唱在中国民间有着深厚的传统，但在历史上的形态往往较为混杂，往往与戏剧、歌舞、杂技、竞技等演艺和娱乐形式混杂在一起。在不同的历史时段，有着百戏、散乐、杂伎、唱曲、杂耍、游艺等称谓。长期以来，这些艺术以松散自在的形式存在于民间，不仅是民众的重要娱乐，还因与劳作生息、宗教信仰、仪式庆典有着紧密关系，而成为民众的生活方式。在以儒家伦理主导的社会中，艺人是"下九流"，过着冲州撞府、流动卖艺的日子。市井社会的复杂性赋予了表演良莠不齐、诙趣与污秽并存的艺术格调。

1949年1月31日，北平和平解放。共产党人挺进城市，开始了建设新世界的实践,对说唱等通俗文艺的改进轰轰烈烈推进。草野民间的说唱演艺因形式通俗、受众众多,迅速获得了新政权青睐,政务院(国务院前身)《关于戏曲改革工作的指示》指明"中国曲艺形式,如大鼓、说书等,简单而又富于表现力,极便于迅速反映现实,应当予以重视。"①。规训"落后"与"不雅驯"的说唱艺术,将其从"低级""污秽"的市井娱乐,转化为有利于社会主义建设的正面力量,成为艺术改革的方向。相关实践是全方位的,包含了"改戏、改制、改人"②多个方面。

"曲艺"的定名和改进便是在这样的语境中展开的,其过程约略可分两阶段。第一阶段是1949年至1953年上半年,可称为试探阶段。1949年7月,对共和国文艺政策和文艺生产影响深远的第一届全国文学艺术工作者代表大会召开。曲艺等通俗文艺因含有大量"封建落后"的因素,尚有待改进,故先成立了"中华全国曲艺改进会中华全国曲艺改进会筹委会"③。这次大会第一次从国家层面确定了"曲艺"这一命名,但仍留下了一个问题:受传统的影响,曲艺的艺术格调被认为低于其他精英艺术,且概念过于芜杂,亟待整合。

从现存资料看,在选用哪个概念上,时人似乎未做过多论争,这主要是因为"曲艺"相对晚生,有更浓厚的现代意味,也有较强的可塑性。在新的需求下,"曲艺"可重新被理解为"曲"(说唱)+"艺"(艺术),在绕开杂耍的混杂传统后,可重新将其界定为"关于口头说唱的艺术"。由此,它指向更加纯粹的艺术类型,且有更高的艺术含量。尽管建国初的传媒中仍存在着"杂耍""游艺""说说唱唱""通俗文艺"等多种称谓,但"曲艺"已从"杂耍"和"游艺"中胜出,大范围普及开来。

---

① 《政务院关于戏曲改革工作的指示》,《中华人民共和国现行文化行政法规汇编1949—1985》(上卷),文物出版社1988年版,第3页。

② 《政务院关于戏曲改革工作的指示》,《中华人民共和国现行文化行政法规汇编1949—1985》(上卷),文物出版社1988年版,第3—5页。

③ 《音协舞协相继成立 曲艺改进会筹备会成立》,《人民日报》1949年7月24日第1版。

"曲艺"的形成与1950年代的社会主义文艺实践

这一阶段的实践有两大特色。其一是命名与改进一体同构。命名是曲艺改进的有机组成，两者一体，共同推进。1949年9月，中华全国曲艺改进会筹委会与新华广播电台（中央人民广播电台前身）合作，成立"曲艺广播实验小组"①，举办了文艺节目专栏"广播曲艺"，邀请京韵大鼓、乐亭大鼓、西河大鼓、单弦、坠子、评书等演员，现场表演了《刘巧儿告状》《史耀宗转变》等新曲艺。曲艺公会也组织艺人配合，整理旧节目、编学新作品。并与筹委会等合作，成立大众游艺社，安排"经过思想改造，学习新曲词有成绩的"② 艺人演出新曲艺，《人民日报》上刊登了相关报道，称"这是新中国新曲艺的序曲，是曲艺改进历程中的重要一页"③。

为了和民国时期的"旧艺术"区隔开来，文艺工作者们在表述中强调其"新"，创造了"新曲艺"的称谓。在新中国成立当日，北京《新民报》开辟"新曲艺周刊"专栏，发表反映社会主义新生活的新曲艺作品。中国曲艺改进协会筹备委员会于1950年3月底组成了"新曲艺实验流动小组"，沿铁路线演出，将新曲艺传播到全国各地。《人民日报》刊文赞扬该小组"使新曲艺能普遍深入民间，占领充满着封建迷信内容的旧曲艺所盘踞的广大阵地"④。筹委会还编辑了《广播曲艺》《新曲艺大观》等书，由新华书店印行。老舍则撰写了《相声改进了》⑤《曲艺的新军》⑥《请多注意通俗文艺》⑦ 等文章为新曲艺鼓吹。"新曲艺"频频和"改进""实验"等新词等一同出现，

---

① 乃崇：《北平新华广播电台 九一起播送曲艺节目》，《人民日报》1949年8月31日第1版。
② 《开展新曲艺 大众游艺社成立 明起在箭楼演唱》，《人民日报》1949年10月15日第4版。
③ 郑重：《曲艺界的新生命——记大众游艺社揭幕日的公演》，《人民日报》1949年10月18日第4版。
④ 张世楷：《"新曲艺实验流动小组"》，《人民日报》1950年6月17日第3版。
⑤ 老舍：《相声改进了》，《人民日报》1950年12月10日第5版。
⑥ 老舍：《曲艺的新军》，《老舍全集》第14卷，人民文学出版社2013年版，第463页。
⑦ 老舍：《请多注意通俗文艺》，《老舍全集》第17卷，人民文学出版社2013年版，第636—642页。

足见蓬勃革新之气象。

其二是致力于抹去曲艺的混杂特质,强调其语言艺术的特性。受限于组织条件,在建国初期的很多演出中,曲艺演出往往仍是混杂的。但很多报道已有意识地将两者区分开来。如《人民日报》上某篇关于"新曲艺实验流动小组"的报道,介绍了小组深入基层的演出方式,特意将说唱与杂技杂耍分而论之:"他们演出的形式是多种多样的,有京韵、西河大鼓、单弦、河南坠子等,还配合着一些戏法与各种技艺杂耍。"[1] 对于游艺社的报道,也尽量淡化其中的杂技成分,某篇关于大众游艺社首日公演的报道,就把笔触重点放在了铁片大鼓、西河大鼓、北京琴书等在歌唱新社会上的成绩上,在结尾对踢毽、魔术和抖空竹等演出一笔带过,有意淡化了表演中非语言艺术的成分。

"摸着石头过河"的探索赢得了政府的信任,"曲艺"概念初步确立起来,并被赋予了不同以往的新内涵。由此进入第二阶段:1953年下半年至1958年。这一阶段的特点是曲艺作为独立艺术的体制性建设全面推进。1953年9至10月,中国文学艺术工作者第二次全国代表大会召开,在会上成立了"中国曲艺研究会",正式将曲艺说唱与杂技脱离开来,独立的艺术体系——"曲艺"最终浮出水面。在成立大会上,会长王尊三直陈研究会的成立是曲艺界的一件大事。文化部副部长周扬亦回顾了四年来曲艺界的努力,认为:"只要努力学习,努力改进,曲艺艺术是能够得到很大的发展的,是有无限的前途的。"[2] 从中不难看出从业者在获得独立地位后的踌躇满志。

与此同时,专业性的曲艺组织建设全面推进。全国各地开始大批量成立曲艺社团。1953年,天津人民广播曲艺团成立。1952年11月,北京市成立了曲艺一、二、三团,1957年合并成北京曲艺团。1958年4月,北京市成立北京青年曲艺队。曲艺团的成立为艺术的

---

[1] 张世楷:《"新曲艺实验流动小组"》,《人民日报》1950年6月17日第3版。
[2] 洛:《中国曲艺研究会成立》,《说说唱唱》1953年第11期。

"曲艺"的形成与1950年代的社会主义文艺实践

生产提供了稳定的环境,进入体制的艺人不仅改善了个人生活,也提升了社会地位,大大增进了对新命名的认同。艺人的身份逐渐去江湖化,昔日的"下九流"被拔擢为国家的"文艺工作者"。通过国有化的改造,国家主导了演出市场,产生了一种"人为制造的商品化"[1],政府既负责制造文化产品,又组织群体消费,为其支付观赏费用,曲艺等文化娱乐因此成为单位福利的一部分。

1958年8月,在第一届全国曲艺会演的高潮中,中国曲艺工作者协会成立。中国曲协成为新中国传达曲艺改革精神、管理艺人的最高机构。以"在中国共产党领导下,团结全国曲艺工作者,积极创作和表演新书新词,发掘整理传统曲艺作品,改进表演艺术和曲艺音乐,坚决贯彻党的方针路线,为社会主义总路线服务"[2]为宗旨。各省市也陆续成立分会主管地方曲艺,一张从中央到地方的曲艺管理网络搭建完成。曲协的成立说明,曲艺已经被完全纳入到国家文艺生产机制中,其作为"曲艺工作者自己的组织"[3],也受到从业者的拥护,最终从体制上确定了曲艺作为独立艺术形式的地位。

经过十年的改进,伴随着艺术生产机制的重构和整体的社会文艺革新实践,"新曲艺"获得了国家认可。"曲艺"的概念也最终战胜"杂耍"与"游艺",成为被社会普遍接受的概念。在1959年北京市文联的一份报告中,对曲艺的定义已经相当纯粹,且和当下权威文本中的表述已极为相近:

> 曲艺是一种具有悠久传统的说唱艺术,是从农村中的叙事民歌的基础上发展起来的,说唱历代英雄故事、人民的生活和斗争,所以深受劳动人民喜爱。北京市流行的曲艺形式有评书、相

---

[1] 何其亮:《在个体与集体之间:二十世纪五六十年代的评弹事业》,商务印书馆2013年版,第10页。
[2] 《曲艺工作者代表大会闭幕 中国曲协宣告成立》,《北京晚报》1958年8月17日第2版。
[3] 沙里金:《曲艺会演今晨结束 代表大会下午开幕》,《北京晚报》1958年8月14日第2版。

声、京韵大鼓、单弦和河北、河南各地流传来的各种大鼓、坠子等十几种，在清末民初期间曾经极为繁盛，出现过不少有创造性的曲艺演员，提高了曲艺演唱艺术。①

二 曲艺的意义赋值

"曲艺"概念的确立昭示着一种艺术门类的生成，它的形成伴随着社会主义中国整合民间文化、推动传统文化转型的实践革新。命名与改进过程既是革命者以社会主义文明的标准清理、改造民间的过程，也是国家借助民间资源，重新型塑民族文化的过程。因此，"曲艺"的命名也是通俗文艺革新实践的有机组成，命名就是为了规范这种艺术，将其转变为有助于国族建设和社会主义建设的文化资源。在命名的同时，学者们也把新的价值与期待植入到了曲艺中。下文择要论之。

（一）从"生意"到"艺术"：民间说唱的现代化转型

历史上的曲艺说唱与戏曲、歌舞、杂技等诸多技艺混杂在一起，缺乏艺术的"纯粹性"与"专业感"，故不被人重视。新的改进实践和种种话语的生产，使其从"玩艺儿"提升为了"艺术"。新中国成立后的曲艺社团多以"曲艺团"或"说唱团"为名，且在人员构成上基本只吸收说唱艺人。无论是命名，还是人员构成，都强化了语言艺术在组织中的主导地位。同时，文化人（如老舍、罗常培、王亚平等）的论述也有意突出了曲艺的文学属性，如老舍针对当时的新作品语言粗糙的现象，特地撰写《新曲艺应更进一步》，提出要提高新曲艺的语言和文学水平。② 作家、学者、艺人通力合作，改革和发展曲

---

① 《建国十年来北京曲艺创作总结》，《北京市文联有关美术、曲艺十年工作总结》，1959 年，北京市档案局，资料号：164-001-00039。
② 老舍：《新曲艺应更进一步》，《老舍全集》第 17 卷，人民文学出版社 2013 年版，第 600—602 页。

艺艺术，以"语言艺术"的标准要求曲艺①，推进艺术的革新。这些努力，都是为了使曲艺从混杂的"杂耍"中独立出来，与文学、美术、电影等精英艺术并驾齐驱。

随着体制化改造的推进，"曲艺"获得了国家的正式承认和制度性的保障。民间散漫生长的"杂耍"转变成为由国家和文化人主导的、以审美与教化为首要作用的经典艺术。在"曲艺"的名目下，文艺工作者们对传统说唱进行双重的提纯：首先将其与斗鸡走马的"杂耍"传统区隔开，使艺术的形态从混杂转向专业和独立。其次是将其和"藏污纳垢"的演出场域区隔开来，抹去了底层艺术的污名，推动了说唱艺术的现代化转型，有效提升了其文学性与艺术性。曲艺团形成了体系化的创作理念与专业化的分工，用现代文艺生产的一整套流程来创作、编排、表演、经营曲艺，从制度上确保了艺术生产的稳定性。创作者以精打细磨、集思广益的方式生产艺术，在艺术的质量和思想性面前，艺术生产的成本退居到次要的位置。与混杂的"杂耍"相比，"曲艺"呈现出鲜明的"文艺化"倾向。这些实践一改昔日说唱无法与精英艺术平起平坐的窘况，将曲艺列入到了现代文艺的序列中。

（二）"文艺战线上的轻骑兵"：曲艺的赋值

在完成了"提纯"后，"曲艺"被赋予了明确的教化价值。传统说唱也有"高台教化"的功效，在新社会的语境中，"曲艺"进一步被赋予了清算旧思想、培养社会主义新人、建设人民大众的新文化的任务。曲艺被重塑成为具有"现实主义传统"和"人民性"的艺术。对于过去，其功能是揭露和讽刺："从前在封建时代，人民受帝王和官僚的压迫都敢怒而不敢言，只有艺人们才能借着幽默诙谐的语言，发挥讽刺批评的作用。"② 对于当下，其职责是"说新唱新，配合中

---

① 王亚平：《提高曲艺创作的语言艺术》，《曲艺》1957年第2期。
② 罗常培：《相声的来源和今后努力的方向》，《人民日报》1950年12月10日第5版。

心"，即配合社会中心任务，通过"说中心、唱中心、演中心"①，努力创作符合时代需求的新节目，表现日新月异的现实生活。

除舞台演出外，演员们还响应"群众路线"的号召，以上山下乡的流动演出传播国家意志。这些实践进一步博得了国家的肯定，在第一届全国曲艺会演中，曲艺获得了"文艺战线上的轻骑兵"的称号。《人民日报》的社论指出，曲艺在新中国迅速发展的原因，便是它"迅速地配合了各种政治运动和中心工作，深入工农兵，进行演出活动，成为文艺大军中一支短小精悍的轻骑兵"②。

（三）"源远流长的民族艺术"：曲艺作为现代民族国家认同与想象的媒介

在完成了净化和改造后，"曲艺"获得了符合当下社会需求的身份。而在统一多民族国家政权稳定后，这种"喜闻乐见"的艺术便可被进一步提升成为代表全民族文化的艺术。通过命名与改进实践，曲艺工作者不仅消除了那些民间亚文化的反体制意义，还将其成功纳入到了民族经典文化序列中。借助广播、印刷等现代传媒，曲艺突破了剧场面对面的传播形式，从原先地域性、阶层化的娱乐，成为了全民"喜闻乐见"的艺术。与鱼龙混杂的"杂耍"和"游艺"相比，"曲艺"立足于既定的民族文化传统，又符合现代社会的美学标准，也满足社会主义的意识形态。从中我们可以看到现代民族国家建构中最为常见的通俗文艺改进方式，即融合精英观念与大众传统，创造出一种处于雅俗文化之间的、带有民族统一含义的艺术形式。

通过统一命名，北方的单弦、南方的金钱板、汉族的弹词、赫哲族的伊玛堪……这些曾经处于自在自为状态的技艺，被整合在同一个艺术门类下。"曲艺"也成了一个综合性的文类群，它所包含的这些艺术具有形式和风格上的相似性，又蕴含了各地丰富的语言、风俗人

---

① 罗扬主编：《当代中国曲艺》，当代中国出版社1998年版，第342页。
② 《让曲艺发挥更大的宣传教育作用》，《人民日报》1958年8月10日第3版。

"曲艺"的形成与1950年代的社会主义文艺实践

情等信息,因此成为中华民族多元一体文化的极佳例证。以50年代的中央广播说唱团为例,既有大鼓、相声、单弦等北方曲艺,还有大量全国各地的民间说唱,如四川扬琴、苏州弹词、山东琴书、东北二人转等,就像一个网罗各地口头艺术的博物馆。"曲艺"由此成为现代国家共同体想象与认知的最佳媒介。正是认识到这一点,周恩来曾在1956年作出"南北曲艺要进行交流,互相学习。促进曲艺繁荣"的指示[①]。当年,北方曲艺艺人侯宝林、郭启儒、连阔如、马增芬等专程到上海演出,并与上海曲艺演员切磋交流。当这些艺术共演一堂,甚或通过电波传递到全国各地时,丰富的方言、习俗交相辉映,制造出一种博物馆化(mesuemizing)的编排方式[②],不仅让人感到中国宽阔的国家疆域,还传递出丰富各异的文化与风土,为国民提供了一种由语言构成的共同体想象。

与鱼龙混杂的"杂耍"和"游艺"相比,"曲艺"的概念强调了艺术的纯粹性,推动了民间说唱的现代化转型,又隐含着一系列社会主义语境下的价值,其对"人民性""现实主义"的强调,指向共同的民族主体、阶级身份与政治理想。种种的改进实践将市井民间的艺术构筑成为社会主义优秀文化的一部分,转变为全民共享的文化遗产。

当然,"创造性转化"与"消耗性转换"往往是一体两面[③]。命名与改进也导致了一系列问题,传统的说唱演艺扎根于民众生活,与婚丧嫁娶等仪式仪礼有着血肉联系,当被提纯,并被体制化成为一种艺术门类时,它也就从原生的社区生活中被剥离出来,从民众的生活日用,转变为客体化、对象化的舞台艺术。在社会主义意识形态的规约下,其功利性的作用被发挥到最大,在电视、广播的滤镜下,艺术

---

① 罗扬主编:《当代中国曲艺》,当代中国出版社1998年版,第541页。
② 本尼迪克特·安德森:《想象的共同体:民族主义的起源与散布》,吴睿人译,上海人民出版社2005年版,第167页。
③ 王汎森:《执拗的低音:一些历史思考方式的反思》,生活·读书·新知三联书店2020年版,序第2页。

与民间的血肉关系进一步减弱。加之整体性的社会革命彻底重塑了民间演艺的生存形态，曲艺最终由原先曳尾于涂的鲜活生灵，转变为了藏之庙堂的"文化遗产"，失去了自我造血的能力。即便是在如今"社会主义文化市场"的语境下，除了相声等少数曲种外，相当数目的体制化的曲艺已经失去了经营生存的能力，不得不依靠国家扶植而存在[1]。其实，说唱在历史上和现实生活中有着更复杂的面貌，它不仅可以被用作功利化的利用，还可以在民间信仰、日常娱乐、人生仪礼等方面发挥重要的作用。

结　语

"曲艺"概念与相关话语的形成和相关实践的推行，和社会主义中国建设新文化的理想紧密相关，对曲艺的艺术生产产生了深远的影响。在新中国成立后的很长一段时间内，作为"轻骑兵"的曲艺曾发挥了极为重要的作用，但延续至今，它也产生了一些不容忽视的弊端。在习近平总书记提出"推动中华优秀传统文化创造性转化、创新性发展"[2]的当下，如何总结相关的成功经验，反思实践中的不足，推动传统文化、民间文化与主流文化的和谐共生，更有力地推进中国特色社会主义文化建设，则是当下学者需要深思的。

---

[1] Vibeke Boerdahl, "Quyi: Will It Survive?", in Vibeke Boerdahl ed., *The Eternal Storyteller: Oral Literature in Modern China*, Surrey: Curzon Press, 1999, pp. 62–68.

[2] 习近平：《担负起新的文化使命　努力建设中华民族现代文明》，《人民日报》2023年6月3日第1版。

从文学学科深耕文明探源的中国性问题推进文化自信自强研究

谭 佳

在对党的二十大报告进行全面、系统、融合性学习的基础上,为了更加深入研究和更好弘扬中华传统优秀文化,本文结合笔者研究专业,拟从深耕文明探源的中国性问题角度,探讨如何从文学研究推进文化自信自强研究,从而更好担负起新时代的新使命,为建设中华民族现代文明而努力。

2022年5月27日,十九届中央政治局就深化中华文明探源工程进行第三十九次集体学习。会议精神强调:"经过几代学者接续努力,中华文明探源工程等重大工程的研究成果,实证了我国百万年的人类史、一万年的文化史、五千多年的文明史。中华文明探源工程成绩显著,但仍然任重而道远,必须继续推进、不断深化。"[①] 基于中华文明探源工程成果,新时代的中国学者探索中华文明与前人气象自有不同,有着新格局与新使命:以探源工程的重要阶段性成果为"家底儿",在全球化时代,以文明交流超越文明隔阂,以文明互鉴超越文明冲突,以文明共存超越文明优越,弘扬中华文明蕴含的全人类共同价值。接下来,"加强多学科联合攻关","深化研究中华文明特质和

---

① 习近平:《把中国文明历史研究引向深入 增强历史自觉坚定文化自信》,《求是》2022年第14期。

形态，为人类文明新形态建设提供理论支撑"[1]显得迫在眉睫。在多学科协作攻坚中，以文学、文献学、神话学为主导的人文研究尚未引起足够重视。置入文明探源与中国性之争，文学研究视角有着不容忽视、不可替代的重大意义。

一　中国性之争：文明起源、连续性和大一统

众所周知，中华文明源远流长、博大精深，是中华民族独特的精神标识，是当代中国文化的根基，也是中国文化创新的宝藏。深刻揭示"源远流长""博大精深"的根基和要核，深刻阐释中国性，不仅历来是中国学界的重大研究课题，而且始终受国外学界关注，引发出各种争论，集中体现在以下三方面。

第一，中华文明起源与文明标志问题。距今9000多年，最早的城市出现在两河流域的耶利哥（Jericho）；巴尔干到安纳托利亚一带早在7000年前开始冶金实践。距今6000多年，环黑海地区的瓦尔纳出现大量黄金首饰。目前已知最早的文字是距今5500年的苏美尔楔形文字。距今4000余年，已知最早的成文法典《乌尔纳姆法典》和最早的史诗《吉尔伽美什》在两河流域诞生，距今3000余年有了最早的成熟法典《汉谟拉比法典》。考古学表明，中国最早的城市是湖南澧县的城头山遗址，距今6000多年；新疆古墓沟文化遗址表明大约4000年前中国进入青铜时代；标志冶金技术成熟的盘龙城和郑州商城青铜器，距今3600年；中国最早的书写系统甲骨文距今3200多年。

"中华文明探源工程"突破上述"文明三要素"（冶金术、文字和城市）桎梏，根据中国材料，兼顾其他古老文明的特点，提出了判断进入文明社会标准的中国方案。同时，我们也要看到，中华文明的

---

[1] 习近平：《把中国文明历史研究引向深入　增强历史自觉坚定文化自信》，《求是》2022年第14期。

特性不是线性时间意义上的最先最早,而在于其是唯一延续至今的古文明,是在不断的文明交流与文化冲突中始终保持核心元素、历时最长的多元一体文化共同体,也是唯一在当代社会不断创造经济和文化奇迹的国体。在提出文明定义和认定进入文明社会的中国方案之后,我们仍然要探索:什么样的基础内核催生中华文明发生,如何发展,朝向何处;支配发展之路的中国性特质有哪些?这些重大问题需要有人文学科的协同合作。

第二,连续性与大一统问题。中华文明的大一统观念与连续性特征,在国内学界几乎是共识,但是,受不同文化观念与价值取向影响,在西方学界一直有争议。比如针对中华文明探源,西方有一批学者认为"把二里头遗址作为夏的做法是难以接受甚至是误导"[1]。当前活跃的绝大部分汉学家,例如艾兰(Sarah Allan)、杜朴(Robert L. Thorp)、贝格利(Robert Bagley)、罗泰(Lothar von Falkenhausen)、吉迪(Gideon Shelach-Lavi)等都对夏朝实存持怀疑或否定态度,主张将文献记述与史实相区别。罗泰批评把"中国性"上溯到新石器时期找渊源的做法,认为用零散的证据来论证早期中国发展的连续性和单一性值得商榷。史嘉柏(David Schaberg)认为,"中国"这个词就是现在的中国,把它套在太早的时代上就成为时代错误"。陆威仪(Mark Edward Lewis)认为,"中国"是在秦汉以后,随着帝国的地理、军事和文化扩张才逐渐形成。薛爱华(Edward Hetzel Schafer)甚至认为,中华大一统是"想象"和"虚构"之物,更非中国历史的常态。除了针对文明探源,汉学界对中国传统思维、早期文献的生成及特征也多有争论。前者以法国汉学界为代表,后者以当下热门的柯马丁(Martin Kern)、鲍则岳(William G. Boltz)与陆威仪、夏含夷(Edward L. Shaughnessy)的争论为代表。争论中的质疑派通过早期文化的口传特征和文本构建过程,解构圣人情怀和早期经典的价值同构。

---

[1] 刘星:《缺席的对话:夏商周断代工程引起的海外学术讨论记实》,《中国文物报》2001年6月6日E1版。

学思践悟：新时代文化使命与文学研究

无论是否刻意为之，究其底，汉学家们质疑的是一个现代民族主义意义上的"中国"概念，何以能笼罩性阐释新石器时期的物质文化。其实是釜底抽薪，从中华文明根部否认商周以前的文化具有统一萌芽和统摄性因素，截断了中华文明发展的信仰源头和内核萌芽，从学术效能上可视为对中国性的解构。顺此梳理，汉学界对蒙元史、新清史的争论也是典型表现，都呈现出"解构永恒的中国"（李零语）的诉求。正因如此，在中华文明探源工程正面解答了第一个争议后，在多学科合作中迎面争议，继续深耕中国性是必须推进的工作。

二 争议中的共识：基于文字记述与文化信仰的中国性

纵观各大古文明，从文明肇始至当下，只有中国的汉字一直传承使用，没有发生根本性变化，形成中华民族强大的文化基因与价值认同。这一人类历史上最为蔚然壮观的文明现象，在事实上成为各派争论都必须认可的共识。

从国内学界争议看，即使对"中华文明未曾间断"持商榷态度的学者也承认：中国文明"未曾中断"说指向："其一，族群入侵虽然带来中原文明的间歇，但并没有导致中原民族主体语言——汉语言——的根本改变或消失；其二，以传统汉语言写成的古典文献延绵不绝，保存至今；其三，由于传统语言及古典文献的保存，其所承载的传统价值观与信仰得以保存、延续"[①]。

从国际学界争议看，前文的否定派们，比如鲍则岳承认，在文本和文献意义上的"中国"具有"共同体"意义。陆威仪虽然极力否定大一统，但是也认为中国的皇朝（包括其在艺术、宗教上的反映）均是根据文本中的想象王国缔造而成的。艾兰则认为，无法证明夏的

---

① 张绪山：《中国文明是世界唯一未曾中断的文明吗？——传统史学谬见举偶之一》，《光明日报》2014年8月13日第14版。

从文学学科深耕文明探源的中国性问题推进文化自信自强研究

真实,从文献分析,夏是商神话衍化的结果,具有政治构建和文化信仰功能。汉学家们认可,中华文化的共同体精神是依靠《尧典》《禹贡》《洪范》《周礼》等经典文本而构筑:"这些形象正好因为是文本上的理想,所以才特别适合跨时跨地的传承,这样就形成了中国文化的脉络。"[1]

国际上最知名的中国通史——《剑桥中国史》首卷《中国上古史》也如此,即不承认夏朝,但是承认文化信仰意义上的中国有独特性,认为中华文献记述呈现出了"求统一的内涵"。因此,《中国上古史》卷《导言》的章节题目就叫"中国之理想化的过去"。撰写者们认为:"按照这种理想化了的古史观[2],自上古时代以及其后的两千余年的王朝历史,一直都有一个求统一的内涵"[3]。基于文献记述,该章作者梳理出从新石器时代到先秦,曾出现统一国家的萌芽:"这些萌芽至少会显现在包括政权及其所需要的宗教信仰、礼仪和思想等诸方面。这些萌芽发展了以后,社会阶级和有效的政治机构出现了,它们吸收了各种外来的文化因素,一个知识分子领导阶级也随之而产生。这个普遍受人尊敬的领导阶级是以他们的文学知识,而不是由于他们的宗教特权发展出来的。和其他文明相比,这些萌芽中,有一些方面肯定是有其独特性的,从春秋时代开始就产生,可世界上其他地区从未见到的一种持续的、统一的文化"[4]。

这些论述无疑承认了,中华文明的延续性和统一性源于史前的信仰和仪式萌芽,通过汉字记述,表现在文献记载与思想理念中。虽然汉学家们的诸多观点不乏偏执与极端,他们的共识也一再提示国人:在文明探源工程取得重大成果之后,尚需深耕从史前到当代、器物到

---

[1] [美]史嘉柏:《近十年西方汉学界关于中国历史的若干争论问题》,载《海外中国学评论·第二辑》,上海古籍出版社2007年版。
[2] 笔者注:指周代文献记述的三代盛世。
[3] Michael Loewe and Edward L. Shaughnessy, *The Cambridge History of Ancient China: From the Origins of Civilization to 221. B. C*, Cambridge: Cambridge University Press, 1993, p. 12.
[4] Michael Loewe and Edward L. Shaughnessy, *The Cambridge History of Ancient China: From the Origins of Civilization to 221. B. C*, Cambridge: Cambridge University Press, 1993, pp. 12–13.

文字、从文献经典到精神理念、从传统文化到现代文明，几千年来一以贯之的中国性内涵。

三 回归文化大传统，从文学学科深耕中国性

围绕文明起源研究，国内还是最倚重考古学和历史学，前者尤甚，其余学科介入不足。中华文明探源的重大意义在于揭示出：相对文字出现的3000余年小传统，涵盖文明起源期在内的史前文化构成更深远悠久的文化大传统，中国性的所有特征在大传统中都能找到萌芽和发展线索。法国汉学家汪德迈（Léon Vandermeersch）曾系统分析了中国文字以及思维的特色，以对应西方的神学体系。他认为具有占卜功能和神权意义的甲骨文，是中华史前物象观念和文化信仰的顺势发展结果。庞朴先生曾指出，中国人思维结构与汉字的使用有深层结构上的一致性。诸如"立象尽意""铸鼎象物""文以载道"等观念都是中华文明取象思维的表现方式，其天人合一的丰富内涵对现代性文明有巨大的启示意义。换言之，滋生中国文字出现的深厚史前传统及其文字背后的信仰、礼制和观念特性造就了持续、统一的中华文化。"中国文明表现为最浓厚的'信仰—仪式'统一体和稳定共同体特色，具有连续性和整体性"[1]。"从史前到文明的过渡中，中国社会的主要成分有多方面的、重要的连续性。而西方文明的发生是突破性的。因此社会科学中照搬西方经验而来的一般法则不能有普遍的应用性。"[2] 针对中国性之争，文明探源工程成果虽然奠定和夯实了研究基础，但是，当下盛行的考古学的科学主义研究范式不足以完全回答信仰与观念问题，不足以挖掘中华文明延续性和大一统特征之全然面貌。

从学术范式和人文理论构建来看，在现当代学界，最常见的中华

---

[1] ［美］杜维明：《试谈中国哲学中的三个基调》，《中国哲学史研究》1981年第1期。
[2] ［美］张光直、徐苹芳：《中国文明的形成》，新世界出版社2004年版，第341—344页。

思想史研究惯于套用西学古典进化论的"神话→历史""信仰→理性""宗教→理性化""神圣→世俗"的演进过程，用现代性工具理性观来规避中国王制中的"神—人"关系和礼乐文化渊源。这类西学而来的二元对立的理论模式，解释不了中华文明发生发展的独特性。其实，已经有考古学者谈到应结合神话学、文献学构建探源新理论："'如何重建古史传说的历史'——这应是探索中国文明起源在方式与目标方面区别于西方而具有中国学术特色的重要内涵之一。"① 著名考古学家沙雷尔曾论述，"以前的考古学界一直不重视意识形态，认为这是考古学研究力不能及的……人类社会借助意识形态确立关于自然和超自然世界的信仰体系。通过意识形态，形成了关于宇宙的秩序以及人类在宇宙中的位置的观念，确立了人与人以及人与周围万事万物的关系。意识形态是用象征符号来表达的，分析抽象的实物象征和写实的实物象征"②。这些论述都突显出考古学结合人文研究势在必行。

公允而论，若要勾勒从史前到当下的象征符号，研究有关文明价值、文化观念、历史思想、意识形态等中国文化内核问题，是无法简单用传统注疏考证（经学）或纯物质文化（考古学）、田野调查（人类学）以及针对成熟宗教信仰（宗教学）的研究范式来推进的。围绕物质、文献与文本精神的综合探索需要以人文学科为主导的多学科合作。这方面，文学领域的交叉学科——中国文学人类学学派已经将研究视野拓展到了文字产生以前文化大传统，利用史前物质文化实物来解读其隐含的观念信息，考察中华文明的观念因子、器物的文化意义和"道—器"之间的思想生成。这些实践仅是开端，探索中国性仍存有大量深耕空间，尤其需要关注被前人所忽略的文明信仰与观念驱动问题，尽早弥补国内外研究空白，将中华文明的起源共性和特性与

---

① 朱乃诚：《21世纪初中国文明起源研究的主要特点、成果与展望》，《考古学集刊》2010年第2期。
② [美]罗伯特·沙雷尔、温迪·阿什莫尔：《发现我们的过去：考古学》，余西云等译，上海人民出版社2009年版，第408—412页。

后世文献、文学精神、文化观念等进行全面衔接。同时，中国文学研究也需要借之全面反思国际汉学界对早期文献研究的利弊得失，构建文明探源与中华文艺、中华文化互补共生的多学科交叉新模式。

中华文明探源工程成绩显著，需要"坚持多学科、多角度、多层次、全方位，密切考古学和历史学、人文科学和自然科学的联合攻关，拓宽研究时空范围和覆盖领域"[①]。在新时代构建中国特色的学科体系、学术体系、话语体系，亟需把中国文明历史研究引向深入，从人文学科路径深耕中国性问题，这是无法回避的时代之问和研究使命，具有重要的学术价值和文化战略意义。

四 结语

时运交移，质文代变，古今情理，重在言乎。任何一个民族和时代的文学艺术形成，无不与当时的物质和精神文化有着千丝万缕联系，承载和体现着物质文明和精神文明发展史。中华民族的文化基因，诸如厚德载物的道德修养，日新的创新精神，民为邦本、强国富民的民本思想，天人合一的哲学理论，大一统政治理念等等，无不在中华文艺思想中有集中鲜明体现，从文学学科深耕文明探源的中国性问题，从学理与现实层面都势在必行。

换言之，文化自信自强由中华民族的文艺基因所决定，由浓缩文明精髓的五千年文艺思想所证明。在人类文明发展长河中，中华文明最为持久延续，不仅创造了具有中华民族特点风格和气质的文明形态、思维模式，同时也创造了具有本民族特点的文艺思想，是中华民族独特的精神标识、是当代中国文化的根基，也是中国文化创新的宝藏。纵观几千年中华文学艺术发展，在不同历史阶段形成不同文艺思潮，涌现出各自特征和时代意义，展现出中华民族思想精华。中华文

---

① 习近平：《把中国文明历史研究引向深入 增强历史自觉坚定文化自信》，《求是》2022年第14期。

艺思想不断同外来各种先进思想相结合，其融通丰富和发展壮大过程，正是中华思想具有包容力、创造力和鲜活生命力的历史证明。作为文化凝聚力和共同体认同的中华文艺思想，在不同历史时期超越族群和社会阶层，将不同的意识形态和文化核心要素进行整合、散播和传承，形成了最为重要的传统——以人民为中心，文艺为政治服务的理念及实践。坚持中国特色社会主义文化发展道路，努力建设社会主义文化强国，需要努力研究和弘扬中华优秀文学艺术思想，推动社会主义文化的更大发展和更大繁荣。不断从文学学科深耕文明探源的中国性问题，能更好推进文化自信自强研究，也必将增强当代中国人民的思想自信，丰富中国化马克思主义的思想要素，扩大中华优秀思想的国际影响力，从而推动社会主义文化的更大发展和更大繁荣。

和平性：《论语》中的优秀中华文化基因

祝晓风

2023年6月2日，习近平总书记在北京出席文化传承发展座谈会并发表重要讲话。他强调，要坚定文化自信、担当使命、奋发有为，共同努力创造属于我们这个时代的新文化，建设中华民族现代文明。习近平总书记强调，中华优秀传统文化有很多重要元素，共同塑造出中华文明的突出特性。他指出，连续性、创新性、统一性、包容性、和平性是中华文明的五个突出特性。"中华文明具有突出的和平性，从根本上决定了中国始终是世界和平的建设者、全球发展的贡献者、国际秩序的维护者，决定了中国不断追求文明交流互鉴而不搞文化霸权，决定了中国不会把自己的价值观念与政治体制强加于人，决定了中国坚持合作、不搞对抗，决不搞'党同伐异'的小圈子。"[1] 习近平总书记的讲话，给我们深刻启发。以此为指导，我们重新研读《论语》，可以有新的发现。

任何一部经典都是在无数次的重读与重估中，形成并确立其为经典的，《论语》也不例外。它承受过最高的赞誉和尊崇，也承受过最严厉的批判和污损。以当下的眼光重新审视它，当然也会发现新的意义。习近平总书记指出："一个民族最深沉的精神追求，一定要在其

---

[1] 习近平：《担负起新的文化使命 努力建设中华民族现代文明》，《人民日报》2023年6月3日第1版。

和平性：《论语》中的优秀中华文化基因

薪火相传的民族精神中来进行基因测序。有着五千多年历史的中华文明，始终崇尚和平，和平、和睦、和谐的追求深深植根于中华民族的精神世界之中，深深溶化在中国人民的血脉之中。中国自古就提出了'国虽大，好战必亡'的箴言。'以和为贵''和而不同''化干戈为玉帛''国泰民安''睦邻友邦''天下太平''天下大同'等理念世代相传。"① 其中，"和为贵""和而不同"等思想，就直接来自于《论语》。

《论语》是孔子及其门人的言行记录，"《论语》者，孔子应答弟子、时人、及弟子相与言而接闻于夫子之语也。当时弟子各有所记，夫子既卒，门人相与辑而论纂，故谓之《论语》。"（《汉书·艺文志》）《论语》"记孔子与弟子所语之言也。论，伦也，有伦理也。语，叙也，叙也，叙己所欲说也"（刘熙《释名·释典艺》）。所以，"论语"的意思就是"有条理地叙述自己的话"。《论语》一书不成于一时，也不成于一手，而且这些人生活的年代相距或远，不止于三五十年。根据郑玄推测、邢昺疏证，《论语》由孔子弟子仲弓、子游、子夏等人撰定，但又经过大家讨论，以避"妄谬"，然后编定，故谓《论语》。"当时尚属口传身授，因而能免焚书之厄，门户之争"②。但从唐人柳宗元开始直到近人，很多学者推测《论语》是由曾参的学生最后编定，梁启超、杨伯峻等就持此说，理由是，第一，《论语》"不但对曾参无一处不称'子'，而且记载他的言行与孔子其他弟子比较起来为最多"③；第二，曾参在孔子众弟子中最年轻，《论语》中有一章记载曾参将死之前对孟敬子的一段话，"《论语》所叙的人物与事迹，再没有比这更晚的，那么，《论语》的编定者或者就是这班曾参的学生"④。因此，"我们说《论语》的著笔当开始于春秋末期，

---

① 习近平：《在德国科尔伯基金会的演讲》，《人民日报》2014年3月30日第2版。
② 陈克明：《群经要义》，东方出版社1996年版，第230页。
③ 杨伯峻：《论语译注》，中华书局1980年版，第29页。
④ 杨伯峻：《论语译注》，中华书局1980年版，第29页。

而编辑成书则在战国初期,大概是接近于历史事实的"①。今人李零则更进一步发问,"你心中的《论语》是哪一部《论语》或什么样的《论语》"?他认为,"这书恐怕不是原始记录","撇开编辑过程不谈",《论语》的内容,"它的构成要素,大约是形成于孔、孟之间的战国早期,大致年代范围在前 479 至前 372 年之间"②。

　　汉代出现《论语》时,有三种版本,也就是三种来源,通常称之为鲁《论语》、齐《论语》和古《论语》。鲁《论语》二十篇;齐《论语》二十二篇,多出《问王》《知道》两篇;古文《论语》二十一篇,没有《问王》《知道》两篇,但是把《尧曰》的"子张问"另分为一篇,于是有了两个《子张》篇。篇次与另二者也不一样,文字不同的计四百多字。何晏把《论语》在汉代的传授、整理与注解的情况,大致分了三个阶段:"安昌侯张禹,本受鲁《论》,兼讲齐说,善者从之,号曰'张侯《论》',为世所贵。包氏、周氏章句出焉。古《论》,惟博士孔安国为之训解,而世不传。至顺帝时,南郡太守马融亦为之训说。汉末,大司农郑玄就鲁《论》篇章考之齐、古,为之注。近故司空陈群、太常王肃、博士周生烈皆为义说。前世传授师说虽有异同,不为训解;中间为之训解,至于今多矣;所见不同,互有得失。今集诸家之善,记其姓名。有不安者,颇为改易,名曰《论语集解》"(《论语集解·序》)。何晏《论语集解》行世后,比较重要的还有梁人皇侃编写的十卷《论语义疏》、清人刘宝楠《论语正义》。《论语义疏》很长一个时期在国内失传,清代初年,才从日本传回。后者《论语正义》是清代《论语》考据的集大成。刘宝楠年轻时,与人抓阄,发誓各治一经,宝楠抓得《论语》,从此一生全力研究《论语》,最后由其子刘恭冕续编成书。古今中外关于《论语》的著作汗牛充栋,1956 年杨伯峻著《论语译注》时,查阅日本学者林泰辅的《论语年谱》,其中著录已有三千多种。晚近三十年,

---

① 杨伯峻:《论语译注》,中华书局 1980 年版,第 5 页。
② 李零:《丧家狗》,山西人民出版社 2007 年版,第 28—29 页。

和平性：《论语》中的优秀中华文化基因

传统文化热复兴，各家注本、读本，新增又何止百千。

当然，《论语》留给后人最重要的，是随着文字文本一同留传下来的文学遗产及其人文思想。这些核心的人文思想，文明精神要素，也在一次次的编纂、注疏中得以阐发、凸显。也可以反过来说，正是因为《论语》蕴含着具有永久价值的人文思想内容，它才能不断地启发后人，被后人不断地继承、弘扬，每每在新的时代焕发出新的生命活力。

《论语》全书内容广泛，涉及当时社会的政治、道德、教育、文化等各个方面，是了解、研究孔子及其儒家思想最重要的典籍。后汉赵岐《孟子题辞》说："《论语》者，五经之管辖，六艺之喉衿也。"梁杨泉《物理论》谓《论语》"圣人之至教，王者之大化"。孔子的文学思想与艺术精神，也都可以在《论语》中找到最直接、最显明的论说。孔子把学习"诗""乐"，放到一个非常重要、非常突出的地位，认为"不能诗，于礼谬；不能乐，于礼素"（《礼记·仲尼燕居》），"不学诗，无以言"（《泰伯》）"汝为《周南》《召南》矣乎？人而不为《周南》《召南》，其犹正墙面而立也与？"（《阳货》）他把"文"列为"四教"之首位："子以四教：文，行，忠，信。"（《述而》）——尽管这里的"文"虽然多指"文献"，不完全指文学，但文学、文字、文章、文化的意义也是不能排除的。孔子把"诗"和他的政治学说的核心"礼"并列，"兴于诗，立于礼，成于乐"（《泰伯》），从道德修养、言辞应对等多方面说明学习文艺的重要意义。他强调文艺的社会作用，"诗，可以兴，可以观，可以群，可以怨。迩之事父，远之事君；多识于草木鸟兽之名。"（《阳货》）对文学具有美感作用、认识作用和教育作用做了全面论述。孔子主张"中和"之美，"乐而不淫，哀而不伤"（《八佾》），表现欢乐和悲哀的感情应该适度，不能过分，反过来，认为无度的郑声"淫"是应该摒弃的，主张"放郑声"，这是孔子思想中庸之道在文艺思想上的反映。他还提出"思无邪"，确立了儒家评诗的标准；倡导"中和"之美，建立儒家"温柔敦厚"的诗教；提出

"质胜文则野，文胜质则史；文质彬彬，然后君子"的文质统一的观点，这些，都是开创性的。

孔子既是易代之士，也是游学之士。孔子文学观既尚文，又尚用，"惟其尚文，所以不同于墨家；惟其尚用，所以又不同于道家"[①]。在春秋纷乱的大时代，孔子既然也希望自己的学说能被国君采纳，"尚用"就是很自然的。孔子文学观和他的总体思想一致，都是以仁爱为核心。仁是符合等级制度（礼制）的言行规范（克己复礼为仁），又是维护家长制的精神支柱（"孝悌"为"仁"之本），从品德素养的角度说，仁又是恭（庄重）、宽（宽厚）、信（诚实）、敏（勤敏）、惠（慈惠）这些品德的总称。尽管如此，对人的普遍的关怀（"樊迟问仁。子曰：'爱人'。"——《颜渊》），仍然是"仁"的思想中重要的内容。这种关怀和主张，与孔子的时代并不协调，但却超越了他的时代。

孔子的文学观与他的教育观、社会观和道德观紧密相连。孔子在仁爱的基础上，主张"博学于文，约之以礼"（《雍也》），以诗解礼，诗礼互解（《学而》）。行为与言谈，作文与学诗，都要守礼。"克己复礼为仁。一日克己复礼，天下归仁焉"（《颜渊》）。"人而不仁，如礼何？人而不仁，如乐何？"（《八佾》）礼，当然首先是当时的等级制度和社会道德规范，所以如果具体地看，孔子的这些主张是有局限的。但是另一方面，也要看到，礼从本质上讲，就是一种秩序。小至一个家庭一个社区，大至一个社会一个国家，如果是一片混乱，像春秋战国各诸侯国那样，动辄诉诸武力，那就不是一个安定的文明社会。在美的内容与形式方面，孔子强调美与善的结合，"子谓《韶》，尽美矣，又尽善也。"（《八佾》）强调中和之美、中庸之道，"中庸之为德也，其至矣乎！"（《雍也》）中庸，就是既不是不及，也不是过，而是恰到好处，折中矛盾，反对极端，是中正、平和，是"允执其中"，表现在文学艺术上，就是一种中庸之美、中和之美，当然也是

---

① 郭绍虞：《中国文学批评史》上册，商务印书馆2010年版，第23页。

和平性：《论语》中的优秀中华文化基因

一种克制之美。孔子在这里，实际上讲出了一个文学艺术的真谛，那就是凡是真正的文学艺术，都是一种"受限制"的工作，一种克制的创造。这里面，还强调什么呢？就是与社会规律的协调，与自然规律的协调，与人自身的情感、道德的协调。表现在人际关系上，就是首先己方要克制、要理性，不要走极端。

"礼之用，和为贵"出自《论语·学而》："有子曰：'礼之用，和为贵。先王之道斯为美。小大由之。有所不行，知和而和，不以礼节之，亦不可行也。'"有子，即孔子弟子有若。有子"和为贵"的观点，便是继承孔子"中道"思想的集中体现。"礼之用，和为贵"。有子说："礼的作用，以遇事都做的恰当为可贵；过去圣明君王的治理天下，可宝贵的地方就在这里；他们小事大事都做得恰当。但是，如果有行不通的地方，便为恰当而求恰当，不用一定的规矩制度来加以节制，也是不可行的。"《礼记》云："喜怒哀乐之未发谓之中，发而皆中节谓之和。"杨遇夫先生《论语疏证》据《说文解字》，解释说，"和今言适合，言恰当，言恰到好处"。后来，人们也将此处之"和"，与"和平"相联系，因为，礼，意味着秩序，而秩序意味着和平。人人安守本分，国与国以礼相待，天下自然就和平。孔子认为，人和人之间的交往都是要讲礼仪秩序的，大小尊卑，都有一个秩序。无论是在家庭中，还是在社会上，人人都需要遵守最基本的交往秩序，而这个最基本的秩序就叫作"礼"。礼的本义，据《释文》解释是"祭神以致福"，后来成为社会行为的法则、规范、仪式的总称。作为社会行为法则和规范的"礼"，并不是仅为"仪式"那样的理解，而是具有丰富深刻的内涵。在孔子的思想中，"礼"是"仁"的外在形式，它由仁政思想来确定社会的行为法则和规范。在《论语》中，经常见到孔子以周礼为"礼"，以尧舜之礼为"礼"，实则是孔子向往仁政盛世，憧憬尧年舜日的表现，不能一概斥之为"复辟"。孔子认为，先王之道，就是爱人之仁政，就是亲民之德政，先王以此为基础而制定立国之本，养民之策。这些学说，不是对"先王"的美化，而是对当时诸侯争霸而引起的社会矛盾进行修正，放在春秋晚期，诸侯混乱的时代，是具有积极意义的，也是难能可贵的。人与人之间的交往没了"礼"，整个社会就乱了套。有子这里所说的"礼之用，和为贵"，强调的即是在人际交往中，人人都需要讲"礼"，而讲"礼"最重要的就是要懂得"和"。"礼之用，和为贵"，发挥到国际关系中，就是注重协调各方利益，在合作共赢中创造和谐关系，所谓"和而不同"（《子路》），"礼之用，和为贵"（《学而》），"己所不欲，勿施于人"（《颜渊》）。和平性，在这里得到充分体现。在我们高举人类命运共同体大旗的今天，《论语》中体现的和平性，尤其值得重视。

而孔子文学观中的仁、礼、中庸、和、美善统一等思想核心，事实上成为中华民族文化心理的重要基本要素，惠及后世，也会对当今世界文明有所贡献。社会也就很难向前发展。孔子教育弟子学习，强调学诗，学乐，还与人的日常生活、学习紧密结合，把学习与修养落实到日常生活之中。这也是其一大特点，正与我们当下的社会主义核心价值观的落实、推进相契合。习近平总书记指出："要注意把社会主义核心价值观日常化、具体化、形象化、生活化，使每个人都能感知它、领悟它，内化为精神追求，外化为实际行动，做到明大德、守公德、严私德。"[1] 从《论语》中，我们可以得到这方面的很多启发。我们也应看到，儒家最强调秩序，小到每个家庭成员，父母要爱护子女，抚养子女，这是他们的责任；子女要尊敬父母、赡养父母，这是他们的义务。尊老爱幼，是家庭中最基本的"礼"。大到整个社会，每个公民都应该遵守最基本的社会公德。每个人在社会中都有着不同的身份，因分工不同，职位不同，所处的位置也就不同，不同的岗位有不同的要求，不同岗位的人都应该按照自己的岗位要求履职尽责，做好分内之事，行为举止符合自己的身份要求，不僭岗、不逾礼，这便是人在社会交往中的"礼"。我们在人际交往中需要讲"礼"，而

---

[1] 黄敬文、兰红光：《当好全国改革开放排头兵　不断提高城市核心竞争力》，《人民日报》2014年5月25日第1版。

和平性：《论语》中的优秀中华文化基因

讲"礼"的最高境界即达到人与人之间的"和谐"。

中华优秀传统文化源远流长、博大精深，其中蕴含的天下为公、民为邦本、为政以德、革故鼎新、任人唯贤、天人合一、自强不息、厚德载物、讲信修睦、亲仁善邻等，是中国人民在长期生产生活中积累的宇宙观、天下观、社会观、道德观的重要体现，同科学社会主义价值观主张具有高度契合性。这种契合性，造就了一个有机统一的新的文化生命体，让马克思主义成为中国的，中华优秀传统文化成为现代的，让经由"结合"而形成的新文化成为中国式现代化的文化形态。"深入挖掘中华优秀传统文化蕴含的思想观念、人文精神、道德规范，结合时代要求继承创新，让中华文化展现出永久魅力和时代风采。"[①] 人类命运共同体，从来没有像今天这样显得这么真切，人类文化价值重建，也从来没有像今天这样显得如此亟迫。"和而不同"，"礼之用，和为贵"，"己所不欲，勿施于人"。在当今国际风云变幻，国际社会迎来新一轮动荡的时刻，我们面对人类文明的未来，重新品读《论语》中这些富有智慧的论述，当然是很有意义的，可以让我们更深刻地体会、把握"两个结合"。

[①] 习近平：《决胜全面建成小康社会　夺取新时代中国特色社会主义伟大胜利——在中国共产党第十九次全国代表大会上的报告》，《人民日报》2017年10月28日第1版。

立足马克思主义 观照新移民文学中的"中国故事"书写

汤 俏

马克思主义中国化就是将马克思主义基本原理同中国具体实际相结合，不断形成具有中国特色的马克思主义理论成果的过程。具体地说，就是把马克思主义基本原理同中国革命、建设和改革的实践结合起来，同中国的优秀历史传统和优秀文化结合起来，既坚持马克思主义，又发展马克思主义。一是马克思主义在指导中国革命、建设和改革的实践中实现具体化。二是把中国革命、建设和改革的实践经验和历史经验上升为马克思理论。三是把马克思主义植根于优秀的中华文化之中。习近平总书记在党的二十大报告中强调指出："增强中华文明传播力影响力。坚守中华文化立场，提炼展示中华文明的精神标识和文化精髓，加快构建中国话语和中国叙事体系，讲好中国故事、传播好中国声音，展现可信、可爱、可敬的中国形象。"[①] 要想讲好新时代的中国故事，就要了解马克思主义的必行性，就要体悟中国特色社会主义的精妙之处。要紧扣时代脉搏、坚守人民立场、坚持守正创新，用情用力讲好中国故事，创作出更多无愧于时代、无愧于人民的优秀作品，为新时代文艺事业繁荣发展、为丰富人民精神世界作出更大贡献。

[①] 习近平：《高举中国特色社会主义伟大旗帜 为全面建设社会主义现代化国家而团结奋斗——在中国共产党第二十次全国代表大会上的报告》，《人民日报》2022年10月26日第1版。

立足马克思主义　观照新移民文学中的"中国故事"书写

随着世界经济政治文化的全球化发展，新移民文学经过三十余年的沉淀和发展，创作主题逐渐从"异国书写"流转到对中国故事中国经验的书写，大致可分为"大历史中国书写""民间乡土中国书写"和"当下中国书写"三种类型，始终显示出力图呈现人物命运、历史传承、文化身份认同三位一体的开阔气象。可以说，20世纪90年代以来发展至今的新移民文学将海外华文文学推向了一个创作的高峰，不仅文学创作呈高速发展之势，与中国大陆文坛之间的联系也越发紧密。与海外华文作家的"异域书写"相对的是这一群体的"中国书写"。海外作家们有一部分以华裔身份回到中国继续写作，完成了实质上的"二次移民"或者"再移民"，得以近距离地感受中国生活和母国文化，他们或者回望来路、钩沉历史，或者描摹现实、反映当下中国。经历过"身份焦虑"和"离散体验"的新移民，正在逐渐超越东方和西方、自我和他者这种简单的二元对立，挖掘出民族性更加深广的世界内涵，也为全球化背景下海外华文文学的写作提供了一份值得借鉴的经验，"中国故事"已然成为当前华文小说的亮点与生长点。这种"中国书写"实际上是新移民作家们初踏异域、回望故国之乡愁文学、反思文学的延伸和发展，时移世易，作家们的思维和目光也与时俱进，中国大陆日新月异的变化也激发了他们新的创作灵感，纷纷以清醒的跨越国族的审视之思介入对中国经验中国故事的书写，从共时角度上追踪当代中国的现状与问题书写，在历时的角度则转向对中国传统文化的探索与追寻，谱写全新特质的"寻根"文学。

一　"大历史"中国

时值世纪之交，新移民文学中"中国故事"则多数选择大陆20世纪20—90年代的重大历史事件为断面，理性反思取代伤痕叙述，目的是以传统的现实主义的塑造方法，刻画极端环境中的复杂人性，这是我所谓的"大历史"中国书写的一种；另一种"中国书写"则回溯到博大精深的中国文化中去打捞历史，寻找中华传统文化之根。

（一）一曲绵密的家国情怀之歌

《疯狂的榛子》是袁劲梅在搜集研究了大量的一手史料的基础上创作的小说，故事主要反映了第二次世界大战时期中美空军混合联队参与到中国抗日战争中来一同对抗日本殖民者的历史，虽然是以历史为主角的小说，却丝毫不输文学性，视野开阔、气象深宏。故事从位于加拿大的喇叭和宁照家中开始，一开头就以喇叭家的《战事信札》为引子将主要人物结构抽丝剥茧地呈现出来，引起读者极大的好奇心。信札背后的主人是中美空军混合联队优秀的飞行员范笛河，他在烽火连天、执行轰炸任务的间隙写下这些记录自己战时生活和绵绵思念的信札，既是奉献给女主人公舒暖的一片丹心，同时也带有抵抗人性异化的自救性质，渗透着对战争反人性的控诉、对保持自我本真的向往、对传统文化体制的反思以及跨越人种和国族的全人类的共通人性的尊重。中国的脚印从哪里来，又要走到哪里去？这是袁劲梅在这部小说中思索的主要问题。小说时间跨度很长，基本涵盖了中国从第二次世界大战到改革开放以后的各个历史阶段，主人公上下三代的家族故事与历史风云一起贯穿了整部作品，同时一段中国走向民主和平的现代化建设之路也浮出水面。

这是一部难以快速阅读的小说，血与火中燃烧的浪漫爱情熔铸了民族的苦难，生死相许却天各一方，对文化的反思和情感的向往交错并置、腾挪跳跃，增加了阅读的难度和思考的深度，战争、爱情、苦难、历史等元素互相重叠互为增益，共同组成了一首绵密而意蕴深长的家国情怀之歌。

（二）一段交错的世纪之恋

和袁劲梅一以贯之反思中西文化优劣、民族文化痼疾的基调不一样，张翎在《劳燕》中依然执着地将关切的眼光投注在她所挚爱的极致环境下人性的幽微之处，她想呈现的是风云变幻的历史中中国人那种足以洞穿一切困难的坚忍、执着的力量。这是一部关于个人命运与国家、民族、社会交融的悲剧，一段交错的世纪之恋，也是目前第一部纳入美国海军秘密援华使命的作品。

《劳燕》中涉及的历史、年代和人物三大叙事元素符合典型的"中国故事"的架构，仍然沿用了张翎一贯以温州女孩、美国牧师为主要人物的设计，并且延续了《流年物语》里出现的分角色叙述、动物拟人化、灵魂对话这种虚实之间的叙事，还赋予了这个江南少女三重身份，分别代表她和不同人物之间的联系，不同的是美国在这里只是作为背景存在，中西交错的模式被淡化。1941年和1946年是小说中非常重要的两个时间节点，"战争"和"故土"分别挑起这段时间的经纬，四个主人公的命运皆浓缩于"中美特种技术合作所"这个特殊的地点。第二次世界大战扭转了人物的命运，打破了生命本来自行前进的平衡。三个男人和一个女人因为战争而发生交叉，又因为战争而分头走向各自的终点。一场交错的旷世之恋在战争中离乱，在离乱中跨越太平洋相望一生，令人唏嘘不已。然而爱情并不因离乱而狭窄，当苦难来临，相濡以沫的恩怨情仇因家国情怀而闪耀着熠熠的人性之光。《劳燕》描述的是大时代背景之下小人物跌宕起伏却无可奈何的命运，然而面对任何苦难与疼痛，看似弱者的中国人都能以其坚忍、坚韧和坚持穿透一切，平凡的人物自有其伟大的力量。

（三）一段通往民族文化的灵魂秘史

2016年，陈河为大陆文学界奉献出了心血之作《甲骨时光》，将历史中国的故事推进到一个新的高度，不过他比张翎、严歌苓、袁劲梅走得更远更深，穿越历史的重重烟尘回溯到上古时代的殷商王国，在寻找殷商王朝留下的甲骨球的过程中融合了中国文学、历史和文化于一体，呈现了一段通往中华民族文化灵魂的心灵秘史。

《甲骨时光》从纪实出发架构一个充满诗性虚构的"中国故事"，将文字学、考古学、地理、天文、历史与天马行空、神秘瑰丽的幻想结合在一起，使得小说既呈现了一个苍茫辽阔的想象空间，又具有符合逻辑的理性气质,真实而不枯燥,气势恢宏而神秘悠远。陈河坦白自己并非想创作一部玄幻穿越小说,而是力图呈现一部融悬疑和文化为一体的现代意义上的作品。的确,这并不是一部奇幻穿越之作,而是一部充满诗性与严谨的历史题材"中国故事",同时还展示了新移民作家陈河开阔的跨文化视野和深刻的人文关怀。没有跨越族裔和国别的文化认同,陈河就不可能超越个体的苦难和心灵困境在《甲骨时光》中构建如此恢弘的"中国形象"。这个中国充满了文化原初的魅惑,山西侯马古庙的三折画,充满生命力的商朝史诗,令各国考古学家痴迷的甲骨球,遍地是文物的安阳地下殷商王国……陈河将远古的甲骨文明置于中西各派文明的焦点,并由此辐射到中国历史上包括历法、天文、地理在内的各种辉煌成就,体现出强烈的自豪感。

二 民间乡土中国

与"大历史"中国书写对应的,是民间乡土中国故事的书写。"民间"是一种视角,也就是说作家观照中国故事的是以民间视角进入的,即使作品中表现中国历史,也不是从宏观的大历史观进入的,在这里的历史只是故事发生的背景,甚至对人物命运、故事走向影响都不是那么明显,这是一种和宏大历史叙事相对的个体叙事、民间叙事,支撑整个故事的是一种民间生存哲学。"乡土",即指的是关注、表现中国乡村生活、乡村状态的创作。

(一)民间生存哲学观照下的中国故事

严歌苓作品中的"历史"大都是她个体书写中的历史,这"历史"和你在别处见到的宏大或者沧桑的历史不大一样,甚至是有点蒙昧而界限不明的。你能看出来那是中国的哪一段历史,可是它的存在对主人公而言好像时间停滞了,历史的沧桑并没有让她也变得沧桑,她自顾自地顽强坚韧地活着,活得摇曳生姿、本色天然。严歌苓以半个多世纪的历史变迁作为背景贯穿了一个普通女人从青春到暮年的一生，延续了她以个人生存经验而非宏大历史叙事揭示人性关怀的写作特质，执著地表达了"女性像海一样把礁石包含起来，这种包容与撕碎的关系不能证明女性就是弱者"的理念，演绎了一种强悍的民间生存哲学。"女人"和"史诗"，可以作为定位严歌苓这种"民间乡土"中国书写的关键词。从这个视角而言，2006年的《一个女人的史诗》《第九个寡妇》、2008年的《小姨多鹤》都可以视为是严歌苓民间视角的历史写作，甚至《金陵十三钗》《陆犯焉识》也可以归入这种以不变应万变的民间生存哲学观照下的中国历史书写。虽则笔下叙述的是"民间"历史，投射的却是家国渊源，深广而大气，厚重而丰腴。

（二）乡村生存现状的白描

鲁迅先生用"乡间的死生"和"泥土的气息"跃然纸上来评价台静农的乡土小说。如果以此来衡量海外华人面向中国的乡土创作，会发现很多作家只是在空间上做出位移，并没有真正进入中国乡村社会的内里去感受那里的生存困境和民间精神，他们要么成为东方主义的合谋，用西方文化作为准绳来衡量中国文化，要么有失冷静地尽力夸大中国文化优越的一面，难脱民族主义之嫌。以严歌苓、张翎等为代表的北美新移民作家胸怀对中国民族文化的认同和依归，本着对现实社会的批判精神的同时极力寻找乡土中国的闪光点，架构民间乡土中国在现代社会的尊严。

张惠雯是北美新移民作家中较为年轻的新生代，出国的时间也相对较晚。她在国内度过的青少年时期，正好是中国改革开放以来的一段历史。她对中国乡村人们生存的现实状态比较了解，并且怀有相当真诚的情感，展现在她笔下的乡土中国的故事，并不像严歌苓的"民间"中国一样带有蒙昧传奇的色彩。张惠雯笔下的乡土中国是现实主义的，是粗粝可感的，因为懂得所以慈悲。她懂得中国乡村普遍的生存状态，了解他们的苦难以及寻求突破的强韧的生命力，张惠雯对于乡土中国的书写是怀着悲悯情怀的。她笔下的"中国故事"既吸收了现代乡土文学一派那种悲天悯人的情怀，又接续了沈从文、废名、汪曾祺等一脉的冲淡平和之美，对乡土题材的中国故事表现出一种成熟的把握能力和一份可贵的清醒，既没有陷入桃花源式的乌托邦写作，又不至于晦暗压抑或者绝望。她创作的《爱》《垂老别》《古柳官河》《如火的八月》便是这一类乡土中国的代表作。她对笔下的中国农村尤其是河南的乡村现状充满了悲凉和温情的复杂感情，既对其生存现状进行全景式白描，注意揭露中国乡村存在的问题，也为读者展示一片当代中国乡村文化的景观。事实上严歌苓的《谁家有女初长成》也当属乡土中国书写，她与张惠雯的区别在于，虽然同是关注中国乡村中的沉疴痼疾，严歌苓书写巧巧悲剧性命运时用墨浓重，各种巧合走向传奇书写，而张惠雯则更倾向于白描式的实景展现，共同之处在于她们都对中国乡村人们的生存状态拥有一种悲悯的人文情怀。

三 当下中国

要书写中国故事和中国经验，必然不能脱离中国的现实生活，否则就是建筑在西方审美标准之上的空中楼阁，这样的新移民文学无疑将成为无源之水，无本之木。因此，无论从创作资源还是受众而言，华文文学的"根"都在国内。新移民文学的中国书写尤其是当下中国故事的创作，实可以看作是海外华文文学向中国当代文学的一种靠近和冲击，他们和中国大陆作家的当代中国书写一方面彼此互证，一方面又有着视角和立场的差异，共同见证当代中国发展进程。

严歌苓曾经坦陈自己"很想写但不敢写'当代'中国生活"，作家"不在场"确实是表达中国经验的一大"命门"，不论是时代还是地理空间的距离都使得很多新移民作家不敢触碰中国故事，尤其是当下中国经验。但在《陆犯焉识》2011年于中国大陆出版后，严歌苓一改之前远离当下中国题材的做法，又陆续推出了三部聚焦于中国当下社会的长篇小说：《补玉山居》《老师好美》和《妈阁是座城》，它们和《赴宴者》一起，构成了严歌苓"魔幻中国"系列，可以说这显示严歌苓已经从历史写作中转过头来开始面对当代中国。

立足马克思主义 观照新移民文学中的"中国故事"书写

陈河的《义乌之囚》以查理从远程视频上逐渐消失结束，营造了足够的悬疑小说的气氛，却最终也没揭示这桩悬案到底背后藏着怎样的真实。然而，就在这一连串的死亡事件和追踪当中，陈河不仅勾连出了这起错综复杂的事件中每个人的命运轨迹，同时也为读者呈现了一幅深度透视这个以小商品批发市场闻名全球的义乌小城的生态全景。一方面它得力于陈河多年闯荡世界经营药品生意包括曾经被绑架死里逃生的经历，另一方面也和陈河自身对中国当代现实的体察和深度思考有关系。《义乌之囚》借着悬疑小说的外衣，实际想揭示的是当下中国经济繁荣的大方向下潜藏的一些问题，揭露了一些商品交易中的黑暗角落，展现了这个时代失去信仰、失去基本道义的某些狂热分子的迷茫和疯狂，可以说为极速运行的"中国经济列车"敲了一下警钟。

《死着》也是张翎小说创作的一次华丽转身，她将目光从交错的彼岸转向中国当代现实，第一次创作这样一篇反映纯中国当代本土故事的小说。小说中发生的故事，可谓涵盖了当下中国的各种怪现象，因为各方势力的拉扯，导致主人公既活不了也无法死去获得安宁，而让"死"这一瞬间性动词成了一种罕见的持续性动作"死着"，这中间折射的当下中国各种权力的相互制约、相关行业的贪污腐败、人浮于事的官僚体制也浮出水面。从本篇看，张翎写中国当代题材已经越来越得心应手，那些极具时代节奏的活泼的语言，那些即使隔着一个大洋，也仿似她日日跻身其间的场景，都展示了她在写作上的用心，对文学坚持不懈的致敬，也是体认中国式疼痛的一种方式。

中国故事的兴起有其原因，全球化背景下大势所趋，中西文化对话的需求更为迫切。因此，身处海外的创作者更有热情和责任感去呈现中国真实的文化面貌和民间风情。他们和中国大陆当代作家一样，问题意识越来越强，开始关注中国当下社会发展中存在的问题。新移民作家以其时代之笔书写中国故事，同时也不断地拓展人性的广度和深度。不论以何种分类标准、何种脉络追寻，其"中国书写"始终显示出力图呈现人物命运、历史传承、文化身份认同三位一体的开阔气象。我们可以将这些移民们其来有自的故国家园的历史文化看作是某种意义的"原文",而用另外一种文化可以理解的方式表达出来,这就是一种文化翻译的行为。新移民作家跨越"自我"和"他者"的文化离散体验对中国故事中国经验的书写,也可以视为一种文化"翻译",尤其是全球化时代,一个相对完整和丰富的中国形象可以成为一个中国文化全球化研究的范本。新移民作家因其独特的民族文化身份和广阔的文化视野,可以为中国文学参与世界文化交流和平等对话提供借鉴,并且突破西方文本中单一僵化的中国叙事,实现跨文化交际。新移民作家的"中国书写"既是个人自我身份确认的需要,也是讲好中国故事、展现中国形象、对西方视角下中国叙事进行反拨的努力,更是马克思主义中国化的典型范例,在多元文化冲击下展现的中国与世界的对话方式,重构世界版图中的中国图像,对于深化文明交流互鉴、推动中华文化更好走向世界有着深远的意义。

中华文明的连续性与"传承"品格

王秀臣

2023年6月2日,习近平总书记在北京出席文化传承发展座谈会并发表重要讲话。讲话指出,在新的起点上继续推动文化繁荣、建设文化强国、建设中华民族现代文明,是我们在新时代新的文化使命。习近平总书记的重要讲话系统、深刻地阐明了中华文明的基本特征、"两个结合"的价值意义,以连续性特征为依据,深刻地揭示了中华文明区别于其他任何一种文明形态的"传承"品格,为建设中华民族现代文明指明了方向,具有深远的历史影响和现实指导意义。

一 没有传承就没有连续

习近平总书记说:"中华文明具有突出的连续性,从根本上决定了中华民族必然走自己的路。如果不从源远流长的历史连续性来认识中国,就不可能理解古代中国,也不可能理解现代中国,更不可能理解未来中国。"[①] 五千多年中华文明的连续性是在传承中完成的。在世界文明史进程中,连续性是中华文明独有的特性,而连续性形成的根本原因就是传承。数千年来,中华文明从滥觞、孕育的那一刻起就开启了独特的传承方式。文明的连续性体现为文化的连续性,展现中

---

① 习近平:《担负起新的文化使命 努力建设中华民族现代文明》,《人民日报》2023年6月3日第1版。

华文明发展脉络的中华文化以从未间断的方式绵延至今，而保证文化连续性的根本原因也是传承。

文明传承最典型的方式是文化传承，而文化传承最典型的方式是学术传承。近一段时期以来，古典学研究颇为热闹，在面对中西古典学差异的时候，不少学者忽略了一个基本事实，即西方古典学是以断裂为前提，而中国是连续的。与西方古典学以"黑暗时代"的断裂为前提不同，中国古典学以传承为使命，在变化中发展，延续数千年而不断。与西方古典学有意而为之的主观行为不同，中国古典学具有潜移默化的自觉性。与西方古典学以复古、怀旧为基调不同，中国古典学是复兴和转化。中世纪漫长的黑暗时代将西方的古典与现代割裂开来，西方古典学之于现代西方社会，只能回忆，无法重建。就中国而言，文明的连续性，总是能让我们看到那些日用而不知的古典文明在当下的延续，古典中国以一种新的形式不断在现代中国重现。

这就提醒我们，古典学之于中国，不理解学术、文化传统的传承性，是无法领悟其要义的。也就是说，理解传承性是研究中国传统学术的基本前提，同时也是理解中国文化、解读中华文明的基本前提。中国传统学术的传承支撑着中华文化的连续性，中华文化的传承支撑着中华文明的连续性。今天，我们身处一个伟大的时代，中华民族的伟大复兴进入不可逆转的历史进程，古老的中华文明是构建中华民族现代文明的必然前提，也是构建现代文明的根基和底蕴。现代中华文明的构建，既要传承古老中华文明的精神积累，也要传承其得以延续的"传承"品格。

二 没有传承就没有归属

习近平总书记说："中华文明具有突出的统一性，从根本上决定了中华民族各民族文化融为一体、即使遭遇重大挫折也牢固凝聚，决定了国土不可分、国家不可乱、民族不可散、文明不可断的共同信念，决定了国家统一永远是中国核心利益的核心，决定了一个坚强统一的国家是各族人民的命运所系。"① 这种突出的统一性决定中华文明孕育的中华文化超强的凝聚力、强烈的归属感和认同感，因而也具有顽强的生命力。

归属感和认同感是一种文化是否具有凝聚力的集中表现，也是其是否具有生命力的重要表征。中华文化之所以延绵不断，之所以长盛不衰，成为世界上生命力最为顽强的最古老的文化，其中一个原因就是这种文化在孕育形成的早期阶段，归属感和认同感就已成为其显性基因，并不断在后世被传承。传承的时间越长，历史越久远，文化越古老，归属感和认同感就越深厚，对隶属于这一文化群体成员的凝聚力和向心力就越大。

比如说中华文化的"家国情怀"，起源于原始社会以血缘为纽带的氏族制度，表现出"以礼治国""齐之以礼"的治国理念。早期国家形态呈现出"家国一体""家国同构"的家族国家面貌，"家国情怀"以一种朴素的、原始的情感形式，将家族、伦理、宗教等观念融合，成为中华文化原始国家观念和社会政治观念的原型，不断传承，长久延续。"家国同构"，将"家"与"国"链接，认为"家国一体"，家是国的缩影，国是家的扩大，群体对家族、血亲的归属感和认同感同构于对国家和民族的归属感和认同感。中华文化的"家国同构"意识和"家国情怀"，将个体与群体、家族与国家的命运紧密联系在一起，极大地促进了中华文化大一统国家观念的形成和中华民族各民族文化的大融合，也加速形成并进一步巩固了中华文明突出的统一性，成为中华文明凝聚力和向心力的不尽之源，也成为民族团结、国家统一的恒久动力。

三 没有传承就没有交流

习近平总书记说："中华文明具有突出的包容性，从根本上决定

---

① 习近平：《担负起新的文化使命 努力建设中华民族现代文明》，《人民日报》2023年6月3日第1版。

了中华民族交往交流交融的历史取向，决定了中国各宗教信仰多元并存的和谐格局，决定了中华文化对世界文明兼收并蓄的开放胸怀。"①中华文明是以汉文化为主体的文明，但决不能抹杀各兄弟民族在文明史进程中的历史作用，各民族文化大融合是中华文化的生成机制，中华文化形成和发展的历史实际上就是各民族文化的交流史。

中华文明的包容性特质，决定了中华文化的开放性品格。战国时期赵武灵王"胡服骑射"，通过服饰文化的交流，促进了中原汉族与边地各少数民族的融合，为秦汉大一统帝国的形成奠定了基础。两汉之际，佛教传入中国，到唐代得到朝廷的大力支持，逐渐本土化，彻底融入中华文化。大唐盛世，"胡乐""胡舞"盛行，各民族文化交汇，中华文化在开放、包容和交流中达到鼎盛。宋元时期的泉州港，"种族、语言、文化多样，商人无数"，"商人云集和货物麇集的情形简直无法尽言"，各种宗教、文化和思想通过贸易传播，成为世界贸易的中心，也成为举世闻名的文化交汇地。

中华文明对于不同类型的文明形态，从来不是拒绝和冲突，而是吸纳和包容。他秉承"物一无文""和而不同""和实生物"的哲学理念，总是以无比包容的姿态，接受和促进各民族的大融合，并不断接受外来文明的影响。近现代以来，西方文明要素进入古老的中国，中华文化以前所未有的开放姿态学习、借鉴。如果从1840年开始算起，我们睁眼看世界，"师夷长技以制夷"，经历了将近200年。如果从"五四"算起，也已经100年。改革开放以来，中华文化同世界重新链接，中华文明展现出新的生机与活力。

20世纪90年代，哈佛大学教授塞缪尔·亨廷顿提出"文明冲突论"，他认为，世界的矛盾、冲突及不和谐，一切皆因"文明的冲突"，不同文明之间的矛盾无法调和，未来的世界冲突将会是文明与文明之间的冲突，进而认为以中国为代表的儒家文明将是冷战后西方

---

① 习近平：《担负起新的文化使命　努力建设中华民族现代文明》，《人民日报》2023年6月3日第1版。

文明的最大威胁。这种论调充满着傲慢与偏见，更是对中华文明的曲解和污蔑。中华文明开放的胸怀、包容的本质传承了数千年，"文明冲突论"不适用于中华文明的过去，也不适用于现在和未来。

四　没有传承就没有创新

习近平总书记说："中华文明具有突出的创新性，从根本上决定了中华民族守正不守旧、尊古不复古的进取精神，决定了中华民族不惧新挑战、勇于接受新事物的无畏品格。"[1] 熟悉中华文明史进程的人都知道，中华文明的连续性是在不断创新中延续的，没有创新就没有中华文明的连续性。文化史上的每一次民族大融合，每一次学习借鉴其他文明成果的过程，就是中华文明发展创新的过程。中华文化不断地在创新中传承，也在传承中创新。

有趣的是，中华文化的每一次创新往往都会伴随着"复古"思潮的兴起，从一定意义上而言，中华文化发展史就是一部"复古"史。然而，"复古"的目的并不是一成不变地回到古代，而是在结合时代特征的基础上吸收古代优秀的文化成果，本质上却是创新。孔子主张回到西周，墨子主张回到夏代，庄子主张回到伏羲时代，"复古"的步伐一个比一个大，但远古的场景并没有呈现，在"礼崩乐坏"的残酷现实面前，孔子开启了中华文化的崭新时代，成为中华文化的先哲和学术思想的元祖。以墨子、庄子为代表的诸子百家，百花齐放，百家争鸣，取得思想与哲学的突破，开创了中华文化史上具有原发意义的"轴心时代"。中华文化总是以"复古"的名义，推动着文化的创新发展，体现出不断进取的文化精神。另一方面，文化复古思潮也时常表现出将历史与现实割裂，脱离现实、脱离时代的错误倾向，集中表现为对传统的顽固守旧和对新生事物的摒弃。这种倾向对传统形

---

[1] 习近平：《担负起新的文化使命　努力建设中华民族现代文明》，《人民日报》2023年6月3日第1版。

成伤害，对传承构成挑战，必须努力克服。

"守正不守旧、尊古不复古"，确定了传承的创新导向，有效地解决了中华文化传承过程中的历史性难题，避免了文化复古思潮的虚无主义陷阱，为传承中华文化、构建中华民族现代文明指明了方向。"两个结合"的阐释，更加明确地指出了"马克思主义基本原理"与"中华优秀传统文化"之间的辩证关系。马克思主义激活了中华文明的基因活力，古老的文明形态迸发出光芒四射的现代光辉；中华文明的文化底蕴反哺马克思主义思想学说，促进了马克思主义的创新发展。这是中华民族现代文明的历史性成就，也是中国共产党人的历史性贡献。

学术期刊与时代精神

范智红

习近平总书记在2016年5月17日的《在哲学社会科学工作座谈会上的讲话》中指出："哲学社会科学的特色、风格、气派，是发展到一定阶段的产物，是成熟的标志，是实力的象征，也是自信的表现。我国是哲学社会科学大国，研究队伍、论文数量、政府投入等在世界上都是排在前面的，但目前在学术命题、学术思想、学术观点、学术标准、学术话语上的能力和水平同我国综合国力和国际地位还不太相称。要按照立足中国、借鉴国外，挖掘历史、把握当代，关怀人类、面向未来的思路，着力构建中国特色哲学社会科学，在指导思想、学科体系、学术体系、话语体系等方面充分体现中国特色、中国风格、中国气派。"[1] 由此开启的"三大体系"建设及其研究成果，七年多来，在哲学社会科学类学术期刊中有最直接的展现。《文学评论》作为中国文学研究权威期刊，在落实习近平总书记的讲话精神和推动发展文学研究的中国特色、中国风格和中国气派方面，责无旁贷。

正如习近平总书记《在中央和国家机关党的建设工作会议上的讲话》中要求对各不同部门的党建工作"要加强分类指导，科学精准施策，做到'一把钥匙开一把锁'，不能搞'一刀切'。要制定分类

---

[1] 习近平：《在哲学社会科学工作座谈会上的讲话》，《人民日报》2016年5月19日第3版。

指导意见,增强机关党建工作的针对性和有效性"①,《文学评论》所涵盖的四个学科(文学理论、中国古代文学、中国现代文学和中国当代文学)都有各自不尽相同的学科特点,如何在四个有差异的研究领域共同推进、落实党对新时代学术研究的指导精神,成为我们期刊工作最重大的理论命题和工作重心。在中国现代文学学科方面,七年来,我们围绕"讲话精神",既发挥重要学术期刊的引领作用,展示本学科的热点前沿话题,又注重促进时代命题与学术研究的自身特性、本学科发展的阶段性特征之间的结合,做了大量的探索性工作。

一 紧密结合中国社会自身的历史进程,在具体的中国式社会工作和政治实践中研究中国现当代文学的发展逻辑

我们先后两次组织了"社会史视野下的中国现当代文学"研究笔谈②,邀请了这项工作的组织者、参与者和观察者,包括文学所内的和所外的,国内的和国外的学人,一起来讨论这一工作的理论价值、适用对象和适用边界。"社会史视野"观察的对象,主要集中在20世纪40年代末至50年代这一中国社会转型期。通过对当时社会的行政

---

① 习近平:《在中央和国家机关党的建设工作会议上的讲话》,《求是》2019年第21期。
② 《文学评论》2015年第6期、2020年第5期,时隔五年,先后两次组织"社会史视野下的中国现当代文学笔谈",从第二组笔谈"编者按",可以了解我们的编辑思路:《文学评论》2015年第6期曾刊登过一组关于"社会史视野下的中国现当代文学"的笔谈。5年后重续这一话题,除了《文学评论》是这一话题的"始作俑者",有责任继续推进这一话题的深入讨论之外,还在于经过几年的典型个案研究的积累,这一视野或方法的问题阈或"边界"已逐渐显现,具备了重新讨论的条件。参与这组笔谈的讨论者是中国现当代文学研究的中生代学者,与第一组笔谈立足于提出问题,谨慎地探讨"社会史视野"的"适用性"及其包含的内容不同,这组笔谈问题意识更加明确,主体、实践、总体性、情感(结构)、文学性、文本、语境这些概念,在"社会史视野"下得到了讨论者的不同强调和深入展开,讨论范围也主要从20世纪40—50年代的革命文学实践扩展到了不同地域、不同取向的文学实践。这是一组对话性较强的笔谈,不仅与上一组笔谈有对话,本组各篇之间也互有对话;不仅与"社会史视野"有对话,与现当代文学研究中日益强劲的"历史化"进路也有对话。

文献、党的文艺政策、报刊杂志、作家生活、社会风习等社会生活多面向与作家创作之间的关联分析，引幽发微，揭示并丰富了既有研究未曾发掘而又对我们理解中国当代社会史、革命史和文学史都极富启发的历史图景。不仅有笔谈文章的理论探讨，我们也刊发了不少在这一视野下展开研究的文章，通过展示具体的研究实例，以利于更多的读者深入了解，促进交流和探讨。

经典作品"再解读"的问题发端于中国当代文学研究。在学者唐小兵主编出版《再解读——大众文艺与意识形态》和李杨的《50—70年代中国文学经典再解读》出版前后，对当代经典作家尤其是革命文学作家经典作品的重新理解成为当代文学研究的一个学术热点。由于现当代文学自身发展的连续性，活跃于1950年代至1970年代的作家，一部分在1950年之前已经成名或初露锋芒，因此，"再解读"思路所带动的对相关作家及其40年代创作的研究，自然也随之在本刊获得了相应的重视。

在社会史视野和"再解读"思路下的现当代文学研究表现出一个共同的思想气质，即把革命文学的历史经验以及作家个人的理想人格塑造，理解为中国式现代化的重要思想资源和文学文化资源，注重从中国社会和文学发展的内部来发掘社会进步与文体变化的动力。近年来深受关注的丁玲研究，在这方面表现得尤为突出，本刊对于丁玲研究的重视程度，在最近七八年较为显著。我们不仅大量刊发中国大陆学人的丁玲研究新作，对于中国台湾统派学者的丁玲研究成果，也及时发现并予以采用。如时任台湾彰化师范学院教师的徐秀慧发表于《文学评论》2015年第2期的《中国知识分子革命实践的路径——从韦护形象与丁玲的瞿秋白论谈起》，借助丁玲对瞿秋白的文学再现以及现当代不同历史时期的多篇回忆和论述，把丁玲的"瞿秋白书写"作为其走向革命文学历程的自我镜像，重现了两位革命知识分子的情感结构和心路历程。在文章结尾，徐秀慧写道："面向人间的韦护精神，正是丁玲继承瞿秋白未竟的志业，成就了一代知识分子在中国迈向现代民族国家的历史阶段，透过整风运动学习毛文体的再生产，从而将自我主体与群众结合的革命实践的遗产。丁玲号召以此历史遗产继续为实现中国化的现代化社会而努力，则是后继的知识分子该有的精神意识。"[1] 这段话时隔八年读来，不仅未过时，甚至愈发可见作者识见之深远，其中所表现的高度的国家认同、民族认同、人格认同和学术认同，尤其令人感佩。

二　在全球史、文明论和声音政治学等外来知识视界中，凸显中国主体性

全球史和文明论的热度近年来一直不减，围绕这个议题，文学所"现代文学室"与清华大学等单位合作举办过专门的研讨会。与1980年代的冲击/反应模式相区别，舶来的理论在21世纪最初十年来更注重表达"中国对面的世界"和"中国人眼里的中国"，研究者的文化自信和主体意识有了空前的增强。这方面最具代表性的文章，如熊鹰的《"中国题材"的政治——中日左翼文学交流中的〈我的母国·作为日本文学课题〉》（2017年第6期）、《中日历史中的共通主体：中野重治"非他者"的鲁迅论》（2019年第2期）、《从五四到战后：冰心文化主义的政治逻辑》（2021年第5期）以及王钦的《迈向一种非政治的政治：鲁迅晚期杂文的一个向度——〈阿金〉与鲁迅晚期杂文》（2019年第1期）、刘东的《跨域·"越轨"·诠释——重读萧红的〈生死场〉》（2020年第3期）和《皖南事变与〈北中国〉——试探萧红1940年代作品的政治性（之一）》（2023年第3期）。这类年轻一代学人中一部分有海外留学背景，接受的是西方当代学术训练，然而经由具体的中国文学文本解读和亲历中西世界的深度对照，他们反而更敏感地觉察到世界秩序中不平等的权力结构对中国政治、文化和文学叙述的扭曲，意识到政治制度和文化建设的内生动力须经

---

[1] 徐秀慧：《中国知识分子革命实践的路径——从韦护形象与丁玲的瞿秋白论谈起》，《文学评论》2015年第2期。

由向内和向外的双重整合,才能真正适用解读中国和中国文学。他们的工作既体现了传统文学史方法的生命力,又结合了外来新理论的视野,其间所展现的中国主体性立场,是这一代年轻学人与前辈之间较为显著的区别。

三 马克思主义文艺理论的中国化和文体实践的中国式现代化

与对社会史视野和"再解读"思路的重视相一致,我们近年来对左翼文学研究的关注,可以说是全方位的。从史料挖掘、作家作品研究到理论总结,左翼文学理论的译介和传播史,尤其是马克思主义文学理论在20世纪三四十年代的中国化实践,都在我们的视线之内。我们主动参与文学理论学科的"马克思主义文学理论专栏"工作,为该专栏物色、推荐从本学科选题出发的相关研究文章,充实和丰富了"马专栏"的内容。如王中忱的《无产阶级文学运动的组织化与理论批评的跨国再生产——以冯雪峰翻译马列文论为线索》(2021年第3期),高维宏的《无产阶级文化派的理论旅行:陈望道的波格丹诺夫翻译及其语文理论的实践》(2022年第1期),张欢的《作为方法的新民主主义与冯雪峰的鲁迅论》(2023年第1期),都是从中国现代文学学科角度,剖析马克思主义文学理论与中国社会发展实际相结合的状况,具有更丰富的文学史材料,与文学理论学科相对而言"从理论到理论"的"马专栏"文章,形成一定程度的对照,丰富了该专栏的色彩。

最能体现文体的中国式现代化成就的,莫过于中国戏剧的发展,为此我们组织了"戏剧理论与实践的中国化"专栏(2023年第4期)[①],从建立现代民族演剧体系的"中国学派"、无产阶级戏剧的生

---

① 这组专栏文章包括:张华《在民族演剧体系的探索中创建话剧演剧的"中国学派"》、焦欣波《革命文学论争与无产阶级戏剧的生成》、刘汭屿《出入中西、熔裁新旧——欧阳予倩〈宝蟾送酒〉与新文化运动初期的戏曲改革》、郭超《从1930年梅兰芳的公演舆论看戏曲跨文化传播的宣传策略》。

成、戏曲的改革以及中国戏曲戏剧的海外传播策略等多个面向，阐释戏剧的中国式现代化实践。

四 为中国现代文学文献学的建立和发展添砖加瓦

随着四川大学文学与新闻传播学院推动把中国现代文学文献学成功申请为一级学科，近年来中国现代文学史料研究日益兴盛，吸引了越来越多的学人参与其中，我们也陆续刊发了其中一些史料和理论并重的论文。对偏重文献学的投稿，与其他兄弟刊物相比，《文学评论》传统上历来自觉地实行一定程度的差异化处理。扎实的文献功夫固然是必须的，在文献的基础上有一定的理论提升，能够因此上升到另一个层面的讨论，更符合本刊的期待。如段美乔的《版本谱系：作为文学批评和文学史研究的方法——以〈日出〉版本谱系的建立为中心》（2022年第1期），就是其中比较典型的案例。作者梳理曹禺剧作《日出》的版本谱系，"材料丰富，做到了竭泽而渔的地步"（初审编辑语），但她不止于谈论作品的版本谱系，而是将这一版本谱系的建立作为典型个案，将现代文学的版本谱系作为"方法"，以此拓展现代文学批评和文学史研究的空间。

不过，近年来我们事实上已经有意识地加大了文献学研究论文的采用，这既是现代文学学科结构新变化的客观反映，也因着我们意识到文献学之于学科发展的意义是多维度的，它不光是历史的证据，是传承的累积，甚至是文明本身。旅日学者李冬木（日本佛教大学文学部中国学科教授）发表于本刊的有关鲁迅作品的系列材源考实证性论文[1]，曾经引发热烈的争议和辩难，这一方面激发了学界同仁的思考，

---

[1] 李冬木发表于本刊的系列考据性论文：《明治时代的"食人"言说与鲁迅的〈狂人日记〉》，《文学评论》2012年第1期；《狂人之诞生——明治时代的"狂人"言说与鲁迅的〈狂人日记〉》，《文学评论》2018年第5期；《"狂人"的越境之旅——从周树人与"狂人"相遇到他的〈狂人日记〉》，《文学评论》2020年第5期。

另一方面，李冬木先生对于相关日文文献的详尽考据，应该说是给对相关话题感兴趣的同道者提供了更多新鲜的参照，这个贡献是非精通日文的学者所无法替代的。除了在鲁迅研究方面推出扎实的材源考论文[1]，有关上海孤岛时期报刊的抗战文献考[2]、作家与作家组织及报刊的关系考[3]等方面的论文陆续发表于本刊，见证了中国现代文学文献学研究领域的不断扩展，以及对既有文学史图景不断增益的动态过程。

五　立足自身稳步创新，关怀自我的精神成长，亦是关怀人类命运和学科的未来

《文学评论》所联系的作者群体，各年龄段俱齐，各种知识结构俱备，犹以中青年作者居多，其中新毕业博士群体的涌入，拉高了青年作者的比例。这固然与行政考评体制直接相关，但也与本刊的选稿标准正向关联。对有才华的青年作者着意提携，不求全责备，既有磨砺，更多鼓励，这是《文学评论》几代编辑薪火相传的工作传统。

文学所全国政协委员刘宁曾经在2020年全国政协会议提案，呼吁"社科期刊要多支持青年学者"。她批评目前核心期刊对青年学者存在明显的歧视，亟须从改革期刊机制入手，树立青年学者的学术研究信心，给青年学者更多的鼓励与支持。在这个问题上，我们可以自信地说，《文学评论》对青年学者不要说有任何歧视或区别对待，我们的努力扶持，从创刊伊始就从未懈怠过，我们始终相信学术创新的结构性力量，更多蕴藏于青年学者中间。

我们更欣喜看到，众多青年学人不仅重视扎实的传统学术训练，

---

[1]　另如汪卫东《〈狂人日记〉影响材源新考》，《文学评论》2018年第5期；崔文东《青年鲁迅与德语"世界文学"——〈域外小说集〉材源考》，《文学评论》2020年第6期。

[2]　郭刚：《〈中美日报·集纳〉与国民政府上海孤岛时期的文艺抗战》，《文学评论》2019年第1期。

[3]　张锐：《中国左翼作家联盟与〈申报·自由谈〉（1933—1935）》，《文学评论》2020年第1期；谭宇婷《艾青与中国左翼美术家联盟》，《文学评论》2022年第4期。

重视拓展新的理论视野,尤其注重探寻和发展自己的方法论。比如社会史视野和再解读方法,就是寻找和确立属于自己的方法论的尝试之一。近年来,鲁迅研究中出现的"中期鲁迅"观,也可以说属于同样的努力。"中期鲁迅"观概念的产生[①],在我看来源自于现代文学研究者中年轻学人关注知识分子当代命运的思想冲动,他们力图在这个剧烈变化的时代确认自身的身份、行为准则和安身立命的方式,因此,五四之后—文学革命论战期的鲁迅就成为其重要的思想资源。这部分学人的思考与50后、60后中同样关注知识分子命运的学人明显不同,其思考的重点,一部分在于如何融入、楔入这个巨变的时代。无论"中期鲁迅"这一概念如何进展,这种源自自身真实问题的思考本身即是值得肯定的,也具有相当重要的当代性:立足当下,从自身真实问题出发,关怀自我精神的发展成长,将学术与自我生命经验相结合、与中国社会的发展进程相结合,既刻画出时代精神的面影,同时也拓展了学科发展的新面向。

以上仅是对《文学评论》中国现代文学学科阶段性工作情况的一己管见,从中既能见出顶层意识形态建构对于学术期刊工作的规约和指导,也反映出期刊编辑工作人员自身的世界观、价值观以及对于本学科学术动态、热点的把握能力和追踪引导之职,更是对现代文学研究界学术成果的客观展现。作为学术出版平台,我们是学界研究成果的忠实载体;作为权威期刊,我们另有一份重大的社会责任和学术责任;作为中央国家机关的组织成员和受国家社科基金资助的文化机构,我们负有参与中华民族伟大复兴的历史使命。每一种身份和职责,都要求我们自觉与时代精神保持高度一致,唯有如此,才能真正履行好职责,才能做好本职工作。不独中国现代文学学科的编辑工作如此,《文学评论》编辑部的每一个岗位,都要求践行这样的职业操守。

[①] 以邱焕星近年来的鲁迅研究为代表,如《"中期鲁迅"研究论纲》,《文学评论》2022年第5期。

马克思主义文艺理论民族化视域下的"第二个结合"

马勤勤

一 "第二个结合"的理论脉络

2022年，习近平总书记在党的二十大报告中指出："中国共产党人深刻认识到，只有把马克思主义基本原理同中国具体实际相结合、同中华优秀传统文化相结合，坚持运用辩证唯物主义和历史唯物主义，才能正确回答时代和实践提出的重大问题，才能始终保持马克思主义的蓬勃生机和旺盛活力。"[1] 这是习近平总书记在庆祝中国共产党成立一百周年大会上首次明确提出"两个结合"[2] 重大论断后的进一步阐述。

2021年11月11日中国共产党第十九届中央委员会第六次全体会议通过的《中共中央关于党的百年奋斗重大成就和历史经验的决议》（后文简称《决议》）明确指出，"以习近平总书记为主要代表的中国共产党人，坚持把马克思主义基本原理同中国具体实际相结合、同中华优秀传统文化相结合，坚持毛泽东思想、邓小平理论、'三个代

---

[1] 习近平：《高举中国特色社会主义伟大旗帜　为全面建设社会主义现代化国家而团结奋斗——在中国共产党第二十次全国代表大会上的报告》，《人民日报》2022年10月26日第1版。

[2] 习近平：《在庆祝中国共产党成立100周年大会上的讲话》，《人民日报》2021年7月2日第2版。

表'重要思想、科学发展观,深刻总结并充分运用党成立以来的历史经验,从新的实际出发,创立了习近平新时代中国特色社会主义思想"[1]。可见,"坚持把马克思主义基本原理同中国具体实际相结合、同中华优秀传统文化相结合"是习近平新时代中国特色社会主义思想的重要内涵。《决议》第六部分称:"党之所以能够领导人民在一次次求索、一次次挫折、一次次开拓中完成中国其他各种政治力量不可能完成的艰巨任务,根本在于坚持解放思想、实事求是、与时俱进、求真务实,坚持把马克思主义基本原理同中国具体实际相结合、同中华优秀传统文化相结合,坚持实践是检验真理的唯一标准,坚持一切从实际出发,及时回答时代之问、人民之问,不断推进马克思主义中国化时代化。"[2] 可知,坚持理论创新是中国共产党百年奋斗的重要历史经验,而"两个结合"是习近平新时代中国特色社会主义思想的重要创新。

2023年6月2日,习近平总书记在北京出席文化传承发展座谈会并发表重要讲话。习近平总书记对"两个结合"这一重大论断,特别是"第二个结合"进行了深刻论述:

> 习近平强调,在五千多年中华文明深厚基础上开辟和发展中国特色社会主义,把马克思主义基本原理同中国具体实际、同中华优秀传统文化相结合是必由之路。这是我们在探索中国特色社会主义道路中得出的规律性的认识,是我们取得成功的最大法宝。第一,"结合"的前提是彼此契合。马克思主义和中华优秀传统文化来源不同,但彼此存在高度的契合性。相互契合才能有机结合。第二,"结合"的结果是互相成就,造就了一个有机统一的新的文化生命体,让马克思主义成为中国的,中华优秀传统

---

[1] 《中共中央关于党的百年奋斗重大成就和历史经验的决议》,《人民日报》2021年11月17日第1版。
[2] 《中共中央关于党的百年奋斗重大成就和历史经验的决议》,《人民日报》2021年11月17日第1版。

文化成为现代的，让经由"结合"而形成的新文化成为中国式现代化的文化形态。第三，"结合"筑牢了道路根基，让中国特色社会主义道路有了更加宏阔深远的历史纵深，拓展了中国特色社会主义道路的文化根基。中国式现代化赋予中华文明以现代力量，中华文明赋予中国式现代化以深厚底蕴。第四，"结合"打开了创新空间，让我们掌握了思想和文化主动，并有力地作用于道路、理论和制度。更重要的是，"第二个结合"是又一次的思想解放，让我们能够在更广阔的文化空间中，充分运用中华优秀传统文化的宝贵资源，探索面向未来的理论和制度创新。第五，"结合"巩固了文化主体性，创立新时代中国特色社会主义思想就是这一文化主体性的最有力体现。"第二个结合"，是我们党对马克思主义中国化时代化历史经验的深刻总结，是对中华文明发展规律的深刻把握，表明我们党对中国道路、理论、制度的认识达到了新高度，表明我们党的历史自信、文化自信达到了新高度，表明我们党在传承中华优秀传统文化中推进文化创新的自觉性达到了新高度。[①]

马克思主义和中华优秀传统文化因为彼此契合，而可以互相成就，让经由"结合"而形成的新文化成为中国式现代化的文化形态。习近平总书记的讲话既阐明了"第二个结合"的内在机理，又指明了未来文化发展的前进方向。

二 马克思主义文艺理论民族化的历史回顾

自 2021 年起，有关"第二个结合"的研究迅速成为哲学社会科学领域的前沿热点，在不到两年的时间里，学界发表相关文章达千余

[①] 习近平：《担负起新的文化使命 努力建设中华民族现代文明》，《人民日报》2023年6月3日第1版。

篇。部分学者侧重理论探讨，或论述马克思主义基本原理与中华优秀传统文化相结合的逻辑生成①，或宣称"两个结合"是马克思主义中国化的必然途径②，或表态"坚持把马克思主义基本原理同中华优秀传统文化相结合"③，或阐发马克思主义同中华优秀传统文化相结合的时代价值④，等等。另有部分学者向历史寻觅，或盘点中华优秀传统文化与马克思主义中国化的三次飞跃⑤，或梳理中国共产党传承和弘扬中华优秀传统文化百年实践的演绎向度⑥，或描绘马克思主义基本原理同中华优秀传统文化相结合的历程、经验和未来展望⑦，或从百年思想演进的视角观照马克思主义基本原理同中华优秀传统文化相结合⑧，等等。目前，主要是哲学、政治学、历史学等一批学者在热烈讨论相关问题。相对而言，文学研究领域的讨论远远不够，仅寥寥数篇而已。且与其他学科的讨论类似，多是框架性的宏观论述，缺乏具体而微的个案研究。

实际上，马克思主义基本原理同中华优秀传统文化相结合内在于当代中国古典文学与文论研究中。纵观中国古代文学研究学术史、古代文学理论研究史，可以找到清晰的历史脉络。兹以古文论为例，在

---

① 马永庆：《马克思主义基本原理与中华优秀传统文化相结合的逻辑生成》，《山东师范大学学报》（社会科学版）2021年第6期。类似还有王增福：《"两个相结合"与马克思主义中国化的内在逻辑》，《山东师范大学学报》（社会科学版）2021年第5期。

② 姜辉：《"两个结合"是马克思主义中国化的必然途径》，《当代中国史研究》2021年第5期。

③ 沈湘平：《坚持把马克思主义基本原理同中华优秀传统文化相结合》，《中国高校社会科学》2021年第5期。

④ 王炳林、李盖启：《马克思主义同中华优秀传统文化相结合的时代价值》，《教学与研究》2021年第11期。

⑤ 张卫波：《中华优秀传统文化与马克思主义中国化的三次飞跃》，《中共中央党校（国家行政学院）学报》2022年第4期。

⑥ 杨玢：《中国共产党传承和弘扬中华优秀传统文化百年实践的演绎向度》，《青海社会科学》2022年第2期。

⑦ 燕连福、林中伟：《马克思主义基本原理同中华优秀传统文化相结合的历程、经验和未来展望》，《教学与研究》2022年第2期。类似还有欧阳军喜：《马克思主义同中华优秀传统文化相结合的百年实践》，《历史研究》2021年第6期。

⑧ 李宁：《马克思主义基本原理同中华优秀传统文化相结合：百年思想演进》，《东南大学学报》（哲学社会科学版）2021年第6期。

马克思主义文艺理论民族化视域下的"第二个结合"

当代中国，古文论研究与马克思主义文艺理论民族化之间存在十分密切的关联。在通行的古文论学术史脉络中，20世纪50年代末到60年代初被视为马克思主义文艺理论民族化的开端，或言"从50年代开始马克思主义文艺学和民族化文论建设的目标就已经成为古代文论研究的主要话题"[1]，或称"六十年代初，随着文艺民族化问题被确定为中央的文艺政策，如何批判地继承古代文论遗产以发展民族化的马克思主义文艺理论才形成了全国范围的讨论"[2]。个中虽有差异，但基本认定在"十七年"时期，"民族化"已经成为古文论研究界的主流话语。[3]

20世纪50年代末至60年代初，古文论研究确实取得了十分显著的成绩。"中国古典文学理论批评专著选辑""中国历代文论选"等研究资料问世。在文学批评史方面，郭绍虞、罗根泽、黄海章等或改订旧作，或推出新著。[4] 学术著作中关于《文心雕龙》的就推出了杨明照的校注本、刘永济的校释本、黄侃的札记本以及陆侃如、牟世金的选译本等多部。[5] 据统计，仅1961至1962年发表的古文论方面的学术论文已有400余篇，相当于1950至1959年成果数量总和的三倍。[6]

于是，研究者们将这一次学术热潮的兴起归因于民族特色的马克

---

[1] 李春青等：《20世纪中国古代文论研究史》，山东教育出版社2008年版，第509页。

[2] 张海明：《回顾与反思——古代文论研究七十年》，北京师范大学出版社1997年版，第27页。

[3] 除了李春青、张海明各自主持的文论研究史之外，黄念然：《20世纪中国古代文学研究史·文论卷》（东方出版中心2006年版）、周兴陆：《20世纪中国古代文学研究史·总论卷》（东方出版中心2006年版）、刘敬圻主编：《20世纪中国古典文学学科通志》（山东教育出版社2012年版）等持论大体相近。

[4] 郭绍虞：《中国古典文学理论批评史（上）》，人民文学出版社1959年版；罗根泽：《中国文学批评史》，中华书局1962年版；黄海章编著：《中国文学批评简史》，广东人民出版社1962年版。另外，1961年，郭绍虞1955年修订过的《中国文学批评史》重印；1964年，刘大杰主编《中国文学批评史（上）》在中华书局出版。

[5] 杨明照校注拾遗：《文心雕龙校注》，中华书局1959年版；刘永济校译：《文心雕龙校释》，中华书局1962年版；黄侃：《文心雕龙札记》，中华书局1962年版；陆侃如、牟世金译注：《文心雕龙选译（上）》，山东人民出版社1962年版。

[6] 张兵：《建国后古代文论研究述评》，《齐鲁学刊》1985年第1期。

思主义文艺理论建设的诉求。通常的叙述方式是："当时，周扬同志根据毛泽东同志的一贯思想，提出'建立中国自己的马克思主义的文艺理论和批评'的倡议，得到文艺理论界的热烈响应，古代文论随之而受到空前重视。"[①] 这类表达看似清晰，但实际模糊，把动态发展的学术史简化为了一个陈述句，也容易产生误解。

20世纪60年代初，马克思主义文艺理论民族化之于古文论研究来说，更接近于催化剂的作用。表面上看，古文论研究热潮似乎与建立民族特点的马克思主义文艺理论相关；但实际上，学术热潮涌动主要是在"遗产的批判和继承"问题的延长线上产生的。无论是在周扬还是在何其芳的视野里，古文论在马克思主义文艺理论民族化构想中都不具备独立的位置。20世纪60年代初，古文论研究与马克思主义文艺理论民族化之关联是有限度的。周扬已经以极大热情指挥《文学概论》《文学的基本原理》在编写中要吸取古文论的资源，但最终的呈现并不理想。1982年，全国高等学校文艺理论研究会在广州举行第三届学术讨论会，讨论了高等学校文艺理论教材的改革等问题。来自全国29个省市、自治区的代表200余人普遍认为：蔡仪、以群主编的两部教材"开始注意对本国文艺传统的理论观点和文艺作品的引用，表现出向民族化努力的趋向"，但对"一系列具有民族理论思维特色的范畴、概念，以及蕴含的深刻性和内在联贯性"发掘、吸取得很不够。[②]

三 马克思主义文艺理论民族化的再出发

在20世纪60年代初短暂而蓬勃的学术实践的基础上，随着改革

---

① 董丁诚：《古代文论研究的崛兴——为庆祝建国三十五周年而作》，《西北大学学报》1984年第3期。此类说法被广泛沿用或引申，如罗宗强、卢盛江：《四十年古代文学理论研究的反思》（《文学遗产》1989年第4期），蒋述卓：《论当代文论与中国古代文论的融合》（《文学评论》1997年第5期）。

② 白烨：《全国高等学校文艺理论研究会第三届学术讨论会纪要》，《文艺理论研究》1982年第3期。

马克思主义文艺理论民族化视域下的"第二个结合"

开放时代的到来,古文论研究在马克思主义文艺理论民族化的旗帜下也迎来了新的春天。1979年3月20日至4月4日,为期半月的中国古代文学理论学术讨论及教材编写会议在昆明举行。这是中华人民共和国召开的第一次古代文学理论学术讨论会。周扬亲自发来贺电。会议的首要议题是古文论的重要意义。会议认为:新中国成立以来,"我国新著的文学理论教材"都很少民族特色,"这个缺点是和忽视古代文论研究分不开的";"建立民族化的马克思主义文艺理论"必须提上日程。此次会议决定成立中国古代文学理论学会,并将"建立民族化的马克思列宁主义文学理论体系"写入学会宗旨。[①]

会议期间,《思想战线》杂志组织了吴组缃、程千帆等十位代表以"怎样开展中国古代文艺理论工作"为主题的笔谈。其中半数以上谈及古文论与马克思主义文艺理论民族化问题。[②] 对比20年前的大讨论,这一议题的呈现十分显豁,也完成了从思想号召到学者落实的转变。

1979年11月1日,周扬在中国文学艺术工作者第四次代表大会上做了题为《继往开来,繁荣社会主义新时期的文艺》的报告。他说:

> 马克思主义文艺理论是从外国输入的,但又必须在我们自己民族的基础上加以发展。要把马克思主义理论和中国文艺运动的实践结合起来,和我国悠久的文化传统结合起来。我国有两千年来悠久的文艺理论批评的传统,出现过不少文论、剧论、乐论、画论、诗话、词话、评点小说传奇等著名论著,历代大作家、大诗人、大画家、大思想家、评论家都曾发表过许多关于文学艺术的精辟见解。这是我们民族的美学思想的珍贵资料。我们要以马

---

① 中国古代文学理论学会编:《中国古代文学理论学会成立》《中国古代文学理论学会章程》,《古代文学理论研究》(丛刊·第一辑),上海古籍出版社1979年版,第422—424页。

② 《中国古代文艺理论学术讨论及教材编写会议在昆明召开》,《思想战线》1979年第2期。十篇笔谈见于1979年第3期。

克思主义的观点来整理研究和批判继承这些宝贵遗产，以利于发展我们自己的具有民族特色的马克思主义的文艺理论。①

从中能够明显感到周扬态度的变化。可以说，新时期古文论研究异军突起的背后正是周扬复出、重执文坛牛耳。与 20 年前相比，身兼中国古代文学理论学会名誉会长的周扬把古文论提到马克思主义文艺理论民族化的重要位置。一年后，中国古代文学理论学会会长郭绍虞在《人民日报》刊文《建立具有中国民族特点的马克思主义文艺理论》，提倡古文论工作"应该有一个明确的目标"，"就是建立具有中国民族特点的马克思主义文艺理论"②。

至此，当代中国古文论研究与马克思主义文艺理论民族化的关联从建立期走向深化建设时期。在以往的研究中，一般将两次古文论研究高潮作同质化的理解，通常认之为时段的差异，但其实二者大不相同。很多误判恰恰是由对 20 世纪 80 年代的把握逆推前者造成的。1983 年，中国古代文学理论学会第三次年会的主要任务即是"讨论中国古代文论的民族特点和马克思主义文学理论的民族化问题"。③ "中国古代文论的民族特点"也成为了 20 世纪 80 年代古文论研究的核心话题。当时《文学评论》《文学遗产》《古代文学理论研究》《文艺理论研究》等刊物发表相关文章不下百篇。值得注意的是，相较于 20 世纪 60 年代初，这一时期古文论与马克思主义文艺理论民族化的关联逻辑发生了变化：古文论从古典文学的整体中脱颖而出，越来越被独立地强调，并随着学科化程度的加深而更加关注自身民族特色的剖析与中西诗学比较，反而渐渐消解了向马克思主义文艺理论靠拢的热情。

据《中共中央关于党的百年奋斗重大成就和历史经验的决议》可

---

① 周扬：《继往开来，繁荣社会主义新时期的文艺》，《人民日报》1979 年 11 月 20 日。
② 郭绍虞：《建立具有中国民族特点的马克思主义文艺理论》《人民日报》1980 年 11 月 5 日。
③ 世友：《中国古代文学理论学会举行第三次年会》，中国古代文学理论学会编《古代文学理论研究》（丛刊·第八辑），上海古籍出版社 1983 年版，第 311 页。

知,"习近平总书记指出,当代中国的伟大社会变革,不是简单延续我国历史文化的母版,不是简单套用马克思主义经典作家设想的模板,不是其他国家社会主义实践的再版,也不是国外现代化发展的翻版"[1]。关于马克思主义文艺理论民族化的讨论正是因应着当代中国伟大社会变革的产物,既不是要简单延续我国传统文论的母版,也不是简单套用马克思主义经典作家设想的模板。作为曾是当代中国文论学科发挥过重大作用的理论概念,与马克思主义文艺理论民族化问题相关的论文自20世纪80年代以来多达数百篇,亦有王元化《文心雕龙创作论》(1979)之类试图用科学的文艺理论清理并阐明中国古代文论与赵盛德《古文论的民族特色》(1984)这种在中外比较视野下加以总结的研究著作多部。这些学术成果皆是对马克思主义文艺理论民族化问题的具体探索。

系统探究中国20世纪80年代马克思主义文艺理论民族化问题的兴起与转化,可以为深入理解"第二个结合"提供基础性与关键性的学案支撑。通过对马克思主义文艺理论民族化问题的发生发展演变进行充分历史化的清理与反思,有助于重构马克思主义文艺理论中国化的当代图景,为当下建设面向"中国问题"的当代中国文论提供历史性的启迪。同时,"第二个结合"为重新开启"马克思主义文艺理论民族化"问题的讨论提供了新可能和新高度。"马克思主义文艺理论民族化"既是深刻嵌入于20世纪80年代中国改革开放的道路选择与政治、社会、文化语境历史变迁中的当代中国文论的核心问题,又是勾连"十七年时期"理论界的"古今之辩"与20世纪90年代以降中国古代文论的现代转化大讨论的重要一环。在对中华优秀传统文化的挖掘和阐发及使中华民族最基本的文化基因与当代文化相适应、与现代社会相协调等方面,20世纪80年代马克思主义文艺理论民族化问题的讨论留下了诸多值得重新审视的理论遗产。

---

[1] 《中共中央关于党的百年奋斗重大成就和历史经验的决议》,《人民日报》2021年11月17日第1版。

经子和合：中华文明具有突出
创新性的动力源

赵 培

6月2日，中共中央总书记、国家主席、中央军委主席习近平在北京出席文化传承发展座谈会并发表重要讲话。系统地学习了讲话的全部内容之后，我对习近平总书记谈传统文化的重要元素感受深刻，习近平总书记指出：

> 中华优秀传统文化有很多重要元素，共同塑造出中华文明的突出特性。中华文明具有突出的连续性，从根本上决定了中华民族必然走自己的路。如果不从源远流长的历史连续性来认识中国，就不可能理解古代中国，也不可能理解现代中国，更不可能理解未来中国。中华文明具有突出的创新性，从根本上决定了中华民族守正不守旧、尊古不复古的进取精神，决定了中华民族不惧新挑战、勇于接受新事物的无畏品格。中华文明具有突出的统一性，从根本上决定了中华民族各民族文化融为一体、即使遭遇重大挫折也牢固凝聚，决定了国土不可分、国家不可乱、民族不可散、文明不可断的共同信念，决定了国家统一永远是中国核心利益的核心，决定了一个坚强统一的国家是各族人民的命运所系。中华文明具有突出的包容性，从根本上决定了中华民族交往交流交融的历史取向，决定了中国各宗教信仰多元并存的和谐格局，决定了中华文化对世界文明兼收并蓄的开放胸怀。中华文明

经子和合：中华文明具有突出创新性的动力源

具有突出的和平性，从根本上决定了中国始终是世界和平的建设者、全球发展的贡献者、国际秩序的维护者，决定了中国不断追求文明交流互鉴而不搞文化霸权，决定了中国不会把自己的价值观念与政治体制强加于人，决定了中国坚持合作、不搞对抗，决不搞"党同伐异"的小圈子。①

习近平总书记强调："中华文明具有突出的创新性，从根本上决定了中华民族守正不守旧、尊古不复古的进取精神，决定了中华民族不惧新挑战、勇于接受新事物的无畏品格。"② 作为一名中国传统古典文化研究者，我深以为然，这段话抓住了传统文化的最为重要的特征。中华文明具有突出创新性，这种创新性可溯源至儒家文化。儒学与传统中国文化自新的动力源为中华文明的创新提供了基础性能量源泉。这个动力源，我们称之为"经子和合"。下面我结合自身的研究，在文化一贯性与传承性的前提下，就这个动力源问题谈谈自己的认识。

班固《汉书·艺文志》承接刘歆《七略》，区分当时知识为六艺、诸子、诗赋、兵书、数术、方技六类，据此为基础，后来的四部分类法以六艺为经部，以诗赋等为集部，以兵书、术数、方技归入子部，又设史部，遂成传统中国学术经、史、子、集四分的格局，后世多在此基础上讨论问题。学界有讨论四部之间关系者，或论经史，或论经子，但我们这里所谓的"经子和合"虽有相似之处，但不同于经子关系的讨论。我们用"经子和合"的概念主要是想强调儒学的经子杂糅性，经与子为儒学的一体两面，是对立与统一之关系。也就是说，此处试图讨论的是儒学自身的"经子和合"属性，以及这一特性是如何决定了传统中国文化历久弥新不断发展的。进而分析这一

---

① 习近平：《担负起新的文化使命 努力建设中华民族现代文明》，《人民日报》2023年6月3日第1版。
② 习近平：《担负起新的文化使命 努力建设中华民族现代文明》，《人民日报》2023年6月3日第1版。

概念的提出，对于现代与传统的对接的意义。

何为"经子和合"？我们从司马迁对孔子的赞语谈起。司马迁《孔子世家》"太史公曰"中言："自天子王侯，中国言六艺者折中于夫子，可谓至圣矣！"[1]诸子百家当中，儒家学说最接近宗周的王官学，其继承了宗周的《诗》《书》古学并试图复归当时的礼乐文化。这一特征决定了儒学自身的内在张力，这种张力表现在两个方面：一是孔子折中诸学以"还原"宗周旧学。宗周旧学随着天子失官，其原貌已不可尽知。《左传·昭公十七年》载："仲尼闻之，见于郯子而学之，既而告人曰，吾闻之'天子失官，学在四夷，犹信。'《正义》曰："仲尼学乐于苌弘，问官于郯子，是圣人无常师。"[2]孔子问职官于郯子，即是其例。又《汉书·艺文志》所录"仲尼有言曰：礼失而求诸野。"则孔子实际上并非宗周学术的最理想传人，他"好学"且"无常师"，主张"三人行则必有我师"，将所学折中在对经典的"再诠释"中，试图"复位"宗周文化。二是宗周旧学折中于孔子。儒门尊经，因为孔子虽然"述而不作"，但他通过讲学奠定了（也是"限定"）经典的解释，所以司马迁言后世儒生学习经典又需要以孔子为归宿。

武帝以来西汉王官之学的重建，表面上是崇儒，实则是尊王，武帝想要恢复的实际上是宗周王学，而非孔门家言（所谓"家言"，指的是诸子百家之私论）。如此，则会出现两个问题，一是孔学和宗周王学之间是什么关系，二者能否等量齐观？二是后继帝王能否准确把握崇儒和尊王之间的界限，若不能，又会出现什么问题？据《汉书》载，元帝"柔仁好儒"，宣帝就曾担心，"汉家自有制度，本以霸王道杂之，奈何纯任德教，用周政乎？"[3]这里宣帝将孔学与宗周王学等同，认为其只讲仁义，而汉家制度则是外儒而内法。若结合第一个问题，那么即便是"纯任德教，用周政"也难以纯一，因为"周政"

---

[1]《孔子世家》，载《史记》第47卷，中华书局1980年点校本，第1947页。
[2]《春秋左传注疏》，阮元校刻《十三经注疏》，南昌府学本，中华书局2009年影印版，第4526页。
[3]《元帝纪》，载《汉书》第9卷，中华书局1962年点校本，第277页。

依托孔学而传世。当然,这里涉及独尊儒术后,王官与家言的矛盾问题。

需要注意的是,诸家之学各有特点,但作为整体,相对于宗周王官之学而言,他们又具有很强的自新精神。新兴诸派学说中,充斥着不可调和的矛盾,如儒家和墨家对礼乐文化的态度、儒家和道家对出仕的态度,法家与儒家在治国理念上的差异,等等。这些矛盾和冲突,显示出新兴文化的活力。就连一直宣扬复古、拥护旧制度的儒家,在旧制度业已崩坏的情况下,也需要不断地重新解释宗周的文化,为其寻找现实的合理性。孔子晚年作《春秋》,"笔则笔,削则削",成"天子之事","子夏之徒不能赞一辞"而"乱臣贼子惧"。如此则《春秋》更是顺时顺势而为,《春秋》学最能体现儒家的子学属性。

当然,儒学成为官方意识形态之后,其子学属性逐渐被压制,作为经学的儒学与子学在官私立场上开始对立。如《汉书·宣元六王传》载东平思王刘宇成帝时来朝,上疏求诸子与《太史公书》,大将军王凤:"诸子书或反经术,非圣人,或明鬼神,信物怪;《太史公书》有战国从横权谲之谋。"[①] 可以见出当时对诸子书和《史记》的警惕,诸子和经学分判甚明。据此,我们就容易理解扬雄虽然继承了儒学子学属性的精神内核,但在《法言·吾子》中言"委大圣而好乎诸子者,恶睹其识道也"[②],拒斥诸子的原由了。即便如此,我们仍然能够感受到儒学内部的子学属性的潜存,呈现出一种"经子和合"的状态。

"经子和合"的状态反映出儒学的多副面孔:就其经学一面而言,作为独尊之学,确实存在尊经倾向,经典的权威性与典范性不可亵渎;就其子学属性而言,从孔子开始就树立了一种好学且无常师,折中六艺,创制经典的儒家圣人形象。孟子希孔子,处乱世而辟邪说。仅就这一面向而言,后世之儒所可继承的儒学遗产是非常丰富的。孔

---

① 《宣元六王传》,载《汉书》第80卷,中华书局1962年点校本,第3324—3325页。
② 王荣宝:《法言义疏》,陈仲夫点校,中华书局1987年版,第67页。

子、孟子作为圣人的示范作用，使后来的希圣者不仅行圣人之所行，并且行制作之事：创经、拟经、续经、补经。因为后继"希圣者"重视的面向不同，使得儒学呈现出多种形态。加上政治环境的变化，其间既有历时的差异，又有共时的不同，所以在儒学史上我们看到了董仲舒的"折中阴阳"，扬雄的"杂取黄老"、拟经与重学，王通的拟续经典，韩愈的辟佛老与重构道统，柳开的"肩愈"（宗尚韩愈）与补经，石介的以韩愈比肩于圣人，程朱的暗取释氏以成新儒之学，等等。因为侧重不同，即便是"希圣"一方的儒者对经典拟续增广问题的认识也有差异，这种差异最直接的反映在后世对韩愈、扬雄、王通、柳开等人的评价上。

道统建构同儒学的子学属性直接相关，甚至可以说是儒学子学属性的外显的必然结果。这种子学属性最直接的体现是道统提出者往往会依照"希圣"的标准将自己放在圣道统序之中。儒学的子学属性的彰显，使得对圣道原貌的追寻逐渐超越了对经典原有架构的遵从，加上汉代重建的儒学经典系统原本就存在缺陷，所以理学家们逐渐开启了以《四书》统领《五经》的新儒学转向。当然，我们应该注意到，新儒学自身体系的完备使得在部分理学家，尤其是朱子后学看来，扬雄、王通、柳开等拟补经典者在道统中的位置也是需要重新审视的。尽管如此，就其经学实践的逻辑基础而言，理学家和拟续经典者其实处在儒学发展的同一脉络中。

扬雄、王通和柳开诸人皆自命为圣人之继承者。相较于扬雄和王通，韩愈身上已经展现出了新的面向。扬雄和王通的"希圣"，基本上是"走老路"，像孔子那样通过拟经、创经来"继圣道""治乱世""明赏罚"，其"发挥"基本上还在基于原有的五经架构。但从韩愈开始，儒学开始了心性转向。但是到了二程和朱熹那里，韩愈也被排拒在道统之外。程颐以程颢直接接续孟子，朱熹则是在二程之前添上周敦颐《宋史》载黄榦之言："道之正统待人而后传，自周以来，任传道之责者不过数人，而能使斯道章章较著者，一二人而止耳。由孔子而后，曾子、子思继其微，至孟子而始著。由孟子而后，周、程、

经子和合：中华文明具有突出创新性的动力源

张子继其绝，至熹而始著。"[1] 除了程朱的道统说外，陆九渊认为自己承孟子而继道统，其《与路彦彬》载："窃不自揆，区区之学，自谓孟子之后至是而始一明也。"无论是程朱，还是陆九渊，其所提出的道统说都将汉唐经学的传承一概抹杀了，或言觉得其"学统"无益于"道统"，千余年来未能得圣道之真。对汉唐"学统"的否定式破坏意味着需要建构新的学统，以《四书》为纲目的新儒学知识统绪便随之确立，这里我们看到了一种儒学的子学属性对经学属性的反作用。朱子依照其道统说，收集周、张、二程等人的相关资料编纂而成《伊洛渊源录》，依照四库馆臣所言，此书出后"《宋史》道学、儒林诸传多据此为之。盖宋人谈道学宗派，自此书始；而宋人分道学门派，亦自此书始"[2]。又万斯同《儒林宗派》提要中馆臣言："《伊洛渊源录》出，《宋史》遂以道学、儒林分为两传。非惟文章之士、记诵之才不得列之于儒，即自汉以来传先圣之遗经者，亦几几乎不得列于儒"[3]，可见其貌似成统，实则造成了道统与学统的分裂，理学道统表现出很强的排他性，其间非但没有汉代经师的位置，荀卿、董仲舒、扬雄、王通、韩愈等人，也全都出局了。

了解儒学中子学因素发展的极致状态，即朱熹的理学道统后，我们再来回顾其演进过程。从儒学发展史上的拟经、续经、补经类"希圣"行为，到疑经，最后到改经行为，这个过程中圣人和经典之间的张力一直存在，希圣和尊经既对立而又统一的存在状态，也就是我们所谓的"经子和合"状态，一直是儒学演进的决定性力量。

"经子和合"强调儒学的经学与子学的双重属性，因为这一特点决定了我们是否能够真正进入中国经学，甚至传统文化的演进历史当中。当然，我们不能忽略掉儒学作为经学的一面，正如我们不能忽略掉很多反对拟续经典的声音一样。扬雄之时，即有这样的声音："诸儒或讥雄非圣人而作经，犹春秋吴楚之君僭号称王，盖诛绝之也。"

---

[1] 《朱熹传》，载《宋史》第429卷，中华书局1977年点校本，第12769—12770页。
[2] 永瑢等：《四库全书总目》第57卷，影印浙刻殿本，中华书局1965年版，第519页。
[3] 永瑢等：《四库全书总目》第57卷，影印浙刻殿本，第528页。

僭越和侮圣是反对者的主要论点。但是我们要清楚认识到，经学成为官学，成为利禄之学后，作为考核或考试的标准，其可发挥空间非常有限，自身活力与自新能力均大为减弱，常此以往，经典与圣人、圣道的距离越来越远，最终有官而无学。纵观整个经学史，儒学的子学上扬之时，往往是其调整自新之时，一变而通，显示出巨大的能量。可以说儒学之子学属性增强其现实适应性，是其不断"当代化"的动力之源。讨论儒家经典化问题，不能忽略了儒学"经子和合"的特征。正是这种特征，使得儒家典籍经典化显示出别具一格的独特性。透过经典化问题来重新认识经学史，重新定位经学史上的节点式人物，才能真正穿过历史的迷雾，洞悉传统文化的核心价值。

此外，就"经子和合"的特性来看儒家典籍经典化的过程，我们亦能有所得。从世界范围内类型学模式的研究来看，经典形成有其一般性特征，扬·阿斯曼教授认为："正如科尔佩（C. Colpe）所阐明的那样，人类历史上只存在过两个相互独立的卡农（经典）生成模式，其一是犹太人的《圣经》，另一个则是佛教的三藏，所有其他卡农的形成都受到了上述二者迸发出来的火花的助燃……卡农形成的关键步骤是'关闭大门'（阿拉伯语称之为 jgtihad）。所谓关闭大门就是在卡农与伪经之间、原始文献与注释性文献之间划一条具有决定性界限。被称为卡农的文本不能被补写和改写，这是它与传统流之间最具决定性意义的差别。卡农具有神圣性，它不容亵渎，相关的人有义务一字不差地传承它，其中一丝一毫都不容许篡改。"[1] 扬·阿斯曼教授这种类型化的共性分析有其价值，他认为儒家经典同《圣经》和《古兰经》一样在原始文献与二手文献之间有一个决定性的界限，且经典化过程中的关键在于"关闭大门"，大门关闭之后，经典文本不能被补写和改写。然而，结合前文分析来看，儒家典籍经典化过程中其权威之门其实从未真正关闭过，其权威性呈现出一种历史的波动性

---

[1] ［德］扬·阿斯曼：《文化记忆：早期高级文化中的文字、会议和政治身份》，金寿福、黄晓晨译，北京大学出版社2015年版，第92—93页。

特征。据此可知"经子和合"之特征正是儒家经典和学说的魅力所在，经典之门关而不闭，经典之学历久弥新。

最后，当我们从"经子和合"的角度来看待儒学发展与传统中国文化演进史的时候，能够发现经典就如同土壤一样，不同朝代的中国人以此为根基，播种耕耘，革故鼎新，不断化成新的时代文化，展现新的时代风貌。当然，这些土壤也为传统中国文化设定了边界。然而随着经学时代的瓦解，我们在旧壤中掺入了更多更有营养更肥沃的新壤。"经子和合"的传统精神提醒我们要播下属于这个时代的种子，这种不断"当代化"的自新精神，古今一揆，最值得我辈宝视。

中国式现代化与乡土形象的历史变迁

罗雅琳

乡土是百年中国文学中的恒久母题。由鲁迅所命名并亲身参与的"乡土文学"构成了新文学所取得的最初成果。其后,在整个20世纪,从各个脉络展开的乡土书写蔚为大观。从沈从文、废名、沙汀、赵树理、柳青、周立波、汪曾祺、路遥、莫言等人的乡土文学创作中,延伸出"边地书写""田园抒情诗""地方色彩""农村题材""城乡交叉地带""寻根文学""民间叙事"等一系列文学话语。由于欧美国家的现代化以城市化为核心,因此,如果以西方式现代化为准绳,则会将"乡土"与"前现代"等同起来。长期以来,在关于"乡土文学"的阐释中,乡土如果不被视为"封建思想"盘踞的保守愚昧之所,那么其价值最多也只在人情美和风俗美的意义上得到肯定。但这种人情美和风俗美又常被视为某种前现代品质,即将在现代性的商业大潮冲击下走向灭亡。相比之下,从中国式现代化的角度来重释乡土文学,则首先需要理解乡土如何构成了20世纪中国展开现代化的重要依托。这种以乡土为腹地的现代化,是中国式现代化与西方式现代化的最大区别。

20世纪上半叶,面对英国的崛起,英国地缘政治学家麦金德和德国公法学家卡尔·施米特提出了一系列被称为"空间革命"的思想。所谓"空间革命"可以被概括为,原本生存于陆地的人类在地理大发现之后将生活空间扩展至海洋,这种"空间"的转移带来了生活方式、行动理念和政治思维等方面的一系列变化,如从农耕文明到商业贸易、从乡土情结到技术理性、从封闭稳定到开拓进取、从封建体制到自由心灵等。施米特以英国和德国的现代化历程为例，提出"世界历史是一部海权对抗陆权、陆权对抗海权的斗争史"①。这套论述以极具文学色彩的语言，以保守的"陆地性"和自由的"海洋性"来区分两种不同的国家和文明类型。在施米特看来，中国是一个极具"陆地性"的国家。在20世纪60年代所写作的《游击队理论》中，施米特从以"守护大地"为使命的中国游击队员身上受到启发，将陆地与海洋的对峙扩展为东方和西方的对峙，并将"拥有如此惊人的大地空间的中国"视为"陆地对抗海洋惟一乃至最后的制衡"②。

不过，中国显然并非一个纯粹的陆地国家，而是既拥有漫长的海岸线，也拥有广阔的内陆地区。自古以来，内陆是中国文明的腹地，也是政治治理的中心。中国古代最具文明内涵和最为强盛的朝代，如西周、秦、汉、唐，均定都于西北内陆的陕西地区。清朝从北方入主中原，继而通过联姻和宗教的方式，灵活而牢固地控制着西部和北部地区。然而，这种以内陆为主的空间格局在晚清发生变化。在整个20世纪，中国的现代化历程同时受到"陆地"和"海洋"两种秩序力量的影响，其地理重心在沿海地区和内陆地区之间发生了两次大转移，分别是抗战时期从沿海地区转向内陆地区、20世纪80年代从内陆地区重新转向沿海地区。"乡土"在20世纪中国的文学形象变迁，与这种地理重心的转移过程密切相关：当以沿海地区为现代化发展重心时，乡土腹地会被呈现为有待改造的前现代形象；而当以内陆地区为现代化发展重心时，乡土腹地的现代性则会得到更充分的呈现。在中国式现代化理论指导下，研究者应以新的眼光来理解乡土形象的历史变迁：面对前者，我们需要反思其中的西方现代化理论滤镜；面对后者，我们则应深入挖掘其中的思想资源与艺术资源，使之成为新时

---

① ［德］施米特：《陆地与海洋》，林国基、周敏译，华东师范大学出版社2006年版，第7页。

② ［德］施米特：《游击队理论——"政治的概念"附识》，朱雁冰译，载《政治的概念》，上海人民出版社2014年版，第250页。

代乡村书写的宝贵经验。

一 第一次空间转移：在"海洋时代"重塑"乡土"潜能

晚清时期，中国开始频繁面临来自海洋的威胁。鸦片战争由英国从海洋发起侵略，一路沿着海岸线北上，侵略中国沿海地区多地，并在南京下关江面的英舰上签订了中国近代史上第一个不平等条约《南京条约》。在同治十三年（1874年）的一封奏折中，李鸿章提出了"数千年未有之大变局"这一后来十分著名的说法。在原文语境中，这一说法不仅指西方势力对于中国的冲击，更直接关系到中国政治地理视野的变化，而后者很少为人们所注意。李鸿章在这封奏折中提到，"历代备边，多在西北"，但当前的最大忧患在于"东南海疆万余里，各国通商传教，往来自如"①。李鸿章对于"数千年未有之大变局"的描述，连带出的是清代"经略西北"的传统与西方现代性所表征的"海洋时代"的冲突②，也标志着着海洋及沿海地区成为时人关注的重心。

民国政府定都于南京，这是对于晚清以来中国地理格局的延续。接受欧风美雨最多的沿海城市上海成为中国接受西方现代性影响的最前线，所谓"上海摩登"得到后来研究者的反复注目；而西北地区由于各种势力盘踞，实际上难以得到国民政府的有效治理。五四时期最早成名的作家们绝大部分都出身于东南沿海地区，鲁迅、茅盾、胡适、郁达夫、冰心等皆是如此。此时，现代性被等同于一种向外开放的海洋性，由此影响了乡土在文学作品中的呈现方式。在五四时期的文学作品中，"启蒙"与"改造国民性"构成了乡土书写的主要议

---

① 李鸿章：《大学士直隶总督李鸿章奏议覆总理各国事务衙门详议海防折》，收于李书源编：《筹办夷务始末（同治朝）》第10册，中华书局2008年版，第3987页。
② 参见汪晖《现代中国思想的兴起·第二部：帝国与国家》，生活·读书·新知三联书店2008年版，第603—608页。

题，当时的乡土被打上了前现代的和蒙昧愚弱的标签。

抗战的爆发改变了这一以沿海地区为主导的中国格局。20世纪30年代发生的三件大事，使西部和西北内陆地区的重要性跃升。按时间顺序，一是国民政府的开发西北计划。1932年，在淞沪会战爆发后，国民政府意识到东南沿海地区的安全威胁，继而通过"以洛阳为行都，以长安为西京"的决议，出台《开发西北之计划大纲》《西北开发计划》等一系列西北建设计划，目的在于推进西北的工业化与"现代化"，将之作为抵抗日本的大后方。[①] 此后，国民政府也西迁至重庆。二是1934年开始的红军长征。中国工农红军主力经由历时两年的长征，从长江南北各苏区转移到陕甘苏区。这一人类历史上的伟大奇迹，在当时便引发了人们的高度关注和对其未来发展的猜想，后来更吸引了大批有识之士奔赴延安。三是大学内迁。出于安全考虑，原本分布在北京、天津、上海、南京等地的高校在20世纪30年代中期纷纷开始向内陆迁移，既将知识火种传播到内陆地区的四川、贵州、云南等地，也使来自城市的知识分子们深入认识广大内地和乡土的现实，并在战争时期的同甘共苦中与民众建立起深厚的感情。

在整个抗战时期，这三件大事及其后续影响也在各类文学作品中得到反映。例如，1937年底至1938年初，沈从文在迁往昆明西南联大的途中重返湘西，其见闻心得便与早年大为不同。较之早年以《边城》为代表的田园牧歌和边地奇观，在抗战全面爆发后沈从文所写的《长河》《芸庐纪事》《湘西》等作品中，湘西不再被呈现为封闭状态，而是水路、公路等现代交通密布，充满了货物、人口、资讯、观念流动的地区，被放置在一个更为开放、内外联动的现代关系网络中[②]。再如，在抗战时期，中国出现了大量西部旅行笔记，如范长江

[①] 关于20世纪30年代国民政府的西北开发活动，参见申晓云《抗日战争时期国民政府的西北开发》，《浙江大学学报》（人文社会科学版）2007年第5期；沈社荣《30年代国民政府的西北战略意识》，《宁夏大学学报》1999年第3期。

[②] 参见姜涛《"重写湘西"与沈从文40年代的文学困境——以〈芸庐纪事〉为中心的讨论》，《文学评论》2018年第4期。

的《中国的西北角》和《塞上行》、陈学昭的《延安访问记》、赵超构的《延安一月》、茅盾的《西北行》、罗家伦的《西北行吟》等，此外还有外国友人埃德加·斯诺的《西行漫记》（即《红星照耀中国》）。这些作品介绍西北地理、观察西北风俗、分析西北形势、畅想西北前途，采用新闻报道、旅行笔记、诗文吟咏多种形式，在因物质上较为落后而一度被视为"前现代"的西北地区发现了中国展开抗战和实现现代化的希望。又如，在近代以来，黄河因缺乏治理而水患频繁，一度被西方人视为"中国之殇"①，但诞生于1939年延安的《黄河大合唱》却将作为民族符号的黄河赋予了一个现代的和民主的形象，从而对抗了那种挟西方文明视角将黄河视为落后的"老中国"象征的观点，强调黄河可以作为当代中国人在世界秩序中竞争的力量源泉。② 这些作品一改抗战之前的文学作品中"乡土"的前现代形象，在不同层面展现了"乡土"的深厚意蕴和现代潜能。

二　第二次空间转移：社会主义现代化的乡土新貌

新中国成立后便面临着冷战时代的到来。美国以"三大岛链"尤其是第一岛链展开围堵，使中国几乎被封锁为一个内陆国家。此时，中国的广大乡土腹地再次发挥了推动现代化进程的重要作用。与之对应，在20世纪50年代至70年代的文学作品中，反映农村新貌和农民新人的作品成为主流。根据洪子诚的统计，20世纪50年代至70年代的"中心作家"在出身地域、取材区域等方面出现了从东南沿海到西北、中原的转移③。其中，以柳青为代表的陕西作家和以赵树理为代表的山西作家发展出农村题材创作的两种风格：前者强调理想、

---

① ［美］戴维·艾伦·佩兹：《黄河之水：蜿蜒中的现代中国》，姜智芹译，中国政法大学出版社2017年版，第93页。
② 参见罗雅琳《古今变奏与文明视野——〈黄河大合唱〉的新旧之辨》，《文艺理论与批评》2018年第2期。
③ 洪子诚：《中国当代文学史》，北京大学出版社2007年版，第29页。

浪漫精神和英雄主义，后者则重视描写生活的"本来样态"，在艺术方法上更多接受本土资源。① 柳青的《创业史》以史诗性的笔法，展现了农村面貌和农民心理在社会主义现代化过程中所发生的翻天覆地变化；而赵树理的《三里湾》则在深入理解乡村曲艺传统、礼俗观念、共同体形式的基础上，打破了人物、环境、风景等西方小说的惯例写法，呈现出一种超越西方现代性的新型文体样态。②

这一以乡土腹地为重心的地理格局在改革开放"新时期"再次发生变化。在知青回城、城市改革和沿海地区的对外开放等政策助推下，沿海城市和知识分子重新成为国家政策和文学作品关注的重点。一方面，表现农村和农民生活的作品数量下降。针对这一现象，20世纪80年代初期出现了两个口号："文学，要关注八亿农民"③、"电影，要关注八亿农民"④。另一方面，来自内陆地区的作家在文坛被边缘化。典型的例子之一，便是自"新时期"以来到1985年为止，陕西新老作家竟无一部长篇小说出版，以致前两届茅盾文学奖陕西作协都无法推荐作品参评。因此，路遥在担任陕西作协分管长篇小说创作副主席之后立马着手策划"陕西省长篇小说创作促进座谈会"⑤，以期推进陕西文学创作。

1984年起，西安电影制片厂的《人生》《老井》和《黄土地》等电影为中国银幕贡献出了令人印象深刻的西部形象，吴天明将之称为中国的"西部片"。1990年初，由《白鹿原》《废都》和《最后一个匈奴》等作品完成的"陕军东征"，重新将陕西作家带回大众视线。人们从中国"西部片"和"陕军东征"中认识的中国乡土腹地，固然充满着雄浑壮阔的自然风景和神秘莫测的传说故事，但其中的人

---

① 洪子诚：《文学史中的柳青和赵树理（1949—1970）》，《文艺争鸣》2018年第1期。
② 参见贺桂梅《村庄里的中国：赵树理与〈三里湾〉》，《文学评论》2016年第1期。
③ 参见孙武臣《文学，要关注八亿农民——记本刊召开的农村题材文学创作座谈会》，《文艺报》1980年第5期。
④ 参见《电影文学》记者《电影，要关注八亿农民——本刊在济南召开农村题材电影创作座谈会》，《电影文学》1980年第12期。
⑤ 厚夫：《路遥传》，人民文学出版社2014年版，第194页。

物却被呈现为有待启蒙的对象。可以说,"陕军东征"是此前发端于南方沿海城市的"寻根文学"运动反向催生的事物。"寻根文学"使人们开始在中国内部寻找他者,寻找与"现代"有别的"传统中国"与"传统文化"。然而,当这一诉求与20世纪80年代在城市／乡村、沿海／内地、中心／边缘间建立起的"现代／传统"模式相结合,其结果则是使内陆农村和边缘地区的前现代形象更为固化。"陕军东征"的大获成功,是陕西作家们主动采用了这一"自我他者化"策略的结果。

相比之下,路遥在20世纪八九十年代的选择颇为特殊。在1984年的发言《对当前农村题材创作的几点认识》中,路遥调整了对于自己早年提出的"城乡交叉地带"概念的阐释:"这一概念应该包含更大的范畴。总之,农村绝对再不是一个封闭的社会,我们在表现当代农村生活时,应该充分地认识到这一点。"[①] 他指出,蒋子龙"通过工厂生活来写比较广阔的社会生活,给人一种气势磅礴的感觉。写其他题材的作品也同样应该如此"[②]。同样,他在为电影《人生》给出的意见中,也提出要追求一种"雄浑、博大和深沉的风格"[③]。在路遥这里,一方面,这一"博大"而"广阔"的西部内陆想象有别于"陕军东征"和"中国西部片"中封闭保守的西部形象;另一方面,他眼中的西部农村不是"改革"和"现代"之外的场所,而是集中了改革时代诸种新现象的中心区域。路遥这一观察乡土腹地的方法,与同时代陕西作家截然不同。

在《平凡的世界》三部曲里,路遥展现了改革开放时期的农村出现的全新经济现象:包产到户、乡镇企业、农民的自由流动等,孙少平、孙少安、孙兰香正是在这一系列新的生产力状况和生产关系中所产生的新人。尤其是在孙少平身上,路遥将现代个体的进取精神与传

---

① 路遥:《对当前农村题材创作的几点认识》,载《早晨从中午开始》,北京十月文艺出版社2013年版,第156页。
② 路遥:《答中央广播电视大学问》,载《早晨从中午开始》,第193页。
③ 路遥:《关于电影〈人生〉的改编》,载《早晨从中午开始》,第182页。

统乡土社会的人情伦理结合在一起,塑造出一位极为动人的农村新人形象。一方面,孙少平充满着"闯荡世界"的无名骚动,不愿继续土地上的安稳生活,这正贴近于笛福笔下的鲁滨逊。孙少平在小说中被呈现为主动出走并通过理性计划获取成功的新型人物,有别于王满银和金富式的"盲流"和"逛鬼"——前者是对于农村流动人口的歧视性称呼,后者是安土重迁的乡土中国对于不安于乡土者的称呼。另一方面,孙少平虽是鲁滨逊式的现代个体,却依然尊重农村的种种人情、礼俗与规矩,肯定乡土"共同体"所代表的价值。他"严格地把自己放在'孙玉厚家的二小子'位置上","敬老、尊大、爱小……人情世故,滴水不漏",认可黄土地上的"另一种复杂,另一种智慧,另一种哲学的深奥"①。在《平凡的世界》的开头,孙少平对于吃饭问题的敏感近似于《红与黑》中的于连——后者正是一个典型的"个人"形象。但与于连不同的是,在田润叶的体贴下,孙少平的吃饭问题得到解决,他也为这种温馨的乡情感动。这是现代"社会"中的"个人"被乡土"共同体"拯救的例子。鲁滨逊的孤独处境被视为现代个体的普遍命运,预示着现代生活中"个人"与"社会"无可避免的分裂,而传统的乡土"共同体"却帮助孙少平超越了这一分裂。《平凡的世界》虽然分享了20世纪八九十年代的中国对于城市化的向往,但在他眼中,以"社会"的方式组织起来的城市和以"共同体"的方式组织起来的乡村之间并不非此即彼,后者并不需要被全盘否定,甚至可以救"现代"之弊、救"个人"之弊。孙少平这一形象身上体现出的,正是一种关于"乡土"与"现代"可以兼容的构想。

结　　语

在20世纪中国地理格局变迁的背景下,梳理乡土形象的历史变

---

① 路遥:《平凡的世界(第一部)》,北京十月文艺出版社2008年版,第391页。

迁及其动因，理解乡土文学与中国现代化历程之间的密切关联，有助于深入阐释中国式现代化的宝贵经验，并进一步以这一理论指导新时代乡村振兴背景下的乡土书写。从历史的层面来说，乡土书写与中国的现代化历程同步展开，中国现代化的成功经验与土地制度的变革、社会实践在农村基层的深入和作为中国人口最大多数的农民的积极参与密不可分。现当代文学中的乡土书写极为忠实地反映了这一伟大历史进程，并提供了多样化的思索。从理论的层面来说，"乡土"的内涵不能被视为静止的刻板印象，而是随着中国式现代化的伟大进程而不断发生新变。在费孝通20世纪40年代的名著《乡土中国》的影响下，"乡土"成为"中国"的代名词，在对于中国文明特色形成高度总结的同时，也常在大众语境中延伸出种种误读。费孝通提出"乡土中国"有着差序格局、礼治秩序和长老统治等特点，不少后来者在使用这些概念时，似乎倾向于将其视为当代中国农村应保持的特点。但事实上，桃花源式的"乡土中国"似乎并非费老的本意。在紧随《乡土中国》之后写作的《乡土重建》中，他特别声明，自己只是表明传统秩序是与传统社会的性质相配合而存在的，并非要维护传统、返回传统。他的态度恰恰是希望中国农村能够突破传统的社会结构和文化秩序，迎接以西洋为代表的工业文明的挑战。也正因此，《乡土重建》大力提倡建设乡土工业。在改革开放时期，费孝通倡导城镇化理论和乡镇企业建设，正是对于《乡土重建》中的观念的延续。费孝通的启示在于，在中国式现代化理论背景下理解"乡土中国"，需要将其视为一个动态的、发展中的概念：乡土的特性需要得到认识和尊重，但这种认识和尊重并不意味着乡土一成不变；相反，它正是建立在乡土特性必将不断与时俱进的前提之上，召唤着人们对乡土中国的现代化历程展开更为体贴入微的理解。

中国式现代化进程中红色文化与中华优秀传统文化的深度融合
——以安徽、上海红色文化为中心

孙少华

2023年5月21至26日，我随中国社会科学院党校调研小组赴安徽、上海调研，走过了许多让人难以忘怀的地方，其中包括红色教育基地（安徽合肥渡江战役纪念馆、安徽金寨红军广场、金寨革命烈士纪念塔、金寨红军纪念堂、金寨红军墓园，上海的中共一大遗址、中共四大遗址、龙华烈士陵园、鲁迅纪念馆等）、科创基地（安徽的创新馆、合肥京东方光电科技有限公司、科大讯飞股份有限公司，上海的长三角绿色生态一体化示范、上海世博会博物、自贸区临港新片区、洋山港）、党建模范基地（陆家嘴金融城党群服务中心）和新农村建设（金寨县花石乡大湾村）。这些调研现场，既是中国式现代化的最新成就，也是中华优秀传统文化的精髓，其实都属于红色文化的组成部分。本文拟以"中国式现代化进程中红色文化与中华优秀传统文化结合经验"为主题，考察红色文化与中华优秀传统文化深度融合及其在中国式现代化进程中的作用、意义和影响。

一 中华优秀传统文化是中华民族的根和魂

党的二十大报告指出："中国共产党人深刻认识到，只有把马克思主义基本原理同中国具体实际相结合、同中华优秀传统文化相结合，坚持运用辩证唯物主义和历史唯物主义，才能正确回答时代和实践提出的重大问题，才能始终保持马克思主义的蓬勃生机和旺盛活力。"[1] 百年以来，中国共产党人以高度的理论自觉和鲜明的实践品格，坚持把马克思主义基本原理同中国具体实际相结合、同中华优秀传统文化相结合，不断深化对马克思主义中国化的规律性认识。

中华文明在五千多年历史发展中形成了独具特色、博大精深的中华优秀传统文化，先秦诸子百家思想，汉代经学与儒学，魏晋南北朝玄学，宋明理学，都塑造了具有中华民族自身特色的文化传统和学术品格。习近平总书记指出："中华优秀传统文化是中华文明的智慧结晶和精华所在，是中华民族的根和魂，是我们在世界文化激荡中站稳脚跟的根基。"[2] 中华优秀传统文化是中华民族生生不息的精神支柱，是中华文化软实力的重要内容，是增强民族自信和文化自信的坚实根基，是红色文化形成、发展的思想根源。

习近平总书记在金寨考察时指出："一寸山河一寸血，一抔热土一抔魂。回想过去的烽火岁月，金寨人民以大无畏的牺牲精神，为中国革命事业建立了彪炳史册的功勋，我们要沿着革命前辈的足迹继续前行，把红色江山世世代代传下去。"[3] 这些红色文化，已经丰富了中华优秀传统文化的内涵，与之前的中华优秀传统文化一样，成为中华文化的组成部分。如何贯彻落实习总书记金寨讲话精神，将开发利用红色文化资源与传承发展中华优秀传统文化紧密结合起来，改变互相割裂的现象，为实现中华民族伟大复兴的中国梦提供强大精神力量，是新时期研究红色文化与中华优秀传统文化创造性转化、创新性发展的重要课题。

---

[1] 习近平：《高举中国特色社会主义伟大旗帜　为全面建设社会主义现代化国家而团结奋斗——在中国共产党第二十次全国代表大会上的报告》（2022年10月16日），人民出版社2022年版，第17页。

[2] 习近平：《把中国文明历史研究引向深入　推动增强历史自觉坚定文化自信》，《人民日报》2022年5月29日第1版。

[3] 习近平：《坚持改革开放坚持高质量发展　在加快建设美好安徽上取得新的更大进展》，《人民日报》2020年8月22日第1版。

二 红色文化是中华优秀传统文化与马克思主义相结合的产物，是马克思主义中国化的典型表现

所谓红色文化，有人研究认为，是指"中国共产党把马克思主义基本原理与中国具体实际相结合，在带领中国人民进行革命、建设和改革开放伟大事业的历程中，积淀和孕育的所有理论成果、物质文化和精神财富的总和"[①]。这种说法有其道理。

中华优秀传统文化是红色文化产生和发展的重要源泉。红色文化以马克思主义为理论基础，以中华优秀传统文化为思想来源，是马克思主义中国化的文化根基，也是中国式现代化进程中的精神财富。红色文化以及围绕其形成的思想资源，在中国式现代化进程中具有重要现实作用。

习近平总书记指出，"马克思主义传入中国后，科学社会主义的主张受到中国人民热烈欢迎，并最终扎根中国大地、开花结果，决不是偶然的，而是同我国传承了几千年的优秀历史文化和广大人民日用而不觉的价值观念融通的"[②]，强调要"去挖掘、去结合中华优秀传统文化，真正实现马克思主义中国化时代化"[③]。红色文化是对中华优秀传统文化的当代继承和发展，是中华优秀传统文化的重要组成部分。

虽然如此，红色文化与中国古代传统文化还是有融合的必要，所以有人指出："应充分发挥红色文化和传承传统优秀文化交相辉映的特色资源优势，全面系统挖掘整理中国共产党的精神谱系资源，深入

---

① 阮晓菁：《传承发展中华优秀传统文化视域下红色文化资源开发利用研究》，《思想理论教育导刊》2017 年第 6 期。
② 习近平：《坚持和完善中国特色社会主义制度 推进国家治理体系和治理能力现代化》，《求是》2020 年第 1 期。
③ 杜尚泽：《"就是要理直气壮、很自豪地去做这件事"（微镜头·习近平总书记参加党的二十大广西代表团讨论）》，《人民日报》2022 年 10 月 19 日第 1 版。

做好红色文化和优秀传统文化深度融合工作,推动优秀传统文化更好地创造性转化、创新性发展,让红色文化传承弘扬的氛围更加浓厚,为实现中华民族伟大复兴汇聚更为主动、更加深厚的精神力量。"①本此,如何实现红色文化与中华优秀传统文化的深度融合,如何将历史上传统的哲学、文化观念纳入红色文化建设的体系,使二者高度融合,都成为以文化人、以德育人的重要内容,也成为本调研关注的问题。

(一)调研中的很多红色文化,都体现了马克思主义基本原理与中华优秀传统文化的完美结合

马克思主义是革命先烈艰苦斗争、建立新中国的理论武器,中华优秀传统文化则是他们思想品格、道德情操形成的文化基础,在此基础上形成的红色文化,是马克思主义中国化的典型表现。例如,他们为共产主义事业不怕牺牲,具有马克思主义战士的优良品质,但又秉持着中华民族传统的道德观人生观价值观。

几千年来逐渐形成的中华优秀传统文化,在中国这块古老土地上涵养了传统的生活方式、思维方式、行为方式,经受过马克思主义思想教育的革命先烈同样具有类似的生活方式、思维方式、行为方式。后人在敬仰先烈、为他们建立纪念基地的时候,同样接受了传统的纪念形式,并将马克思主义思想与中华优秀传统文化相结合,创造出了与中华优秀传统文化相结合的红色文化。

例如,渡江战役纪念馆以"渡江""胜利"为主题,巨大的前倾三角形实体展现出一种势不可挡的力度与动感,营造出一种"渡江"与"胜利"的氛围与实景感;两块巨大三角实体中间空留出的6米宽的"时空"隧道,将当今与历史贯通一起,给人一种"时空交错,天人合一"的感觉。这种通过现代表现主义手法展现时空观念的设计

---

① 王晨:《挖掘整合党的精神谱系资源,推动红色文化和优秀传统文化深度融合》,《人文天下》2022年第2期。

理念，符合中华优秀传统文化中的"天道人事"观。

金寨革命纪念馆的当地祠堂形状，就是"两结合"思想的实践探索。这种设计理念，一方面具有纪念革命烈士的功能，另一方面符合当地的民风民俗，是从传统文化角度对革命烈士们的特殊纪念和生命尊重。

金寨烈士墓区由烈士纪念堂和烈士墓地及无名烈士墓组成，纪念堂内有一幅瓷版画，主题为"碧血"，即取材先秦"碧血丹心"，原典出自《庄子·外物》的"苌弘死于蜀，藏其血，三年而化为碧"。这就很好地将先秦传统文化元素纳入红色文化建设，高度契合，完美体现了革命烈士的丰功伟绩和高尚品德。

龙华烈士陵园的设计是主题、主轴线、立体建筑的融合，体现了对"过去""现在""未来"的纪念与思考，其中蕴含的则是中国人民对"中庸""中和"等思想的理解，既符合中华美学的审美追求，也符合儒家思想中的"慎终追远"观念。

（二）将中华优秀传统文化融入最新的科创工作，实现了中华优秀传统文化的"两创"目标，同时体现了新红色文化中的优秀传统文化底蕴

中华优秀传统文化不仅有融合红色文化的可能，也可以与最新的科技发展成果相融合。这是中华优秀传统文化生命力的重要体现。例如，上海世界博览会中的中国馆，融合了中国古代营造法则和现代设计理念，诠释了"天人合一"的哲学思想，其中的"中国红""斗拱""篆字""二十四节气"，都是传统文化的结晶。再如，长三角一体化示范区"水乡客厅"方厅水院的"方"，体现的是中国传统文化中的"天圆地方"理念。这是中华优秀传统文化与新科技融合实现创造性转化、创新性发展的最佳体现。

（三）红色文化是马克思主义思想的产物，但又以中华优秀传统文化为根基，体现了马克思主义中国化时代化的必然路径

首先，红色文化是阐释马克思主义实践理论，传承中华优秀传统文化与马克思主义中国化相结合的思想，为中国式现代化提供了理论资源。金寨与上海的红色文化、科创文化，融合了历史、现在、未来的发展理念，融合了传统与现代、传承与创新，体现了中国式现代化的发展方向。

其次，红色文化在传承、发展中华优秀传统文化基础上铸造文化记忆，书写文化历史，培养红色文化传承人，讲好红色故事，传播红色文化精神。在金寨县花石乡大湾村，讲解员对革命先烈英雄事迹声情并茂的讲述，曾让在场的学员无不动容、潸然泪下。陈乔年烈士牺牲前曾说："让我们的子孙后代享受前人披荆斩棘的幸福吧！"这些优秀的讲解员之所以对红色故事如此充满感情，也是基于对陈乔年这些烈士们牺牲精神的感恩和怀念。这就是文化记忆产生的精神力量，是红色故事传递出来的精神力量，其中蕴含着丰富的中华优秀传统文化要义。

红色文化是对中华优秀传统文化的继承和发展，是马克思主义基本原理与中华优秀传统文化相结合的结晶。如何在新时代构建红色文化思想体系，打造红色文化新格局，为推进中国式现代化提供精神滋养和思想基础，是红色文化研究的崭新课题。

三 从中华优秀传统文化到当代中国红色文化
——"文化记忆"与"文化基因"

当代中国红色文化，是对中华优秀传统文化的继承与发展，同时赋予中华优秀传统文化以崭新内涵，从而成为新的"文化记忆"与"文化基因"，这也是中华文明、中华文化薪火相传的重要基础。从"中华优秀传统文化"，我们可以知道中华文化的根源所在；从"红色文化"，我们可以知道中华文化的发展走向。二者的结合，是推动中华文化绵延不绝、世代相传的必然路径，也是推进中国式现代化发展的重要精神力量。

（一）红色文化承载着中国共产党发展历史的革命精神，是红色记忆的重要组成部分

革命战争年代，金寨县有十多万人参加红军、投身革命，解放后有 59 位被授予将军军衔。金寨是全国著名的将军县，享有"红军的摇篮，将军的故乡"的美誉。从参观的红色文化基地内容看，以金寨为例，主要包括如下几个部分：

第一，土地革命时期。

早在 1920 年，金寨县内就有了马克思主义的传播。1929 年金寨县境内爆发"商南起义"和"六霍起义"。红三十二师、红一军独立旅、红二十五军、重建的红二十八军等 12 支成建制的主力红军队伍，相继在金寨组建，金寨是红四方面军、红二十五军和红二十八军的主要发源地。著名的红色革命歌曲《八月桂花遍地开》即诞生在此并很快唱响全国。

第二，抗日战争时期。

中共安徽省工委等机构均在此办公，并领导团结鄂豫皖边区人民积极开展抗日救亡运动，为新四军输送了一大批优秀干部和战士。

第三，解放战争时期。

解放战争时期，刘邓大军千里跃进大别山，吴家店镇的周上湾老屋是部队的前线指挥所；邓小平、李先念等曾在这里指挥大别山的革命斗争。

至于合肥的渡江战役纪念馆，上海的一大、四大会议遗址与龙华烈士陵园，也与金寨红色文化一样，作为一种文化记忆成为革命历史与现实文化的一部分，成为红色教育的重要基地。

（二）红色文化与中华优秀传统文化深度融合，助力中国式现代化建设

调研过程中，我们在安徽、上海还参观了很多高科技产业园，例如合肥的安徽创新馆、合肥京东方光电科技有限公司、长三角绿色生

态一体化示范区、上海世博会博物馆、上海自贸区临港新片区、洋山港等，都蕴含着红色文化与中华优秀传统文化的深度融合元素。例如，安徽创新馆展示的航天设备中，就有安徽中国电子科技集团为"问天实验舱"制造的重要配置。安徽的"问天"事业，历史悠久，其思想渊源在屈原的《天问》；而他们在航天事业中继承了不畏艰险、勇于奉献的革命老区红色文化精神，又是推动他们勇于变革、敢于挑战、不断创新的思想动力。这是中国式现代化进程中必不可少的精神财富。

四 存在的不足与对策建议

通过安徽、上海两地调研，我们也发现红色文化与中华优秀传统文化的融合方面，存在一些不足。

第一，缺乏红色文化与中华优秀传统文化深度融合的产品。例如，当地历史上的英雄故事、风土民情、革命英雄传奇故事、当今各行各业模范事迹、领袖与老区人民故事，都缺乏必要的书籍和文创产品。应该在生产有声、有图、有文字、有形象的红色书籍或文创产品方面加大探索力度。同时，要努力实现红色文化文创产品的多样化，将中华优秀传统文化中的名言警句应用于红色文化文创产品的命名、设计与包装。突出红色文化的中华优秀传统文化底蕴，将中华优秀传统文化与红色文化相契合的元素挖掘出来，将中华优秀传统文化中符合马克思主义哲学原理的思想提炼出来，突出民族特色与中华传统。

第二，在打破区域限制，整合红色文化，实现与中华优秀传统文化的深度融合，形成"红色文化的一带一路"方面，需要加强深度横向联合式探索。例如，可以考虑将大别山一带的"红色文化带"与鄂豫皖革命根据地"红色文化之路"连缀成片，成为另一种意义上新的"红色文化一带一路"，这样可以激活红色文化中的中华优秀传统文化密码，实现红色文化与中华优秀传统文化的深度融合，激发红色文化的历史活力和时代活力。甚至可以根据各地相同的红色主题，将沪、鄂、豫、皖的红色文化形成主题板块，打造红色文化团队品牌（例如"大别山红色文化带"、"鄂豫皖红色文化之路"），加强合作，改变红色文化的碎片化现象，提升红色文化的品牌效应和团队力量。上海是中共一大召开的地方，是共产党初心始发地；金寨是红色种子播种、星火燎原的重要基地，如果结合起来形成新的"红色文化一带一路"，再纳入各地优秀传统文化元素，将大大提升红色文化的整体传播力影响力。

第三，在"中华优秀传统文化+红色文化+旅游经济+科技创新"深度融合发展方面亟待做出更多探索。有人曾指出要打造金寨红色文化"'红色旅游+绿色旅游+生态旅游+党性教育+干部培训'的多元模式"[1]，其实还要补充中华优秀传统文化与科创板块，增强红色文化的吸引力、立体性和丰富性，从而实现红色文化与中华优秀传统文化的深度融合。

第四，老区红色文化与中华优秀传统文化深度融合的传播方面，还存在形式单调、手段单一的缺陷。从中华优秀传统文化到红色文化，是发展演变，也是传承创新，体现的是马克思主义中国化的具体实践过程，反映了中国共产党革命历史的发展进程。中华优秀传统文化是根基，红色文化是传承，旅游经济是发展，科技创新是方向，四个方面的结合，代表了中国历史一以贯之的过去、现在与未来的发展规律，体现了马克思主义基本原理与中华优秀传统文化结合的可能性和马克思主义中国化的必然性。要培养一批熟悉新科技手段的红色文化演讲员，完善四个方面结合的知识结构，重视发挥融媒体在红色文化传播中的作用，以人们喜闻乐见的最新、最快的方式讲好红色文化故事，传播红色文化力量。

习近平总书记在党的二十大报告中强调："全党同志务必不忘初心、牢记使命，务必谦虚谨慎、艰苦奋斗，务必敢于斗争、善于斗

---

[1] 陈仁喜：《红色文化的传承与发展路径研究——以安徽省金寨县为例》，《滁州学院学报》2021年第4期。

争,坚定历史自信,增强历史主动,谱写新时代中国特色社会主义更加绚丽的华章。"① 红色文化与中华优秀传统文化的深度融合,马克思主义基本原理与中华优秀传统文化的结合,是推进中国式现代化的精神力量。我们必须提升红色文化的资源开发与利用,丰富中华优秀传统文化的基本内容与精神实质,开辟中华优秀传统文化创新发展的新方向,为实现马克思主义中国化提供思想资源和精神支持。

---

① 习近平:《高举中国特色社会主义伟大旗帜,为全面建设社会主义现代化国家而团结奋斗——在中国共产党第二十次全国代表大会上的报告》(2022年10月16日),人民出版社2022年版,第1—2页。

讲好中国故事的多重策略

刘京臣

2018年8月21日,习近平总书记在全国宣传思想工作会议上指出:"展形象,就是要推进国际传播能力建设,讲好中国故事、传播好中国声音,向世界展现真实、立体、全面的中国,提高国家文化软实力和中华文化影响力。"[1] 党的二十大报告强调:"加快构建中国话语和中国叙事体系,讲好中国故事、传播好中国声音,展现可信、可爱、可敬的中国形象。"[2] 中华民族有着五千多年的文明史,中国综合国力和国际地位不断提升,就像习近平总书记所说:"我们有本事做好中国的事情,还没有本事讲好中国的故事?我们应该有这个信心!"[3]

可以考虑从多重策略入手,讲好中国故事。

一 建立情感共鸣

要讲好中国故事,首先要建立情感共鸣。这意味着将讲述的人

---

[1] 习近平:《举旗帜聚民心育新人兴文化展形象 更好完成新形势下宣传思想工作使命任务》,《人民日报》2018年8月23日第1版。

[2] 习近平:《高举中国特色社会主义伟大旗帜 为全面建设社会主义现代化国家而团结奋斗——在中国共产党第二十次全国代表大会上的报告》,《人民日报》2022年10月28日第1版。

[3] 王树成:《争取国际话语权是我们这一代媒体人的使命》,《人民日报》2016年12月29日第7版。

物、情节、主题与受众的情感联系起来。通过描绘人物的内心世界、情感冲突和成长过程,受众能够与讲述中的角色建立起情感上的共鸣。

一些优秀的国外影视作品,往往会在情感方面打动人心,形成一种跨越国界的情感共鸣。像印度导演阿米尔·汗的电影《摔跤吧!爸爸》是一部充满人文关怀的电影,影片对于女性意识的关注,达到了不俗的社会轰动效应。就如《阿米尔·汗再出高分神片》一文所说:"阿米尔·汗的电影从来没有刻意与国际接轨,反而充满了浓郁的印度色彩,不仅取材于印度本地的故事,而且在呈现上也保留了大量宝莱坞式的歌舞场面。但是,阿米尔·汗在电影中展现的人文关怀是全世界共通的。如今,阿米尔·汗俨然成为印度电影在全球的'代言人'。"[①] 例如美国动画电影《寻梦环游记》以墨西哥文化为背景,讲述了一个少年追寻梦想并与祖先相连的故事。尽管情节和文化元素来自墨西哥,但该电影通过情感共鸣触动了观众的情感。观众可以在关于家庭、梦想和传承的主题上找到共鸣,这些主题是普遍存在于人类社会的。

这些讲述模式给我们带来启示:无论是来自哪个国家的讲述,当它能够触及观众的情感深处,传递出人性、真情时,就能够激发观众的情感共鸣。通过刻画真实、饱满的人物形象,展示情感冲突和成长过程,以及探索人类共同的情感体验,可以在中外文化之间建立情感的桥梁,实现情感共鸣的目标。

二 实现价值共振

中国有悠久的历史和丰富的文化传统,其中蕴含着深厚的价值观。要讲好中国故事,需要通过故事中的主题和价值观与观众建立共振。例如,传统的中国价值观包括孝道、忠诚、友情和正义等,这些

---

① 《阿米尔·汗再出高分神片》,《羊城晚报》2017年1月7日。

价值观可以融入故事中，使观众感受与体会其普遍性。

通过创造丰富多样的人物形象，可以在故事中展现不同的价值观。这些人物可以代表不同的群体、阶层或文化背景，以展示中国社会的多样性和包容性。

将故事与现实问题和社会议题联系起来，也是实现价值共振的一种有效方式。通过故事情节和角色的展示，探讨和平发展、公平正义、民主自由、环境保护等重要议题，引起观众对这些问题的共鸣和思考。这种方式可以使观众对中国社会的变迁和发展有更深入的了解，并与其中的价值观进行对话和共振。

党的二十大报告指出："中华优秀传统文化源远流长、博大精深，是中华文明的智慧结晶，其中蕴含的天下为公、民为邦本、为政以德、革故鼎新、任人唯贤、天人合一、自强不息、厚德载物、讲信修睦、亲仁善邻等，是中国人民在长期生产生活中积累的宇宙观、天下观、社会观、道德观的重要体现，同科学社会主义价值观主张具有高度契合性。"[1] 这些重要理念，与中国共产党人在实践中提炼出的生命至上、人民至上、共同富裕、人类命运共同体、全过程人民民主等一起，在根本上体现着"和平、发展、公平、正义、民主、自由"的"全人类共同价值"，不仅是中国式现代化的价值目标及其所代表的文明样式，也是"联合国的崇高目标"[2]。这一"全人类共同价值"的提出，破除了西方所谓"普世价值"的迷雾，以其鲜明的特色，为人类社会发展指明前进方向，使我国在国际合作和斗争中赢得了更大的话语权。对包括"全人类共同价值"在内的优秀价值的讲述，

---

[1] 习近平《高举中国特色社会主义伟大旗帜　为全面建设社会主义现代化国家而团结奋斗——在中国共产党第二十次全国代表大会上的报告》，《人民日报》2022年10月26日第1版。

[2] 2015年9月28日，国家主席习近平在纽约联合国总部举行的第七十届联合国大会一般性辩论时的重要讲话中指出："和平、发展、公平、正义、民主、自由，是全人类的共同价值，也是联合国的崇高目标。"参见习近平《携手构建合作共赢新伙伴　同心打造人类命运共同体——在第七十届联合国大会一般性辩论时的讲话》，《人民日报》2015年9月29日第2版。

也是实现全人类价值共振、讲好中国故事的重要环节。

三 表达多元文化

中国是一个多民族的国家，拥有丰富的地域文化和民俗传统。在讲好中国故事时，应该尊重和展示不同地区、不同民族的文化特色。展现多元的文化表达，可以让观众更加全面地了解中国的多样性和丰富性。

在表达多元文化时，要考虑不同的角度和视角。这意味着关注不同文化群体的声音和经验，避免一种单一的、刻板化的表达方式。描绘多个人物、故事线或观点，可以呈现多元文化的复杂性和丰富性。与多元文化的创作者和参与者合作，可以为作品注入更多的多元性。与跨文化团队合作，有助于避免单一视角的偏见，并充分反映多元文化的现实。

在表达多元文化时，还要保持敏感和尊重，要避免对其他文化产生刻板印象或歧视，尊重每个文化的独特性和差异性。在描绘故事和人物时，要避免使用文化俗套或刻板化的形象，而是展现多元文化的真实性和多样性。

尽管表达上需要多元文化，但作品仍应具有普遍性和故事共鸣。通过深入挖掘人类共同的情感和价值观，可以使作品跨越文化边界，与观众产生共鸣。这样的作品能够超越特定文化的限制，与全球观众分享普遍、共性的人类体验。

例如在中国南方地区，哈尼族、壮族等民族都有"梯田传说"。这些传说讲述了人们如何与自然和谐相处，如何在陡峭山坡上修建梯田，如何利用土地资源以谋生。这些故事讲述了不同民族对土地的依赖，展现了他们的智慧与勤劳精神，同时也传递了保护环境的价值观。

至于北方诸民族，则有草原英雄传说、马背传说等，这些故事讲述了各民族的英雄们，如何在广袤的草原上、在奔驰的骏马上征战、狩猎和保护家园。这些故事强调了北方民族对自然的敬畏、对家族和部族的忠诚，并传递了勇敢、正直和团结的价值观。

这些故事在不同民族之间流传，并在各自的文化传统中占据重要地位。它们通过讲述人与自然、人与族群之间的关系，传递了对自然环境的尊重、对家族和部族的依恋，以及勇敢、正直和团结的价值观。同时，这些故事也反映了不同民族之间的相似性和文化联系，促进了民族间的交流与融合。

四　注重讲述技巧

故事创作是讲好中国故事的关键。创作者需要具备扎实的写作技巧，要能通过精彩的故事结构、生动的描写和丰富的细节来吸引观众。此外，创作者还需要深入了解中国文化和历史，以便在故事中融入中国特色的元素。

一是利用好中国文化元素，扩大海外影响。中国拥有悠久的历史和丰富的文化传统，可以从中提取中国元素来丰富故事情节。例如，《鬼吹灯》系列小说以及据其改编的影视作品，将中国古代的盗墓文化与现代冒险故事相结合，吸引了广大读者和观众。这个系列作品成功地利用了中国文化背景，创造了一个引人入胜的故事世界。创作者可以通过巧妙地将传统文化、价值观和现代社会的问题相结合，创造出独特而富有代表性的中国故事。

二是引发文化思考与共鸣。通过故事中的情节、人物和主题，探索中国文化的内涵和特点，引发读者和观众的文化思考和共鸣。例如，《活着》这部小说通过描绘福贵在动荡年代中的苦难和生活态度，反映了中国社会变迁的历史背景和价值观的变化。这样的故事通过情感共鸣和文化认同，打动了海内外的许多读者。

三是创造立体的人物形象。一个好的故事需要有真实、立体和有血有肉的人物形象。创造具有中国特色的人物形象可以帮助读者和观众更好地理解中国文化和中国社会。例如，《红楼梦》这部经典小说塑造了如贾宝玉、林黛玉等一批丰富多样的人物形象，展现了中国古代贵族社会的阶级关系。我们要讲好中国故事，就要着力塑造和刻画真实可感、有血有肉的人物形象。

四是运用独特的叙事结构和技巧。独特的叙事结构和技巧能够使故事更具吸引力。可以尝试运用中国传统文学中的叙事手法，如夸张、隐喻、象征等，以及现代叙事技巧，如非线性叙事、视角转换等。例如，电影《芳华》通过回忆和现实交替的叙事方式，将观众带入了那段特殊时代的青春岁月，给人以深刻的思考和共鸣。再如电影《无问西东》，采用了交织的时间线和非线性叙事结构，通过交错呈现不同年代的故事片段，展现了中国人对命运、人生选择和爱情的思考。创作者可以灵活运用时间跳跃、回忆、闪回等手法，创造出引人入胜的叙事方式，提升故事的艺术性和观赏性。

五是创造生动的场景和环境。通过创造生动的场景和环境，可以让中国故事更具有视觉冲击力和感受力。可以选择具有中国特色的地理背景、传统建筑或风俗习惯，通过细致的描绘和视觉呈现，营造出独特的氛围。例如，电影《卧虎藏龙》将中国的武侠世界与美丽的自然景观相结合，创造出令人难忘的场景和视觉效果。如果说电影《卧虎藏龙》是"创造"生动的场景和环境，那么用视频记录东方风情的李子柒，在与世界各地亿万粉丝分享中国传统生活时，更多是一种"呈现"。她用镜头呈现出了"诗意栖居"的大美中国。

五 创新传播方式

随着科技的发展，传播方式也在不断变革。为了讲好中国故事，可以利用新媒体、社交媒体和在线平台等创新性的传播方式。通过短视频、微博、微信公众号等渠道，将中国故事传递给更广泛的观众群体。

一是利用新媒体平台。随着数字化时代的到来，新媒体平台成为了信息传播的重要渠道。创作者要充分利用数字媒体和社交媒体平台，如微博、微信、抖音、快手等国内平台，以及 Youtube、Twitter、Facebook、Tumblr、Instagram 等海外平台，使中国故事触达全球范围的受众。创作者可以制作精彩的短视频、微电影、动画片等，将故事内容进行创意包装，以吸引年轻一代的注意力，并通过社交媒体的分享和互动机制扩大其影响力。

二是制作互动性强的内容。互动性是现代传播的一个重要趋势，创作者可以利用互动性强的内容形式来吸引观众的参与和分享。例如可以充分利用虚拟现实（VR）和增强现实（AR）技术，创造沉浸式的故事体验。通过创新性的技术手段，观众可以身临其境地参与到故事情节中，增强情感共鸣和参与感。在这一点上，故宫博物院与敦煌研究院做得非常出色。前者相继完成《天子的宫殿》《三大殿》《养心殿》《倦勤斋》《灵沼轩》等五部大型虚拟现实作品，借以全面地、直观地呈现故宫建筑内涵，做到了让文物"活起来"。后者通过虚拟现实技术，让观众足不出户便可以实现 360 度全景漫游敦煌莫高窟的梦想，可以沉浸式地感受洞窟的艺术魅力，实现了文化遗产的全球共享。[1] 再如，设计蕴含中华元素的线上游戏，在游戏中充分展现富有中国传统文化基调的文学、史学、美学、民俗学、地理学、神话学、军事学、建筑学等元素，让全世界的游戏玩家能够身临其境地体验中国故事，并与故事中的角色进行互动，沉浸式地接受"完整的游戏世界观"。

三是运用跨文化交流平台。为了让中国故事更好地走向世界，创作者可以积极参与跨文化交流平台，如国际电影节、文化艺术展览等。通过与国际艺术家、学者和观众的交流，深入了解其他文化的审美和需求，以便更好地创作和传播中国故事。通过与国际合作伙伴进行跨文化合作，将中国故事融入到国际合拍电影、剧集或文学作品中，可以通过与外国文化的对话和碰撞，展现中国文化的独特之处。

---

[1] 刘京臣：《"两创"：弘扬中华优秀传统文化的根本遵循》，《文学遗产》2018 年第 5 期，第 25 页。

这样的合作可以促进不同文化间的理解和共享，同时扩大故事传播的国际影响力。

四是引入新的艺术表现形式。创作者可以尝试融合不同艺术表现形式，如音乐、舞蹈、戏剧等，将中国故事呈现出多元化的艺术体验。例如，将中国传统乐器与现代音乐结合，创作原创音乐作品；将中国古典舞蹈与当代舞蹈元素融合，创作独特的舞蹈作品。

五是融合中国传统与现代元素。中国故事创作可以通过融合传统与现代元素，创造出新颖而有趣的故事情节。例如，电影《大鱼海棠》的创意源自《庄子·逍遥游》《山海经》《搜神记》以及上古神话"女娲补天"等，将中国传统神话与现代科幻元素相结合，创造了一个奇幻而富有想象力的故事世界。创作者可以通过巧妙地将传统文化、价值观与现代社会的问题相结合，创造出独特而富有代表性的中国故事。

六　重视国际传播与跨文化沟通

党的二十大报告指出："加强国际传播能力建设，全面提升国际传播效能，形成同我国综合国力和国际地位相匹配的国际话语权。深化文明交流互鉴，推动中华文化更好走向世界。"[1] 要实现全球范围内的价值共振，需要进行跨文化的沟通和理解。在将中国故事传播到国际舞台上时，要注意适应目标观众的文化背景和价值观念。

例如，由李安执导的武侠电影《卧虎藏龙》在国际市场上获得了巨大的成功。电影以精美的武术动作和华丽的视觉效果展示了中国传统武侠文化，并通过跨文化的情感和故事情节引起了观众的共鸣。该片通过将中国文化元素与国际电影语言相融合，创造了一个具有普遍

---

[1] 习近平《高举中国特色社会主义伟大旗帜　为全面建设社会主义现代化国家而团结奋斗——在中国共产党第二十次全国代表大会上的报告》，《人民日报》2022年10月28日第1版。

情感的故事，成功地进行了国际传播与跨文化沟通。

再比如以饮食文化为主题的纪录片《舌尖上的中国》，通过展示中国各地的传统美食、制作工艺和文化背景，成功地传播了中国的文化和生活方式。纪录片通过细致的摄影和叙事，将观众带入真实的中国家庭和厨房，展现了食物背后的故事和人情味。该纪录片的独特视角和讲述方式，让观众更好地了解到中国的多元文化和多样生活，跨越了文化差异，引发了国际观众对中国饮食文化的兴趣和认同。

以上两个事例充分说明，成功的国际传播与跨文化沟通主要基于以下几个方面的策略。

一是选择普遍性的主题和情感。通过选择具有普遍性和共鸣力的故事主题和情感，能够打动国际观众的心。这样的主题可以超越文化差异，触及观众的内心，促使他们对故事产生情感共鸣。

二是融合多元文化元素。在讲述中，灵活运用不同文化的元素，使故事更具多元性。通过融合中国传统文化与国际文化元素，可以创造出独特而有吸引力的故事世界，为国际观众提供独特的体验。

三是适应目标受众的文化背景。在故事传播和宣传过程中，要深入了解目标受众的文化背景和需求，采用适应性的宣传和推广策略。这包括信达雅的翻译、本土化的宣传和推广活动，以及与当地合作伙伴的合作，以提高故事传播的效果和接受度。

四是利用多种媒体平台和渠道。通过利用多种媒体平台和渠道，如电影院、电视、网络流媒体和社交媒体等，将故事传播给国际观众。这样的多渠道传播能够更广泛地触达不同国家和地区的受众，为受众提供更多的接触机会和参与度。

这些策略，能够更好地促进中国故事的国际传播与跨文化沟通，使全球观众更高效地了解、感受与领略中国文化与中华文明。

发挥典籍版本资源价值引领作用
建设中华民族现代文明

刘 明

文化是维系一个国家和民族精神的根基和灵魂，文化自信是更基本、更深沉和更持久的力量。坚定中国特色社会主义道路自信、理论自信和制度自信，说到底是坚定文化自信，而博大精深、历久弥新的中华优秀传统文化资源，为挖掘、传承和弘扬中华文明价值内核，筑牢文化根基，探索面向未来的理论和制度创新，提供了无比深厚的广袤沃土和宝贵精神财富。新时代新的文化使命就是在新的起点上继续推动文化繁荣、建设文化强国和建设中华民族现代文明，这就需要增强历史自觉，坚定文化自信，赓续千年文脉，阐发厚重文明。典籍版本是记录中国历史、见证中华文明的重要载体，是物化的文明和文化，蕴含着中华文明的种子基因和文化密码，建设中华民族现代文明需要充分发挥典籍版本资源的价值引领作用。

中华民族有万年的文化史，五千多年的文明史，是世界上历史悠久且唯一没有中断的文明形态，具有蓬勃的内生动力，孕育、凝练并熔铸出一系列底蕴丰富、内涵充盈和影响深远的价值元素，这些元素共同塑造了中华文明的突出特性，影响深远。中华优秀传统文化是中华文明的智慧结晶和精华所在，体现出源远流长的历史连续性，兼容并蓄的多元包容性，融摄吸纳的守正创新性及一脉相承的追求和合性。这是中华民族对自身、世界乃至人类文明发展所创造的极具历史启迪意义的精神资源，应该珍视并在新的时代条件下对之进行创造性转化和创新性发展，目的是赋予其鲜明的时代命题，使之永远屹立人类价值文明的时代前列，彰显永不褪色的时代魅力，在建设社会主义文化强国过程里发挥不可替代的价值优势和独特作用。充分利用好中华优秀传统文化资源，是新时代文化使命的重要内容之一，而传承和弘扬无疑是两个关键性的"命题"。所谓传承，就是要尽可能地将中华优秀传统文化资源保护好，此外还要大力进行调查和收集的工作，将散落的、无序的、片段式的但又具有特殊文化意义的资源，通过多种载体形式整合起来，使之系统化、条理化，并原原本本地传之后世。这是一份沉甸甸的历史责任，是功在当代、利在千秋的文化伟业。所谓弘扬，就是将中华优秀传统文化资源所包蕴的人文精神、哲学思想、道德理念等优秀基因，赋予新的时代内涵；或使原汁原味的优秀文化元素获得新的现代表达形式。传承是基础，是中华文明的守望和薪火有传；弘扬是旨归，是中华文明的当代表达，也是中华民族现代文明具有深厚底蕴的生动展现。

  典籍版本资源作为中华优秀传统文化资源重要组成部分，发挥它在肩负新的文化使命中的历史担当作用，彰显它在建设中华民族现代文明中的价值引领作用，必须处理好传承与弘扬两个维度的辩证关系。日前，习近平总书记在视察国家版本馆时语重心长地指出，"我十分关心中华文明历经沧桑流传下来的这些宝贵的典籍版本"[1]，"在我们这个历史阶段，把自古以来能收集到的典籍资料收集全、保护好，把世界上唯一没有中断的文明继续传承下去。盛世修文，我们这个时代，国家繁荣、社会平安稳定，有传承民族文化的意愿和能力，要把这件大事办好"[2]。回顾中国历史，有辉煌灿烂的汉唐盛世，也有悲惨屈辱的半殖民地半封建社会时期，有安定繁荣的和平年代，也有战乱灾害频仍的动荡遭际，中华民族用文明的韧性、文化的韧力和

---

[1] 习近平：《担负起新的文化使命　努力建设中华民族现代文明》，《人民日报》2023年6月3日第1版。

[2] 习近平：《担负起新的文化使命　努力建设中华民族现代文明》，《人民日报》2023年6月3日第1版。

精神的韧度,渡尽劫波,始终将中华民族各民族文化融为一体,始终是牢固凝聚的民族共同体,始终保持着国家的统一。书写载录这些历史记忆的典籍版本资源,也随着国家民族的命运时起时伏。有的消逝在了历史长河里,留下了永远无法弥补的遗憾;有的被劫掠至国外,造成令人痛心的史在异邦——睹古思今,洞察未来,我们要以高度的历史责任感做好现存典籍版本资源的收集、保存、整理和传承。典籍版本资源体现为多种载体形式,如印证古代造纸文明和印刷文明的各种版本的古籍;近现代的出版物具有物质性,以数字化形式回归的国外藏中文古籍影像具有数字性,至今还在传承的新疆古法造纸技术则具有非物质文化遗产性。除书籍外,印刷古籍的雕版,有文字记录的简帛、金石器物、石刻、碑刻、拓本、绘画、纸币、档案及近代以来各种类型的媒介物等,均可纳入典籍版本资源的范畴。它不同于狭义范畴的"版本",凡是能够印证中华文明、以物证史、以物叙史、可以直观感受或触摸的文化片段等,都可视为中华文明的"典籍版本资源",属于广义范畴的版本。毫无疑问,典籍版本资源是中华文明和中华优秀传统文化的"活化石"和种子基因库,是中国历史不绝如缕、一脉相承的"见证人",也是中国文化影响世界的"实证者"。后之视今,亦犹今之视古,传承好典籍版本资源,做中华文明的守护人是我们义不容辞的历史使命,是践行新时代文化使命的题中应有之义;传承好典籍版本资源能够为建设中华民族现代文明培根铸魂。

习近平总书记要求国家版本馆:"以收藏为主业,加强历史典籍版本的收集,分级分类保护好。同时,要加强对收藏的研究,以便更好地做好典籍版本收藏工作。在做好主业的前提下,协助各方面做好历史典籍版本的研究和挖掘。"[1] 收藏、收集和分级分类保护属于传承的工作,研究和挖掘则属于弘扬的工作,这些工作能够为做好新时代典籍版本资源的传承和发挥价值引领作用,提供根本遵循和指导方

---

[1] 习近平:《担负起新的文化使命 努力建设中华民族现代文明》,《人民日报》2023年6月3日第1版。

针。典籍版本资源是中华文明赓续发展的"对应物"和"感受器",如通过敦煌遗书,能够直观见证古代的造纸技术、书籍制度和中西文化交流。因此,借助典籍版本资源,能够更深入地理解中华文明和中国历史;而其关键是让典籍版本"说话",讲好背后的中国故事,展现可信、可爱和可敬的中国文化形象。这就需要大力开展挖掘、研究和阐释性的工作,围绕典籍版本资源的基本知识维度、历史意义维度和文明影响维度进行多方位的解读,激活其生命力,助力中华文明"两创",赋能中国特色社会主义文化和中华民族现代文明建设。在此意义上,中国国家版本馆的成立和建设,是一项国家文化建设领域的顶层设计,是文明大国建设的基础工程,也是功在当代、立在千秋的标志性文化工程,具有重要意义。

习近平总书记指出:"中国文化源远流长,中华文明博大精深。只有全面深入了解中华文明的历史,才能更有效地推动中华优秀传统文化创造性转化、创新性发展,更有力地推进中国特色社会主义文化建设,建设中华民族现代文明。"[1]典籍版本资源提供了全面深入了解中华文明的一把钥匙,它是中华文明的"百宝箱"。对典籍版本资源的工作,"传承"是基础和前提,"弘扬"精气神是宗旨和目标,我们要做到见"物"与见"魂"的统一,努力建设中国典籍版本资源的聚集地和中华文明的会客厅,为建设中华民族现代文明添砖加瓦,彰显深厚的中华文明之光。典籍版本资源具有不可比拟的独特优势,具有得天独厚的底蕴魅力,具有润物无声的鲜明特点,其价值引领作用体现在以下方面。

第一,典籍版本为深刻理解马克思主义基本原理与中华优秀传统文化相结合提供了文化空间和生动注脚。在五千多年中华文明深厚基础上开辟和发展中国特色社会主义,坚持马克思主义基本原理同中国具体实际相结合,同中华优秀传统文化相结合,是我们探索

---

[1] 习近平:《担负起新的文化使命 努力建设中华民族现代文明》,《人民日报》2023年6月3日第1版。

中国特色社会主义道路得出的规律性认识。马克思主义虽然不是产生在中国本土的思想，但与中华优秀传统文化和中华民族文化心理存在高度的契合性，为马克思主义实现中国化时代化奠定了坚实的基础。现存陈望道翻译的《共产党宣言》第一版及之后各版本，生动形象地展现了中国人探索救国救民真理的道路，它们与留存下来的翻译、阐释和宣传马克思主义著作的各种早期版本，一起见证了马克思主义的中国化。这是在有着几千年中华优秀传统文化影响背景下产生的，如果不存在内在精神实质的契合性，是很难实现的。正如艾思奇所指出的："中国民族和它的优秀传统中本来早就有着马克思主义的种子。"[1] 习近平总书记强调"第二个结合"是又一次的思想解放，中华优秀传统文化的宝贵资源，为我们提供了探索未来理论和制度创新的广阔文化空间。典籍版本的研究和挖掘，要坚持古为今用、守正创新，努力提出一系列马克思主义思想精髓和中华优秀传统文化精华相贯通的重大原创概念和理论命题，让马克思主义在中国牢牢扎根。

第二，典籍版本为构建中国式现代化的文化形态、建设中华民族现代文明提供了宝贵资源。中国式现代化是在新中国成立特别是改革开放以来长期探索和实践的基础上，经过党的十八大以来在理论和实践上的创新突破，它丰富了现代化的内涵，构建出了有中国特色的人类文明新形态——党的二十大报告将此作为中国式现代化的本质要求之一。习近平总书记还提出了"中国式现代化的文化形态"的理论命题，其基本内容是马克思主义基本原理与中华优秀传统文化相结合而形成的新文化，这也是建设中华民族现代文明的文化根基，因为中华文明赋予中国式现代化以深厚底蕴。典籍版本是中华优秀传统文化的重要载体，在构建中国式现代化的文化形态中有着独特价值优势。例如，我国从古至今持续编纂有两类典籍——地方志和家谱——这在

---

[1] 参见中共中央党校中共党史教研部编，罗平汉主编《中共党史知识问答》，人民出版社2021年版，第7—13页。

其他国家是罕见的，形成了流传有序的"国有史、郡有志、家有谱"的文化传承格局。现存大量的地方志和家谱的版本资源，就是第一手的实物和资料，它们的思想内涵和价值意义，对维系中华文明脉络所起到的历史作用等，还需要得到进一步的弘扬和揭示，也必将为构建人类文明新形态、建设中华民族现代文明提供宝贵的历史启迪和创新源泉。中华优秀传统文化资源为打开创新空间、掌握思想和文化主动提供了坚实的阵地，丰富厚重的典籍版本资源作为阵地里的"堡垒"，理应由我们主动作为，对其加强提炼概括，为建设中华民族现代文明服务。

第三，典籍版本为讲好中国故事、促进文明互鉴交流提供了桥梁和纽带。党的二十大报告指出："坚守中华文化立场，提炼展示中华文明的精神标识和文化精髓，加快构建中国话语和中国叙事体系，讲好中国故事、传播好中国声音"[1]，"深化文明交流互鉴，推动中华文化更好走向世界"[2]。中国古代的"四大发明"、儒家学说、文明制度等，对推动世界和人类文明的发展作出了突出贡献。进入新时代，推动中华文化走出去更具有紧迫感和现实性。这样做的目的是让世界各国更好地理解和正确看待中国人民、中国发展和中国共产党领导下的有中国特色的社会主义道路；弘扬和平、发展、公平、正义、民主和自由的全人类共同价值，促进各国人民相知相亲，尊重世界文明多样性，以文明交流超越文明隔阂、文明互鉴超越文明冲突、文明共存超越文明优越，共同应对各种全球性挑战。这就需要讲好中国故事，而讲好中国故事的关键是掌握一套行之有效的"世界语"，把故事讲透讲懂，否则便会鸡同鸭讲，起不到应有的效果。例如，2022年宁波意大利文化周举办的世界三大古老藏书楼的对话活动，以藏书楼为讲

---

[1] 习近平：《高举中国特色社会主义伟大旗帜　为全面建设社会主义现代化国家而团结奋斗——在中国共产党第二十次全国代表大会上的报告》，人民出版社2022年版，第45—46页。

[2] 习近平：《高举中国特色社会主义伟大旗帜　为全面建设社会主义现代化国家而团结奋斗——在中国共产党第二十次全国代表大会上的报告》，人民出版社2022年版，第46页。

故事的媒介，以藏书楼里的典籍版本为讲故事的素材，描绘出盎然有趣、精妙精彩的中意两国文化交流互鉴的大故事。意大利美第奇洛伦图书馆馆长西尔维娅·西皮奥尼出示了馆藏的书画珍品《昭君出塞图》，这是中华文化走向世界的实物见证，也是世界各民族崇尚和平、维护民族团结故事的写照。此时此刻的书画不需要"翻译"，我们借助"讲故事"获得了共通的心灵共鸣，跨越了千山万水。这就是典籍版本的魅力，这也为推动构建人类命运共同体提供了很有价值的个案启示。类似的典籍版本不在少数，我们要扩大阐释的文明视野，萃取故事的跨文明内涵，真正发挥沟通不同文明的媒介作用。

第四，典籍版本为印证和筑牢中华民族共同体意识提供了文献实物证明。文化认同是最深层次的认同，也是最具持久力的认同。中华文明多元一体，具有突出的统一性特点，决定了中华民族各民族文化融为一体，各美其美，美美与共。一部中华文明史，就是各民族相互尊重、相互借鉴，共同创造灿烂辉煌的中华文化的历史。建设中华民族现代文明，需要深刻理解中华文明统一性的内涵和精髓，在此指引下进一步铸牢中华民族共同体意识，构建各民族共享、共通和共情的中华文化符号和中华民族形象，增强各族群众对中华文化的认同，树立正确的祖国观、民族观、文化观和历史观。各民族留下了丰富的典籍版本资源，既有文字记录形式，也有世代传承的口头形态，在做好收集保存的同时，我们要大力进行熔铸提炼、挖掘阐释的工作，谱写各民族相互交流的美好故事，树立各民族相互欣赏的经典事例，揭示各民族荣辱与共的统一观；既以实物形式印证中华民族共同体意识，也彰显统一国家是各族人民命运所系的深刻道理。如唐元和九年（814）所立的汉文、突厥文、粟特文合璧《九姓回鹘可汗碑》，是民族交往交流交融的典型例证，突显出中华民族多元一体的特色。要充分激活、汲取典籍版本资源所蕴含的中华民族共同体意识，丰富中华民族现代文明建设的内涵。

习近平总书记指出："在新的历史起点上继续推动文化繁荣、建设文化强国、建设中华民族现代文明，要坚定文化自信，坚持走自己的路"[①],"传承发展中华优秀传统文化,促进外来文化本土化,不断培育和创造新时代中国特色社会主义文化"[②]。建设中华民族现代文明,承担新时代的文化使命,就要肩负起自觉传承和弘扬中华优秀传统文化资源的历史责任。特别是对承载着民族文化瑰宝的典籍版本资源,我们更应以高度的历史自觉和文化主动精神,赓续历史文脉,充分发挥价值引领作用,彰显中华民族深厚的文化软实力,为建设社会主义文化强国谱写当代华章。

[①] 习近平:《担负起新的文化使命 努力建设中华民族现代文明》,《人民日报》2023年6月3日第1版。

[②] 习近平:《担负起新的文化使命 努力建设中华民族现代文明》,《人民日报》2023年6月3日第1版。

新媒体技术在新时代文学研究中的作用

任 晓

一 引言

文化是一个国家、一个民族的灵魂。新时代坚持和发展中国特色社会主义,更加需要依靠文化自信坚定理想信念,凝聚奋斗力量。党的十八大以来,习近平总书记对文化自信高度重视,指出"文化自信,是更基础、更广泛、更深厚的自信"[1],强调要"坚持文化自信,坚持不忘本来、吸收外来、面向未来,为人民提供更好更多的精神食粮"。

深入开展中国文学研究,是坚定文化自信的重要面向。在新时代,中国文学研究面临着新的历史条件和发展机遇。如何充分利用好当前科技技术高速发展带来的便利,尤其是新媒体技术在中国文学研究问题的提出、项目开展、研究成果的宣传推广、优秀科研成果的现实转化等方面的积极作用,更好地推动新时代中国文学研究工作的开展,对于我们今天更好地继承与创新中华优秀传统历史文化,坚定文化自信,具有重要的历史和现实意义。

---

[1] 习近平:《在中国文联十大、中国作协九大开幕式上的讲话》,《人民日报》2016年12月1日第2版。

二 新媒体技术的特点

新媒体技术已经走进人们生活的方方面面，学术研究工作更是离不开它。因此，全面了解和掌握新媒体技术的特点，对于我们更好地应用它、发挥它在文学研究中的作用具有重要意义。

（一）数字化水平越来越高

数字化是新媒体技术的首要特点。在数字时代，所有信息都可以通过数字来表示，这为信息的应用和传播提供了极大的便利。数字化技术使得信息可以更加方便地存储、传输和处理，也使得信息的共享和协同工作成为可能。

（二）网络化程度越来越深

网络化是新媒体技术的另一个重要特点。随着互联网的普及，信息可以更加方便地连接和共享。网络化技术使得信息的传播和交流可以跨越地域和时间的限制，也使得信息的处理和应用可以更加自动化和智能化。

（三）数据化存储量越来越大

大数据化是新媒体技术的又一个重要特点。随着信息化进程的推进，信息的产生和存储量越来越大。大数据技术可以处理和分析海量数据，挖掘出其中的潜在价值和规律，为决策和创新提供支持。新媒体技术的高速度和高效率，使得文学研究者能够更加方便地收集和整理大量文学数据。例如，现在一些文学数据库可以提供各种文学作品的全文或者摘要，让研究者更加方便地进行文学分析和比较研究。

（四）智能化水平越来越高

智能化是新媒体技术的又一个重要特点。智能化技术可以模拟人类的思维和行为，自动地处理和分析信息，提供智能化的服务和建议。智能化技术的应用范围越来越广泛，已经涉及人类生活的方方面面。新媒体技术的高度智能化，为文学研究者提供了更多的思路和创新点，推动文学研究不断向前发展。例如，现在一些文学人工智能系统可以模拟文学创作的过程，为文学研究者提供新的思路和想象空间。

（五）传播速度越来越快

网络技术的普及也让文学传播变得更加广泛和快速，提高了文学的社会影响力和知名度。在互联网时代，人们可以通过各种网络平台分享自己的文学作品或者阅读其他人的作品，这大大扩大了文学的受众群体，促进了文学的传播和发展。此外，新媒体技术的高效率和高便捷性，也让文学研究者能够更加方便地分享自己的研究成果，促进学术交流和合作。例如，现在各种学术论坛、博客和社交媒体平台可以让研究者发布自己的论文和思考，与其他研究者进行交流和讨论，这有助于加速学术研究的进程。

（六）检索能力越来越强

新媒体技术的高速度和高效率，让文学研究者能够更加方便地获取和处理大量文学数据。例如，通过互联网搜索引擎，研究者可以轻松地收集各种文学作品、评论和相关资料，这大大提高了他们的工作效率，并且让他们能够更加全面地了解文学领域的最新发展动态。

三　新媒体技术对文学研究的助力

基于上述六个方面的特点，新媒体技术在新时代中国文学研究中的作用越来越突出，极大地提高了新时代文学研究工作的开展效率，更显著地提高了文学研究工作的传播水平，推动新时代中国文学研究大繁荣大发展，在文化传承、文化自信方面起到了很好的推动作用。

(一) 提供了更加便捷的研究手段

现代新媒体技术为新时期文学研究提供了更加便捷的方法和手段。互联网、数字化图书馆、电子资源等工具使得获取大量文学资料变得快速和方便，而文本挖掘、数据可视化等技术则为文学研究者提供了更高效的分析和处理文学数据的方法。这些现代新媒体技术的发展极大地便利了文学研究，节省了查阅资料和搜集文献的时间和精力。在过去，文学研究需要花费大量时间和精力来查阅资料、搜集文献、阅读书籍等。但随着互联网的普及和各种大型数据库和数字化图书馆的出现，文学研究者可以更快、更方便地获取大量文献资料，让文学研究变得更加高效。

此外，现代新媒体技术还使得文学研究者能够使用各种专业软件和工具来分析文本、挖掘文本中的信息、绘制图表等，从而更深入地研究文学作品中的内涵和意义。例如，文献管理软件可以帮助研究者整理和管理大量的文献资料，而文本分析软件可以帮助研究者分析文本中的关键词、情感倾向等，从而更好地理解文学作品的主题和情感。

(二) 促进了新时代文学研究的多元化

现代新媒体技术为文学研究提供了更加多元化的研究方法和视角。例如，网络文学、电子书籍、博客等新兴的文学形式，使得文学研究者可以更加多元化地研究文学作品和文学现象。同时，新媒体技术还为文学研究者提供了更加便捷的交流和互动平台，使得文学研究者可以更加积极地参与文学研究的发展和建设。新媒体技术的快速发展也极大地促进了文学研究的跨学科合作。现在，文学研究已不再局限于传统的语言学、文学批评等学科范畴，而是与计算机科学、人工智能、心理学等领域形成了密切联系。这种跨学科合作不仅为文学研究带来了新的思路和方法，也为其他相关学科的研究提供了更广阔的视野和研究空间。在过去，文学研究主要关注文本本身的内容和结构，而现在则更加注重作品的社会历史背景、文学流派、文化传承等方面。这种多元化的研究方向不仅更全面地展现了文学作品的内涵和价值，也为文学研究提供了更多的研究方法和视角。

（三）推动了新时代文学创作和传播方式的发展

现代新媒体技术对文学创作和传播方式的发展也产生了重要的影响。例如，互联网、移动终端等工具，使得文学创作者可以更加方便地发布和传播自己的作品，同时也为文学创作者提供了更加广阔的创作空间和创作方式。而数字化技术的应用，则使得文学传播可以更加高效、便捷和广泛。现如今，我们可以通过互联网、手机APP、社交媒体等渠道获取大量的文学作品。这些数字化的作品不仅让读者可以更加便捷地获取到自己所喜欢的作品，同时也促进了文学作品的多样化和个性化。随着移动设备的普及以及网络技术的快速发展，数字出版也成为了一种新的出版方式。电子书、有声书等数字化出版物逐渐被人们所接受。数字出版物不仅具有便携性和可更新性，而且能够满足读者不同的需求，如字体大小、背景颜色等，更加符合现代生活的需要。除此之外，互联网还为文学创作者提供了一个广阔的创作平台。网络小说、博客等文学形式的出现，让更多的人可以通过网络平台分享自己的创作。这些文字作品不再受到传统出版机构的限制，其创作者不用担心版权和审核问题，就能够让更多的人看到自己的作品并得到反馈，推动了文学的创新和进步。

（四）加强了新时代文学研究者的广泛交流

现代新媒体技术的快速发展和普及，为新时代文学研究者的广泛交流提供了强有力的支持和便利条件。在过去，文学研究主要是通过实地考察、专业交流会议、出版物等途径来进行的，但这些方式存在着时间和空间的限制，无法满足研究者们对于多元化、全面化交流的需求。而如今，随着互联网的普及和信息化水平的提高，新时代的文学研究者们可以利用各种在线平台进行广泛交流和合作。例如，他们可以通过社交媒体、网络论坛、博客、微信公众号等工具，与同行、学生、读者建立联系，分享自己的研究成果、心得和经验，并且获得别人的反馈和建议。同时，他们也可以借助网络技术，轻松地获取国内外相关文献、研究报告、学术期刊等信息资源，拓宽自己的知识视野和研究领域。此外，大数据技术的应用也为文学研究者提供了全新的研究思路和方法。通过对海量文学文本的分析和挖掘，他们可以发现文学作品中的新颖主题、语言特点、文化内涵等，为文学研究提供更加深入和全面的视角。

（五）便利了新时代文学研究档案的管理

文学研究档案管理对文学研究工作的开展具有重要意义。新媒体技术的不断进步，极大地便利了新时代文学研究档案的管理。例如，数字化文学研究成果档案的推广，促进了纸质档案数字化转换，提高了档案的保管和使用效率，降低了档案管理的成本和风险，确保了档案信息化的可持续性和安全性。

现代新媒体技术的快速发展，为新时代文学研究档案的管理带来了极大的便利。在以前，文学研究档案的管理往往需要大量的手工操作和纸质文件的存储，这不仅费时费力，而且容易出现文件损坏或遗失的情况，给文学研究工作者带来不小的麻烦。然而，在现代新媒体技术的支持下，文学研究档案的管理变得更加高效和便捷。现在，我们可以通过电脑、手机等设备随时随地访问档案信息，并对其进行分类、搜索、存储等操作。这不仅提高了工作效率，还保证了档案信息的安全性和可靠性。同时，现代新媒体技术还为文学研究档案的数字化处理提供了强有力的支持。通过数字化处理，我们可以将纸质档案转化为电子格式，实现数字化存储和传输，方便文学研究者进行数据分析、比较和研究。此外，数字化处理还可以有效地保护文学研究档案的原件，延长其保存时间和使用寿命。

四 利用新媒体技术推动新时代文学研究的路径选择

新媒体技术也是一把双刃剑，在帮助文学研究者深入分析和把握文学研究活动规律和趋势，助力新时代文学研究工作的同时，其自身具有的技术特点，也给文学研究工作带来了新的挑战和问题，例如信息资料的储存安全、冗余信息的泛滥及污染问题、信息伦理问题等。这些问题需要我们进行深入的研究和探讨，以保障新媒体技术的健康发展，更好地推动新时代文学研究工作。

（一）高度重视文学研究数据资料的安全问题

对于文学研究数据资料的安全问题，我们可以采取以下措施：一是数据备份：定期对重要数据进行备份，确保数据不会因为硬件故障、自然灾害等原因而丢失；二是加密存储：将敏感数据进行加密存储，确保数据不会被未经授权的人员获取；三是访问权限控制：对于敏感数据，应该设置访问权限控制，只有得到授权的人员才能访问相关数据；四是安全审计：定期对数据的使用情况进行审计，及时发现和处理异常情况；五是培训教育：加强员工的安全意识培训，教育他们如何正确使用和保护数据。

（二）高度重视文学研究中网络意识形态问题

新媒体技术在促进我们文学研究成果的传播、转化方面起到了积极作用，但与此同时，也会受到外来文学研究成果的传播影响，一些不符合中国主流价值观、意识形态的文学研究成果也会伺机进入我们文学科研工作者的视野和工作中。因此，必须高度重视新时代文学研究中的意识形态问题，防止文学研究变色。同时，网络上也会经常涌现出大量的文学作品和评论，这些作品和评论对于传播文学知识和影响读者具有不可忽视的作用。然而，网络空间也存在着各种各样的意识形态问题，例如虚假信息、歧视性言论、政治宣传等，这些问题也会对网络文学研究产生影响。

因此，高度重视网络意识形态问题对于网络文学研究来说至关重要。首先，需要加强网络文学作品的审核和管理，防止虚假信息和过激言论的出现。同时，还需要引导作者和评论者正确表达自己的观点，避免过度夸张和歧视性言论的出现。此外，要倡导多元化的文学观点和文化交流，避免政治宣传干扰了网络文学的发展。网络空间是一个虚拟的世界，但其所传递的信息和影响却是真实的。因此，我们必须高度重视网络意识形态问题，加强网络文学研究的管理和引导，以促进网络文学的健康发展。

（三）积极培养文学研究者的新媒体技术素养

为了更好地应用现代新媒体技术进行文学研究，需要培养文学研究者的新媒体技术素养。这包括掌握计算机基本技能、熟悉常用软件和工具等。因此，文学研究者和相关机构需要加强新媒体技术培训和教育，提高文学研究者的新媒体技术素养，使其能够更好地运用新媒体技术进行文学研究。这些培训内容可以包括如何使用数字化图书馆、文献检索系统、虚拟现实技术等。通过这些培训和教育，文学研究者将能够更加高效地进行文学研究，同时也能够更好地适应现代化的工作环境。

（四）充分发挥新媒体数据库作用

数字化技术的应用，可以将文学、历史和作者等信息转化为数字形式，从而建立文学数据库，方便研究者进行数据存储、检索和分析。例如，中国社会科学院文学研究所建立的《元代数据库》《百年红楼梦》数据库以及外文所建立的《外国文学经典作家作品图志数据库》《外国文学经典批评数据库》等，都是很好的例子。此外，还有中国社会科学院建立的期刊数据库，等等。它们为文学研究者提供了方便的资源库，推动了文学研究的发展。这些数据库不仅提供了大量的文学资料，还为研究者提供了便捷的检索和分析功能。通过对这些数据的深入分析，研究者可以更好地把握文学作品的内涵和特点，开展更加深入的文学研究工作。

（五）充分发挥新媒体的传播优势

新媒体在文学研究中的作用日益突出。首先，新媒体可以为文学研究提供更多元化的传播途径。传统的文学研究只能通过书籍、期刊等方式进行传播，而新媒体则可以通过网络、移动设备等多种方式进行传播，使得文学研究更加丰富多彩。例如，通过网络平台可以进行在线讨论、分享心得，通过移动设备可以随时随地进行阅读和交流，从而促进了文学研究的交流和合作。其次，新媒体的互动性质也为文学研究带来了新的机遇。传统的文学研究往往是单向的，即研究者将自己的研究成果发布给读者，而新媒体则可以实现读者与研究者之间的互动交流。例如，通过社交媒体可以进行即时的反馈和互动，读者可以提出问题、分享意见，研究者也可以及时回应并进行深入的探讨，这种互动不仅有助于增强读者的参与感，也能促进文学研究的深入。最后，新媒体的创新性也为文学研究带来了新的思路和方法。传统的文学研究往往采用文献调查、史料分析等方式进行研究，而新媒体则可以利用数据挖掘、人工智能等技术进行文学分析，从而发现更多的规律和趋势。

（六）充分利用新媒体的数据挖掘潜力

利用大数据技术，进行文学分析、挖掘和可视化。大数据技术可以对海量文学数据进行处理和分析，挖掘出其中的潜在价值和规律，提供更加深入的文学研究支持。通过大数据技术，研究者可以进行文学主题、风格、情感等分析，以及可视化展示，更加直观地了解文学现象和历史趋势。

新时期文学研究需要充分利用新媒体的数据挖掘潜力。在当今数字化和信息化的时代，大量文学作品以电子书、网络文章等形式存在于互联网上。这些作品的数量庞大、内容丰富,成了文学研究的宝贵资源。通过数据挖掘技术,研究者可以从这些文学作品中获取大量的信息和数据,包括作者的生平背景、写作风格、文学流派等方面的数据。这些数据可以帮助研究者更深入地了解文学作品和作者,从而对文学作品进行更加深入的研究和探讨。此外,通过对文学作品的数据分析,可以发现一些有趣的规律和趋势,如某一时期的文学流派的兴起、某一作者的创作风格的变化等。这些规律和趋势的发现可以为文学研究提供新的思路和方向。

五 结语

当前,新媒体技术的迭代效应越来越强,尤其是近年来出现的元宇宙、区块链、人工智能技术等,不仅正在改变人们的生活方式,也正在改变人们的思维方式。中国文学研究不可能置身事外,游离于现代技术之外。文学研究者必须以学习者的姿态,拥抱新媒体技术的到来,不断地学习它、掌握它,使其更好地服务于文学研究工作,更好地继承与创新中华优秀传统文化,走好中国式现代化之路。

强化使命担当　讲好中国故事

铁　琉

2023年6月2日，习近平总书记在文化传承发展座谈会上发表重要讲话，从党和国家事业发展全局战略高度，对中华文化传承发展的一系列重大理论和现实问题作了全面系统深入阐述。在讲话中，习近平总书记强调，"在新的历史起点上继续推动文化繁荣、建设文化强国、建设中华民族现代文明，要坚定文化自信，坚持走自己的路，立足中华民族伟大历史实践和当代实践，用中国道理总结好中国经验，把中国经验提升为中国理论，实现精神上的独立自主"[①]。习近平总书记的重要讲话为中华文化传承发展指明了方向，对中国特色文化发展提出了新要求。

一　坚定文化自信，坚持走自己的路

习近平总书记强调："没有高度的文化自信，没有文化的繁荣兴盛，就没有中华民族伟大复兴。"[②] 在新的历史起点上，我们应该首先做到坚定文化自信，坚持走自己的路。

前些年社会上不断涌现"好莱坞文化""韩流文化""日本卡通

[①] 习近平：《担负起新的文化使命　努力建设中华民族现代文明》，《人民日报》2023年6月3日第1版。

[②] 习近平：《决胜全面建成小康社会　夺取新时代中国特色社会主义伟大胜利——在中国共产党第十九次全国代表大会上的报告》，《人民日报》2017年10月28日第1版。

漫画二次元文化"。这些外来文化都曾风靡一时，对中国的传统文化形成了很大的冲击。这些外来文化无不宣扬着自己国家的价值观，在传播过程中潜移默化地对我们国家青少年的价值观、世界观产生了很大的影响。

近些年，尤其是党的十八大召开以来，一股新的潮流油然而生。从街头巷尾随处可见、已然成为一道道美丽风景的汉服，到流行音乐中一首首中国风的歌曲，再到电视上一部部制作精良的古装剧，"汉服""国风""国潮"等关键词已成了当今互联网时代的热门话题，越来越多的年轻群体开始认可传统文化，自觉弘扬传统文化。

所谓国风，就是我国优秀传统文化在今天焕发出的时代风采；所谓国潮，就是在中华民族伟大复兴进程中，中华优秀传统文化形成的新潮流。国风、国潮，是我们新时代年轻人自发地涌现出来传承中华优秀传统文化的一股正能量。

面对这样风清气正的社会现状，我们如何在新的历史起点上，继续推动文化繁荣、建设文化强国、建设中华民族现代文明？我们要坚定文化自信，传承发展中华优秀传统文化，促进外来文化本土化，不断培育和创造新时代中国特色社会主义文化，不断创造生动的故事展现中国特色、中国气派、中国风格，展现中国的主流价值。这是我们所有文艺工作者新的文化使命。

二　讲好中华文明多彩故事

网络文学作为大众创作、全民阅读的中国故事，近年来进一步成为推进文化自信自强的重要力量。随着时代的发展，互联网的普及，网络文学在青年人当中接受程度更高。由于其门槛低，作者与读者的角色更容易转换，在某种程度上，相比传统文学，它的传播范围更加的广泛，在年轻一代的阅读群体中，影响力更大。

中国社会科学院文学研究所发布的《2022中国网络文学发展研究报告》显示，非遗、国风题材一直以来都是网络文学创作中的热点与亮点。陶瓷、纺织、酿酒、刺绣、中草药、戏曲、国画等中华传统文化元素，在一大批优秀的网络古言小说中出现。这些古言网络小说植根于中华传统文化，体现了新时代青年人发自内心对于美、对于传统文化的认同，紧扣着人民群众对美好生活的向往。古言小说所展现的古代生活画卷，更真实地触动了青年人对中华优秀传统文化的向往之心。古人的日常生活，与现代社会的快节奏生活形成鲜明对比，越来越多的青年人愿意在工作学习之余，利用闲暇时间去体验茶道、花艺、国画、射箭等中华优秀传统文化。

中国历史小说的创作更是达到了新的高度。优秀的历史小说以真实的历史人物和历史时间为骨架，描写人物命运，反映时代变迁，使历史真实性和文学艺术性很好地结合，传导正确价值观。相比较传统历史小说，现今架空、穿越类的历史小说大行其道，创作者通过天马行空的想象，带领读者穿越古今，带来了新的创作灵感，也带给读者新的阅读体验，激发了越来越多的青年人对中华五千年历史架构的兴趣。通过阅读，读者们仿佛与古人进行了一场对话，感受他们的喜怒哀乐，并通过历史的变迁，以史为鉴，走好中国道路。

从网络文学的飞速发展来看，网络文学更容易引起青年人的情感认同。优秀的网络小说对积极正面的情感表达得更真实，所散发的青年们的认同感更强烈。通过阅读与体验，青年人产生了更深层次的情感共鸣、他们的民族自豪感与民族认同感油然而生。这些情感共鸣会进一步促进青年们的文化认同、民族认同、国家认同。

新一代的青年不仅有对中华民族传统文化的持续关注，更是传承弘扬中华优秀传统文化的重要的参与者与推动者。他们的每一次点击与转发都将是对中华优秀传统文化的一种宣传，吸引更多的同伴加入进来，一起深入学习。参与的人越来越多，传播越来越广，文化传承也在润物细无声中完成。

从参与进来到推动传播，从行为认同到情感认同，新一代的青年将从中华民族优秀传统文化中汲取无穷的能量与源泉，真正坚定文化自信。

三　做好传统文化的传承与引导

如何对待自己的优秀传统文化，是判断一个国家、一个民族有没有文化自信的重要标准。今天，中华优秀传统文化得到创造性转化、创新性发展，中华文化绽放出新的时代光彩、展现出新的蓬勃生机，中华文明的影响力和感召力显著提升。针对新时代青年热衷中华优秀传统文化的行为，我们既要做密切关注者，也要做主动参与者，更要做积极引导者。

强调"意识形态工作是为国家立心、为民族立魂的工作"[1]，提出文化自信"是更基础、更广泛、更深厚的自信，是更基本、更深沉、更持久的力量"[2]，指出"没有高度的文化自信，没有文化的繁荣兴盛，就没有中华民族伟大复兴"[3]……习近平总书记关于文化建设的新思想、新观点、新论断，是新时代党领导文化建设实践经验的理论总结，是做好宣传思想文化工作的根本遵循，必须长期坚持贯彻、不断丰富发展。

弘扬中华优秀传统文化，绝不是回到过去，而是要不断进行文化创新，坚持古为今用、推陈出新，有鉴别地加以对待，有选择地予以继承。传统文化的创新必须以科学理论为指导，必须立足于中国特色社会主义伟大实践，依据时代背景创造出符合大众期待的优秀作品。

我们应当深刻认识到：在全球化深入发展的当今世界，特别是在西方发达国家企图用西方思想文化"一统天下"的背景下，一个拥有五千年文明和十三亿人口的东方大国，如果不能坚守中华民族的优

---

[1] 习近平：《高举中国特色社会主义伟大旗帜　为全面建设社会主义现代化国家而团结奋斗——在中国共产党第二十次全国代表大会上的报告》，《人民日报》2022年10月26日第1版。

[2] 习近平：《在中国文联十大、中国作协九大开幕式上的讲话》，《人民日报》2016年12月1日第2版。

[3] 习近平：《决胜全面建成小康社会　夺取新时代中国特色社会主义伟大胜利——在中国共产党第十九次全国代表大会上的报告》，《人民日报》2017年10月28日第1版。

秀传统文化，不能构建以社会主义核心价值体系为根本的当代先进文化，不能形成以文化事业文化产业快速发展为基础的文化软实力，建设富强民主文明和谐的社会主义现代化国家、实现中华民族伟大复兴只能成为一句空话。

文化是活的，不能做简单的固化处理，更不能只注重形式而忽略对其内涵的传承。如果忽略了文化的内容，就必然会走入歧途，背离我们弘扬传统文化的初衷。中华文化是中华民族独特的精神标识，也是中华文明区别于别的世界上其他文明的文化标识。从历史长河看，中华文明是世界上唯一从未中断的文明。文化的传承应避免碎片化、符号化，不能只摘取、放大某一元素，而忽略其完整性、系统性。对于中华传统文化的弘扬，不能仅仅满足于形式上的热闹，而不去触及大众的精神世界。

中华传统文化内涵丰富，既有五千年老祖宗智慧的结晶，也包括了一些封建腐朽的糟粕。这些落后、腐朽的内容已经严重脱离了当前的社会现实。部分网络小说中出现的封建宫廷斗争、士大夫的腐朽生活已经与现代社会格格不入，传导着一些错误的世界观、价值观。对待这些涉及落后思想的作品，创作者首先应该用批判性的观点去描写，而不是仅仅追求用华美的文字和奢靡的场面，去描述背后的故事。读者也应该用辩证性的思维去看待，了解其中的内涵。一方面创作者要尽力还原中华优秀传统文化的形成脉络与内容框架，另一方面读者也要主动选择内容更深刻、理论更完善的文学作品，从而深入了解中华优秀传统文化的全貌。

对网络文学的管理，国家已经出台了一系列的政策指导，引导网络文学出版单位坚持正确出版导向，推动网络文学繁荣健康发展，坚持以人民为中心的创作导向，扎根生活，在全球视野、历史坐标下观察社会现实，展现社会正能量。但是目前的政策主要是在宏观方向指导层面，没有对具体的业务进行细致的规范。文化管理部门需要进一步出台细则，对网络文学的传播、出版进行规范，明确触犯相关条例的处罚措施，对网络文学从创作、传播到衍生产品发行所有环节都加以约束，才能有效引导网络文学的健康发展。

网络文学的发布平台也应该承担起监管、引导责任。平台必须层层压实责任，建立健全审核机制，加强对原创作品内容和质量的监督，维护创作环境，引导网络作家树立正确的历史观、民族观、国家观、文化观，积极塑造厚重、刚健、先进、质朴的时代新人形象，提高网络文学作品的精神高度、文化内涵和艺术价值。

四　重视海外输出，强化使命担当

中国社会科学院文学研究所发布的《2022中国网络文学发展研究报告》显示，网络文学已成为中华文化海外输出的重要载体。网络文学带动了中国元素、中华文化的海外流行。随着AI翻译技术成熟，中国网络文学走出去的门槛进一步降低。网络文学不受时间、空间的限制，在加强中国文化的国际传播力和影响力方面具有独特优势。通过网络文学的传播，我们向世界展示了真实的、全面的中国文化，向世界呈现了真实全面的中国形象。走出去的中华文化彰显出强大魅力，展示出新时代中国人的精气神。

在海外能够吸引读者的中国优秀网络作品的特质主要包括：一方面内含着中国的价值观，一方面又融合了西方的思想，从现实需要出发，体现时代特点。这些作品凭借其生动的表达力、充沛的感染力、旺盛的生命力，赢得了海外读者的喜爱。它们润物细无声地讲述中国故事，传播了中华优秀传统文化，传递了中国价值理念。

研究报告显示，中国的网络文学目前传播比较好的国家主要是"一带一路"沿线国家以及北美部分国家。目前海外市场订阅用户已经超过1亿人，读者主要为95后。要吸引更多的国外年轻人关注，扩大中国网络文学市场，主要需要从三个方面来提升：一是提升质量，在网络文学的产生源头，鼓励更多的作者坚定文化自信，顺应世界潮流讲好中国故事；二是从传播链条上，给予政策上的扶持，打通网文出海的屏障；三是从技术层面，解决翻译难题和盗版问题。

如今中国网络文学的体量已经相当大，现阶段我们要提升网络文学的质量，创造出更多的精品来吸引国外读者。我们的创作者要从中华优秀的传统文化中汲取的创作源泉，让我们的玄幻、武侠、历史类小说深受海外读者欢迎。我们应避免粗制滥造以及同质化、模式化，尊重创作规律，深层次描写人物内心世界，发掘人性本质。而现实题材网络小说的创作正逢其时，当代中国正处在人类历史上最为宏大独特的历史时期，时代生活为文艺创作提供了更多的源泉。在有关部门的支持和引导下，现实题材网络文学正在打开新的广阔天地。创作者们所创作出来的现实主义题材作品，描绘了一幅幅当今社会的蓝图，充分彰显了中国人民的自信、自立和自强。中国现实题材网络小说也给世界其他国家的人民展示了有别于发达资本主义国家发展的另一条可以借鉴的路，完善了中国网络文学的版图。希望有更多的网络创作者来创作现实题材作品，用心、用情、用功书写新时代中国人民的新生活、新情感、新故事，把社会主义核心价值观生动体现在创作之中，把有筋骨、有道德、有温度的东西表现出来，创造出更多让人眼前一亮、回味无穷的作品。

我们需要进一步完善现有的传播链条，推动更多的企业加入进来，形成良性的竞争机制，增加更多的资本投入与扶持。目前已经成熟的网站、电子书阅读器以及手机的客户端，是网络文学的主要传播途径。政府层面需要更多地关注在海外的传播链条的合法性。要在网文落地国家法律法规允许的条件下，积极与当地政府沟通，解决好版权难题。企业应致力于搭建更好的平台，推动网络文学的海外传播力。此外，吸引国外的网络创作者加入进来，融合更多的文化元素，推广网络文学的传播——这也是网络平台企业更大的目标。

AI等人工智能新技术的出现，让翻译的门槛进一步降低。从技术层面来看，网络文学的翻译难题有望彻底解决。翻译成本下降，势必促使更多的网络文学作品走向海外。在不影响原著的主体结构和总体风格的前提下，运用当地读者更容易接受的语言描述方式，对精品力作进行翻译，能更好地吸引读者。与此同时，翻译成本的下降，也会带来更多的盗版问题。如何运用科技的手段减少盗版，维护创作者的权益，这是亟待解决的问题。

文化是在长期的延绵不断的建设中不断发展、不断进步的，无论是整个人类的文化，还是一个国家、一个民族的文化，都有一个点滴积累、长期积淀的过程。我们每一个中国人都应该有这个文化传承的自觉，在实际行动上自觉参与。

文化兴国运兴，文化强民族强。让我们把思想和行动统一到习近平总书记重要讲话精神上来，不断深化对文化建设的规律性认识，进一步坚定文化自信自强，以实际行动践行新的文化使命，讲好中国故事，推动中华文化更好走向世界，为文化强国建设作出新的更大的贡献。

赓续中华文脉　建设现代文明
——以新的文化使命努力建设中华民族现代文明

田海宁

文以载道，文以化人，所谓文化，关乎国本国运。习近平总书记在文化传承发展座谈会上发表的重要讲话，站在中华民族伟大复兴和中华文明永续发展的战略高度，深刻阐述了中华文明的突出特性，强调"第二个结合"是又一次的思想解放，提出更好担负起新的文化使命。新时代的文学研究，是建设中华民族现代文明的重要组成部分，肩负着传承发展中华优秀传统文化、牢固树立历史文化自信、弘扬巩固文化主体性的职责使命，这在马克思主义文化理论发展史、中华文明发展史上都具有重要意义，是新时代践行文化使命、开展文学研究的行动指南。

一　赓续中华文脉，重在文化自信

"文运同国运相牵，文脉同国脉相连"[1]，习近平总书记高度重视中华优秀传统文化的传承与发展，指出"中华民族有着五千多年的文明史，我们要敬仰中华优秀传统文化，坚定文化自信"[2]。坚定

---

[1] 习近平：《在中国文联十大、中国作协九大开幕式上的讲话》，《党建》2016年第12期，第7—12页。
[2] 申宏、李学仁、李刚：《深入贯彻新发展理念主动融入新发展格局　在新的征程上奋力谱写四川发展新篇章》，《人民日报》2022年6月10日第2版。

文化自信，是事关国运兴衰、事关文化安全、事关文化主体性的大问题。

1840年鸦片战争以来，国家蒙辱、人民蒙难、文明蒙尘，呈现出前所未有的文化自卑，抑或表现为"唯洋是举""全盘西化"的文化改造，这是丧失文化自信心和缺少自主能力的表现。而中国共产党领导的新民主主义革命文化胜利的实践，奠定了中华民族文化自信的首块基石。通过传播马克思主义、组建各种形式的党组织、办报宣传和发动民众、与反马克思主义思潮展开论战、成立全国性党组织、组织工农革命运动等方式，我国在革命早期形成了建党文化。而革命中后期的实践则形成了北伐革命文化、左联革命文化、土地革命文化、抗日革命文化等富有中国特色的革命斗争文化。这些文化滋养了共产党人的精神谱系——"井冈山精神""苏区精神""长征精神""延安精神"，在红色基因的传承中，共产党焕发出强劲的文化自信。中国共产党领导的社会主义革命文化胜利的实践，奠定了中华民族文化自信的又一块基石。1949年，《人民日报》开始向全国公开发行，全国各地建立起传播革命思想和民族的科学的大众的新文化的舆论宣传阵地。抗美援朝战争开始后，全国人民在同美帝国主义的较量中发扬民族自尊心和人民战争的伟大光辉传统。广大文艺工作者投身现实斗争，深入社会生活，创作出一大批以革命战争、民主改革为题材，启发人民政治觉悟的优秀作品，如话剧《龙须沟》、小说《铜墙铁壁》、通讯《谁是最可爱的人》等。这些都增强了整个中华民族的文化自信。中国共产党领导的40年改革开放的胜利实践，奠定了整个中华民族自信的第三块基石。从以经济体制改革为主到全面深化经济、政治、文化、社会、生态文明体制和党的建设制度改革，我们党勇于推进理论创新、实践创新、制度创新、文化创新，形成了中国特色社会主义道路、理论、制度、文化，为新时代文化自信奠定了坚实基础。

新时代的文化自信，不仅源自悠久灿烂的中华优秀传统文化基因的传承，而且源自新中国70年社会主义先进文化的再创造。通过实践，我们愈发坚定了属于中华民族的文化主体性，极大地增强了中华民族的道路自信、理论自信、制度自信和文化自信，中国人民有了国家认同的坚实文化基础。

马克思主义中国化时代化重塑了中国人民的文化自信，正如《中共中央关于党的百年奋斗重大成就和历史经验的决议》所指出的："文化自信是一个国家、一个民族发展中最基本、最深沉、最持久的力量。"[1] 中华优秀传统文化的风骨神韵、革命文化的刚健激越、先进文化的繁荣兴盛，是我们坚定文化自信的最大底气。赓续中华文脉，推进新时代文学研究，既是对优秀传统文化的传承弘扬，又是对革命文化的吸收借鉴，也是对先进文化的引领带动。

二 赓续中华文脉，根在"两个结合"

习近平总书记指出："在五千多年中华文明深厚基础上开辟和发展中国特色社会主义，把马克思主义基本原理同中国具体实际、同中华优秀传统文化相结合是必由之路。这是我们在探索中国特色社会主义道路中得出的规律性的认识，是我们取得成功的最大法宝。"[2] 中国特色社会主义植根于中国大地和中华文化沃土，反映中国人民意愿，适应中国和时代发展进步的要求。中国共产党人用马克思主义真理的力量激活了中华民族历经几千年创造的伟大文明，又用中华优秀传统文化滋养了马克思主义真理，在中国大地迸发强大精神力量。"两个结合"揭示了建设中华民族现代文明的源头活水，指明了建设中华民族现代文明的前进方向。

中国特色社会主义植根于中华文化沃土，深受中华优秀传统文化的滋养，中华优秀传统文化是我们党创新理论的"根"。"第一个结

---

[1] 习近平：《在全国抗击新冠肺炎疫情表彰大会上的讲话》，《人民日报》2020年9月9日第2版。

[2] 习近平：《担负起新的文化使命　努力建设中华民族现代文明》，《人民日报》2023年6月3日第1版。

合"是中国共产党的理论创新,是坚持和发展马克思主义的必然结果,指导我们党在新民主主义革命和社会主义革命建设时期行稳致远。而明确"第二个结合",则体现出我们党对理论创新的深化认识过程,更是我们党自信担当的体现。《中共中央关于党的百年奋斗重大成就和历史经验的决议》指出:"中华优秀传统文化是中华民族的突出优势,是我们在世界文化激荡中站稳脚跟的根基,必须结合新的时代条件传承和弘扬好。"[①] 这是文化自信、文明自觉,更是历史主动、精神主动的体现。只有强中华优秀传统文化之根,才能固民族历史伟业之本;只有真正做好"两个结合",才能更好地以中国式现代化全面推进中华民族伟大复兴。

赓续中华文脉,加快推进新时代文学研究,也要植根于中国具体实际和中华优秀传统文化,以中华文明的连续性、创新性、统一性、包容性和和平性为切口,做好中华民族现代文明的理论阐释与宣传推广工作,创造属于我们这个时代的新文化。

三 赓续中华文脉,成在担当使命

中华文明源远流长,中国文化博大精深。距今170多万年前的元谋人,一直被认为是中国境内最早的人类,而上陈遗址的发现将这一时间向前推至210万年前;距今万年之前形成的南稻北粟农业体系,促成了仰韶文化的大扩张,奠定了早期华夏族群的人口、语言等文化基础;距今5500年前后,形成了"谷豕是飨""饭稻羹鱼"为主要特点的农业社会,随后生产发展、人口增加、出现城市,最终国家诞生,这便是中华文明起源的初始阶段。由此可见,中华文明是世界历史上唯一具有"万年人类史、一万年文化史、五千多年文明史的一脉相承、不曾断裂、以国家形态发展至今的伟大文明"。

[①] 《中共中央关于党的百年奋斗重大成就和历史经验的决议》,人民出版社2021年版。

◈ 学思践悟：新时代文化使命与文学研究

　　自古文史不分家，三皇五帝时期流传下来的动人传说想象瑰丽，先秦时期的《诗经》《楚辞》共筑中华文脉之源头，秦汉辞赋切中时弊、气盛情浓，魏晋南北朝骈文、乐府诗自成一派，唐诗宋词在唐宋风华带动下远播海外，元曲以其通俗易懂赢得普通市民的喜爱，明清小说空前繁荣成为社会发展的映射……在中国文学的历史长河中，每一个时刻都孕育着耀眼星光和精美浪花，它们记载着沉甸甸的历史与文化，同样也滋养着我们的民族精神，锻造民族性格，值得我们去学习和继承。

　　新时代的文学研究，也要以习近平总书记的重要讲话为根本指针，做好文化传承发展和承上启下工作，完成属于我们这个时代的文化使命。"文变染乎世情，兴废系乎时序。"[①] 文学总是与一个时代的精神脉动、社会氛围息息相通。从网络文学异军突击，以其天马行空的设定、引人入胜的体裁、快捷便利的传播方式吸引大量受众，到《三体》《流浪地球》等文学作品蜚声国际，让国外读者进一步了解中国人的精神世界和价值取向，再到中央电视台策划的《中国诗词大会》《典籍里的中国》，让古代中国的"文学美"走向大众，可以说，文化传播在当代中国找到了更多的发展路径，真正实现了融通中外、连接古今。

四　赓续中华文脉，贵在守正创新

　　在北京冬奥会开幕式上，二十四节气倒计时短片融合中华节气、经典诗文和冰雪运动精神，惊艳全世界；"北斗"组网、"嫦娥"探月、"羲和"逐日、"天问"探火、"天和"遨游苍穹，重大科技成果烙印传统文化，中国人自古以来的美好夙愿正变为现实；道法自然、天人合一的哲学融入新发展理念，求同存异、和而不同的智慧助推构建人类命运共同体，传统文化中的思想精华不断为新时代治国理政提

[①] 周振甫：《文心雕龙今注》，中华书局2013年版，第408页。

供滋养……在继承中发展，在守正中创新，用以马克思主义为指导的、具有中国特色的经典文化塑造时代精神、推动社会发展，增强了实现中华民族伟大复兴的精神力量。

习近平总书记指出："只有全面深入了解中华文明的历史，才能更有效地推动中华优秀传统文化创造性转化、创新性发展，更有力地推进中国特色社会主义文化建设，建设中华民族现代文明。"[1] 这为我们深入探寻中华文脉，弘扬文学传统，发展现代文明提供了重要指示。

中华文明史绵延五千多年，为我们留下了极其丰富而珍贵的文化、文学遗产。仅就传统小说而论，就先后出现了神话、民间传说、史传、传奇、话本、小品和演义等重要文类。这些文类的形式、文体或类型演变，与社会历史变革有着千丝万缕的联系，在其自身发展过程中，也吸收了其他文类如诗词、戏曲、说唱的叙事特点，不断丰富自身的艺术表现形式。可见，中华文明、文化和文学的发展，始终是一个生生不息的过程。当今世界是政治多极化、经济全球化、文化多样化和社会信息化的开放世界，云计算、大数据、人工智能等一批新技术迭代衍生，传统文化的文学转化面临着许多新的课题和难题，机遇孕于挑战之中，如何处理好人与自然、人与人和人与自我的关系，真正创作出大众的民族的科学的文学作品，为人们解决思想困惑、提供精神支撑，是每一个文化工作者的职责使命。

优秀传统文化的文学转化，要特别注重守正创新，在题材、内容、形式、手法上实现创新性发展和创造性转化。近年来，一些影视作品、戏剧舞蹈、美术作品在这方面取得了较大成就，这与制作单位的大胆探索不无关系。如央视节目《典籍里的中国》，巧妙运用"穿越""闪回"等手法和环幕投屏、AR等最新科技手段，打通时空，

---

[1] 习近平：《担负起新的文化使命　努力建设中华民族现代文明》，《人民日报》2023年6月3日第1版。

让现代人与古代人对话，具有独特的思想穿透力和艺术感染力，让观众思绪纷纷，热泪涔涔。在文学创作上，许多作家也大胆探索，在写法上、题材上求新求异，创作出许多脍炙人口的作品。

五　赓续中华文脉，要在文明互鉴

党的二十大报告要求，"提炼展示中华文明的精神标识和文化精髓，加快构建中国话语和中国叙事体系，讲好中国故事、传播好中国声音，展现可信、可爱、可敬的中国形象"[1]。党的十八大以来，习近平总书记反复强调，"要广泛宣介中国主张、中国智慧、中国方案"[2]。我们要立足五千多年中华文明，高举人类命运共同体旗帜，深入阐释中国的和平观、天下观、发展观、文明观、生态观等重要理念，充分展示新时代中国为解决全人类问题贡献的智慧和力量，让东方文明大国的光辉形象更加深入人心。增强中华文明传播力影响力，必须加强国际传播能力建设，加强对国际传播规律的研究，全面推进理念、内容、体裁、形式、方法、手段、业态、体制、机制创新，打造更多传播精品，着力提高国际传播影响力、中华文化感召力、中国形象亲和力、中国话语说服力、国际舆论引导力。

中华文明自古就以开放包容闻名于世，在同其他文明的交流互鉴中不断焕发新的生命力。在中华民族伟大复兴战略全局和世界百年未有之大变局下，增强中华文明传播力影响力、推动中华文化更好走向世界具有重大意义。一方面，这是提升我国国际话语权、为改革稳定发展而营造有利的外部舆论环境的迫切需要。当前国际舆论场的博弈交锋，很大程度上是话语之争、叙事之争，对此，必须加快构建中国

---

[1] 习近平：《高举中国特色社会主义伟大旗帜　为全面建设社会主义现代化国家而团结奋斗——在中国共产党第二十次全国代表大会上的报告》，人民出版社2022年版。
[2] 《加强和改进国际传播工作　展示真实立体全面的中国》，《人民日报》2021年6月2日第1版。

话语和中国叙事体系，促使世界读懂中国、读懂中国人民、读懂中国共产党、读懂中华民族。另一方面，这也是推动构建人类命运共同体的必然要求。只有坚持推动文明相通、文化相融，拉紧各国人民相互尊重、相互理解的精神纽带，才能更好地构建人类命运共同体。要坚持以文载道、以文传声、以文化人，用中国理论阐释中国实践，用中国实践升华中国理论，更加充分、更加鲜明地展现中国故事及其背后的思想力量和精神力量，弘扬中华文明蕴含的全人类共同价值，推动建设更加美好的世界。

中华文明本身就是由各民族优秀文化百川汇流而成，"万物并育而不相害，道并行而不相悖"①，"一花独放不是春，百花齐放春满园"等理念世代相传。习近平总书记多次深刻阐述平等、互鉴、对话、包容的文明观，强调"以文明交流超越文明隔阂，文明互鉴超越文明冲突，文明包容超越文明优越"②，为世界文明朝着平衡、积极、向善的方向发展提供正确指引。文明因交流而多彩、因互鉴而丰富。中华文化既是民族的，也是世界的。今天，中华民族伟大复兴进入了不可逆转的历史进程，国际社会日益关注中国，希望了解中华文化。以海纳百川的胸怀打破文化交往的壁垒，以兼收并蓄的态度汲取各国文明的养分，以自信开放的姿态更好地推动中华文化走出去，方能推动各国文明在交流互鉴中共同前进，书写人类文明新篇章。

赓续中华文脉，加快推进新时代文学研究，就要向全世界阐释好文明多样性是世界的基本特征，也是人类进步的源泉，让"各美其美，美人之美，美美与共，天下大同"③的中国理念不断深入人心；要阐释好全人类共同价值是勾画超越差异分歧的价值同心圆、凸显各

---

① （西汉）戴圣编纂，胡平生、张萌译注：《礼记》（下），中华书局2017年版，第1036页。

② 习近平：《携手同行现代化之路——在中国共产党与世界政党高层对话会上的主旨讲话》，《人民日报》2023年3月16日第2版。

③ 习近平：《弘扬和平共处五项原则　建设合作共赢美好世界——在和平共处五项原则发表60周年纪念大会上的讲话》，人民出版社2014年版，第10页。

国人民企盼美好生活的最大公约数，推动各国共行天下大道，更好地汇聚人类文明进步的精神力量。

"又踏层峰望眼开"①。新时代的中国，中华文脉在赓续传承中弘扬光大，中华文明日益彰显旺盛而强大的生命力、创造力、凝聚力、影响力。

---

① 吴正裕主编：《毛泽东诗词全编鉴赏》，中央文献出版社2003年版，第515页。

何其芳：从诗人走向学术研究的马克思主义文艺战士

李　超

在《中国社会科学院学者文选·何其芳集》里，邓绍基先生开篇写道："何其芳同志是五四以来的著名诗人、散文家和理论家。作为诗人和散文家，他在20世纪30年代就已知名。他开始从事文学批评和理论研究工作是在40年代，是在他到了延安以后。他开始做古代文学史研究，则是在1953年主持文学研究所工作以后。"① 这是对何其芳先生一生从文学创作到学术研究历程的言简意赅的回顾，文学创作是他本真的爱好和追求，而学术研究事业是他工作的需要，从四川万县走出来的诗人何其芳到从延安走出来的党的工作者何其芳，他的取舍中饱含了对党的事业的忠诚和对研究工作的一丝不苟，贯穿着"认真"精神。自1953年创建文学研究所起直到1977年去世的25年时间里，何其芳先生在同一个岗位上坚守着两个阵地：一个是在文学所治所上体现着党的政策执行者的何其芳，另一个是以尊重知识、尊重人才、尊重科学研究规律为理念的学术带头人的何其芳。他一生践行的就是强烈的学习精神和长于思索的自我省思的能力。

---

① 何其芳：《何其芳集·中国社会科学院学者文选》，中国社会科学出版社2004年版。

一

从弥漫着忧郁气息的文学青年到坚定的马克思主义文艺战士：何其芳在延安完成了思想的自我转变。

出生于四川万县的何其芳先生，幼时在家里上私塾，那时便种下了读书的种子；当他成长为一名少年时，爱上诗歌是因为从李白、杜甫的诗里感受到了动人的艺术魅力；而离开私塾进入新式学校，阅读五四以来的新文学作品才真正触发了他的诗歌创作热情。阴差阳错的大学生涯，将他终身从事文学的理想变奏成了北大哲学系里乏味的学习，这样颓丧的经历再次将他彻底抛向文学书籍里，他在业余时间把北京图书馆外国文学作品的中译本读了一个遍：屠格涅夫、托尔斯泰、陀思妥耶夫斯基、莎士比亚、契诃夫……无不在他的视野之内。早在1930年，18岁的何其芳就开始尝试发表作品了，他写诗，写散文，这些作品无不散发着他身体里自然生长出来的青春热情与忧郁气质的合鸣。1936年出版的诗集《汉园集》（与卞之琳、李广田的诗歌合集）和散文集《画梦录》让他声名鹊起，但也让同时代的人从这些作品里想象出了一个"纤细、柔弱，还带着些迷惘、忧郁的情调"[1]的何其芳；就连何其芳本人在40年代初回答中国青年社的问题"你怎样来到延安的？"的时候，也把《画梦录》称作是"一个寂寞的孩子为他自己制造的一些玩具"，"它和延安中间是有着很大的距离的，但并不是没有一条相通的道路"[2]。

抗战爆发，激发了何其芳爱国热情，他不再沉溺于那些忧郁的个人情绪。1938年，何其芳与好友卞之琳、沙汀一起奔波三千里长路来到了延安。在鲁迅艺术学院教书的时光，在晋西北和冀中经历的战斗生活，是他思想转变的开始。他终于走出了自哀的小我情绪，融入

---

[1] 陈荒煤：《忆何其芳》，《荒煤散文选集》，百花文艺出版社2004年版。
[2] 何其芳：《一个平常的故事》，百花文艺出版社1982年版。

革命的洪流中，但，有些问题仍然困扰着他，也同样困扰着延安的一批年轻人。1942年毛泽东《在延安文艺座谈会上的讲话》是对何其芳和身边文学青年最彻底的思想洗礼，此后他两次被派往重庆做"延安文艺座谈会讲话"的宣讲人，这才是他思想进入改造期的真正开端。他又开始写诗了，但此后的诗歌里则满溢着对延安的赞美（《夜歌》《我歌唱延安》）和战斗的激情（《北中国在燃烧》），从此何其芳开始了他思想的成长和转化之路，逐渐成为一名坚定的马克思主义文艺战士。在此后的工作中，何其芳不断回顾《在延安文艺座谈会上的讲话》这一启发和改变他思想方向的历史契机，他写了很多关于《在延安文艺座谈会上的讲话》的纪念文章；直到去世前，他在接受记者采访时，依然情绪饱满地谈论《在延安文艺座谈会上的讲话》对他的影响和教育，他还准备写《毛泽东之歌》。在其一生的理论追求中，马克思主义中国化和时代化，是他不断探索和研究的方法论问题。

二

何其芳用"谦虚的、刻苦的、实事求是的"学风来引导文学研究所的治学精神，大力组织《中国文学史》的编撰工作。

文学研究所是1953年由中央人民政府政务院文化教育委员会决定成立的，最初的组建由郑振铎和何其芳一起着手完成，他们不拘一格地延揽了全国高校里一批顶级学者，使得文学所在成立之初就具备了国内殿堂级的学术研究队伍和研究力量。可惜的是，郑振铎先生在1958年的飞机失事中过早离开了，此后直到1977年的文学所工作都由何其芳先生实际主持（何其芳1959年被任命为文学所所长），他是文学所真正的掌舵人。他提出的"谦虚的、刻苦的、实事求是的"学风，正是他自己躬身实践的学术研究态度与方法：守住文学研究之学术正道，创造马克思主义文艺理论之新方法。

◈ 学思践悟：新时代文化使命与文学研究

何其芳先生其实是从 1942 年《在延安文艺座谈会上的讲话》之后就转向了文学批评领域，这是他第二个阶段的自我转变。何其芳后来成为一个古代文学研究的学者，是与他的勤于学习与思考密不可分的。周扬在《何其芳文集》的"序"里就曾对何其芳在古典文学研究方面的成绩给了公允的评价："他关于我国古典文学的研究，提出了不少自己独到的见解，推动了我国古典文学研究的发展。他不止一次说过，做好古典文学研究工作，特别是总结那些带有规律性的问题，不仅有助于社会主义文学的发展，还可以丰富我国马克思主义的文艺理论。……每个国家的文艺作品都有自己的民族风格和特点，每个国家的文艺理论也要有自己的民族特色。马克思主义文艺理论也只有在自己民族的基础上才能得到很好的发展，这就要求把马克思主义文艺理论不但要和我国当前文艺运动实践结合起来，而且要和我国悠久的文化传统结合起来。"[①] 在组建文学研究所后，进入文学研究领域的何其芳先生写出的第一篇关于古典文学研究的论文就是《屈原和他的作品》。1953 年，恰逢屈原逝世 2230 年，也在这一年，屈原被列入"世界文化名人"。何其芳要用事实说话，为此他查阅了大量文献资料，穷尽了自己能够找到的所有《楚辞》注本和研究资料，对于文学所馆藏的屈赋注本更是反复查阅。在此基础上，他运用马克思主义的立场、观点和方法，对文学遗产重新分析与评估，他在学术上的严谨，在这篇文章里就有鲜明的体现。屈原生平的文献资料有限，何其芳在文章开篇就说："如果我们要给他作一个传记，几乎可以说越简单就可靠性越大，越详细就难免推测之词越多。"[②] 同时，何其芳又借助屈原作品对当时现实主义与浪漫主义之争提出了自己思考后的独立见解："我们对于现实主义不能采取一种狭隘的表面的了解。从表现方面看来，屈原的作品是具有浓厚的浪漫主义色彩的。然而我们并不笼统地把浪漫主义和现实主义对立起来。……屈原的作品正是

---

① 何其芳：《何其芳文集》，人民文学出版社 1982 年版。
② 何其芳：《屈原和他的作品》，《何其芳集·中国社会科学院学者文选》，中国社会科学出版社 2004 年版。

后者的范例,积极的浪漫主义和现实主义的结合的范例。"① 也是从这一篇文章开始,何其芳进入了文学史研究之路。

毛泽东曾评价他做事"认真",这二字确实是他人生与学术态度的传神写照。何其芳先生的认真也是他遵循毛泽东在延安整风时所提倡的调查研究和实事求是的要求而来的。他在阅读和研究中结合中国文学的实际,实事求是地对马克思主义文艺思想进行运用和阐释,这样一种科学的学术态度为文学所的学术发展奠定了理论基础。这种治学精神最大程度地体现在他主持文学所工作期间组织撰写"中国文学史""中国少数民族文学史"等大型项目中。在编写过程中,每次讨论之后,都是由何其芳先生来做总结的。他认真写讲稿,在总结中既以马克思主义文艺理论为指导,同时结合中国文学传统的实际,他谈具体的文学问题没有随意脱离文学研究规律去空谈,而是秉持了实事求是的学术作风,对于中国文学史是否贯穿着现实主义和反现实主义的斗争、民间文学是否是中国文学的主流等热议的问题,进行了学理分析。他指出,这些问题关乎中国文学史的编写应该用什么样的政治标准和艺术标准,关乎如何评价过去的作家和作品的问题。对此,他提出了三个努力的方向:第一,准确地叙述文学历史的事实;第二,总结出文学发展的经验和规律;第三,对作家和作品的评价要恰当。他在学术上不迷信权威,并且提出自己的看法来质疑当时一些跟风流行的观念,澄清现实主义和反现实主义的概念,道出"真实地反映现实并不是现实主义的同义语"。他在总结发言时就明确提出:"从正确的理论是可以引申出不正确的结论的,如果引申得不恰当,夸大真理就可以达到谬误,何况是不恰当的引申?文学是上层建筑之一,这是无可怀疑的,然而文学这种上层建筑有它的复杂性。"② 这种精神不仅在当时的环境下十分难能可贵,就是今天读来也极具启发性。

---

① 何其芳:《屈原和他的作品》,载《何其芳集·中国社会科学院学者文选》,中国社会科学出版社 2004 年版。
② 何其芳:《文学史讨论中的几个问题》,载《何其芳集·中国社会科学院学者文选》,中国社会科学出版社 2004 年版。

在学术研究中，何其芳的"认真"体现在阅读材料的严谨性上。他主张尽可能全面地占有材料并且是第一手材料。在引用外国理论家、作家的文字时，他要找到各种译本进行反复比对，实在不行就请人找来原文进行核对，他认为唯有如此，才不会曲解原著的真正意义。对马克思、恩格斯的观点引用则更是不能马虎，他一定会去核对原文，绝不断章取义。他曾明确表示："有些人所引用的'马列主义'是经不住查对的。"在掌握材料上他不仅对自己严格要求，对同事也提出同样严格的标准。在文学所，他要求参加撰写《中国文学史》《唐诗选》等集体成果的研究人员必须要详细、大量地占有材料，特别是第一手材料，并且要在辩证唯物主义和历史唯物主义的指导下，经过深入的研究和思考，找出其中的规律、得出可靠的结论；作注释必须查证可靠资料，力求准确，绝不能似是而非，对于疑难问题更不能回避。同事写好的作家小传和注释，他都认真审核，亲自查找材料，进行订正和修改，得到他的修改的同事，再也不敢马虎从事。他的藏书极多，上面经常写满了密密麻麻的批注。有时为了查找一条资料，他需要在家里那些蔓延到屋顶的书堆中，用梯子爬上爬下地寻找原书，进行核对，把注释问题落实了，他才真正放心。20世纪70年代中期，他在身心都获得解放的状态下，重新钻研起自己喜爱的诗歌来，满怀雄心地做起翻译诗歌的工作，他努力学习德文，翻译海涅的作品，翻译19世纪末叶象征派诗人马拉梅等人的著名诗篇，接连给从前做法国文学研究的同事写信，请他帮助核对原文。

三

何其芳先生对年轻学者给予的学术关心让很多在他的帮助和鼓励下成长的学者念念不忘，终生受益。他每年都会给新入所的年轻人讲话，每次讲话都要重新准备讲稿，教年轻人如何进入研究状态；这也是他真诚的开场白，所里的年轻研究人员找他批改文章，他非但没有拒绝过，而且密密麻麻写满修改意见，还要跟这些人当面沟通。从思想到学术上的帮助，给很多年轻人以莫大的鼓舞，这些成长起来的年轻学者无一不对何其芳先生充满敬意与感激。为纪念何其芳先生而编辑的第一部回忆文章集，书名就用了巴金先生的《衷心感谢他》来表达这份铭记。

20世纪60年代初，文学所与中国人民大学共同主办文艺理论研究班（后简称"文研班"），何其芳为首届文研班班主任。易明善在《何其芳谈文学研究与论文写作——忆何其芳老师在中国人民大学文学研究班》的回忆文章中，把当年整理的课堂笔记做了很多分享，尤其提到何其芳先生对研究方法的纲领性表述：做研究工作要有严谨的学风和科学的方法，要认真向马克思主义经典作家们学习，可以从拉法格和李卜克内西等人的回忆文章中，具体了解和学习马克思、恩格斯的研究态度和研究方法。他引用毛泽东同志"详细地占有材料，在马克思列宁主义一般原理的指导下，从这些材料中引出正确的结论"的观点，指出这就是从事研究工作应该采取的根本态度和根本方法。

四

"快乐在不停的工作里"，这句话是冰心《春水》组诗里的一句，当何其芳在1933年4月18日写给吴天墀的信里提到它的时候，则是把这句话当作给自己的铭言来叙述的。1938年春天，何其芳先生与卞之琳等人在成都创办的半月刊，刊名就叫《工作》。这足以证明，从青年时期起，何其芳先生就把工作视为他人生的唯一内容了：读书写作是工作，教书是工作，办刊物是工作，而后来在文学所做副所长、所长二十多年，更是真正地一头扎进了工作，文学所的工作、作协的工作以及自己的研究工作，他把一天的时间进行分段规划，尽管忙碌，但也事无巨细，从不怠惰，常常工作到清晨，只睡两三个小时，几十年如一日——从未离开过"工作"二字，却对自己的身体做了最大的"剥削"。何其芳先生对待工作是快乐而认真的，不论是什么样的工作，即使70年代在河南干校期间，他承担了繁重的养猪任务，从未养过猪的何其芳先生仍然以快乐而认真的态度投入了学习，不管白天多么劳累，每天晚上他都会借着昏黄的马灯写《养猪日志》，还编了科学养猪顺口溜。

何其芳先生爱工作甚于爱生命，他在给老朋友的信里写道："这些年来，我这个人一天不做事情是难过的，过不惯，好像是劳动已经成为第一需要了。"在病重的生命最后时刻，他依然离不开工作，从昏迷中醒来的第一句话便是"清样来了没有？拿给我，校对一下……"他唯一的念头就是要为党工作，否则就是浑浑噩噩，没出息。

就是这种认真的、朴实无华的信念，支撑着何其芳先生。他从一个旧时代走来，在延安受到了洗礼，从此为新中国文学的学术研究事业，贡献了他毕生的工作热情。

五

2016年5月17日，习近平总书记在哲学社会科学座谈会上的讲话指出，哲学社会科学的发展水平反映了一个民族的思维能力、精神品格、文明素质。"面对新形势新要求，我国哲学社会科学领域还存在一些亟待解决的问题。比如，哲学社会科学发展战略还不十分明确，学科体系、学术体系、话语体系建设水平总体不高，学术原创能力还不强。"习近平总书记为新时代哲学社会科学工作者提出了明确的期望，也指明了研究方向。我们进入了一个需要思想而且要能够产生思想的时代，这是时风众势所趋。比如三大体系的建设，这是一个历史的命题，也是一个当下的命题，何其芳先生在他的时代就在努力思考这些问题，继承何其芳先生的马克思主义研究传统，我们将继续走在探索和推动这一命题发展和完善的路上——它是开放性的，是在不断实践中去提炼自主知识体系、提炼中国学派的思想体系的过程。

今年6月2日，习近平总书记在文化传承发展座谈会上的讲话强调："在五千多年中华文明深厚基础上开辟和发展中国特色社会主义，把马克思主义基本原理同中国具体实际、同中华优秀传统文化相结合是必由之路。这是我们在探索中国特色社会主义道路中得出的规律性的认识,是我们取得成功的最大法宝。"[1] 回顾何其芳先生的一生,在对学术事业的态度,对马克思主义中国化时代化的探索,用马克思主义的立场、观点和方法来发展和创新古代文学研究方面,他都是努力践行者;文学所正是在他和后继者的引领下,于七十年的发展历程中,始终走在筑牢基础理论理论研究的道路上。只有传承好基础理论研究的优势学科,健全学科方向,发展新兴学科和交叉学科,不断完善和健全学科方向,才能在三大体系建设上、在国家应用研究的实际需要中交上满意的答卷。

---

[1] 习近平:《担负起新的文化使命 努力建设中华民族现代文明》,《人民日报》2023年6月3日第1版。

中华优秀传统文化孕育
中华民族现代文明
——从中华文明的统一性、和平性、包容性角度分析

王 静

党的二十大报告中指出:"只有把马克思主义基本原理同中国具体实际相结合、同中华优秀传统文化相结合,坚持运用辩证唯物主义和历史唯物主义,才能正确回答时代和实践提出的重大问题,才能始终保持马克思主义的蓬勃生机和旺盛活力。"[①] 习近平总书记在庆祝中国共产党成立100周年大会上首次提出的"两个结合",既是基于高度的文化自觉对我们党百年奋斗成功经验的总结,更是立足"两个一百年"历史交汇的关键节点,为开启全面建成社会主义现代化强国、全面推进中华民族伟大复兴的历史新征程提供行稳致远的思想保障。

2023年6月2日,习近平总书记出席我院文化传承发展座谈会并发表重要讲话。他强调,"中国文化源远流长,中华文明博大精深。只有全面深入了解中华文明的历史,才能更有效地推动中华优秀传统文化创造性转化、创新性发展,更有力地推进中国特色社会主义文化

---

① 习近平:《高举中国特色社会主义伟大旗帜 为全面建成社会主义现代化国家而团结奋斗——在中国共产党第二十次全国代表大会上的报告》,人民出版社2022年10月第1版,第17页。

建设，建设中华民族现代文明"①。中华优秀传统文化是中华民族的精神命脉，是中华民族的根与魂。党的十八大以来，以习近平总书记为核心的党中央高度重视中华优秀传统文化，在不同场合多次谈及对中华优秀传统文化的保护与传承。

习近平总书记指出，中华优秀传统文化有很多重要元素，共同塑造出中华文明的突出特性。如果不从源远流长的历史连续性来认识中国，就不可能理解古代中国，也不可能理解现代中国，更不可能理解未来中国。中华民族的先辈们通过长期生产实践，逐步形成、积累的道德观、生命观、天下观、宇宙观等，共同构成了中国灿烂而璀璨的优秀传统文化；而马克思主义主义基本原理和中华民族传统文化又在许多方面都是相契合的、相贯通的，探究中华优秀传统文化的精神内核对于深化理解中华文明的突出特性有着极为深远的意义。

一 从中华文明的统一性看传统"大一统"文化的凝聚力

习近平总书记指出："中华文明具有突出的统一性，从根本上决定了中华民族各民族文化融为一体、即使遭遇重大挫折也牢固凝聚，决定了国土不可分、国家不可乱、民族不可散、文明不可断的共同信念，决定了国家统一永远是中国核心利益的核心，决定了一个坚强统一的国家是各族人民的命运所系。"②

"国土不可分"指的是祖国领土不可分割，"国家不可乱"是指国家要治理有序，"民族不可散"是各族人民团结一致、命运休戚与共，"文明不可断"则是指中华文明绵延五千年，时间的沉积

---

① 习近平：《担负起新的文化使命 努力建设中华民族理念文明》，《人民日报》2023年6月3日第1版。

② 习近平：《担负起亲折文化使命 努力建设中华民族现代文明》，《人民日报》2023年6月3日第1版。

共同造就了独属于中华民族的价值观和文化观。中华大地自秦始皇统一中国后，虽经历各类纷争洗礼，也曾分分合合数百年，但在漫长的岁月里，不管是汉民族执政还是少数民族统治，都体现着传统文化中一脉相承的"大一统"思想，彰显着中华文明凝聚力的强大力量。

"大一统"理念是古人对国家治理秩序的阐发，《春秋公羊传·隐公元年》就有"何言乎王正月？大一统也"[①]的表述。崇尚"一统"就是崇尚和谐、崇尚协作、崇尚共识。中华民族历来追求"天下为公"、世界"大同"，从《礼记·礼运》对大同社会中"老幼相携、安居乐业"的构想，到东晋著名诗人陶渊明诗文中对"黄发垂髫并怡然自得"桃花源的美好向往，再到清中期魔幻代表小说《镜花缘》中的"大人国""君子国"，随着儒家"大一统"文化的一代代传承，关于天下为公的理想社会愿景不断得到具化与充实。封建时期的"大一统"文化中的"统一"是皇权集中的儒家政治哲学，而进入近现代革命战争时期，我国的爱国统一战线是中国共产党领导的多党合作和政治协商制度的重要载体，同时也作为协调各方矛盾冲突、结成文化精神同盟的重要方法，对推动我国早期民主政治的发展有着里程碑般的象征意义。以统一战线理论为基础的中国人民政治协商制度，自其诞生之日起，就蕴含着中国传统文化中兼容万物的博大胸襟和有容乃大的精神风貌，是对中华民族"大一统"精神凝聚力的传承和马克思主义同中国具体实践相结合的产物。

建设现代文明中国，我们在传承"大一统"思想的精神的基础上，要自觉维护党中央的权威，自觉接受党的核心的集中统一领导，反对分裂、维护统一，构建和践行社会主义核心价值观，共创中华民族伟大复兴伟业。

---

① 公羊寿传，何休解诂，徐彦疏：《春秋公羊传注疏》，北京大学出版社1999年标点本，第10页。

二 从中华文明的和平性看传统"和合"文化的处事观

习近平总书记指出，中华文明具有突出的和平性，从根本上决定了中国始终是世界和平的建设者、全球发展的贡献者、国际秩序的维护者，决定了中国不断追求文明交流互鉴而不搞文化霸权，决定了中国不会把自己的价值观念与政治体制强加于人，决定了中国坚持合作、不搞对抗，决不搞"党同伐异"的小圈子。

2014年习近平总书记在国际友好大会暨中国人民对外友好协会成立60周年纪念活动上的讲话中，也曾用"协和万邦"、"和而不同"等来形容我国对外交流态度，"中华民族历来是爱好和平的民族，中华文化崇尚和谐，中国'和'文化源远流长，蕴涵着天人合一的宇宙观、协和万邦的国际观、和而不同的社会观、人心和善的道德观"①。

协和万邦，是中华民族自古以来对人类社会的美好憧憬，也是构建人类命运共同体理念蕴含的文化渊源。"协和万邦"最早是用来描述中华民族祖先帝尧在国家治理问题上，能够使不同的部落间团结友好，使不同民族的百姓们能够和睦相处，因而让天下共美的盛举。习近平总书记指出"中国式现代化不走殖民掠夺的老路，不走国强必霸的歪路，走的是和平发展的人间正道"②，强调"中国式现现代化是世界和平力量的增长，是国际正义力量的壮大，无论发展到什么程度，中国永远不称霸、永远不搞扩张"③。不管是在国际交往中，还是处理国家内部矛盾时，中国共产党始终秉承着"合作

---

① 习近平：《在中国国际友好大会暨中国人民对外友好协会成立60周年纪念活动上的讲话》，《人民日报》2014年5月16日第2版。
② 习近平：《携手同行现代化之路——在中国共产党与世界政党高层对话会上的主旨讲话》，《人民日报》2023年3月16日第2版。
③ 习近平：《携手同行现代化之路——在中国共产党与世界政党高层对话会上的主旨讲话》，《人民日报》2023年3月16日第2版。

共赢"理念，通过增进沟通协商的方式，深化政治互信。习近平总书记用此来形容中华民族的处事观，意在强调我国从古至今一直坚持独立自主的和平外交政策，主张所有国家都是世界组成的重要部分，中国从不以国家间的大小、强弱、贫富、社会制度、意识形态和发展道路的异同而区别对待，体现着中华民族博大的胸襟与文化自信。

"君子和而不同，小人同而不和"。孔子用"和"与"同"的观念来区分君子与小人的不同，虽然不过寥寥片语，但却蕴含真谛。我们常说君子相交，最为难得的便是能够相互取长补短、求大同存小异，故和而不同；反观小人之间的交际，大多仅是因为某种上不得台面的共同利益，受其驱使而群聚一堂，各怀阴谋做着损他利己的勾当，故同而不合。在新时代，"和而不同"的社会观更多的是指在就核心问题达成共识的基础上，可以正视矛盾的产生，允许差异的存在。通过最广泛的协商沟通，真正做到求同存异，尽最大努力调动一切积极因素去化解矛盾冲突，促进社会中民族关系、宗教关系、界别关系、阶层关系、政党关系和海内外同胞关系的和谐和睦，实现大团结。

因此，我认为"协和万邦""和而不同"思想下蕴含的是中国传统文化中最为核心的"和合"思想，强调的是君子和而不同，万事取其中庸的和谐处世之道与思维方式。古往今来，以和谐、和睦、和平为主旨的传统文化处事观，早已融入中国人民的骨血之中，因此，中国共产党所领导的中国特色社会主义民主体制，理所当然地成了传统"和合"文化的践行者，为我国综合国力的提升营造了和平友好的国内外环境。社会和谐是人类共同的理想追求，也是中国特色社会主义的本质属性，是国家富强、民族振兴、人民幸福的重要保证。想要构建好我国社会主义和谐社会，传承中华文明和平性，必须秉承以"协同万邦""和而不同"为代表的传统文化处事观，坚持独立自主的和平外交政策，从思想的源头确立求同存异的"和合"处事原则。

三 从中华文明的包容性看传统"兼容并蓄"文化的融合观

习近平总书记指出,中华文明具有突出的包容性,从根本上决定了中华民族交往交流交融的历史取向,决定了中国各宗教信仰多元并存的和谐格局,决定了中华文化对世界文明兼收并蓄的开放胸怀。

我国从古至今都是一个多民族聚集的国家。自远古时期,中华大地上就培育着中华民族的祖先和各少数民族的先祖,包括东夷、西戎、南蛮、北狄、中央(中原)华夏等在内的不同部落共在同一片土地上繁衍生息。而地域特征、生活特点和民族习惯的差异性,也共同造就了不同民族文化间的区别性。随着众多原始部落之间的冲突战争与贸易、文化往来,逐步形成了中华文明历史上"兼容并蓄"的包容性文化特点。

(一)兼容并蓄的民族融合观表现在少数民族与汉民族文化学习上的交互

在各民族互通交往的过程中,由于中原汉文明的发达高度相对较高,对边疆少数民族产生极大的吸引力,这促使他们不断借鉴吸收优秀的汉文明,借此丰富本族政治、经济、文化等各类内容。而纵观我国民族历史发展轨迹,不难发现,先秦时期的胡习汉风促进了我国第一个封建大一统国家秦国的诞生,而魏晋南北朝的民族融合则间接为隋唐时期国家的繁荣统一打下了民族基础。

在历史上,少数民族学习汉文化的例子不绝于耳。但其实,作为中国传统文化主体的"汉民族"文化,同样吸收融合了不少其他民族的优秀传统,其中最为典型的例子就是对于胡服骑射的的向往与学习。战国中晚期群雄争霸,硝烟四起,国家间的兼并战争成为时代的主流,为了在战争中取得胜利,地处胡汉交界地带的赵国君主赵雍从继位起就积极寻求变法。两军交战中,他发现汉族一贯的宽袍大袖服饰活动十分不便,而北方游牧民族的短衣窄袖的风格则十分适宜。面对群臣"袭远方之服,变古之教,易古之道,逆人之心"①的质疑与反对,赵雍仍力排众议推进易服令的施行,最终使赵国国家实力大增,在群雄争霸中一跃成为北方霸主。少数民族文化一直被视为"蛮夷"文化,赵雍作为学习民族文化精髓的先驱,在一定程度改变了当时国人对少数民族文化的看法,展现了中华民族汉文化兼容并蓄的文化特点,促进了各地区民族文化的大融合。隋唐在我国古代历史上是一个较为繁盛时期,政治、经济、文化都得到极大的发展,民族关系也相对和谐、团结。在贞观三年"户部奏言:中国人自塞外来归及突厥前后内附,开四夷为州县者,男女一百二十余万口"②。随着大量胡人在中原出现,胡族的生活用品和民族习惯也逐渐渗透到中原汉人的生活文化中。在长安城内常常能看到来自不同国家前来朝贡学习的使者和翩翩起舞的胡姬,咏颂边塞风情的诗歌也自成流派,甚至在唐朝上流社会也渐以习胡风为荣,这一切的一切都取决于隋唐时期开放、兼容、博采众长的民族文化政策。

(二)"兼容并蓄"的地域融合观体现在中国传统文化与世界文化的交往

中国传统文化的延续与丰荣,也离不了与外域文化源远流长并延绵不断的频繁交流活动。正是不同气候、地区、民族之间产生的地域文化差异,才使得中华传统文化具有"兼容并蓄"的文化特性。

丝绸之路是我国古代连接亚欧板块重要的路上交通通道,更是我国开放包容的与西域文化兼容发展的象征。汉武帝时期在征服匈奴部落后,曾两次派遣张骞为使臣前往西域诸国,为中原汉民族了解西域各国的地理、文化、风俗打开了一扇窗口,丝绸之路也至此开辟。西域在世界历史一直是多民族混居发展的重要区域之一,不同的民族特

---

① 刘向集录,姚宏、鲍彪等注,《战国策·上》,上海古籍出版社2015年版,第391页。
② 中国文史出版社编,《二十五史·卷六·旧唐书》,中国文史出版社2003年版,第8页。

性也体现在当地截然不同的文化特征上。我国古代的丝绸之路正是民族文化兼容融合的一个重要枢纽，它不仅为东西方商品贸易经济带来了极大的发展，也为文化的相互联系带来了重要的契机，使得不同的民族文化在不同地域内生根发芽，幅员辽阔的周边诸国成为文化融合的热土，各国文化在这时都得到了最为广泛和深刻的交流。而丝绸之路则像交汇贯通的大动脉一样，将西域三十六国迥然各异的文明源源不断地传送回作为这一通道端点的中原，为灿烂的中华文明发展提供了新的养分。

同样的，宗教文化也是世界文化史中不可或缺的组成部分，它可以通过对人民精神文明的导向，影响人民的思维意识和行为举止。纵观中华文明的整体文化构成，不难发现，自中古时代"儒释道"三教就曾通过一系列的交流、对话、冲突进而完成了融合，不管是作为外来宗教文化的佛家思想对道教、儒家思想等本土文化的冲击，还是原本作为文化垄断地位的儒家思想、道家文化对佛教的吸收和借鉴，都展现了中国传统文化"兼容并蓄"的发展过程和本质内涵。

以"兼容并蓄"为代表的中国传统文化中的融合观，既是尊重民族文化多样性的价值观念，是兼顾多方差异性的思维方式，更是和谐有序、协同发展的共赢心态，集中体现着中华民族"万物并育而不相害，道并行而不相悖"[①]的文化核心理念，彰显着中国人、海纳百川、包容万物的宏伟气度和平等宽容、共赢共生的人生哲理。

习近平总书记强调，在五千多年中华文明深厚基础上开辟和发展中国特色社会主义，把马克思主义基本原理同中国具体实际、同中华优秀传统文化相结合是必由之路。在传承中华优秀传统文化、建设中华民族现代文明的过程中，我们必须对于中华文明的突出特性有清晰的认识，这样我们才能从整体上对中国道路、中国理论、中国制度的认识达到新的高度，在新时代谱写更加生动的文化传承发展新篇章。纵观中国特色社会主义民主制度诞生、发展、完善、健全的历史，不

---

① 子思撰，李春尧译注，《中庸译注》，岳麓书社2016年版，第93页。

难发现，一切进展都离不开五千多年中华民族传统历史文化与哲学思想的熏陶，而正是这些润物无声、潜移默化的历史影响，使得中国特色社会主义理论有别于西方传统的民主思想概念。可以说，中国特色社会主义理论体系是最适合我国社会实践的民主体系，这既是历史的抉择，也是全体中国人民的共同选择。中国特色社会主义道路建设的过程，就是在不断吸收、借鉴中国历史悠久的优秀传统文化的过程，中国共产党就是中华优秀传统文化的忠实传承者和弘扬者。